asia street food

Heike & Stefan Leistner

asia street food

---

70 authentische Rezepte aus Vietnam, Kambodscha, Laos, Thailand und Myanmar

CHRISTIAN

INHALT

Vorwort	6
Trend Street Food	8

Vietnam 10
Pho Bo und Sommerrollen 12
Pho Bo in Hanoi 15
Hanoi 21
Die Sommerrollen der Madame Hien 25
Hoi Ans geheimnisvolle Cao lau 30
Kräuter 38
Pho Ga in Saigon 40
Saigon 43
Schwimmende Märkte auf dem Mekong 56
Familienküche auf Phu Quoc 63

Kambodscha 70
Softshell-Krabben und grüner Pfeffer 72
Battambang – die Reiskammer Kambodschas 82
Straßenküche in Phnom Penh 83
Kampot – wo der Pfeffer wächst 92

Laos | 96
Büffelhaut und Schlangenbohnen | 98
Larb – Vietnams Salatwunder | 101
Grillfisch am Mekong | 105
Makphet – Küche, die Gutes tut | 109
»Sticky Rice« | 113
Luang Prabangs goldene Tempel | 116
Limetten | 122

Thailand | 128
Galgant und Kokosmilch | 130
Klöster und Nachtmarkt in Chiang Mai | 142
Reis | 150
Bangkoks »Floating markets« | 154
»Welcome to the curry shop!« | 159
Thai-Auberginen | 159
Die Straßenküchen in Bangkok | 171
Die Mango-Lady von Bangkok | 178
Kokos | 180
Bangkok | 183

Myanmar | 184
Gelbe Kurkuma und feuerrote Chilis | 186
Milde Currys für feine Gaumen | 192
Yangon – britisches Erbe in Südostasien | 194
Im Shan-Nudel-Shop | 197
Bagan – Tempel, Mönche und Milchtee | 199
Ngpali – endlose Strände und scharfer Fisch | 207

Unsere Empfehlungen | 212
Register | 214
Impressum | 221
Dank & Vitae | 222

VORWORT

Gekocht und gegessen haben wir schon immer gern, meistens französisch oder italienisch. Doch als wir 2004 das erste Mal nach Asien kamen, wurde Essen noch einmal ganz neu definiert. Die unglaublich aromatischen Gewürze und exotischen Zutaten schlugen uns sofort in ihren Bann. Vor allem die Straßenküche mit ihren vielfältigen Gerichten begeisterte uns von Anfang an.

In Hanoi trafen wir Chefkoch Didier Corlou und seine Frau Mai, die im Sofitel »Metropole« schon zahlreiche Staatsoberhäupter bekocht haben. Heute besitzen die beiden vier Restaurants in Hanoi. Durch sie lernten wir die Rezepte und Zubereitungen der vietnamesischen Straßenküche von Grund auf kennen. In den folgenden Jahren standen wir oft mit Cong Chien, Didiers Sous-Chef, in der Küche ihres Restaurants »Madame Hien«, kochten nach seiner Anleitung und vertieften unser Wissen.

Christian Oster, ein deutscher Journalist, der seit vielen Jahren in Hanoi lebt, ist ein hervorragender Kenner Hanois und seiner Straßenküche. Diesem guten Freund verdanken wir viele Geheimtipps.

Nach und nach arbeiteten wir uns vom Norden Vietnams über die Mitte in den Süden vor. 2010 überraschte uns der französische Chefkoch Davide Lacroix in Hoi An mit einem sensationellen Kochkurs, den er mit seinen vietnamesischen Mitarbeitern für uns organisiert hatte. In Nha Trang, dem Nizza Vietnams, wohnten wir im für uns schönsten Resort des Landes, dem »Ana Mandara«. Dort arbeitet Trieu Nguyen Thi Bich, mit der wir schnell Freundschaft schlossen. Sie nahm uns mehrfach mit zu ihrer Familie, wo wir einen fantastischen Einblick in die vietnamesische Küchentradition bekamen. Saigons Straßenküche haben wir auf dem Rücksitz von Sonca Huynhs Vespa erforscht. Sie führte uns auf die wichtigsten Märkte der Stadt und zu Geheimtipps der Einheimischen, die in keinem Führer stehen. Als wir auf Phu Quoc im »Sakura«, einem kleinen Familienrestaurant mitten im Wald, die Küche von Kiem genossen, war klar, dass wir diese Rezepte haben mussten! Nach einigem Zögern ließ sich Kiem schließlich zu einem Kochkurs überreden und fast zwei Wochen lang kochten wir mit ihr alle Gerichte ihrer Küche.

Die wunderbaren Erfahrungen in Vietnam machten Lust auf mehr Südostasien, und wir begannen, die kambodschanische Küche bei Toot in »Naray's Kitchen« in Battambang aufzuarbeiten. An der Küste auf dem Krabbenmarkt von Kep war es die Mannschaft vom »Seagull Restaurant«, die uns in die Geheimnisse des Kampot-Pfeffers einführte.

Schnell folgte die laotische Küche bei Joy und Caroline im »Tamarind Café« in Luang Prabang. Bei Nook im »Lao Experiences« in Vientiane hatte schon der australische Fernsehkoch Luke Nguyen gedreht und Nook freute sich sehr, ihre Rezepte nun auch in Deutschland bekannt machen zu können. Im Restaurant »Makphet« überzeugten uns Küchenchefin Vone und ihr junges Team mit ihrer »Creative Lao Cuisine«.

2011 ging es schließlich nach Myanmar und wir waren überrascht über dessen innovative Küche an der Schnittstelle zwischen Indien, China und Thailand.

Jetzt fehlte nur noch die berühmte Thai-Küche: Schon zu Hause hatten wir mit Sami und Bob Morris aus Thailand viele Male Samis herrliche Thai-Gerichte gekocht und die Rezepte aufgeschrieben. Jetzt wollten wir aber endlich auch direkt ins Zentrum der nordthailändischen Kochkunst. Also flogen wir nach Chiang Mai. Im »Baan Boo Loo Guesthouse« durften wir mit Ornanong Paengthaisong, der Meisterin der nordthailändischen Küche, bei heißen 35 °C frittieren, braten und schmoren. Das erfrischende Leo-Bier im Anschluss war mehr als verdient. In Bangkok, dem Street-Food-Eldorado, war Tak Saengtongaram, eine junge Studentin, unsere Führerin zur echten Straßenküche, die wir so allein nie entdeckt hätten. »Saugut«, das einzige deutsche Wort, das sie kannte, traf auf die meisten Speisen zu, die wir dort kosteten.

»Saugut« sind auch die Gerichte, die Sie in diesem Buch finden werden. Wir wünschen Ihnen genauso viel Spaß beim Kochen und Genießen der Gerichte, wie wir bei deren Entdeckung im Paradies der exotischen Aromen Südostasien hatten!

Heike & Stefan Leistner

MIT DIDIER BEIM ERSTEN KOCHKURS

CONG CHIEN ERKLÄRT DIE SOMMERROLLEN

CHRISTIAN OSTER, HANOI-KENNER

DAVIDE UND SEINE CREW IN HOI AN

IN KIEMS KÜCHE AUF PHU QUOC

MIT JOY AM UFER DES MEKONG

NOOK IN IHRER KOCHSCHULE

MADAME VONE IM MAKPHET

ORN ERWARTET IHRE SCHÜLER

Trend Street Food

Lebensfreude auf die Hand

»Street Food« hat sich in den letzten Jahren weltweit zum Trend entwickelt. In vielen Städten werden sogar Street-Food-Festivals veranstaltet. Aber was genau ist dieses »Straßenessen« überhaupt?

Bereits Anfang des 20. Jahrhunderts zog es in Asien Landbewohner in großer Zahl in die Großstädte, wodurch der Bedarf an preiswerter und bereits fertig zubereiteter Nahrung entstand. Anfangs zogen Händler noch auf Fahrrädern oder mit Tragestangen durch die Straßen und verkauften meist fertige Gerichte. Schnell entstanden aber auch kleine Garküchen, die an festen Standorten ihre Spezialitäten frisch zubereiteten. Zum Verzehr wurden einfach ein paar Stühle und Tische auf dem Bürgersteig aufgestellt – und schon war der Trend »Street Food« geboren!

Aber was ist das Besondere daran? Es ist die Beschränkung auf ein einzelnes, meist traditionelles Rezept mit seinen Variationen, das in den Straßenküchen jeden Tag auf die gleiche Weise zubereitet wird. Dadurch erreichen die Gerichte eine kaum zu übertreffende Perfektion. Die günstigen Preise, die originelle Atmosphäre und die Gelegenheit, mit Einheimischen ins Gespräch zu kommen, machen »Street Food« auch über das Kulinarische hinaus zum Erlebnis.

Dieses Buch haben wir für Reiselustige geschrieben, die etwas über die Küche und Kultur Südostasiens erfahren möchten. Für Asiaten hat Essen einen enorm hohen Stellenwert, und anders als im Westen nähert man sich der Kultur und den Menschen dort am besten über das Essen. Vor allem richtet sich unser Buch aber an Kochbegeisterte, die wissen möchten, wie sie ihre Lieblingsgerichte aus südostasiatischen Straßenküchen selbst zubereiten können, um sich den Geschmack Bangkoks, Yangons oder Saigons nach Hause zu holen. Wir haben die Rezepte ohne nennenswerte Änderungen von den Straßenküchen übernommen und uns bemüht, sie gut nachvollziehbar zu erklären. Bei vielen exotischen Zutaten geben wir Alternativen an, die hierzulande problemlos erhältlich sind.

Oft hört man, eine authentische asiatische Straßenküche sei viel zu kompliziert, um sie zu Hause nachzukochen. Nach unserer Erfahrung benötigt man zur Zubereitung nicht viel mehr als ein gutes Küchenmesser, ein Schneidebrett, einen Mörser und eine Pfanne. Entscheidend sind die Begeisterung für diese Art des Kochens, etwas Zeit und Geduld. Und wenn es beim ersten Mal noch nicht genau so schmeckt, wie man sich das vorgestellt hat, nicht aufgeben!

Auch die auf den ersten Blick ungewöhnlichen Zutaten sind bei uns einfach zu bekommen. In Deutschland leben viele Asiaten, die nicht auf die Küche ihrer Heimatländer verzichten möchten. Deshalb gibt es in jeder größeren Stadt Asialäden mit einem umfangreichen Sortiment, aber auch über das Internet lassen sich viele Zutaten günstig beziehen. In unserer »Speisekammer« *www.pantry.asiastreetfood.com* werden alle Zutaten mit Foto und Erklärung sowie einigen Adressen, bei denen man direkt bestellen kann, vorgestellt. Am Ende des Buchs sind die Produkte unserer Lieblings-Onlineshops abgebildet.

In Asien unterscheidet man nicht zwischen Vorspeise, Hauptgericht und Dessert. Eine Mahlzeit besteht meist aus drei, vier oder mehr Gerichten, die zusammen mit Reis serviert werden. Die Teller und Schüsseln werden in der Mitte des Tisches platziert und jeder Gast nimmt sich von allem. Zum Abschluss isst man noch etwas frisches Obst, Süßspeisen werden meistens als Zwischenmahlzeiten im Laufe des Tages verzehrt. Gern kauft man in Asien verschiedene Gerichte bei Straßenküchen fertig ein und nimmt sie mit nach Hause.

Unsere Rezepte kann man einzeln servieren oder beliebig kombinieren. Manchmal genügt ein einfacher Papaya- oder Avocadosalat mit Reis als komplette Mahlzeit. Dann wieder lässt sich aus einem Curry, einem Salat, etwas Gemüse und einer Suppe ein Essen für die ganze Familie oder Freunde zubereiten. Wenn nicht anders angegeben, sind die Rezepte jeweils für vier Personen berechnet. Viele Rezepte sind relativ unkompliziert und lassen sich auch nach einem langen Tag im Büro noch mühelos zubereiten. Einige sind deutlich komplexer und daher ideal für ein verregnetes Wochenende. Das Ergebnis wird in jedem Fall für die Mühe entschädigen.

Vietnam

Vietnam, ein Land von der Größe Deutschlands, erstreckt sich in Nord-Süd-Richtung über 1650 km. Der Norden hat subtropisches Klima mit vier Jahreszeiten, in der Mitte ist es heiß mit häufigen Regenfällen und sogar Stürmen und im Süden herrscht tropisches Klima vor, die Temperaturen erreichen hier ganzjährig deutlich über 30 °C. Diese drei unterschiedlichen Klimazonen prägen die Küche Vietnams ebenso wie die Einflüsse anderer Länder und Kulturen. Trotzdem – oder gerade deswegen – ist sie eine der innovativsten und frischesten der Welt.

Pho Bo und Sommerrollen

Die Küche Vietnams

Hauptnahrungsmittel in Vietnam ist, wie überall in Südostasien, natürlich Reis. Er wird vorwiegend im Süden im Mekong-Delta und im Norden im Delta des Roten Flusses angebaut. Gegessen wird er oft auch als Reisnudeln oder in Gestalt von Reispapier, mit dem die berühmten Sommerrollen gewickelt werden. Die lange Küstenlinie verschafft dem Land Fisch und Meeresfrüchte im Überfluss. Aus kleinen Sardinen wird die berühmte vietnamesische Fischsauce *nuoc mam* hergestellt, ohne die eine Mahlzeit undenkbar ist. Fleisch stammt vorwiegend von Huhn und Schwein, aber in den Wäldern der annamitischen Kordilleren werden auch Hirsche, Wildschweine und Bären gejagt. Rindfleisch haben erst die französischen Kolonialherren auf den Speiseplan gebracht. Was die vietnamesische Küche von allen anderen asiatischen Küchen unterscheidet, ist der geradezu verschwenderische Umgang mit frischen Kräutern. Es gibt Dutzende Arten von Kräutern, zum Teil nur regional angebaut, die frisch als Beilage zu einer Suppe oder einem Grillgericht gereicht werden.

Der Norden Vietnams ist stark von chinesischen Einflüssen geprägt. Die Küche dort kommt mit wenigen, aber dafür qualitativ hochwertigen Zutaten aus. Viele Gerichte werden in einer bittersüßen Karamellsauce geschmort, gewürzt wird mit schwarzem Pfeffer statt mit Chilischoten.

Zentralvietnam hat aufgrund seiner geografischen Gegebenheiten – Meer und Gebirge – wenig fruchtbares Land. Hier kocht man eher kräftige und scharfe Gerichte. Hue, die alte Kaiserstadt, war das Zentrum der sogenannten Palastküche: Zu einer Mahlzeit pflegte sich der Kaiser von seinen Hofköchen bis zu 50 verschiedene kleine Gerichte kunstvoll anrichten zu lassen. Heute existiert die kaiserliche Küche allerdings höchstens noch in den Hochglanzbroschüren von Reiseveranstaltern.

Der heiße Süden wiederum schwelgt in Nahrungsmitteln. Das fruchtbare Mekong-Delta mit seinem riesigen Flusssystem ist eine unerschöpfliche Quelle für Reis, Fisch und Früchte. Auch Kokosnüsse werden hier geerntet, und alles, was man daraus herstellen kann, wird in der Küche verarbeitet. Man mag es im Allgemeinen etwas süßer und mit viel Knoblauch. Es ist hauptsächlich die Küche des Südens, die man auch bei uns bekommt, weil es meist »Boat People« aus Südvietnam waren, die in den 1970er- und 1980er-Jahren als Flüchtlinge nach Europa kamen.

Zwei Hochkulturen haben im Laufe der Geschichte Einfluss auf die vietnamesische Küche genommen: 1000 Jahre chinesischer Besatzung von 111 v. Chr. bis 939 n. Chr. haben speziell der nordvietnamesischen Küche Gartechniken wie das Braten im Wok und das Dämpfen hinterlassen. Die Verwendung von Gewürzen wie Sternanis, schwarzem Kardamom, fermentierten Sojabohnen und vor allem Ingwer ist auch auf chinesischen Einfluss zurückzuführen. In den anderen Ländern Südostasiens isst man, der indischen Tradition folgend, mit den Fingern oder mit dem Löffel, die Vietnamesen hingegen haben die Methode des Essens mit Stäbchen von den Chinesen übernommen. Französische Elemente ergänzten die vietnamesische Küche dann während der Besatzung von 1862 bis 1954. Die Franzosen, die oft unter der Hitze und hohen Luftfeuchtigkeit des besetzten Landes litten, kamen meist auch mit der Küche der Einheimischen nicht gut zurecht. Sie galt ihnen als unhygienisch und nicht schmackhaft. Aufwendig wurden Milchprodukte, Gemüsekonserven, Mehl, Wein und Champagner auf monatelangen Schiffsreisen in die Kolonie gebracht. Den Geist des Kolonialismus mit seiner Abgrenzung zur einheimischen Bevölkerung beschreibt treffend eine Szene in Marguerite Duras' Indochina-Roman *Der Liebhaber*: Die in Vietnam lebende, verarmte französische Familie der Autorin nimmt zum Abendessen lieber Brot, Butter und Kondensmilch zu sich, als die reiche Kost der Einheimischen auch nur zu probieren. Im Laufe der Zeit haben die Vietnamesen einiges an französischen Einflüssen übernommen. So gibt es zum Beispiel Baguette, Filterkaffee und Fleischpastete, in der Zubereitung aber jeweils angepasst an die einheimische Küche. Europäische Gemüse wie Artischocken, Spargel, Blumenkohl und Kohlrabi oder Obst wie etwa Erdbeeren wurden schon im 19. Jahrhundert im Hochland von Dalat kultiviert. Sie sind heute Bestandteil vieler Rezepte.

Aber was macht nun die Küche Vietnams so einzigartig? Es ist die Frische, die Leichtigkeit und die Ausgewogenheit, die sie von anderen Küchen unterscheidet. Die Frische gewinnt sie durch die Verwendung von Salaten und Kräutern. Die Leichtigkeit entsteht, weil auch durchwachsenes gegrilltes Fleisch stets in einer leichten, fettfreien Sauce mit frischen Kräutern serviert wird. Die Ausgewogenheit der Zutaten ergibt sich aus dem Umstand, dass der ohnehin sparsame Einsatz von Fleisch und Fisch immer mit Reis oder Reisnudeln, frischen Kräutern und rohem oder kurz pfannengerührtem Gemüse einhergeht und mit einer leichten Sauce auf der Basis von Fischsauce und Limetten. Gewürze werden wegen ihres intensiven Aromas sehr fein dosiert und runden den Geschmack der Grundzutaten ab, ohne ihn zu überdecken. Dabei wird stets versucht, ein Gleichgewicht zwischen den verschiedenen Geschmacksrichtungen – salzig, süß, sauer, bitter und scharf – herzustellen. Ein gutes Beispiel hierfür ist die Sauce *nuoc cham*, bei deren Herstellung es gilt, die Balance zwischen dem Salzigen der Fischsauce, der Süße des Zuckers und dem Sauren der Limette zu erreichen. So gilt die Küche Vietnams heute weltweit als eine der wohlschmeckendsten und gesündesten überhaupt.

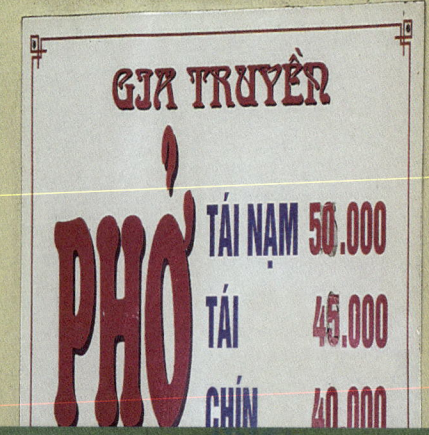

Pho bo in Hanoi

Um die Entstehung der *pho bo* – *pho* heißen die Nudeln, *bo* ist das Rindfleisch – ranken sich viele Sagen und Geschichten. Tatsache ist, dass die *pho bo* in Hanoi erst um die Wende vom 19. zum 20. Jahrhundert während der französischen Besatzung auftauchte.

Nach Hanoi kam die Suppe durch Straßenhändler, die frühmorgens, bevor es hell wurde, mit ihren tragbaren *pho*-Küchen durch die Stadt zogen. Sie versorgten Wanderarbeiter, die keine Küchen in ihren Behausungen hatten. Mit einem Tragjoch schleppten sie links und rechts jeweils einen Korb, in dem einen befanden sich die Nudeln, Fleisch, Kräuter und Gewürze, in dem anderen ein Topf mit heißer Brühe über einem Holzkohlenfeuer. Über die Entstehung des Namens *pho* gibt es keine gesicherten Erkenntnisse. Es wird spekuliert, dass es sich von dem französischen Wort »feu« für das Holzkohlenfeuer unter dem Topf ableitet. Die chinesische Variante geht von einer Ableitung des Namens von einer kantonesischen Nudelsuppe aus. Welche Geschichte auch richtig sein mag: Fest steht, dass sich in der *pho bo* chinesische Reisnudeln mit vietnamesischen Kräutern und französischem Rindfleisch verbanden, was sie zu einem frühen Beispiel für »Fusion Food« macht. Sie entwickelte sich schnell zu einem Klassiker der vietnamesischen Straßenküche und ist heute das weltweit bekannteste und am weitesten verbreitete Gericht Vietnams.

Gewürzt wird die klassische *pho bo* des Nordens mit geröstetem Ingwer und Schalotten. Außerdem kommen schwarzer Kardamom, Kassiazimt und Sternanis hinzu. Abgeschmeckt wird mit Salz, etwas Zucker und natürlich Fischsauce. Die Brühe schmeckt wie eine kräftige Rinderbrühe. In den Suppenküchen bekommt man die *pho bo* meistens bereits mit fein gehackten Kräutern bestreut. Verwendet werden Thai-Basilikum und Langer Koriander, außerdem das Grüne von Frühlingszwiebeln. Man würzt am Tisch mit Fischsauce, gemahlenem Pfeffer, frischen Chilischoten, Limettensaft und eventuell etwas Chilisauce.

Während des Vietnamkriegs flohen viele Vietnamesen vor den kommunistischen Truppen Ho Chi Minhs nach Süden. Sie brachten die *pho bo* nach Südvietnam, wo sie dem dortigen Geschmack angepasst und entsprechend verändert wurde, denn im Süden schmeckt die Brühe deutlich würziger und süßer. Zusätzlich zu Sternanis, schwarzem Kardamom und Kassiazimt verwendet man nämlich auch noch Gewürznelken, Koriander- und Fenchelsamen. Den süßen Geschmack erreicht man auch durch das Mitkochen von süßen Zwiebeln. Nachgewürzt wird im Süden kräftiger, hier bedient man sich chinesischer *hoisin*-Sauce und scharfer Chilisauce. Der Kräuterteller wird im Süden separat gereicht und ist insgesamt reichhaltiger.

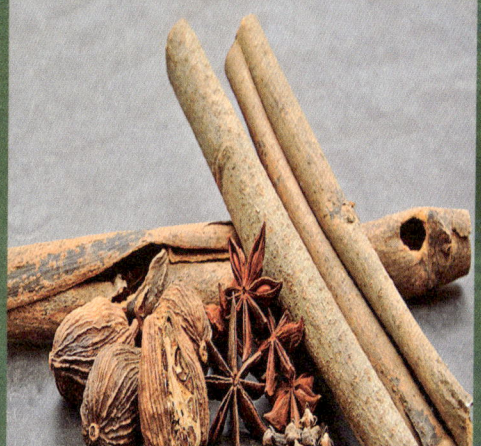

NUDELSUPPE NACH HANOI-ART – pho bo ha noi

ZUBEREITUNGSZEIT
60 Minuten
   plus 4–5 Stunden Garzeit

ZUTATEN
1 kg Rinderknochen
   (möglichst Markknochen)
1 Ochsenschwanz,
   vom Metzger in 3 cm
   lange Stücke gehackt
500 g Rinderbrust
2 daumengroße Stücke Ingwer
5 Schalotten
1 Kapsel schwarzer Kardamom
1 Stück Kassiazimt (2 cm)
1 Sternanis
5 EL Fischsauce
1 EL Salz
1 EL Zucker
250 g Reisnudeln *banh pho*,
   Größe M
½ Bund frischer Vietname-
   sischer Koriander
½ Bund frischer Langer
   Koriander
½ Bund Thai-Basilikum
1 Bund Frühlingszwiebeln
1 Limette
1–2 Vogelaugen-Chilischoten
grob zerstoßener Pfeffer
100 g Rinderfilet,
   leicht angefroren
etwas Fischsauce
   zum Nachwürzen
   (nach Belieben)

Die Knochen, den Ochsenschwanz und die Rinderbrust gründlich unter fließend lauwarmem Wasser waschen. In einem großen Topf die Knochen und den Ochsenschwanz mit kaltem Wasser bedecken. Das Wasser zum Kochen bringen und etwa 5 Minuten sieden lassen, dabei aufsteigenden Schaum abschöpfen. Sobald kein Schaum mehr entsteht, das Wasser abgießen und die Knochen und den Ochsenschwanz gründlich unter fließendem Wasser reinigen. Auch den Topf säubern. Den Topf mit 6 l kaltem Wasser füllen. Die Knochen, den Ochsenschwanz und die Rinderbrust hineingeben und alles bei hoher Temperatur aufkochen. Sobald das Wasser kocht, die Temperatur reduzieren und alles 3–4 Stunden im offenen Topf köcheln lassen. Dabei aufsteigenden Schaum abschöpfen.

Den Ingwer und die Schalotten säubern und mit Schale in ein Grillgitter legen. Über einem Holzkohlenfeuer oder einer Gasflamme grillen, bis die Außenhaut schwarz ist. Das Gemüse anschließend mit einer Wurzelbürste unter fließendem Wasser gründlich abbürsten, um die schwarzen Stellen zu entfernen. Zur Brühe geben. Die Kardamomkapsel mit einem schweren Küchenmesser in der Mitte aufschneiden, ohne sie ganz durchzuschneiden, und zusammen mit dem Zimt und dem Sternanis in einer Pfanne bei niedriger Temperatur anrösten, bis alles zu duften beginnt. Zur Brühe geben.

Die Brühe mit der Fischsauce, dem Salz und dem Zucker würzen und weiter köcheln lassen. Nach etwa 2 Stunden den Gargrad der Rinderbrust mit einer Gabel prüfen: Sie sollte nachgeben und nicht mehr elastisch sein, aber noch nicht auseinanderfallen. Wenn sie gar ist, herausnehmen und in eine Schüssel mit kaltem Wasser legen, damit sie sich nicht verfärbt. Die Reisnudeln in warmem Wasser einweichen. Nach weiteren 2 Stunden die Knochen und die Gewürze aus der Brühe entfernen. Dann die Brühe durch ein feines Sieb oder besser ein Küchenhandtuch passieren, um eine klare Flüssigkeit zu erhalten. Abschmecken und, falls nötig, mit Fischsauce, Salz und Zucker nachwürzen. Die Brühe sollte jetzt lieber etwas kräftiger schmecken, da sie durch die spätere Zugabe der eingeweichten Nudeln an Geschmacksintensität verliert.

Die Kräuter waschen, trocken schütteln und vom Thai-Basilikum die Blätter abzupfen. Alles grob hacken. Die Frühlingszwiebeln waschen. Nur das Grüne in feine Röllchen schneiden und mit den Kräutern vermischen. Die Mischung in eine Schüssel geben.

Die Limette achteln, die Vogelaugen-Chilis klein schneiden. Den zerstoßenen Pfeffer und Fischsauce zum Nachwürzen bereitstellen.

Das rohe Rinderfilet und die gekochte Rinderbrust gegen die Faser in hauchdünne Scheiben schneiden und separat auf einen Teller legen. Die Reisnudeln aus dem Wasser nehmen und abtropfen lassen.

In einem Topf Wasser zum Kochen bringen und darin die Nudeln portionsweise 10–15 Sekunden kochen. Auf die vorgewärmten Suppenschalen verteilen. Je drei bis vier Scheiben Rinderbrust zu jeder Portion Nudeln geben und darauf je zwei Scheiben von dem rohen Rinderfilet legen.

Die Brühe nochmals aufkochen und kochend heiß so in die Schalen füllen, dass alle Zutaten gleichmäßig bedeckt sind. *Pho bo* muss sehr heiß serviert werden! Jede Portion mit Kräutern bestreuen und sofort servieren. Am Tisch nach Geschmack mit Fischsauce, Limettensaft, Pfeffer und Chilis würzen.

CAFE MAI
TRADITIONAL
Gia Truyền
Bảo hộ độc quyền
Kỹ thuật gia truyền
Phương thức chế biến của Pháp
phát triển tại Hà Nội năm 1936
Chari
Espresso Aliculi Đăklăk ParisMai
52

Café 47
47 TRIỆU VIỆT VƯƠNG
ĐT: 04.943 9486
Lipton
Café 47
Café - Sinh tố Hoa Quả Các Loại
45

CỘNG

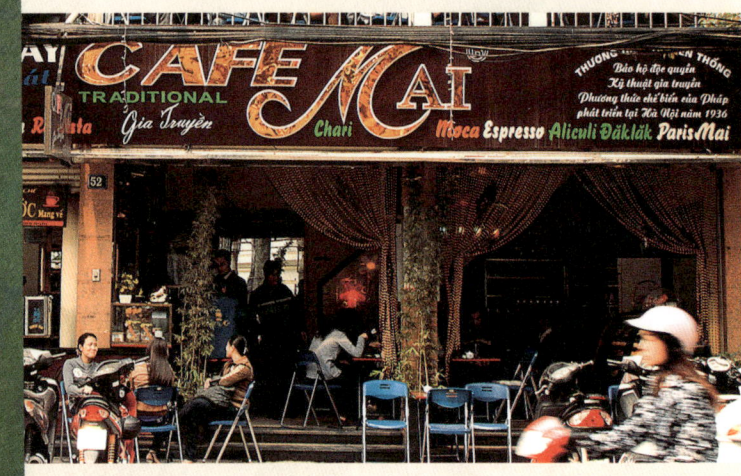

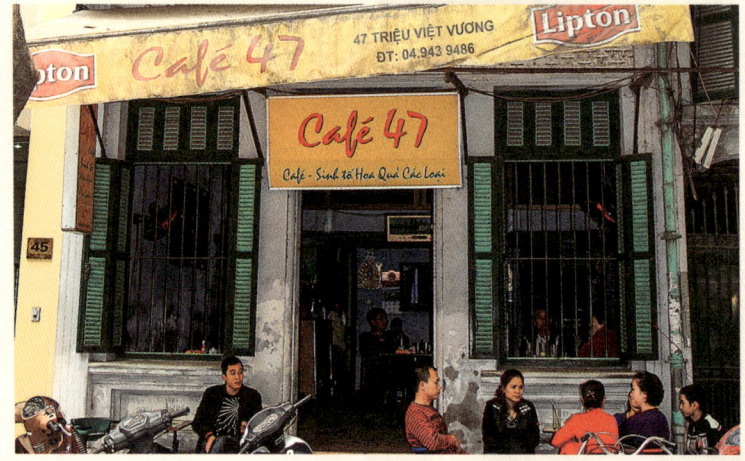

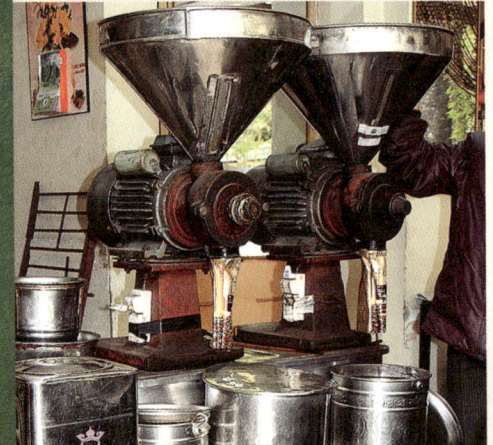

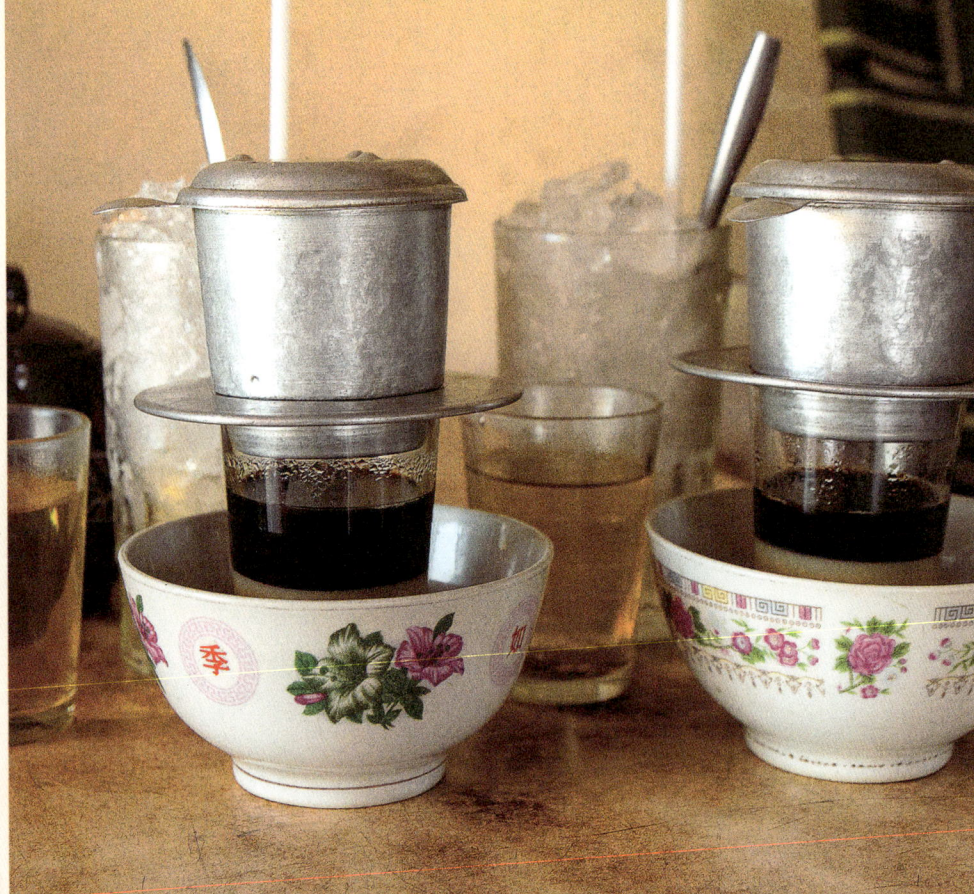

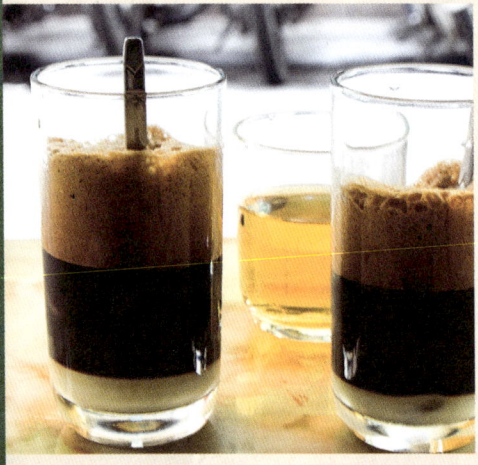

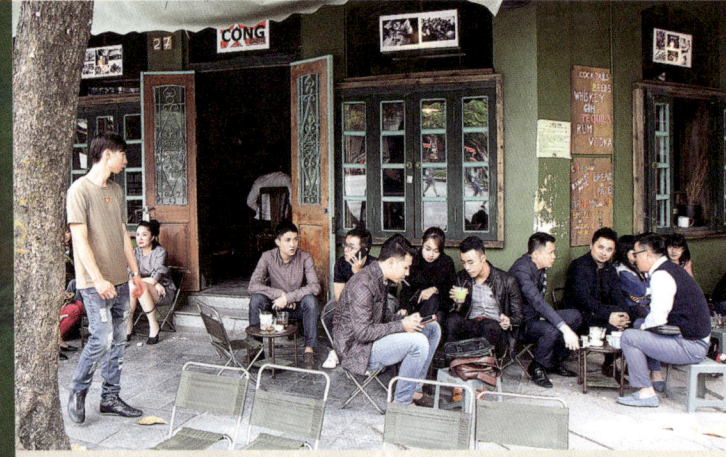

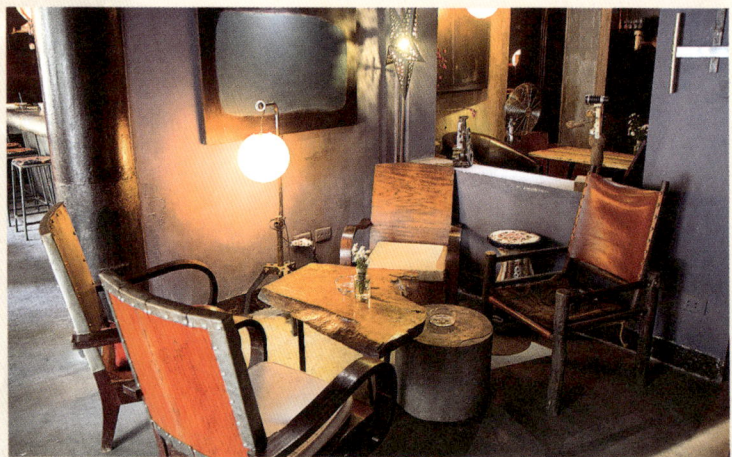

VIETNAMESISCHER EISKAFFEE – ca phe sua da

ZUBEREITUNGSZEIT
10 Minuten

ZUTATEN
(FÜR 1 PORTION)
3 gehäufte TL vietnamesischer Kaffee (z. B. »Trung Nguyen Blend No. 1«)
süße Kondensmilch (z. B. »Milchmädchen«)
Eiswürfel
Metallfilter für vietnamesischen Kaffee
1 dickwandiges Kaffeeglas oder Tasse

Das Kaffeepulver in das Metallsieb des Filters geben, dann die Siebplatte je nach Modell fest aufdrücken oder anschrauben und leicht anziehen. Den Boden des Kaffeeglases nach Geschmack etwa 0,5 cm hoch mit süßer, dicker Kondensmilch bedecken. Den Filter mit Unterplatte auf das Glas setzen und etwa 4 EL kochendes Wasser hineingeben, damit das Kaffeepulver etwas aufquillt.

Nach 30 Sekunden den Filter bis zum oberen Drittel des Siebbehälters mit heißem Wasser füllen. Nach etwa 1 Minute sollte der Kaffee beginnen durchzutropfen. Wenn nicht, ist das Pulver zu fest gepresst. Dann die Siebplatte wieder etwas anheben bzw. aufschrauben.

Wenn der Kaffee vollständig durchgelaufen ist, das Sieb abnehmen, die Kaffee-Kondensmilch-Mischung gut umrühren, Eiswürfel hinzufügen und genießen!

KAFFEE

Mit Asien verbindet man eigentlich immer nur Tee. Doch ist Vietnam eines der größten Exportländer für Rohkaffee. Seit der Einführung des Kaffees 1857 durch die französischen Kolonialherren ist es bis 2012 zum weltweit zweitgrößten Kaffeelieferanten aufgestiegen.

Im zentralen Hochland gibt es verschiedene Klimaregionen, die für den Anbau von Kaffee hervorragend geeignet sind. Die hauptsächlich angebaute Sorte ist die Robusta-Bohne, die im Geschmack wesentlich kräftiger ist als die Arabica-Bohne und doppelt so viel Koffein enthält. Der überwiegende Teil der Ernte wird als Rohkaffee exportiert. Trotzdem hat sich eine eigene Kaffeekultur entwickelt. Die in den unterschiedlichen Klimaregionen wachsenden Kaffeebohnen wie Robusta, Arabica, Chari, Liberica oder Catimor werden zu einer einzigartigen Mischung verarbeitet. Dabei werden die Bohnen in einem langsamen, aromaschonenden Prozess unter Zugabe von geklärter Butter, Zucker und Vanille geröstet. So erhalten die Bohnen eine glänzende, harte Schale und ein starkes, kräftiges Aroma nach Karamell, rauchigem Leder und Gewürzen. Die Zubereitung erfolgt mittels eines von den Franzosen übernommenen Metallfilters, durch den der Kaffee langsam ins Glas tropft. Damit das Getränk nicht kalt wird, stellt man es in eine Schale mit heißem Wasser: Kaffeegenuss »old school«. Hinzu kommt süße Kondensmilch. Ende des 19. Jahrhunderts war diese ein Importschlager in Vietnam. Kuhmilch war dort unbekannt, die in Vietnam lebenden französischen Mütter wollten ihre Kinder aber wie im Heimatland mit Milch großziehen. Also verschickte man Kondensmilch auf die lange Reise in die Kolonie. Sie war natürlich auch der ideale Begleiter für den starken, aromatischen Kaffee. Mit Eiswürfeln gekühlt, entstand der Eiskaffee à la Vietnam, *ca phe sua da*. Zusätzlich reichte man Grüntee aus kleinen Tassen. Leider bekommt man heute nur noch in wenigen Cafés und auf ausdrückliche Bestellung den traditionellen Filterkaffee *ca phe phin*.

Hanoi

Hanoi ist die älteste noch existierende Stadt Südostasiens. Sechseinhalb Millionen Einwohner im Großraum Hanoi, kaum öffentlicher Nahverkehr, Fahrradrikschas, Millionen von Mopeds und inzwischen erstaunlich viele dicke SUVs prägen die Atmosphäre, die jeder Neuankömmling erst einmal als laut und chaotisch empfindet.

Die Stadt besteht aus vielen ganz unterschiedlichen Vierteln. Da ist die geschäftige Altstadt mit ihren 36 Gassen, von denen in alten Zeiten jede einer Handwerkszunft zugeordnet war. In einigen Straßen ist das heute noch sichtbar: Es gibt die Straße der Eisenwarenhändler, die der Apotheker oder die der Bambusleiterverkäufer. Hier befinden sich auch die meisten Hotels, sodass der erste Eindruck des Besuchers vom quirligen Leben in den schmalen Gassen bestimmt ist.

Der Hoan-Kiem-See mit seinem kleinen Tempel in der Mitte ist das Zentrum der Stadt. Das Leben beginnt hier gegen 6 Uhr morgens mit der kollektiven Morgengymnastik. Nach Einbruch der Dunkelheit treffen sich die jungen Pärchen am See, um der Enge der heimischen Wohnung zu entfliehen, und umrunden ihn auf ihren Mopeds in stetigem Fluss.

Südlich vom See beginnt das französische Viertel. Die Kolonialherren haben sich hier ihre eigene Stadt erschaffen, errichtet von französischen Architekten zu Beginn des 20. Jahrhunderts. In rechtwinklig angelegten Straßen und breiten Boulevards, die von alten, schattenspendenden Bäumen gesäumt sind, finden sich noch heute, zwischen modernen Neubauten versteckt, Zeugnisse der französischen Kolonialzeit: Wohnhäuser und Regierungsgebäude im Stil des französischen Art déco oder der Neoklassik Haussmann'scher Prägung.

Das Ho-Chi-Minh-Mausoleum im Westen der Altstadt entfaltet seinen Charme erst abends, wenn die Besucher und Touristen abgezogen sind. Sein silbern-rotes Licht hebt sich deutlich von der Dunkelheit der Nacht ab. Auf den weitläufigen Rasenflächen vor dem Mausoleum flanieren vietnamesische Familien.

Beim ersten Besuch in Hanoi hat man es schwer, die »großartigsten kulinarischen Geheimnisse Asiens« zu entdecken, zu denen ein Reiseführer die vietnamesische Küche zählt (*Lonely Planet Vietnam* 2012). Es entsteht fast der Eindruck, die Stadt lege es darauf an, diese Geheimnisse für sich zu behalten. Also bringen wir etwas Ordnung in das Chaos: Hanoi hat wie alle Städte Südostasiens eine lange Tradition des Essens auf der Straße. Trotzdem gab es hier über einen langen Zeitraum keine Straßenküche. Schon 1954, vor dem Abzug der französischen Besatzung, hatte sich die neue kommunistische Regierung Nordvietnams in einer Bodenreform nach sowjetischem Vorbild versucht. Die Folge waren Hungersnöte, die sich bis in die späten 1980er-Jahre hinzogen. In dieser Zeit des Mangels, der Rationierungen und des Schwarzhandels mit Lebensmitteln war öffentliches Essen praktisch unmöglich. Jeder versuchte, das, was er an Essbarem bekommen konnte, vor den Nachbarn geheim zu halten. Schon der Geruch eines gekochten Huhns konnte zur Denunziation bei der Polizei führen. Die wenigen öffentlichen Restaurants waren Parteikadern vorbehalten, Privatinitiative war ohnehin verboten. Erst mit der Durchsetzung der Doi-Moi-Reformen (deutsch »Erneuerung«) Ende der 1980er-Jahre konnte sich eine Privatwirtschaft entwickeln. Bald schossen die Suppenküchen und Grillstände wieder aus dem Boden, jeder Zentimeter Bürgersteig wurde belegt und es erblühte eine Esskultur, wie man sie in anderen Ländern kaum kennt.

Vietnamesen essen für ihr Leben gern und sind entsprechend den ganzen Tag damit beschäftigt. Der Tag beginnt mit der morgendlichen Nudelsuppe, der *pho*, dann gibt es ein paar frittierte Teigringe, etwas Obst mit Chili und Salz ... und schon ist es Mittag, Zeit für gegrillte *bun cha*. Den Nachmittag übersteht man mit ein paar Snacks, denn glücklicherweise beginnt das Abendessen schon gegen 17 Uhr, mit einem kühlen Bier und ein paar Kleinigkeiten im Biergarten Bia Hoi, gefolgt vielleicht von einem Hotpot und abgerundet von einer Crème Caramel. Die Menschen sitzen auf winzigen bunten Plastikhockern an niedrigen Plastiktischen, die überall auf den breiten Bürgersteigen stehen. Stäbchen und Servietten liegen bereit, das Essen kommt unaufgefordert und vor allem zügig, da es ohnehin nur ein Gericht gibt, das allerdings in einer ungeahnten Qualität und Perfektion. Man isst, genießt und zahlt, weil schon der nächste Gast auf einen freien Platz wartet.

GEGRILLTES SCHWEINEFLEISCH – bun cha

ZUBEREITUNGSZEIT
90 Minuten,
plus 3 Stunden Marinierzeit

ZUTATEN
400 g Schweinebauch
600 g Hackfleisch vom Schweinebauch
4 Schalotten
1 Bund frischer Schnittlauch
10 EL Fischsauce
10 EL Karamellsauce (Rezept siehe QR-Code)
4 EL Zucker
1 TL grob zerstoßener Pfeffer
1 grüne Papaya
1 Karotte
Salz
200 ml *nuoc cham* (siehe Seite 69)
200 g Reisnudeln *(bun)*
1 Kopfsalat
1 Bund frischer Koriander
1 Bund frische Rote Perilla
1 Bund frischer Vietnamesischer Koriander
1–2 Vogelaugen-Chilischoten (nach Geschmack)

Karamellsauce

Bun cha sind kleine Frikadellen und Fleischstücke aus Schweinefleisch, die über Holzkohle gegrillt werden. Man serviert sie mit Nudeln, Kräutern und einem Dip aus Limette und Papaya. Das Gericht lässt jeden Bewohner Hanois ins Schwärmen geraten. Der Dichter Thach Lam, der auch als einer der bekanntesten Gourmets der Stadt galt, schrieb: »Ein Hauch des herrlichen Grillgeruchs ist genug, um den Poeten in einem zu wecken. Da ist eine Wolke von blauem Rauch, die an einen Nebelschleier erinnert, der über einem Berghang liegt. Das Zischen eines kleinen Tropfens Fett, der auf die Glut fällt, ruft ein sehnsuchtsvolles Seufzen hervor …!« Noch heute genießt man *bun cha* am besten in einer Straßenküche, umgeben vom Geruch des Holzkohlengrills. Wichtig ist die Verwendung von Schweinebauch, um den Originalgeschmack zu erhalten.

Den Schweinebauch quer zur Faser in 2–3 mm dünne Scheiben schneiden. Diese halbieren, es sollten etwa 4 x 4 cm große Scheiben entstehen. Die Schalotten schälen und fein hacken. Den Schnittlauch waschen und in feine Röllchen schneiden. Zum Marinieren des Fleischs zwei flache Schüsseln bereitstellen. Jeweils die Hälfte der Schalotten und des Schnittlauchs und je 5 EL Fischsauce, 5 EL Karamellsauce, 2 EL Zucker sowie ½ TL Pfeffer hineingeben und alles verrühren. In eine Schale das Hackfleisch, in die andere die Fleischscheiben zu der Marinade geben und jeweils gründlich darin wenden. Mindestens 3 Stunden abgedeckt im Kühlschrank ziehen lassen.

Die grüne Papaya waschen und schälen, längs zerteilen, die Kerne entfernen und aus dem Fruchtfleisch zwei Längsstreifen mit knapp 1 cm Breite herausschneiden. Diese quer mit einem Sparschäler oder Gemüsehobel in dünne Scheibchen schneiden. (Die restliche Papaya zu einem Papayasalat verarbeiten.) Die Karotte schälen, längs halbieren und quer in dünne Scheibchen schneiden. Beides 30 Minuten mit etwas Zucker und Salz marinieren. Anschließend ausdrücken. Die *nuoc cham* in einer Schüssel mit 500 ml Wasser glatt verrühren. Die Karotten- und die Papayascheibchen dazugeben und alles vermischen.

Einen Holzkohlengrill anheizen. Die Reisnudeln nach Packungsanleitung kochen, abgießen und abkühlen lassen. Nicht kalt abschrecken, sie müssen zusammenkleben! Den Salat zerteilen, waschen und trocken schütteln, große Blätter zerpflücken. Die Kräuter waschen und trocken schütteln und die Blätter abzupfen. Die Chilischoten waschen und klein schneiden.

Die Fleischscheiben aus der Marinade nehmen und in einer dünnen Lage in ein Grillgitter legen. Aus dem Hackfleisch kleine Frikadellen formen und diese ebenfalls in ein Grillgitter legen. Das Fleisch über starkem Holzkohlenfeuer direkt über der Glut von beiden Seiten grillen.

Die kalten Reisnudeln mit einer Küchenschere in 2 cm lange Stücke schneiden.

Auf einer Platte die Nudeln, die Kräuter und die Salatblätter anrichten, auf einer zweiten das heiße Fleisch. Die Schüssel mit der Sauce und eine Essschale pro Person dazustellen. Nun schöpft man sich seine Schale halbvoll mit der Sauce, gibt Nudeln und das heiße Fleisch hinein und krönt alles mit Salat, Kräutern und Chilischoten.

SOMMERROLLEN – nem cuon / goi cuon

Zubereitungszeit
60 Minuten

Zutaten
100 g Reis-Fadennudeln
250 g Schweineschulter
Salz
1 EL Fischsauce
12 Garnelen, geschält und ohne Kopf (TK, aufgetaut)
1 Kopfsalat
je ½ Bund frische Kräuter (Koriander, Vietnamesischer Koriander, Vietnamesische Melisse etc.)
1 Packung Reispapierblätter (22 cm ø)

Sommerrollen sind ideales Fingerfood für Partys und Einladungen. Meist bestehen sie aus Garnelen, Schweinefleisch, Salat und Reisnudeln, die in Reispapier zu einer Rolle gewickelt werden. Im Norden Vietnams heißen sie *nem cuon*, im Süden *goi cuon*. Wenn man den Dreh erst einmal heraus hat, sind sie auch schnell zubereitet und die Füllung kann beliebig variiert werden. Hier der Klassiker.

Die Fadennudeln mit kochend heißem Wasser übergießen und bis zur Verwendung stehen lassen. Das Schweinefleisch abspülen und trocken tupfen.
In einem Topf 1 l Wasser zum Kochen bringen und mit einer Prise Salz und der Fischsauce würzen. Die Garnelen hineingeben. Den Topf sofort vom Herd nehmen und die Garnelen 3 Minuten gar ziehen lassen, mit einem Schaumlöffel herausnehmen und auf einen Teller legen.
Das Garnelenwasser erneut aufkochen, mit dem Schweinefleisch genauso verfahren, aber 20 Minuten ziehen lassen. Die Garnelen auf die Arbeitsfläche legen und mit einem Messer der Länge nach in je zwei Hälften teilen. Dabei den schwarzen Darm entfernen.
Den Salat waschen und trocken schütteln, große Blätter zerteilen und harte Blattrippen entfernen. Die Kräuter waschen und trocken schütteln, grobe Stängel entfernen.
Das Schweinefleisch aus dem Topf nehmen und zum Abkühlen in eine Schüssel mit kaltem Wasser legen. Die Fadennudeln gründlich abtropfen lassen und gebündelt in 6 cm lange Stücke schneiden. Das Schweinefleisch aus dem Wasser nehmen, trocken tupfen und in hauchdünne Scheiben schneiden.
Alle Zutaten bereitstellen und nach der Anleitung auf unserer Website (siehe QR-Code) zu einer festen Rolle wickeln.

Tipp: Wer möchte, kann die Rollen mit einem scharfen Messer diagonal halbieren, den überstehenden Reispapierrand abschneiden und sie aufrecht stehend auf einer Platte anordnen.
Als Dip reicht man dazu entweder die klassische *nuoc cham* (siehe Seite 69) oder eine Erdnusssauce (siehe QR-Code).

Die Sommerrollen der Madame Hien

»Madame Hien« heißt das 2009 eröffnete Restaurant von Mai Corlou in der Altstadt von Hanoi. Hier wird die traditionelle Straßenküche Vietnams in einem stilvollen Ambiente serviert. Mai Corlou entstammt einer alten Familie Hanois, in der man die überkommene Küchentradition Vietnams pflegt. Ihre Großmutter Ba Hien ist die Namenspatronin des Restaurants. Das Restaurant befindet sich in einer historischen Villa im Kolonialstil in der Altstadt Hanois. Sie wurde einst von einem französischen Architekten erbaut und war zeitweise Sitz der spanischen Botschaft.

SOMMERROLLEN MIT KURKUMA-ZITRONENGRAS-TOFU – nem cuon dau phu

Zubereitungszeit
60 Minuten,
plus 1 Stunde Ruhezeit

Zutaten
1 Block fester Tofu
2 Stängel Zitronengras
½ TL gemahlene Kurkuma
Salz
2 EL Fischsauce
1 Msp. gemahlener Pfeffer
8 EL Öl zum Braten
1 milde rote Zwiebel
1 mittelgroße Salatgurke
200 g Mungbohnensprossen
½ Salatkopf
½ Bund frischer Koriander
½ Bund frisches Thai-Basilikum
½ Bund frische Vietnamesische Minze (oder Nana-Minze)
100 ml *nuoc cham* (siehe Seite 69)
1 Packung Reispapierblätter (22 cm ø)

In diesem Rezept wird der Schweinebauch durch marinierten Tofu ersetzt.

Den Tofublock quer in der Mitte zerteilen. Das Zitronengras an beiden Enden kappen und sehr fein hacken. In einer Schüssel mit dem Kurkumapulver, einer Prise Salz, der Fischsauce und dem Pfeffer verrühren. Den Tofu gründlich in der Marinade wenden und 1–2 Stunden marinieren.

Anschließend den Tofu mit Küchenpapier gründlich abtupfen. In einer beschichteten Pfanne das Bratöl erhitzen und die beiden Tofustücke darin bei mittlerer Temperatur von beiden Seiten goldbraun braten. Herausnehmen, abkühlen lassen und zunächst in 0,5 cm dicke Scheiben, dann in 0,5 cm breite Streifen schneiden.

Die Zwiebel schälen, halbieren und in feine Halbringe schneiden. Die Gurke schälen, halbieren und mit einem Teelöffel die Kerne entfernen. Quer in 6 cm lange Stücke schneiden, diese wiederum in feine Stifte schneiden. Die Bohnensprossen waschen, abtropfen lassen und putzen. Den Salat waschen und grob zerteilen. Die Kräuter waschen, trocken schütteln und die Blätter abzupfen. Alles in einer Schüssel zusammen mit der *nuoc cham* vorsichtig vermischen. Die Arbeitsfläche vorbereiten, alle Zutaten bereitstellen und nach der Anleitung auf unserer Website (siehe QR-Code auf Seite 25) zu festen Rollen wickeln. Dabei in das untere Drittel des Reispapiers quer einen dicken Streifen Gemüse legen, darauf 4-6 Streifen Tofu.

Reisnudeln und -papier

Reis ist das Hauptnahrungsmittel in Asien und auch in Vietnam. Neben Nudeln kann man aus Reismehl auch das für Frühlings- und Sommerrollen unverzichtbare Reispapier herstellen. Es wird aus einem dünnflüssigen Reismehlteig hergestellt, der auf ein dampfdurchlässiges Baumwolltuch gestrichen wird. Von unten kommt heißer Wasserdampf, der den Teig zu einem hauchdünnen, weichen Fladen stocken lässt. Mit einem langen Holzspatel wird er dann abgehoben und zum Trocknen in der Sonne auf geflochtene Bambusmatten gelegt – daher das Muster auf dem Papier. Bei uns erhält man Reispapier in verschiedenen Größen im Asialaden. Ideal sind Blätter mit einem Durchmesser von 22 cm. Wenn man sie kurz durch warmes Wasser zieht und dann auf die Arbeitsplatte legt, sind sie schon nach wenigen Sekunden bereit zur weiteren Verwendung.

Hier ein weiteres Rezept

GEGRILLTER FISCH – cha ca la vong

ZUBEREITUNGSZEIT
60 Minuten,
plus 2–3 Stunden
Marinierzeit

ZUTATEN
2 daumengroße Stücke
 Galgant
1 TL gemahlene Kurkuma
½ TL Garnelenpaste
2 EL weißer Reisessig
4 EL Fischsauce
¼ TL gemahlener Pfeffer
1 Vogelaugen-Chilischote
 (nach Geschmack)
1 kg Filet von Pangasius,
 Heilbutt oder Seewolf
200 g Reisnudeln *(bun)*
1 Bund Frühlingszwiebeln
4 Schalotten
3 Bund frischer Dill
150 g geröstete Erdnüsse
 (Rezept siehe QR-Code)
500 ml Sonnenblumenöl
 zum Braten
200 ml *nuoc cham*
 (siehe Seite 69)

Mit Kurkuma und Galgant marinierter Fisch, der erst über Holzkohle gegrillt und dann frittiert wird. Man isst ihn mit Nudeln, Salat und frischem Dill. Als die Familie Doan um 1900 begann, in einer kleinen Straße in der Altstadt Hanois aus ihrer Vorliebe für gegrillten Fisch einen Beruf zu machen, konnte keiner ahnen, dass daraus einmal das bekannteste Gericht Hanois entstehen sollte.

Den Galgant schälen, reiben, in ein sauberes, festes Tuch geben und auspressen. Den Galgantsaft mit dem Kurkumapulver, der Garnelenpaste, dem Reisessig, der Fischsauce und dem Pfeffer in einer Schüssel zu einer glatten Marinade verrühren. Die Chilischote waschen, klein schneiden und dazugeben. Das Fischfilet unter fließend kaltem Wasser waschen, trocken tupfen und in etwa 6 x 6 cm große Stücke schneiden. Diese gründlich in der Marinade wenden und 2–3 Stunden marinieren. Einen Holzkohlengrill oder Elektrogrill anheizen. Die Reisnudeln nach Packungsanweisung kochen, abgießen und kalt abschrecken.
Die Frühlingszwiebeln waschen und in feine Streifen schneiden. Die Schalotten schälen und quer in feine Halbringe schneiden. Den Dill waschen, trocken schütteln und von den harten Stängeln befreien. Die gerösteten Erdnüsse grob hacken. Alles beiseitestellen. Den Backofen auf 70 °C vorheizen und darin eine Servierplatte vorwärmen. Die Fischstücke aus der Marinade nehmen, gut abtropfen lassen und mit Küchenpapier abtupfen. Ein aufklappbares Grillgitter gut einölen und den Fisch hineinlegen. Den Fisch dicht über kräftiger Holzkohlenglut von jeder Seite 2 Minuten grillen, bis die Außenseite leicht gebräunt, der Fisch aber noch nicht komplett durchgegart ist. Anschließend das Grillgitter mit beiden Seiten vorsichtig auf die Arbeitsplatte schlagen, damit sich die Fischstücke lösen. Das Gitter öffnen und die Stücke auf einen Teller legen. Wenn sie dabei etwas zerfallen, macht das nichts.
In einem Wok das Öl stark erhitzen und darin die Schalotten leicht braun frittieren. Auf Küchenpapier abtropfen lassen. Genauso mit den Frühlingszwiebeln und dem Dill verfahren. Die Fischstücke auf einen großen Schaumlöffel legen und über dem Wok mithilfe einer Suppenkelle mehrmals mit dem heißen Öl übergießen. Anschließend auf Küchenpapier abtropfen lassen.
Den Fisch auf der vorgewärmten Platte anrichten, mit den Schalotten, den Frühlingszwiebeln, dem Dill und zum Schluss mit den gehackten Erdnüssen bestreuen und mit den Reisnudeln und der *nuoc cham* zum Dippen servieren.

DIDIER CORLOU

Die fast zweieinhalb Kilometer lange Long-Bien-Brücke über den Roten Fluss wurde zu Beginn des 20. Jahrhunderts von französischen Architekten erbaut. Bis heute ist sie eine der markantesten Sehenswürdigkeiten Hanois. Nach Mitternacht kommen die Bauern vom gegenüberliegenden Ufer mit ihren Mopeds, voll beladen mit Gemüse, Früchten und Federvieh, über die Brücke, um den Hauptmarkt in der Altstadt zu bestücken.
Einen anderen Brückenschlag wagt der Franzose Didier Corlou. Er ist Vietnams Meister der exotischen Gewürze und hat es verstanden, eine Fusionsküche zu kreieren, die auf höchstem Niveau die französische Küchentradition mit vietnamesischen Zutaten, Gewürzen und Gartechniken verbindet, also »Fusion Food« mit historischen Wurzeln.

Hoi Ans geheimnisvolle Cao Lau

Hoi An liegt in der Mitte Vietnams an der Küste und war einst der größte Hafen Südostasiens. Durch die zunehmende Versandung verlor der Ort jedoch bereits im 18. Jahrhundert an Bedeutung. Diesem Niedergang hat Hoi An allerdings den Erhalt seines historischen Stadtbilds zu verdanken. Außerdem wurde die Altstadt Hoi Ans als einzige nicht im Vietnamkrieg zerstört. Sie gilt mit ihren Gebäuden im Stil südchinesischer Kleinstädte als gut erhaltenes Beispiel eines südostasiatischen Handelshafens und wurde deshalb 1999 von der UNESCO zum Weltkulturerbe erklärt.

Heute ist Hoi An neben der Halong-Bucht das Touristenziel Nr. 1 in Vietnam. Täglich strömen ganze Busladungen von Tagestouristen durch die historischen Gassen, deren Geschäfte sich mittlerweile dem Tourismus verschrieben haben. Trotzdem kann man die ursprüngliche Atmosphäre noch erleben: Ganz früh morgens erwacht die Stadt nur langsam, die Gassen sind noch leer, während die ersten Händler die hölzernen Läden ihrer Geschäfte öffnen. Nach Einbruch der Dunkelheit, wenn die Bustouristen weitergefahren sind, erfüllt ein wunderschönes Licht aus Hunderten von Lampions die Stadt. Jetzt setzt man sich in eine der Bars und genießt bei einem Cocktail die Atmosphäre.

GESCHMORTES SCHWEIN – cao lau hoi an

ZUBEREITUNGSZEIT
30 Minuten,
plus 2–3 Stunden Garzeit
und 4 Stunden Ruhezeit

ZUTATEN
1 kg Schweinerippchen
8 Schalotten
1 daumengroßes Stück Ingwer
6 Pfefferkörner
2 EL Fischsauce
2 Knoblauchzehen
2 EL helle Sojasauce
2 EL dunkle Sojasauce
½ TL Fünf-Gewürze-Pulver
1 EL Zucker
1 Msp. gemahlener Pfeffer
500 g Schweineschulter mit Schwarte
4 EL Öl zum Braten
250 g italienische Vollkorn-Linguine
3 Zweige frischer Koriander
3 Zweige frisches Thai-Basilikum
3 Zweige frische Vietnamesische Melisse
6 Blätter Kopfsalat
50 g Mungbohnensprossen
1 Limette
1 Vogelaugen-Chilischote
50 g frittierte Schweinehaut (aus dem Asialaden)
10 g frittierte Schalotten

Cao-lau-Nudeln gibt es nur in Hoi An. Und selbst dort stellen nur drei Familien diese besonderen Nudeln her. Das Rezept wird streng gehütet und von Generation zu Generation weitergegeben.
Die Legende sagt, dass zur Herstellung des Nudelteigs das Wasser eines bestimmten Brunnens und die Asche von Amaranth-Blättern verwendet werden müssen. Dies verleiht den Nudeln ihre gelbliche Färbung und ihren besonderen Geschmack. Der Reisteig wird dann in altertümlichen, mit Holz befeuerten Öfen gekocht, ausgewalzt und in dünne Nudeln geschnitten.
Dies ist ein Gericht, wie es in Hoi An in den Markthallen serviert wird: Das Fleisch wird mariniert und nach der chinesischen *char-siu*-Methode mit Fünf-Gewürze-Pulver und Sojasauce gekocht. Original *cao-lau*-Nudeln sind bei uns nicht zu bekommen. Als Ersatz bieten sich italienische Vollkorn-Linguine mit rauer Oberfläche an.

Die Schweinerippchen gründlich unter fließend lauwarmem Wasser abwaschen. Mit 2 l kaltem Wasser aufsetzen, aufkochen, abschäumen und dann bei niedriger Temperatur köcheln lassen.
Vier der Schalotten säubern und mit Schale halbieren. Den Ingwer unter fließend lauwarmem Wasser gründlich abbürsten und halbieren. Alles in ein Grillgitter geben und über einer Gasflamme grillen, bis die Außenhaut schwarz ist. (Alternativ in einer Pfanne rösten.) Das Gemüse nach dem Abkühlen mit einer Wurzelbürste unter fließendem Wasser gründlich abbürsten, um die schwarzen Stellen zu entfernen. Die Schalotten und den Ingwer zusammen mit den Pfefferkörnern in die Brühe geben und alles 2–3 Stunden sanft köcheln lassen. Die Brühe durch ein Sieb abseihen, dann die Fischsauce einrühren.
Während die Brühe kocht, für die Marinade die restlichen Schalotten und den Knoblauch schälen und fein hacken. Mit der hellen und der dunklen Sojasauce, dem Fünf-Gewürze-Pulver, dem Zucker und dem Pfeffer in einer Schüssel verrühren. Die Schweineschulter gründlich in der Marinade wenden und dann 3–4 Stunden unter mehrmaligem Wenden marinieren. Anschließend das Fleisch herausnehmen, abtropfen lassen und mit Küchenpapier trocken tupfen.
Das Bratöl in einem Schmortopf erhitzen und das Fleisch darin von allen Seiten anbraten. Die Marinade sowie 2 Kellen von der Fleischbrühe angießen. Das Fleisch bei niedriger Temperatur schmoren, bis es weich ist. Abkühlen lassen und in dünne Scheiben schneiden. Die Schmorflüssigkeit aufheben.
Die Linguine nach Packungsanleitung kochen. Vier Suppenschalen vorwärmen. Die Kräuter waschen und die Blätter von den Stängeln zupfen. Die Salatblätter waschen und zerpflücken. Die Mungbohnenkeimlinge waschen und trocken schütteln. Die Limette achteln. Die Chilischote waschen und klein schneiden.
Die Schmorflüssigkeit wieder erwärmen. Die Nudeln auf die vorgewärmten Suppenschalen verteilen. Mit Salat und Kräutern bestreuen und einige Scheiben Schweinefleisch darauflegen. Dann noch einige Mungbohnenkeimlinge darauf verteilen. Nur so viel von der Schmorflüssigkeit über jede Portion gießen, dass alle Zutaten benetzt werden.
Zum Schluss jede Portion mit etwas Schweinekruste und frittierten Schalotten bestreuen und mit einer Limettenspalte und klein gehackten Chilischoten servieren.

SANDWICH À LA VIETNAM – banh mi

Zubereitungszeit
15 Minuten

Zutaten
2 Karotten
1 EL Zucker
1 Msp. Salz
1 kleine Gurke
1 Bund frischer Koriander
2–4 Baguettebrötchen
4 EL grobe Schweinepastete
4 Scheiben Fleischwurst (Lyoner, 0,5 cm dick)
2 Scheiben gegrilltes Bauchfleisch (0,5 cm dick)
nuoc cham (siehe Seite 69)
Chilisauce

Die Karotten schälen, grob raspeln oder in feine Stifte schneiden und mit dem Zucker und dem Salz 15 Minuten marinieren. Anschließend gründlich ausdrücken. Die Gurke schälen, von den Kernen befreien und in feine Streifen schneiden. Den Koriander waschen, trocken schütteln und die Blätter abzupfen.
Die Baguettebrötchen kurz auf dem Toaster aufbacken und dann von einer Seite der Länge nach aufschneiden, ohne die Hälften komplett zu trennen. Je eine Seite mit der Schweinepastete bestreichen.
Die Lyoner und das Bauchfleisch in schmale Streifen schneiden und auf die Brötchen verteilen. Gurkenstreifen, Karottenstifte und Korianderblätter daraufgeben. Alles mit *nuoc cham* und Chilisauce beträufeln – und schon bekommt man eine Vorstellung, welcher Genuss einen in Vietnam an jeder Straßenecke erwartet.

Tipp: Eine leckere Variante ist, das Fleisch und die Wurst durch ein kleines Omelett zu ersetzen.

Banh Mi

In Europa isst man Brot, in Asien isst man Reis! Was soll man also davon halten, wenn einem in Vietnam an jeder Ecke frisch gebackenes, knuspriges Baguette begegnet, das jeder französischen Boulangerie zur Ehre gereichen würde? Nun, hier handelt es sich wieder einmal um ein Erbe der Franzosen! Da die Vietnamesen ihre Speisen aber gern dem eigenen Geschmack anpassen, wird auch der Brotteig mit etwas Reismehl versetzt, was ihn luftiger macht.

Das passende Brot ermöglichte die Erfindung eines Snacks, der es mit jedem Sandwich aufnehmen kann! Überall im Land findet man kleine mobile Stände, die diese Baguettespezialität für wenig Geld zubereiten. Ein Baguette wird in einem unter der Arbeitsfläche verborgenen Holzkohleofen aufgebacken. Dann wird es der Länge nach aufgeschnitten und mit einer hausgemachten Schweinepastete bestrichen. Darauf kommen Scheiben von kross gegrilltem Schweinebauch und vietnamesischer Mortadella. Gurkenstreifen und eingelegtes Karotten-Rettich-Gemüse geben Frische, diverse hausgemachte Saucen machen es saftig. Zum Schluss kommt noch eine Handvoll frischer Kräuter hinein ... fertig ist der köstliche vietnamesische Snack, der zum Mitnehmen nur noch in Zeitungspapier eingewickelt werden muss. Sehr originell ist übrigens die Variante mit dem französischen Schmelzkäse »La vache qui rit«, den es in Vietnam überall gibt.

BANANENBLÜTENSALAT – nom hoa chuoi

ZUBEREITUNGSZEIT
70 Minuten

ZUTATEN
1 Sternfrucht (Karambole)
Salz
1 TL Zucker
1 Hähnchenbrustfilet
Saft von 1 Zitrone
1 Bananenblüte
100 g Mungbohnensprossen
80 g geröstete Erdnüsse (Rezept siehe QR-Code Seite 28)
1 Bund frischer Vietnamesischer Koriander *(rau ram)*
100 ml *nuoc cham* (siehe Seite 69)
2 EL geröstete Sesamkörner
Saft von 1 Limette
1 Vogelaugen-Chilischote
etwas Fischsauce (nach Geschmack)

Bananenblütensalat ist typisch für die Art, wie Vietnamesen Salate zusammenstellen: rohes Gemüse, gegrilltes Fleisch und Kräuter. Das Dressing besteht aus Limette, Zucker und Fischsauce und enthält kein Öl. Zur Geschmacksentfaltung braucht man es nicht, weil das Fett des gegrillten Fleischs als Geschmacksträger dient.

Die Sternfrucht unter fließendem Wasser waschen, mit Küchenpapier trocknen und in dünne Scheiben schneiden. Diese in einer Schale mit einer Prise Salz und dem Zucker 15 Minuten marinieren.
Die Hähnchenbrust unter fließendem Wasser waschen und mit Küchenpapier trocken tupfen.
In einem Topf 500 ml Wasser mit 1 TL Salz zum Kochen bringen und die Hühnerbrust hineinlegen. Die Temperatur reduzieren und alles 15 Minuten köcheln lassen, bis das Fleisch gar ist. Herausnehmen und zum Abkühlen in eine Schüssel mit kaltem Wasser legen.
Das Hühnerfleisch mit den Fingern oder einem kleinen Küchenmesser längs der Faser in feine Streifen zerteilen. Nicht glatt schneiden, es sollen grobe, längliche Stücke entstehen, die von Größe und Textur harmonisch in den Salat passen. Eine große Schüssel mit kaltem Wasser bereitstellen und den Zitronensaft hineingeben. Die Bananenblüte von den äußeren Blättern befreien. An Spitze und Strunk je 1 cm abschneiden. Nun eines nach dem anderen die Blütenblätter abzupfen und sofort ins Zitronenwasser legen (an der Luft verfärben sie sich unappetitlich schwarz). Die Blütenstempel entfernen. Zum Abnehmen der Blätter immer wieder am Strunk nachschneiden. Die letzten zarten, kleinen Blätter beisammenlassen und die bereits abgezupften und gewässerten Blätter wieder so darumlegen, dass die ursprüngliche Blütenform wiederhergestellt wird. Die Blüte mit einem scharfen Messer oder einem Gemüsehobel quer in hauchdünne Ringe schneiden und diese sofort wieder in das Zitronenwasser legen. Nach etwa 15 Minuten das Wasser abgießen und die Blütenringe unter fließendem Wasser abspülen.
Die Mungbohnensprossen waschen und bei Bedarf putzen. Die Erdnüsse grob hacken. Den Vietnamesischen Koriander waschen, trocken schütteln und die Blätter abzupfen.
Die gut abgetropften Bananenblüten mit den Mungbohnensprossen, den gehackten Erdnüssen, den Korianderblättern, der Sternfrucht und der Hähnchenbrust vermischen. Die *nuoc cham* über den Salat geben. Alles nochmals vermischen und 10–15 Minuten ziehen lassen, bis der Geschmack sich voll entfaltet, dann auf Tellern anrichten und mit den Sesamkörnern bestreuen. Nach Bedarf mit Limettensaft, Fischsauce und gehackter Chili nachwürzen. Mit Jasminreis servieren.

KRÄUTER

Hoi Ans Kräutergarten befindet sich im Westen der Stadt. Tra Que heißt die kleine Gemeinde, die sich ganz dem Anbau von Kräutern und Salaten verschrieben hat. Hier werden unter anderem die wichtigsten Kräuter für die vietnamesische Küche angebaut.

Vietnamesischer Koriander – *rau ram*
Ein Kraut mit einem speziellen, etwas pfeffrigen Geschmack und einem leichten Korianderaroma, das ausgezeichnet zu Salaten und Fisch passt. Neben Koriander das meistverwendete Kraut in Vietnam.

Koriander – *rau ngo*
Vielfach auch als »chinesische Petersilie« bezeichnet, hat frischer Koriander diese Bezeichnung eher seiner optischen als einer geschmacklichen Ähnlichkeit zu verdanken. Der Geschmack ist frisch, grün, würzig und zitronig. In Thailand verwendet man in vielen Gerichten die weißen Wurzeln des Krauts. In Asialäden bekommt man Koriander daher meist mit Wurzeln.

Langer Koriander – *rau mui tau*
Er hat lange, leicht fleischige Blätter und einen gezackten Rand und ist eigentlich nicht mit Koriander verwandt, schmeckt aber etwas danach. Man verwendet ihn für den Kräuterteller der *pho bo* oder, mit einer Schere klein geschnitten, in vielen Salaten.

Thai-Basilikum – *rau hung que*
Thai-Basilikum hat violette Stängel und grüne, spitz zulaufende Blätter. In Vietnam ist es immer ein Bestandteil des Kräutertellers, speziell auch für die Reisnudelsuppe *pho bo*. Es ist durch das uns bekannte Basilikum keinesfalls zu ersetzen, da es ein ganz eigenes, etwas an Anis und Gewürznelken erinnerndes Aroma besitzt.

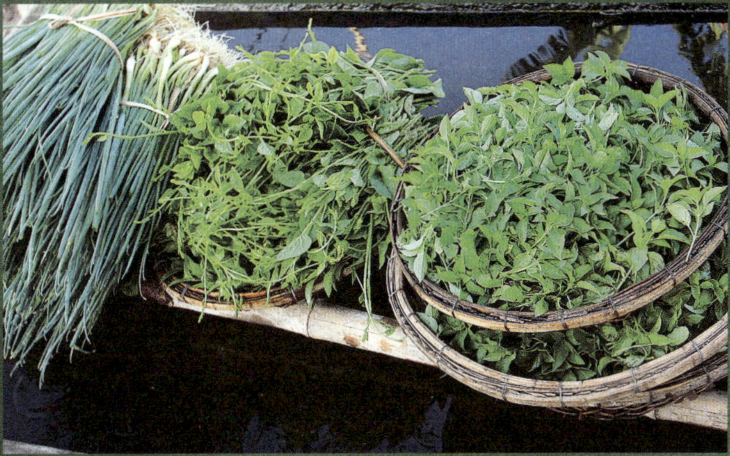
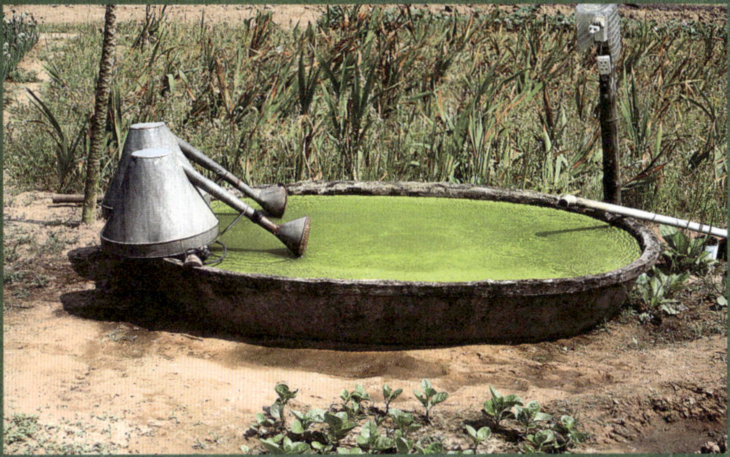
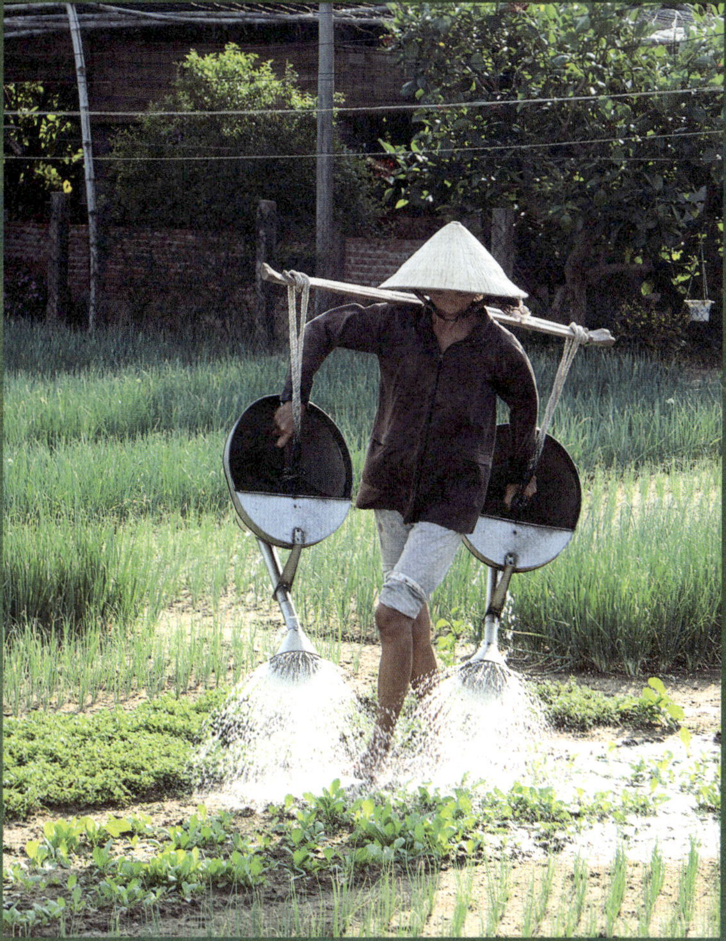
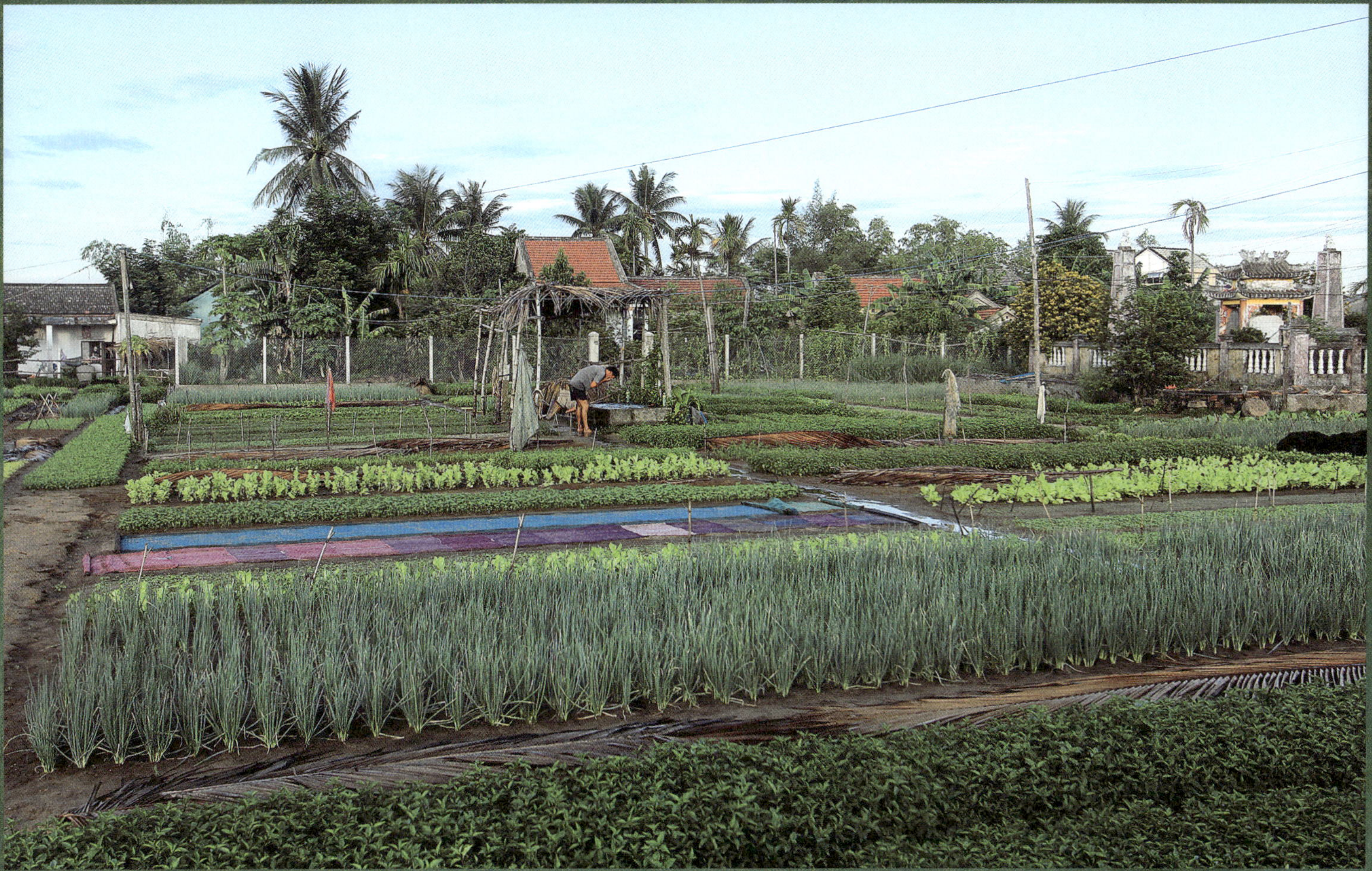

REISNUDELSUPPE MIT HUHN – pho ga

ZUBEREITUNGSZEIT
50 Minuten,
 plus ca. 2 Stunden Garzeit

ZUTATEN
1 ganzes Hühnchen
 (aus Freilandhaltung)
1 Packung Reisnudeln
 (banh pho kho)
2 daumengroße Stücke Ingwer
2 Schalotten
1 Bund frischer Koriander
1 Bund frischer
 Langer Koriander
1 Bund frisches Thai-
 Basilikum
1 Frühlingszwiebel
100 g Mungbohnensprossen
1 Limette
1 Vogelaugen-Chilischote
grob zerstoßener Pfeffer
30 g Kandiszucker
Salz
4 EL Fischsauce

Das Hühnchen unter fließendem Wasser gründlich von außen und innen waschen. In einem ausreichend großen Topf 3 l Wasser zum Kochen bringen. Das Hühnchen hineinlegen, die Flüssigkeit kurz aufkochen lassen und alles 30–45 Minuten bei niedriger Temperatur mit geschlossenem Deckel köcheln lassen. Dabei entstehenden Schaum immer wieder abschöpfen.

Die Reisnudeln in warmem Wasser einweichen. Den Ingwer und die Schalotten säubern und mit Schale in ein Grillgitter legen. Über einem Holzkohlenfeuer oder einer Gasflamme grillen, bis die Außenhaut schwarz ist.

Das gegrillte Gemüse mit einer Wurzelbürste unter fließendem Wasser gründlich abbürsten, bis die schwarzen Stellen verschwunden sind. Beiseitestellen.

Das Hühnchen aus dem Topf herausnehmen und unter fließend kaltem Wasser gründlich abspülen. Auf einem Teller abkühlen lassen. Anschließend das Fleisch vom Knochen lösen, dabei die Brustfilets mit Haut ganz lassen.

Die Karkasse und die Knochen wieder zurück in den Topf geben. Die Brühe erneut aufkochen, den Ingwer und die Schalotten hinzugeben und alles mit geschlossenem Deckel etwa 1 ½ Stunden köcheln lassen.

Die Brustfilets mit Haut quer in dünne Scheiben schneiden. Diese auf einen Teller schichten und abdecken. Das Keulen- und Rückenfleisch für einen Salat verwenden. Für den Beilagenteller die Kräuter waschen und trocken schütteln. Den Koriander in Stücke zupfen, den Langen Koriander quer mit einer Schere in Streifen schneiden und die Blätter des Thai-Basilikums abzupfen. Alles auf einen Teller schichten. Die Frühlingszwiebel waschen, quer in Ringe schneiden und zu den Kräutern legen. Die Mungbohnensprossen waschen, putzen und auch auf dem Teller anrichten. Die Limette achteln. Die Chilischote fein hacken und zusammen mit dem gestoßenen Pfeffer ebenfalls auf einen Teller legen.

Im Ofen vier Suppenschalen vorwärmen. Wenn die Brühe fertig ist, mit einem Schaumlöffel die Knochen herausnehmen und die Flüssigkeit durch ein Haarsieb gießen. Den Topf reinigen und die Brühe wieder hineingeben. Mit dem Kandiszucker, Salz und der Fischsauce würzen. Erneut aufkochen.

Die Reisnudeln abtropfen lassen und portionsweise in kochendem Wasser 10–15 Sekunden weich garen. Auf die vorgewärmten Suppenschalen verteilen. Das Hühnerfleisch auf den Nudeln verteilen. Die Schalen mit heißer Brühe auffüllen und die Suppe mit dem Beilagenteller und Fischsauce servieren. Jeder Gast kann jetzt individuell Kräuter, Sprossen und Chilischoten dazugeben und mit Limettensaft, Fischsauce und grob zerstoßenem Pfeffer würzen.

PHO GA IN SAIGON

Morgens um sieben füllt sich die Suppenküche in der 148 Vo Thị Sau in Saigon langsam mit hungrigen Gästen. Serviert wird *pho ga*, die kleine Schwester der berühmten *pho bo*. Sie ist leichter und feiner: ideal als Suppe zum Frühstück. In der offenen Küche brodelt die Brühe in großen Töpfen. Die Köchin füllt eine Suppenschale mit frischen Reisnudeln, ein Stück gekochtes Huhn wird klein geschnitten oder zerzupft auf die Nudeln gelegt. Darüber kommt ein großzügiger Schöpflöffel heiße Brühe. Jetzt wird die dampfende Schale zusammen mit einem Teller Kräutern und Bohnensprossen serviert. Fischsauce, Limettenspalten und scharfe Chilischoten stehen bereit.

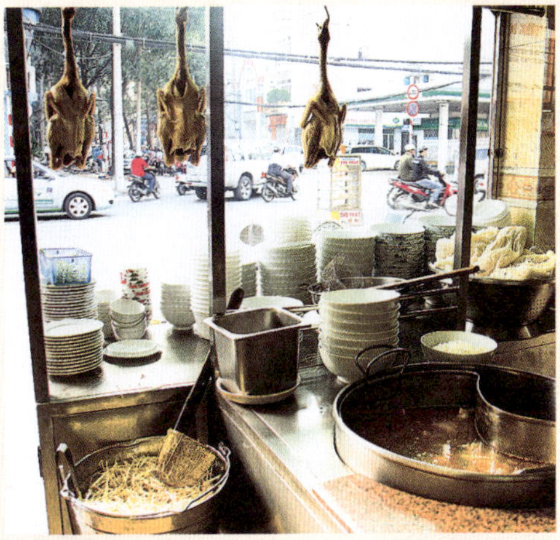
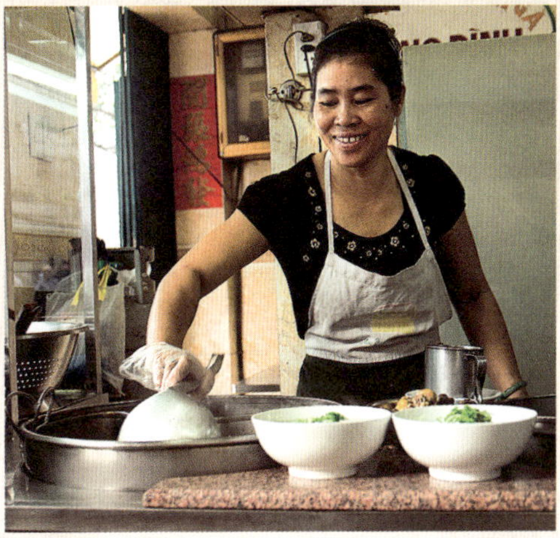
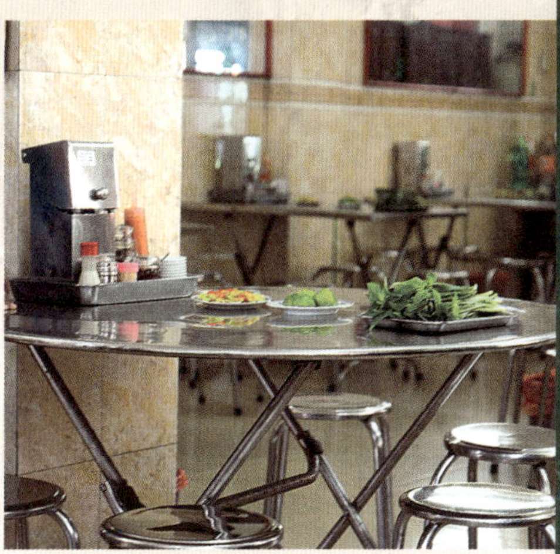
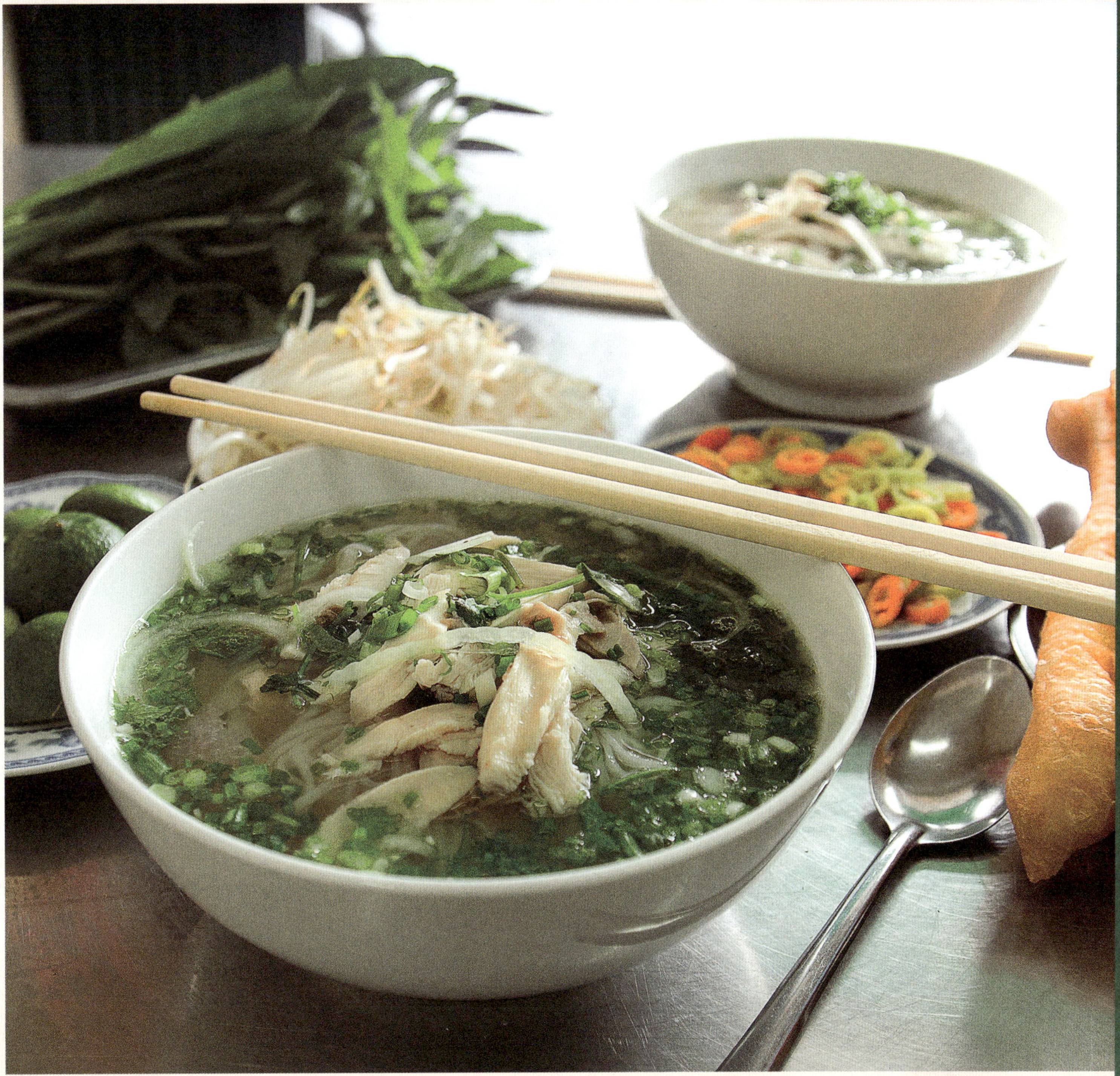

CHỢ BÌNH TÂY
QUYẾT TÂM THỰC HIỆN TỐT
CÔNG TÁC PHÒNG CHÁY CHỮA CH
VEDAN
Nêm đậm đà, thêm gắn bó

684
HOÀNG ANH
LIÊN

SAIGON

Ho-Chi-Minh-Stadt oder Saigon, was ist richtig? Vor der Besetzung durch die Vietnamesen im 17. Jahrhundert hieß die Stadt Prey Nokor und war Teil des Khmer-Reichs. Die Vietnamesen nannten sie Gia Dinh, die Franzosen machten im 19. Jahrhundert daraus Saigon. Nach dem Sieg über die Amerikaner wurde Saigon 1976 nach dem Präsidenten und Übervater der vietnamesischen Revolution Ho Chi Minh benannt. Heute werden beide Namen problemlos nebeneinander verwendet.

Das Klima in Saigon ist tropisch und anders als im 1200 km entfernten Hanoi sinkt die Temperatur niemals unter 28 °C. Auch das Leben hier unterscheidet sich von dem in der Hauptstadt: Hanoi, ursprünglich Beamtenstadt, in der sämtliche Parteimitglieder ihre Karriere begannen, ist heute das kulturelle und intellektuelle Zentrum Vietnams. Saigon hingegen steht für Wirtschaftskraft, schnelles Wachstum und westlichen Lebensstil.

Trotzdem, oder vielleicht gerade deshalb, hat sich in Saigon eine unglaublich vielfältige Street-Food-Kultur entwickelt. Gerichte aus allen Landesteilen finden sich in den Straßenküchen, oft versehen mit dem Zusatz »Saigon-Stil«, der eine leichte Anpassung an den Geschmack der Südvietnamesen verspricht. So ist zum Beispiel die *pho bo* in Saigon stärker gewürzt, süßer und schärfer.

Wer die Stadt das erste Mal besucht, geht natürlich zum Zentralmarkt, dem Cho Ben Tanh im Herzen des ersten Distrikts. In den dortigen Street-Food-Küchen bekommt man schon einen ersten Eindruck von der Küche Saigons. Wer es authentischer und mit weniger Touristentrubel mag, besucht etwas außerhalb der Innenstadt die kleineren Märkte wie den Cho Tan Dinh. Hier kann man sehen, wie die Einheimischen ihre täglichen Einkäufe tätigen: Vietnamesische Hausfrauen kaufen die Zutaten für ihre Mahlzeiten jeden Tag frisch!

Saigons Sehenswürdigkeiten befinden sich ziemlich konzentriert im ersten Distrikt, dem Zentrum der Stadt. Die vornehme Einkaufsmeile Dong Khoi, ehemals Rue Catinat, die in rotem Backstein erbaute Kathedrale, die Museen und Pagoden kann man ohne Stress an einem Tag besichtigen. Die meisten Besucher fahren dann weiter ins Mekong-Delta, ohne die kulinarischen Reize Saigons kennengelernt zu haben. Doch erst in der unglaublichen Vielfalt ihrer Suppenküchen, Straßengrills, kleinen Cafés und quirligen Märkte entfaltet die Stadt ihr wahres Leben. Vietnamesen leben, um zu essen, und über das Essen definiert sich auch ein Großteil ihrer Kultur. Wer mit Vietnamesen ins Gespräch kommen will, redet am besten über ihre Esskultur, über Rezepte und darüber, wo man am besten essen kann. Die meisten warten dann noch mit einem alten Familienrezept auf, über das sie ins Schwärmen geraten.

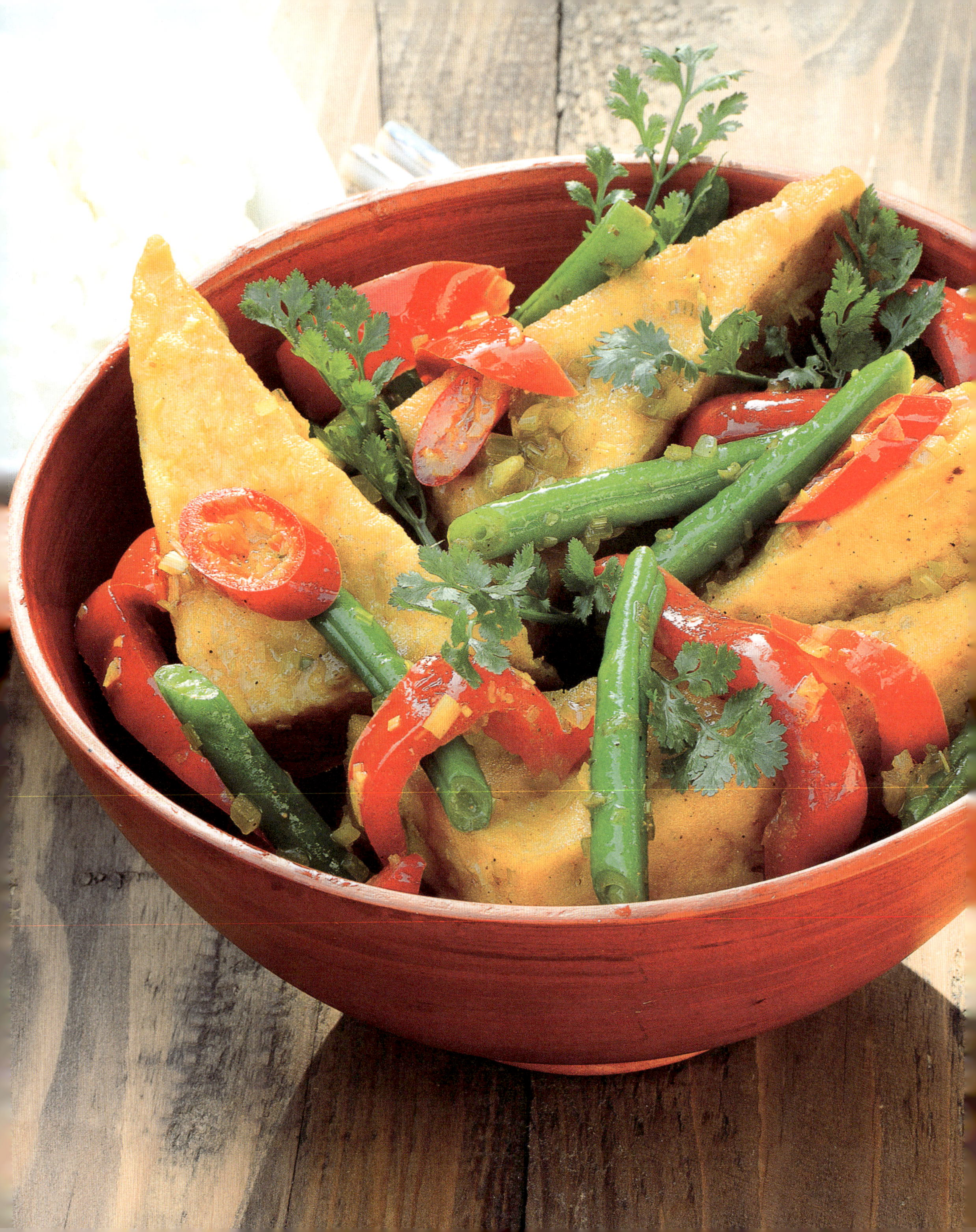

TOFU MIT ZITRONENGRAS – dau phu xao xa ot

Zubereitungszeit
35 Minuten

Zutaten
1 Block fester Tofu
Salz
Frittieröl
1 mittelgroße Zwiebel
1 große Chilischote
1 Stängel Zitronengras
1 rote Paprikaschote
12 grüne Bohnen
2 EL Öl zum Braten
½ TL Zucker
1 TL Currypulver
100 ml Kokosmilch
2 EL Fischsauce
3–4 Zweige frischer Koriander

Tofu wird zunächst frittiert und dann mit Zitronengras, roter Paprika und grünen Bohnen in Kokosmilch geschmort. Tofu selbst ist ziemlich geschmacksneutral, nimmt dadurch aber gut Aromen auf. Hier ist es das Zitronengras, das ihn zum Geschmackserlebnis werden lässt. Das Ganze wird noch abgerundet durch einen Schuss Kokosmilch. Um dieses fast vegetarische Rezept zu einem ganz vegetarischen zu machen, ersetzt man die Fischsauce durch Sojasauce. Anstelle der Bohnen passen auch gut grüne Erbsen oder grüner Spargel.

Den Tofublock quer halbieren. Die beiden Stücke aufeinanderlegen und kreuzweise vierteln. Jedes der nun erhaltenen acht Stücke diagonal teilen, sodass man 16 Dreiecke erhält. In einer Schüssel 1 TL Salz in 400 ml kochend heißem Wasser auflösen und den Tofu hineinlegen. 15 Minuten ziehen lassen, dann das Wasser abgießen und die Tofustücke auf zwei Lagen Küchenpapier legen. Mit weiteren zwei Lagen bedecken und den Stapel mit einem Teller beschweren. Den Tofu 15 Minuten stehen lassen, um ihn zu entwässern.

Das Frittieröl erhitzen, bis an einem hineingesteckten Holzstäbchen Bläschen aufsteigen. Die Tofustücke gut trocken tupfen und vorsichtig mit einem Sieblöffel in das heiße Öl gleiten lassen. Vorsicht, Spritzgefahr! Darauf achten, dass die Tofustücke nicht aneinanderkleben. Den Tofu hellbraun frittieren, dann mit dem Sieblöffel herausnehmen und auf Küchenpapier abtropfen lassen. Auf einen Teller legen, mit Frischhaltefolie abdecken und beiseitestellen.

Die Zwiebel schälen und fein hacken. Die Chilischote aufschneiden, entkernen und fein schneiden – dazu am besten Handschuhe tragen. Das obere und untere Ende des Zitronengrasstängels kappen. Den Stängel der Länge nach vierteln und quer in feine Stücke schneiden. Nach Bedarf noch fein hacken. Die Paprikaschote waschen, aufschneiden, entkernen und in schmale Spalten schneiden. Die Bohnen waschen, putzen und mit diagonalen Schnitten auf die Länge der Paprikastreifen kürzen.

In einer beschichteten Pfanne das Bratöl erhitzen und darin bei mittlerer Temperatur die Zwiebeln, die Chilischote und das Zitronengras anbraten, bis alles beginnt zu duften. Nicht braun werden lassen! Die Bohnen und die Paprikaspalten untermischen, alles salzen und 2 Minuten unter Rühren braten, bis das Gemüse gerade eben weich ist. Den Tofu untermischen. Den Zucker mit dem Currypulver vermischen und dann zu der Tofu-Gemüse-Mischung geben. Alles unter Rühren weitere 45 Sekunden braten, bis der Tofu erwärmt ist und die Würzmischung aufgenommen hat. Die Kokosmilch und die Fischsauce dazugeben und die Mischung noch 2–3 Minuten köcheln lassen.

Den Koriander waschen, die Blätter abzupfen und das Gericht damit bestreuen. Mit Jasminreis servieren.

Tipp: Der frittierte Tofu hält sich im Kühlschrank bis zu 5 Tage.

GEGRILLTES HÜHNCHEN MIT LIMETTENBLATT – ga nuong la chanh

Zubereitungszeit
40 Minuten,
   plus 2 Stunden Ruhezeit

Zutaten
12 Holzspieße zum Grillen,
   20 cm oder länger
6 Hähnchenschenkel, entbeint
2 Schalotten
30 Kaffirlimettenblätter
   (TK, aus dem Asialaden)
3 EL Fischsauce
½ TL gemahlene Kurkuma
½ TL gemahlener Pfeffer
2 EL Sonnenblumenöl
½ Kopfsalat
1 Bund frischer Koriander
1 Limette
1–2 Vogelaugen-Chilischoten
   (nach Geschmack)
1 TL grob zerstoßener Pfeffer
200 ml *nuoc cham*
   (siehe Seite 69)

Das zitronig frische Aroma der Limettenblätter verbindet sich hier mit dem kräftigen Grillaroma des Hühnchens. Dieses Gericht aus der Straßenküche ist, begleitet von einem Salat und einem frischen Weißwein, ideal für einen Sommerabend. Limettenblätter wird man bei uns kaum bekommen, als Alternative bieten sich die thailändischen Kaffirlimettenblätter an, die man, meist tiefgefroren, im Asialaden erhält. Sie haben ein etwas kräftigeres Aroma.

Die Holzspieße in warmem Wasser einweichen. Das Hühnerfleisch in mundgerechte Stücke schneiden. Die Schalotten schälen und fein hacken. Die Kaffirlimettenblätter waschen und mit Küchenpapier trocknen. 24 schöne Blätter beiseitelegen, die restlichen in der Mitte zusammenfalten, von der Blattrippe befreien und mit einer Schere in feinste Streifen schneiden.

Das Hühnerfleisch in einer Schale mit den gehackten Schalotten, den Kaffirlimettenblätterstreifen, 3 EL Fischsauce, der gemahlenen Kurkuma, dem gemahlenen Pfeffer und dem Öl gut vermischen. Mindestens 2 Stunden abgedeckt im Kühlschrank marinieren.

Einen Holzkohlen- oder Elektrogrill vorheizen. Für den Kräuterteller den Salat in Blätter zerteilen und diese mit kaltem Wasser waschen. In einem Handtuch oder einer Salatschleuder trocknen. Den Koriander waschen, trocken schütteln und in mundgerechte Stücke zerteilen. Beides auf einer Servierplatte anrichten. Die Limette achteln, die Chilischote(n) aufschneiden, entkernen und fein hacken.

Die Hühnchenstücke aus der Marinade nehmen, jedes Stück so weit wie möglich mit einem Kaffirlimettenblatt umwickeln und auf einen Holzspieß stecken. Je nach Größe des Spießes haben sechs bis acht Stücke Platz. Wenn die Blätter zum Umwickeln zu klein sind, diese halbieren und abwechselnd mit dem Fleisch auf die Spieße stecken.

Die Spieße über dem Grill gar grillen, dabei immer wieder wenden. Mit dem Kräuterteller, den Limettenachteln, der Chilischote, dem groben Pfeffer und der *nuoc cham* servieren. Dazu passt Jasminreis.

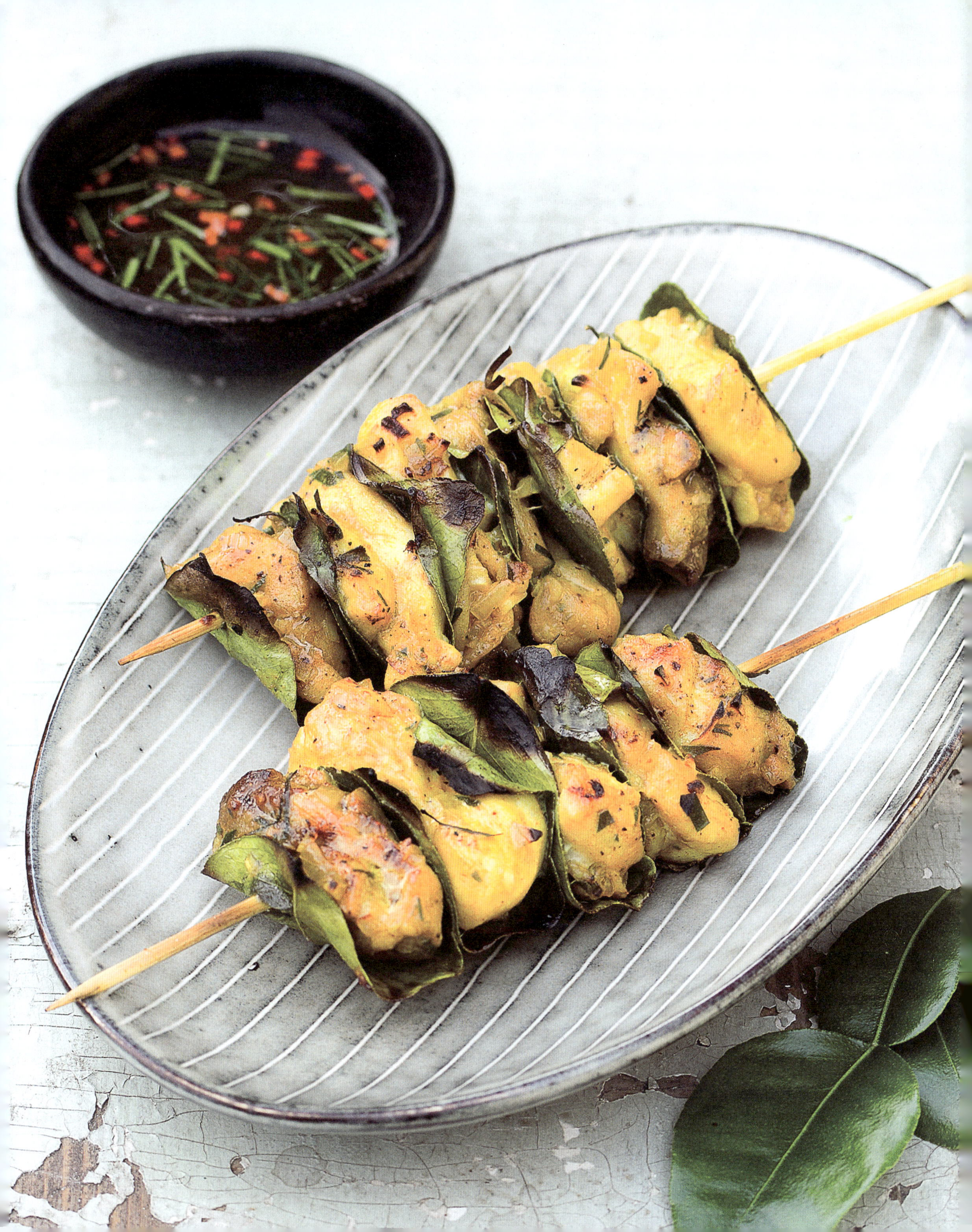

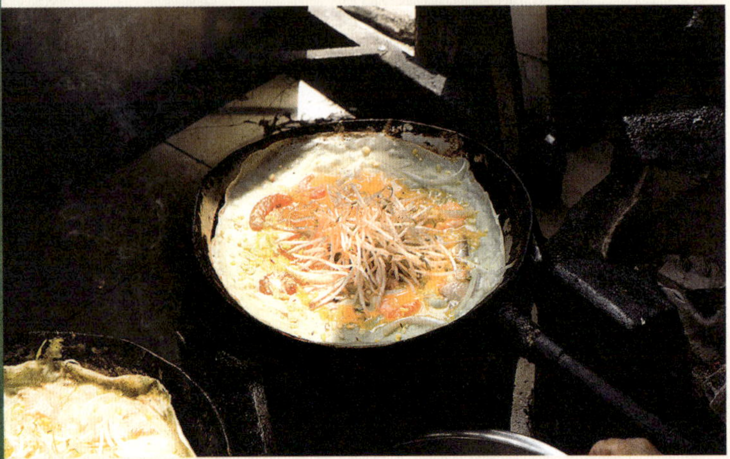
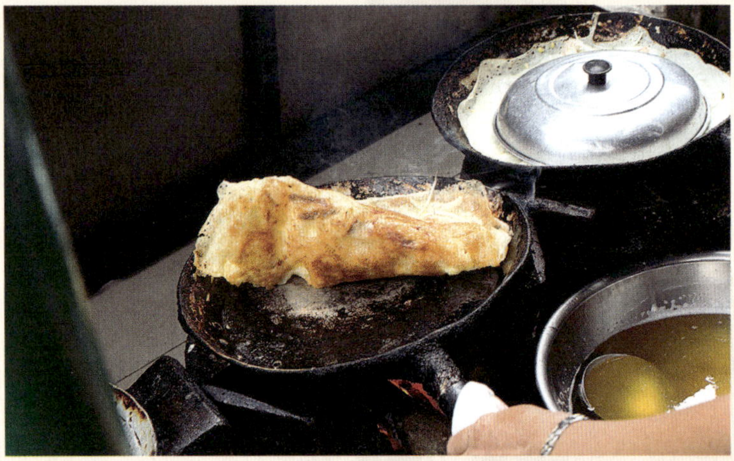
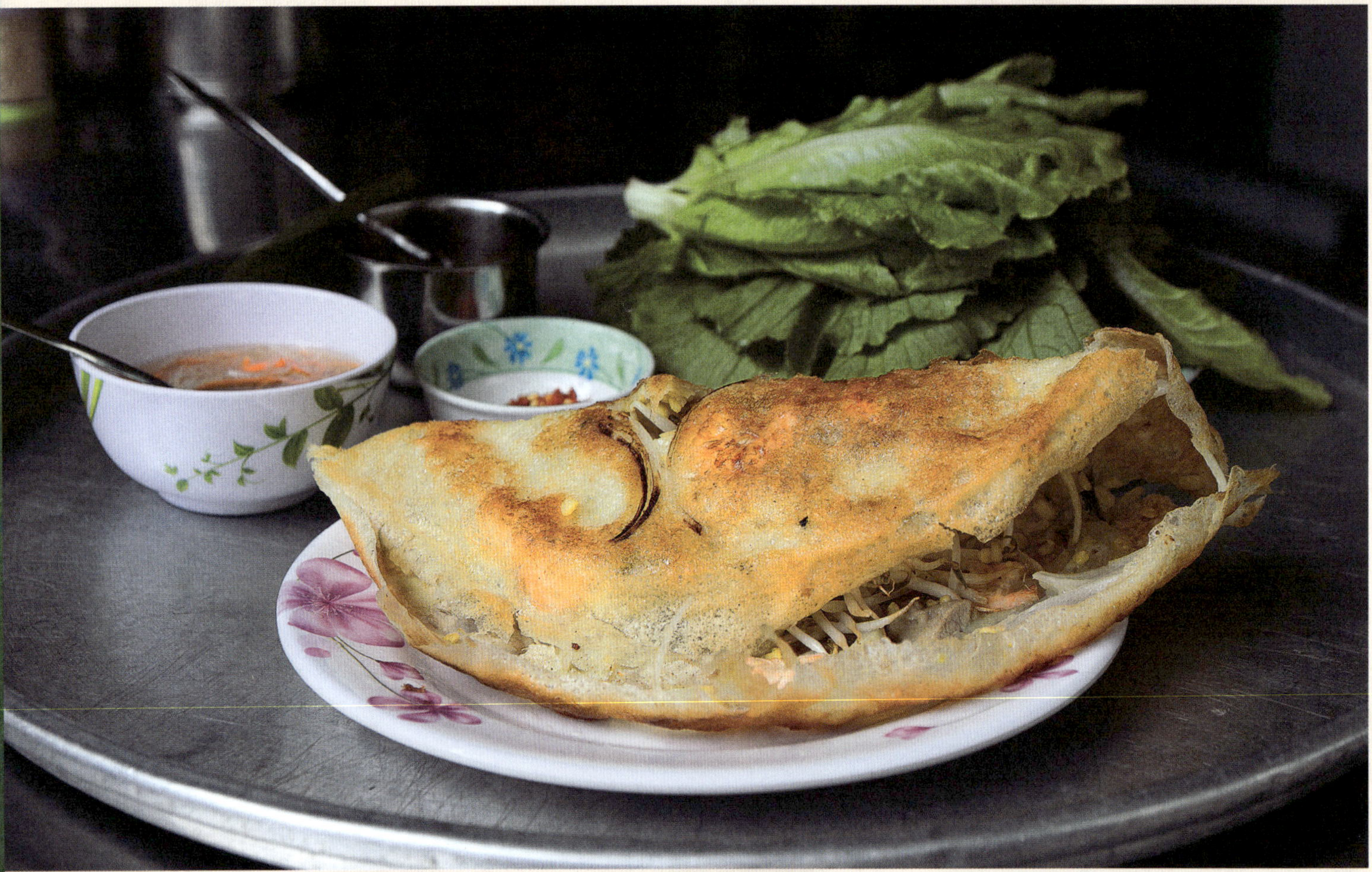
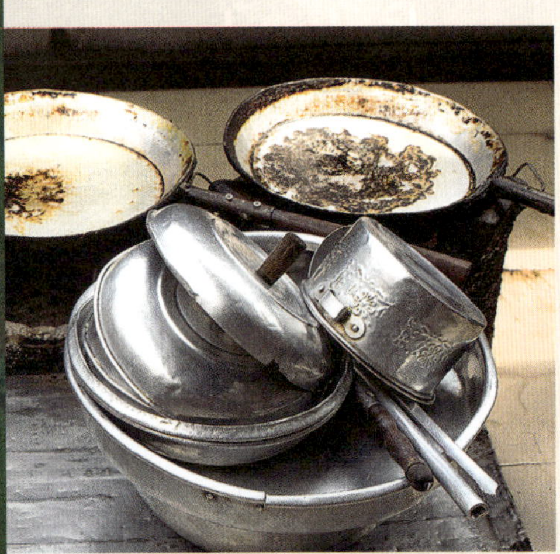
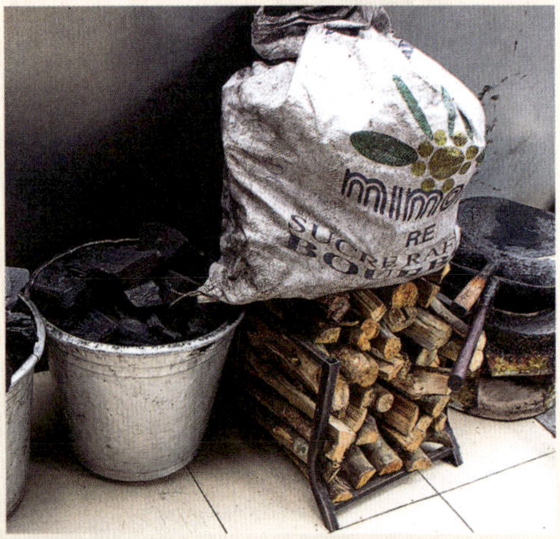
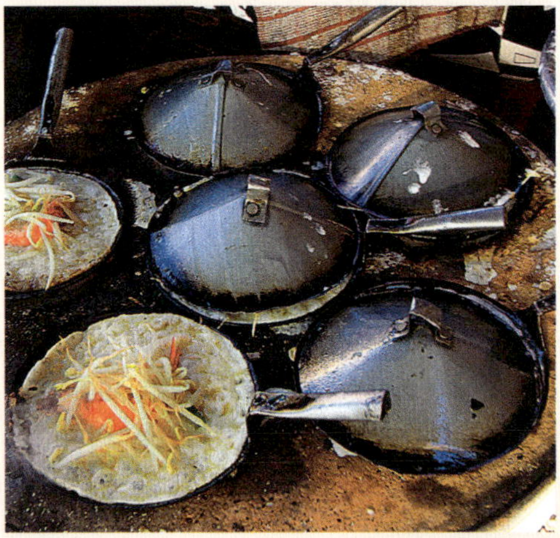

VIETNAMESISCHE CRÊPES – banh xeo

ZUBEREITUNGSZEIT
60 Minuten

ZUTATEN
(FÜR 12–15 STÜCK)

Für den Teig
650 ml Wasser
100 ml Kokoswasser oder Wasser
1 Packung *banh-xeo*-Mehl (»bột bánh xèo«, aus dem Asialaden)
1 Knoblauchzehe
1 kleine Frühlingszwiebel
1 Eigelb
½ TL Salz
1 Msp. gemahlener Pfeffer

Für die Füllung
200 g Schweinefleisch (Oberschale oder Filet)
4 EL Fischsauce
Salz
gemahlener Pfeffer
100 g kleine Garnelen, geschält (TK, aufgetaut)
100 g Mungbohnensprossen

Außerdem
1 EL Öl zum Braten
400 ml *nuoc cham* (siehe Seite 69)

Banh xeo gibt es in vielen Varianten sowohl in Zentralvietnam als auch im Mekong-Delta, aber auch in Kambodscha. Sie unterscheiden sich vor allem durch Größe und Farbe. In der Gegend von Hoi An sind sie klein und werden in Reispapier gewickelt, ähnlich wie eine Sommerrolle. In Nha Trang werden sie nicht mit Kurkuma gefärbt und mit kleinen Tintenfischen gefüllt. In Saigon und im Mekong-Delta sind sie groß, hauchdünn und leuchtend gelb. Hier ein Rezept, das man mit oder ohne Reispapier genießen kann.

Das Wasser und das Kokoswasser in eine Schüssel geben. Das Mehl einrühren und die Mischung zu einem glatten Teig verarbeiten. Falls nötig, mit einem elektrischen Rührgerät nacharbeiten. Die gemahlene Kurkuma (»turmeric«), die sich in einem kleinen Päckchen in der Mehlpackung befindet, hinzufügen und einrühren.

Die Knoblauchzehe schälen und ganz fein hacken. Die Frühlingszwiebel putzen, der Länge nach in mehrere Teile schneiden und dann quer fein hacken. Den Knoblauch, die Frühlingszwiebeln, das Eigelb, das Salz und den Pfeffer in den Teig einrühren und die Mischung 15 Minuten stehen lassen.

Das Schweinefleisch unter fließend kaltem Wasser abwaschen und trocken tupfen. In etwa 4 cm lange und 0,5 cm breite Streifen schneiden. Mit der Hälfte der Fischsauce, einer Prise Salz und einer Messerspitze Pfeffer 10 Minuten marinieren. Die Garnelen waschen und trocken tupfen. Flach auf die Arbeitsfläche legen und mit einem scharfen Messer der Länge nach teilen. Mit den restlichen 2 EL Fischsauce, Salz und Pfeffer 10 Minuten marinieren. Die Mungbohnensprossen säubern, waschen und trocken schütteln.

Den Backofen auf 120 °C vorheizen. In einer beschichteten Pfanne mit 18 cm ⌀ das Bratöl stark erhitzen. 2–3 Streifen Schweinefleisch, zwei Garnelenhälften sowie ein paar Mungbohnensprossen hineingeben und alles kurz schwenken. Die Pfanne vom Herd ziehen und 1–2 Kellen Teig hineingeben. Dabei die Pfanne in alle Richtungen kippen, um den Teig gleichmäßig dünn zu verteilen. Die Pfanne wieder auf den Herd setzen, die Temperatur reduzieren und die Crêpe 1 Minute braten. Falls sie am Pfannenboden festbackt, vorsichtig den Rand mit dem Wender anheben und etwas Öl unter die Crêpe träufeln.

Wenn der Teig auf der Oberseite gestockt ist, die Crêpe vorsichtig mit dem Wender vom Pfannenboden lösen und wenden. 30 Sekunden auf der anderen Seite braten, dann nochmals wenden. Noch etwa 1 Minute fertig braten. Die Pfannkuchen sollten möglichst dünn und auf der Unterseite knusprig sein. Die fertige Crêpe auf einen Teller gleiten lassen und im Ofen warm stellen. So weiter verfahren, bis alle Zutaten aufgebraucht sind. Die gebackenen Pfannkuchen auf dem Teller stapeln.

Die Crêpes in der Mitte zusammenfalten und mit der *nuoc cham* servieren. Die Pfannkuchen mit den Essstäbchen in mundgerechte Stücke zerreißen, in die Sauce tunken und genießen.

Tipp: Als spannende Variation kann man die Crêpes einzeln in feuchtes Reispapier wickeln und als Sommerrolle (siehe QR-Code Seite 25) genießen.

CRÈME CARAMEL MIT KOKOSMILCH UND ZITRONENGRAS – banh flan dua sa

ZUBEREITUNGSZEIT
30 Minuten,
plus 4 ½ Stunden Ruhezeit

ZUTATEN
150 g Zucker
200 ml Kokosmilch
100 ml Milch
200 ml Sahne
2 Stängel Zitronengras
3 Eier

6–8 Keramikförmchen
(80–100 ml Fassungsvermögen)

Ein Klassiker der französischen Küche ist die Crème Caramel. Im Zuge der Kolonisierung Vietnams durch die Franzosen kam das Dessert auch nach Südostasien und wurde der dortigen Küche angepasst: Man verwendet Kokosmilch statt Milch und das Aroma der Vanilleschote wird durch Zitronengras ersetzt. Heute findet man *banh flan* auf den Speisekarten vieler vietnamesischer Restaurants als Dessert.

In einem kleinen Topf mit schwerem Boden 100 g von dem Zucker mit 2 EL Wasser verrühren und erhitzen. Unter ständigem Rühren mit einem Holzlöffel den Zucker hellbraun bis braun karamellisieren lassen. Den Topf vom Herd nehmen. Den Karamell mit 3 EL heißem Wasser verrühren und dann in die Förmchen gießen.

Den Backofen auf 160 °C (Ober- und Unterhitze) vorheizen. Den Boden einer ofenfesten Schale, die groß genug ist, um alle Cremeförmchen zu fassen, mit Wasser bedecken und die Schale in den Ofen stellen.

Die Kokosmilch, die Milch und die Sahne in einem Topf vermischen. Das Zitronengras am unteren Ende kappen und oben ein Drittel abschneiden. Das äußere Blatt entfernen. Die Stängel grob hacken und in die Kokosmilch-Milch-Sahne-Mischung einrühren. Das Ganze zum Kochen bringen und dann bei niedriger Temperatur 10 Minuten ziehen lassen.

Den restlichen Zucker mit den Eiern mit einem Schneebesen leicht schaumig schlagen. Unter Rühren die kochende Milch dazugießen.

Die Masse durch ein feines Sieb gießen und auf die Förmchen verteilen. Diese in das Wasserbad im Ofen stellen und die Creme etwa 35 Minuten stocken lassen. Die Förmchen aus dem Ofen nehmen und mindestens 4 Stunden abkühlen lassen. In dieser Zeit löst sich die anfangs feste Karamellschicht wieder auf.

Mit einem kleinen Messer die Creme von den Rändern der Formen lösen, vorsichtig auf kleine Teller stürzen und servieren.

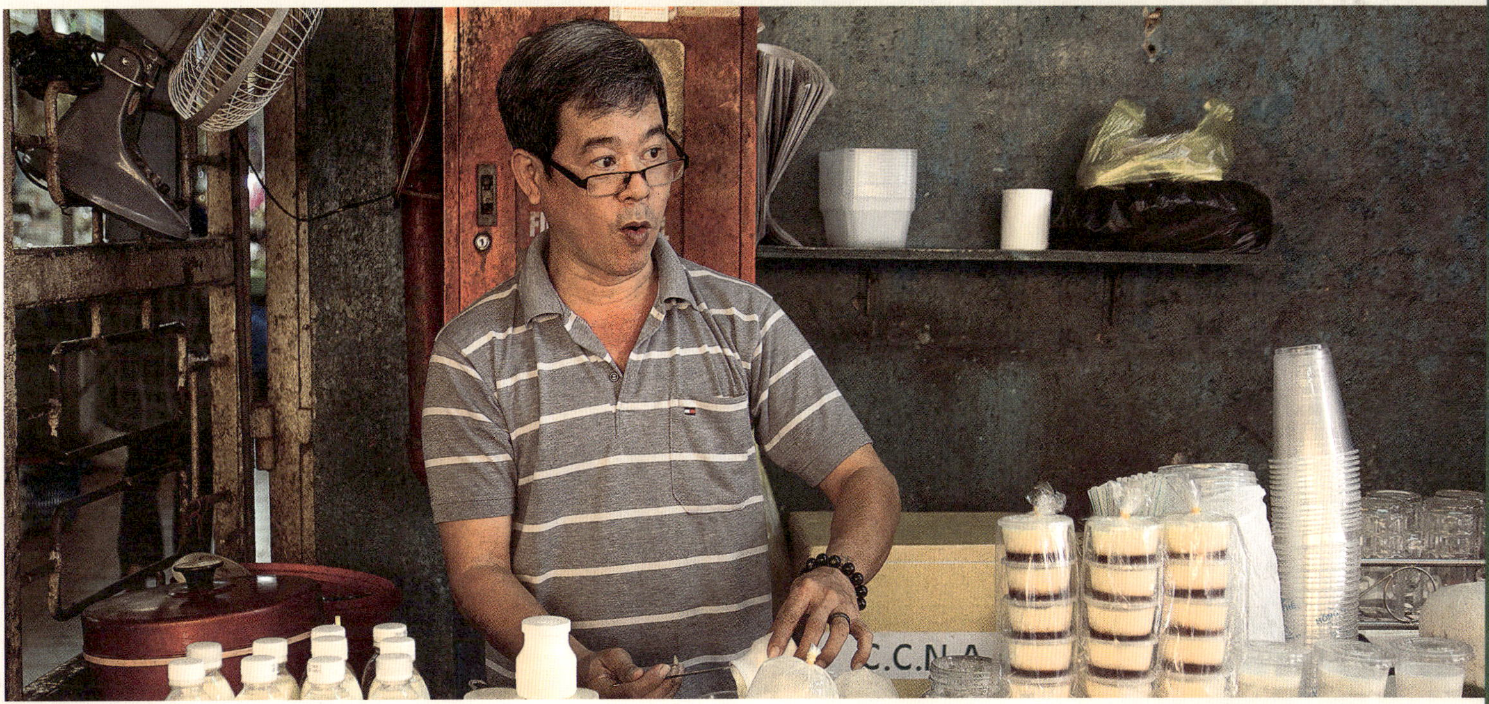
C.C.N.A

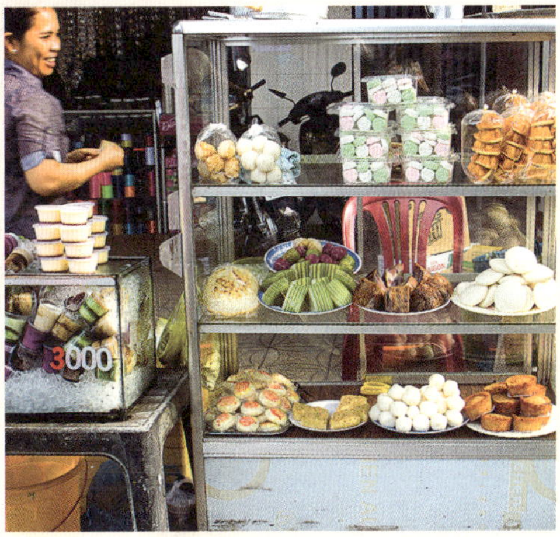
3000

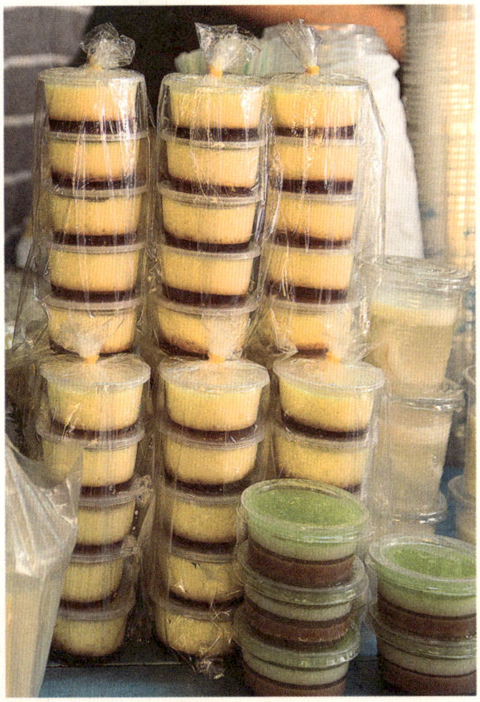

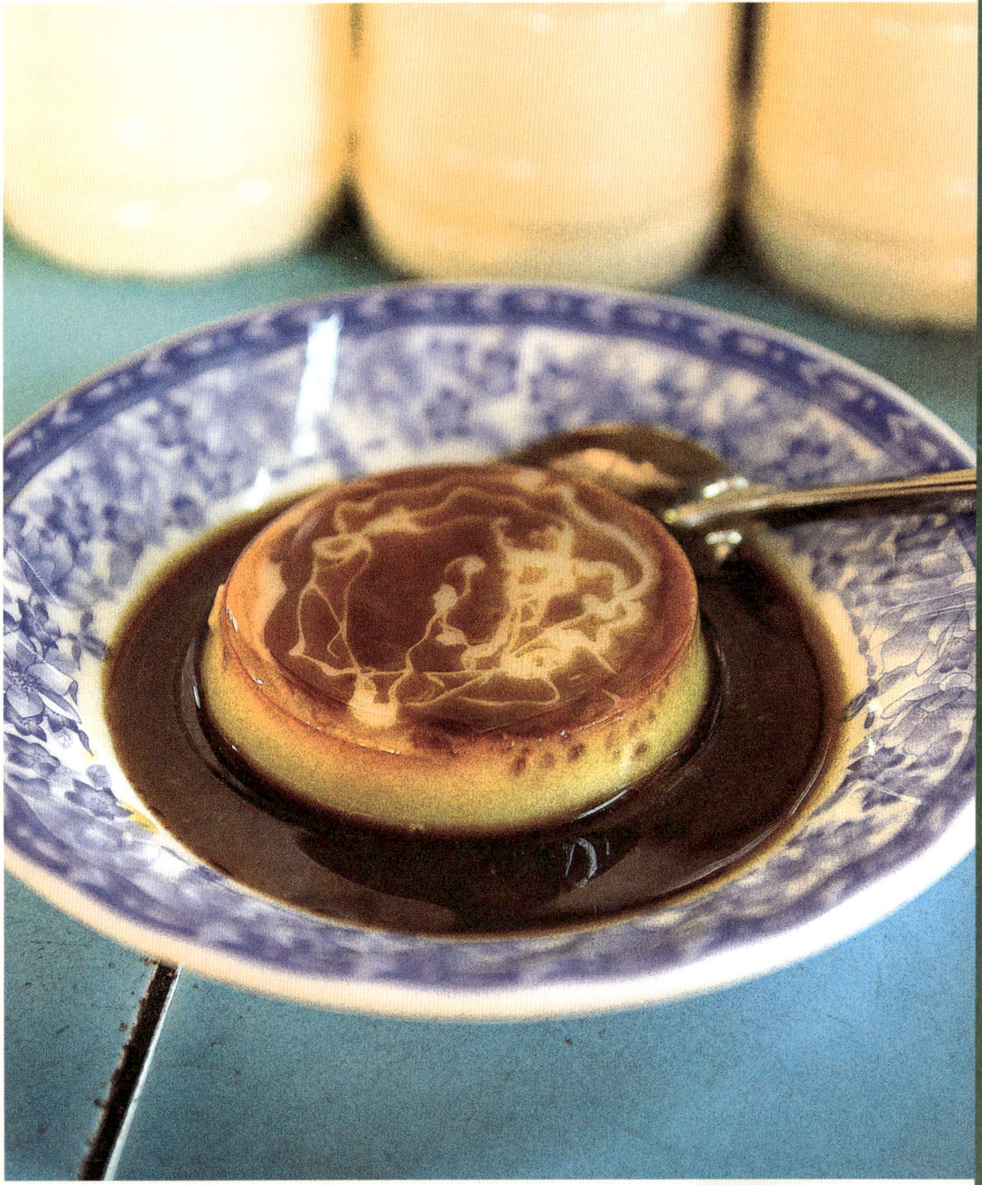

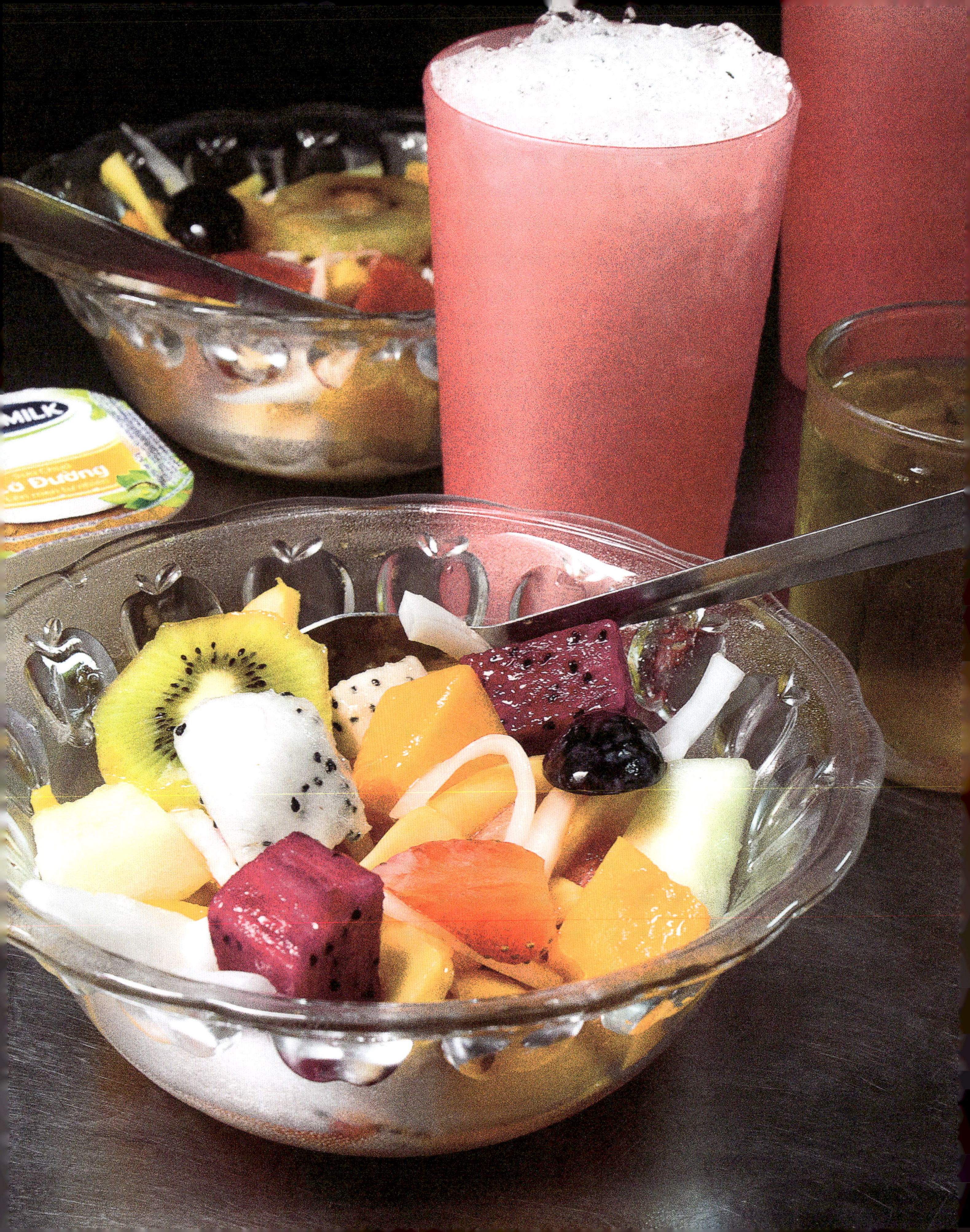
MILK
Đường

OBSTSALAT MIT JOGHURT – hoa qua dam

Zubereitungszeit
25 Minuten

Zutaten
1 Kiwi
1 Mango
1 Drachenfrucht
½ Honigmelone
1 kleine Schale Erdbeeren
1 kleines Bund Weintrauben
4–8 TL gezuckerte Kondensmilch (z. B. »Milchmädchen«)
zerstoßenes Eis
4 kleine oder 2 große Becher Naturjoghurt ohne Zucker

Die Kiwi, die Mango, die Drachenfrucht und die Melone schälen und in Würfel schneiden. Die Erdbeeren und die Weintrauben waschen und halbieren. Das Obst in einer Schüssel vermischen.

Die Früchte auf vier Dessertschüsselchen verteilen und jede Portion mit 1–2 TL von der Kondensmilch beträufeln. Je 1 EL gestoßenes Eis darüber verteilen und den Obstsalat zusammen mit dem Joghurt servieren.

NUDELSUPPE MIT SHRIMPS UND SCHWEINE-FLEISCH – hu tieu nam vang

ZUBEREITUNGSZEIT
60 Minuten,
    plus 2 Stunden Garzeit

ZUTATEN
Für die Brühe
2 kg Schweineknochen
1 große Zwiebel
5 g getrocknete Garnelen
50 g Kandiszucker
2 EL Salz
500 g Schweineschulter

Für die Einlage
1 EL Öl zum Braten
250 g Schweinehackfleisch
Salz
2 Msp. gemahlener Pfeffer
8 Garnelen ohne Kopf
    und Schale (TK, aufgetaut)
1 Packung *hu-tieu*-Nudeln
    oder andere Reisnudeln

Zum Servieren
1 Bund frischer Schnittlauch
1–2 Zweige Chinesischer
    Sellerie oder hellgrüne,
    junge Blätter vom
    Stangensellerie
2 Handvoll Mungbohnen-
    sprossen
1–2 Vogelaugen-Chilischoten
1 Limette
4 EL frittierte Schalotten
    (aus dem Asialaden)
1 EL frittierter Knoblauch
    (aus dem Asialaden)
etwas gemahlener Pfeffer

Chinesen brachten sie nach Kambodscha, von dort gelangte sie nach Vietnam. Es gibt Hunderte von Varianten, gemeinsam ist ihnen nur die Verwendung einer Brühe aus Schweineknochen. Ansonsten ist als Einlage alles erlaubt: Schweinerippchen, Shrimps oder Tintenfisch, Reisnudeln oder selbst Wan-Tan-Teigtaschen. Hier unsere Lieblingsvariante: eine aromatische Fleischbrühe, abgerundet mit goldenem Kandiszucker, dazu kräftiges Schweinefleisch und saftige Garnelen, geröstete Zwiebeln und frische Sellerieblätter.

Die Brühe am besten am Vortag zubereiten: Die Knochen unter fließend warmem Wasser waschen und anschließend in kochendem Wasser 3 Minuten blanchieren. Die Flüssigkeit abgießen und die Knochen nochmals abspülen. Den Topf reinigen, die Knochen hineinlegen und 5 l kaltes Wasser dazugeben. Die Zwiebel mit Schale vierteln. Mit den getrockneten Garnelen, dem Kandiszucker sowie dem Salz in den Topf geben und alles aufkochen. Sich bildenden Schaum abschöpfen.
Die Schweineschulter unter fließend lauwarmem Wasser waschen und in die Brühe geben. Alles bei niedriger Temperatur 1 Stunde ohne Deckel leicht simmern lassen. Wenn die Schweineschulter sich mit dem Daumen eindrücken lässt, ohne zu weich zu sein, ist sie gar. Aus der Brühe nehmen und in eine Schale mit kaltem Wasser legen, sodass sie vollständig bedeckt ist. Das verhindert das Austrocknen und Verfärben. Nach 10 Minuten auf einen Teller legen, mit Frischhaltefolie abdecken und kühl stellen.
Die Brühe 1 Stunde weiter köcheln lassen, dann mit einem Schaumlöffel die Knochen entfernen und die Brühe durch ein Mulltuch in einen großen Topf abseihen. Über Nacht kalt stellen. Am Folgetag das auf der Oberfläche erkaltete Fett entfernen.
In einer kleinen Pfanne das Bratöl erhitzen. Das Hackfleisch mit ½ TL Salz und dem Pfeffer anbraten, dabei mit einer Gabel zerkleinern. In eine Schüssel füllen.
In einem kleinen Topf Wasser mit etwas Salz zum Kochen bringen. Die Garnelen hineingeben. Den Topf sofort vom Herd nehmen und die Garnelen 5 Minuten ziehen lassen. Herausnehmen und auf einen Teller legen.
Im Backofen vier Suppenschalen vorwärmen. Die Nudeln nach Packungsanleitung kochen, abgießen und abschrecken.
Den Schnittlauch in feine Röllchen schneiden, die Sellerieblätter waschen und grob zerrupfen. Die Mungbohnensprossen putzen und waschen. Die Chilischote(n) mit einer Küchenschere klein schneiden. Die Limette achteln. Alles auf einem Teller anrichten.
Die Schweineschulter quer zur Faser in feine Scheiben schneiden. Die Brühe wieder zum Kochen bringen und mit Salz und Zucker abschmecken. Sie kann ruhig etwas kräftiger sein, da alle anderen Zutaten ungesalzen sind. Die Nudeln mit kochend heißem Wasser übergießen, durchrühren, abgießen und auf die Suppenschalen verteilen. Auf jede Portion drei bis vier Scheiben Schweineschulter und zwei Garnelen geben. In die Mitte je 1–2 EL Schweinehack, frittierte Schalotten und frittierten Knoblauch setzen. Alles mit etwas Pfeffer bestreuen. Jetzt die kochend heiße Brühe über die Einlage in den Schalen gießen und die Suppe zusammen mit dem Beilagenteller sofort servieren.

MÌ
THANH KÝ
HỦ TIẾU MÌ
MÌ VỊT TIỀM
MÌ THẠNH KÝ
* HỦ TIẾU MÌ
* HOÀNH THÁNH
* MÌ VỊT TIỀM
* BÁNH LỌT
* BÚN GẠO
Kính Mời !

HU TIEU
MÌ

Schwimmende Märkte auf dem Mekong

Von den Höhen des Himalajas kommend, fließt der mächtige Strom Asiens, der Mekong, am Ende seines Weges durch den Süden Vietnams, um schließlich ins Südchinesische Meer zu münden. Zuvor aber verzweigt sich der Strom in ein riesiges und komplexes System von kleineren Flüssen, Seitenarmen und künstlich angelegten Kanälen. Während der Regenzeit spülen regelmäßige Überschwemmungen Schlick auf die Felder. Das macht das Mekong-Delta zu einem der fruchtbarsten Gebiete Asiens, man nennt es auch die »Reisschüssel Vietnams«. Doch nicht nur der Reisanbau, sondern auch Fruchtplantagen und Gemüsefelder prägen das Bild dieser Landschaft. Zum Einkommen der Delta-Bewohner trägt zusätzlich noch der Fischreichtum bei, weshalb sie den höchsten Lebensstandard in Vietnam haben.

Ständig entstehen neue Straßen und Brücken, die das Delta für den florierenden Handel und die schnell wachsende Industrie erschließen. Trotzdem gibt es immer noch viele Märkte, die sich auf dem ursprünglichen Transportweg, dem Wasser, abspielen. Auf den sogenannten »floating markets« wird Obst und Gemüse von Boot zu Boot gehandelt. Großhändler kommen auf motorisierten Kähnen und verkaufen ihre Ware an kleine Händler oder Restauranteinkäufer, die vielfach noch mit Ruderbooten unterwegs sind. In der Umgebung von Can Tho, der »Hauptstadt« des Mekong-Deltas, finden sich noch zahlreiche dieser schwimmenden Märkte. Wenn man sich früh am Morgen auf den Weg dorthin macht, kann man im Licht der aufgehenden Sonne ganz nah das Treiben auf dem Fluss beobachten.

Einige Kilometer von Can Tho entfernt liegt das kleine, verschlafene Städtchen Sa Dec, das berühmt ist für seine Blumengärten. Es ist außerdem Schauplatz des Romans *Der Liebhaber*, den die französische Autorin Marguerite Duras 1984 veröffentlichte. Duras erzählt darin vom Indochina der 1930er-Jahre, und noch heute kann man in Sa Dec das Haus besichtigen, in dem sie einige Jahre lebte.

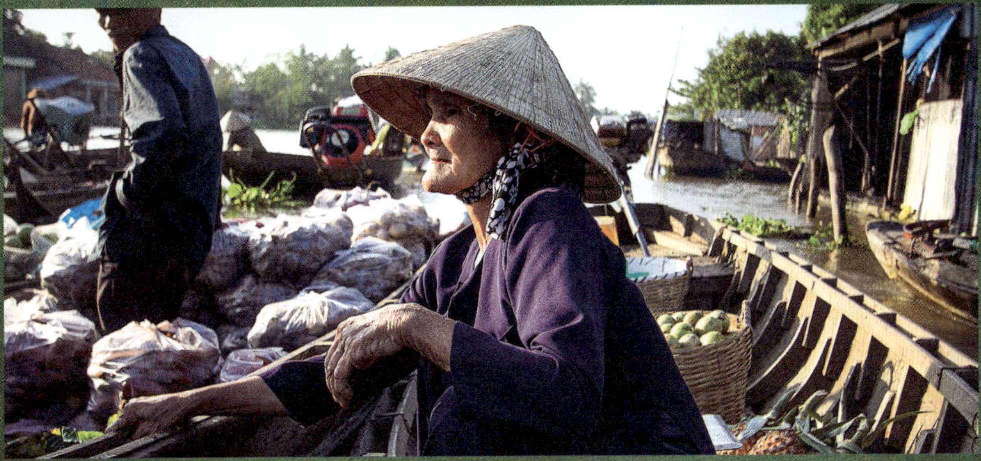
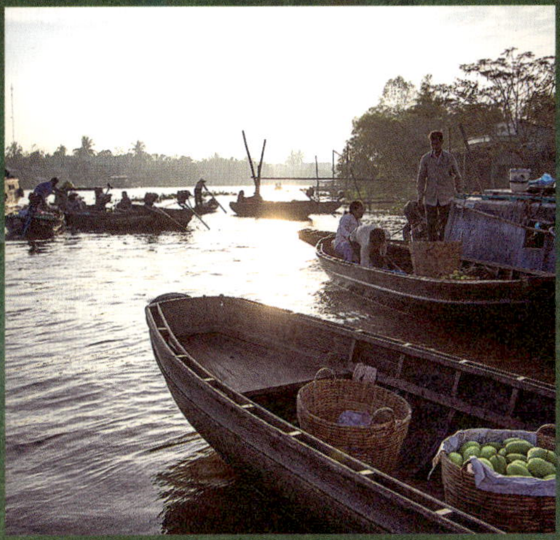
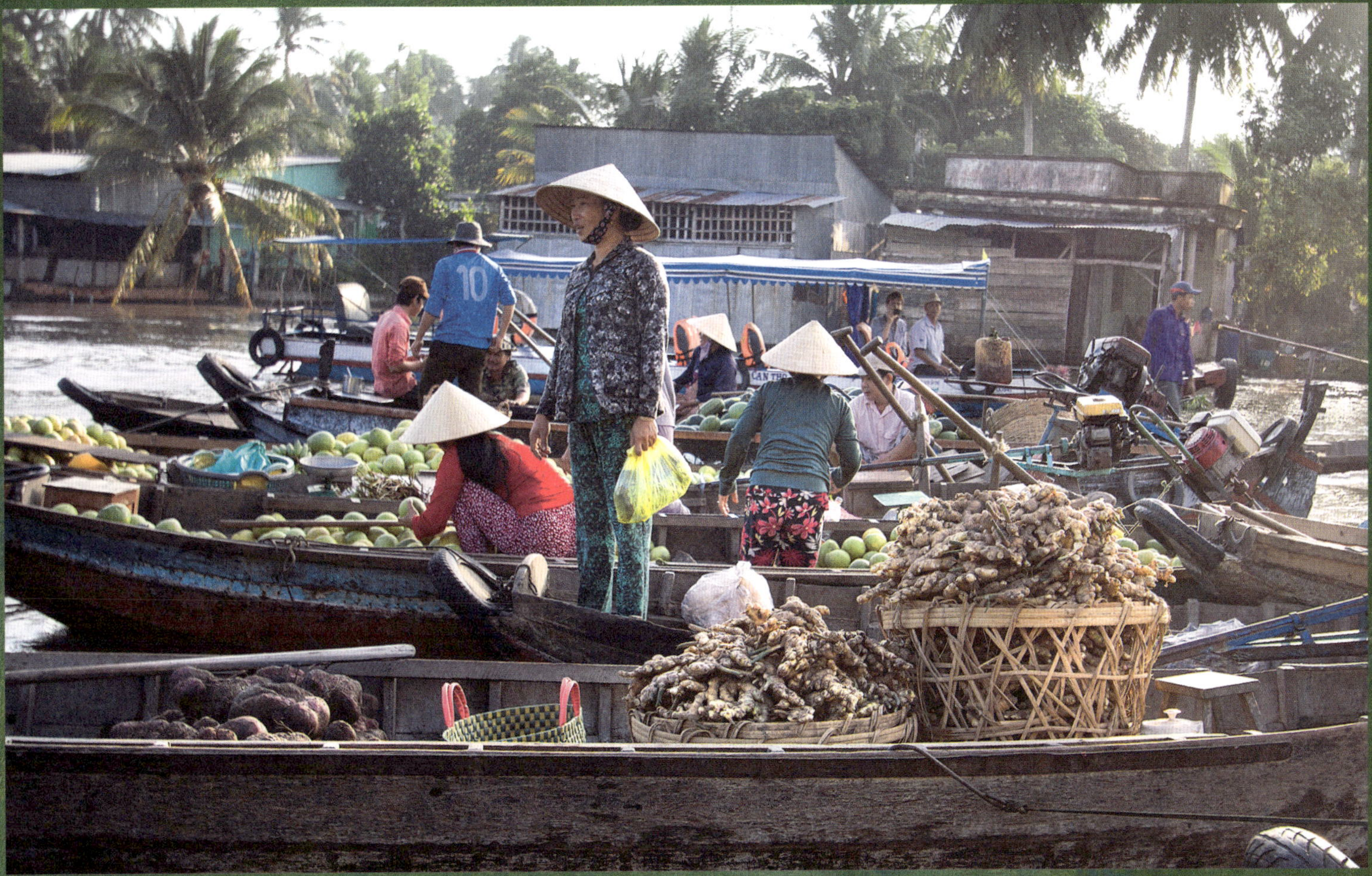
10
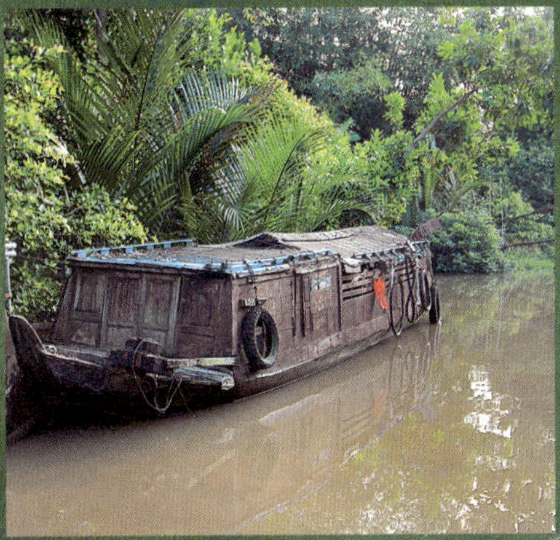
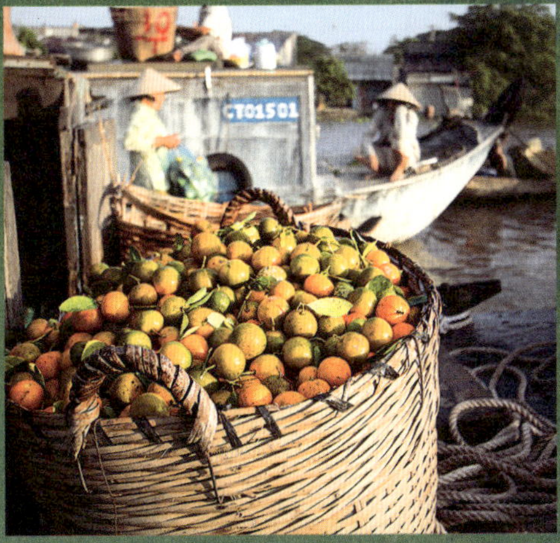
CT01501
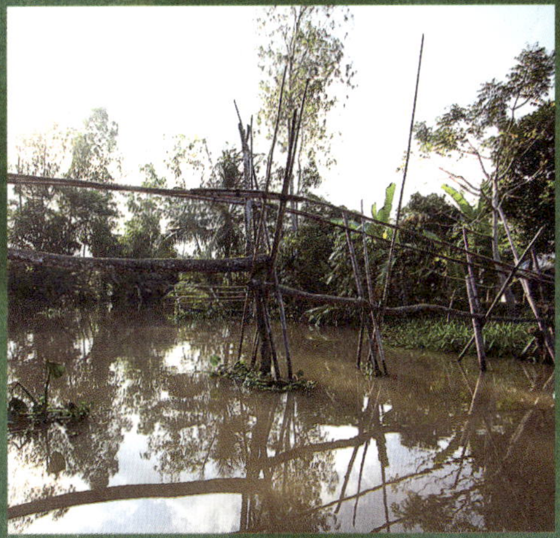

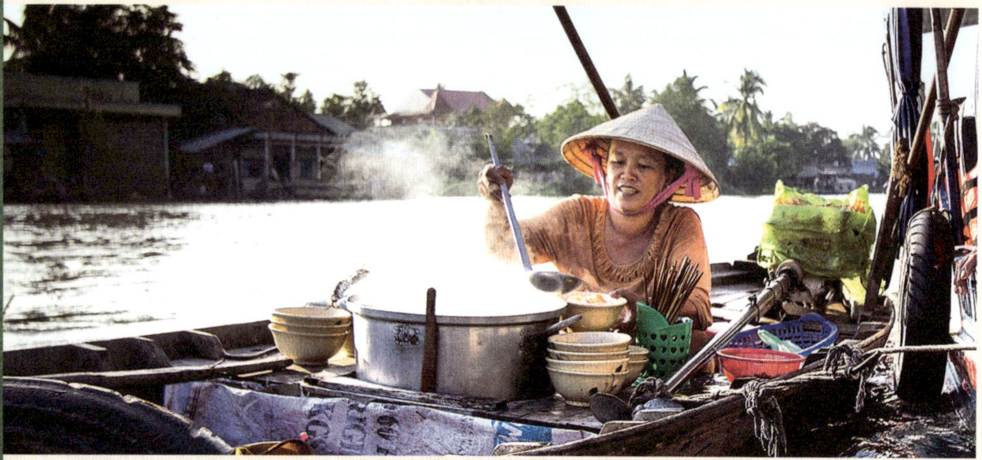

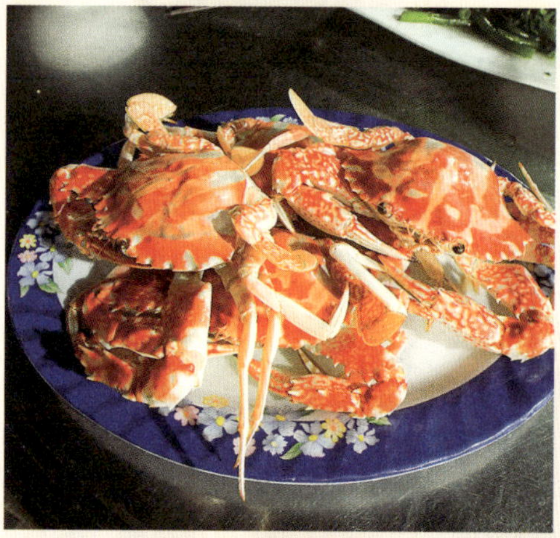

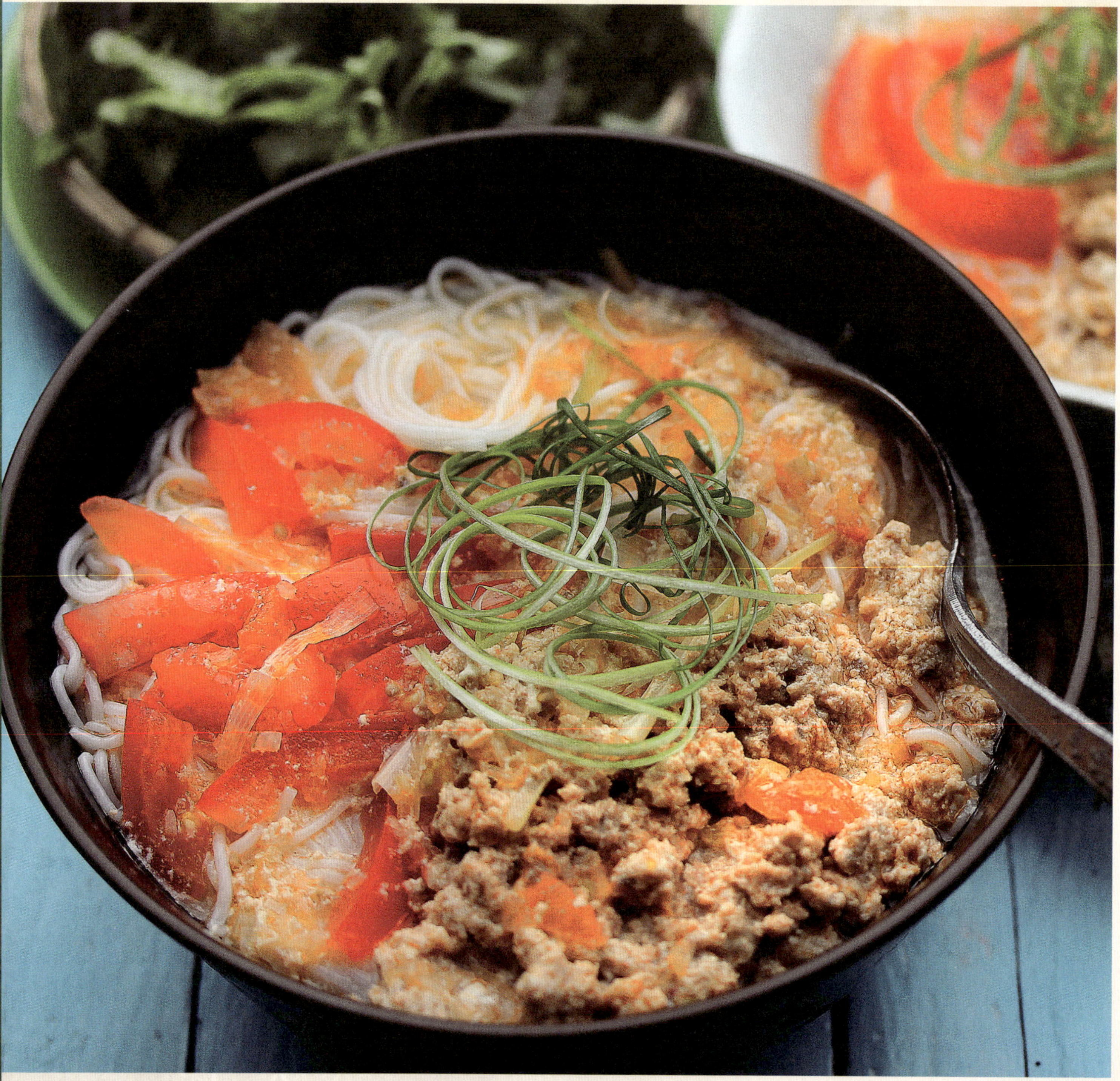

SUPPE MIT KRABBENFLEISCH – bun rieu

Zubereitungszeit
60 Minuten

Zutaten
1 Dose Krabbenfleisch
1 Dose *bun-rieu*-Würzpaste
   (gia vị cua nâu bùn riêu)
2 Eier
50 g Schweinehackfleisch
100 g Reisnudeln *(bun)*
2 mittelgroße Tomaten
1 Schalotte
Öl zum Braten
2 EL Fischsauce
4 Frühlingszwiebeln
2 EL Reisessig
1 EL Naturjoghurt
Salz
Pfeffer
Zucker
1 kleiner Kopfsalat
je ½ Bund Thai-Basilikum,
   Koriander, Langer
   Koriander, Rote Perilla
4 EL frittierte Schalotten
1 TL *mam-tom*-Fischpaste
   (nach Belieben)
1 TL Chilipulver
   (nach Belieben)

Eine kräftige Nudelsuppe mit Krabbenfleisch, die von Vietnamesen gern zum Frühstück gegessen wird. Verwendet werden Softshell-Krabben, die während des Panzerwechsels gefangen werden, wenn ihr neuer Panzer noch weich ist. So kann man sie komplett zu einer luftigen Mousse verarbeiten. Bei uns sind sie nur schwer zu bekommen. Man kann sich aber mit Krabbenfleisch aus der Dose und einer Paste aus dem Asialaden behelfen.

Das abgetropfte Krabbenfleisch gut mit der Würzpaste (siehe QR-Code), den Eiern und dem Schweinehackfleisch vermischen. Die Reisnudeln nach Packungsanleitung kochen, abgießen und abschrecken. Den Backofen auf 50 °C vorheizen und vier große, tiefe Suppenschüsseln darin vorwärmen.
In einem Suppentopf 1,5 l Wasser zum Kochen bringen. Die Tomaten kreuzweise einritzen und so lange in dem kochenden Wasser brühen, bis die Haut beginnt, sich abzulösen. Die Tomaten aus dem Wasser nehmen und abschrecken. Das Wasser weiter köcheln lassen.
Die Schalotte schälen und fein hacken. Die Tomaten enthäuten, vom Stielansatz befreien und grob hacken. In einer Pfanne etwas Öl erhitzen und darin die Tomatenstücke, die Schalotte und die Fischsauce bei mittlerer Temperatur so lange schmoren, bis die Schalotten weich und die Tomaten eingekocht sind.
Die Frühlingszwiebeln säubern und waschen. Zwei davon zunächst in 5 cm lange Stücke schneiden und diese dann der Länge nach vierteln. Die Frühlingszwiebeln zu den Tomaten geben.
Den Reisessig in das noch siedende Wasser geben. Dann die Krabbenmasse in das Wasser gleiten lassen. Kurz umrühren und das Wasser langsam aufkochen lassen. Wenn die Brühe kocht, stockt die Krabbenmasse und steigt nach oben. Die Temperatur reduzieren und die pochierte Krabbenmasse abschöpfen. Auf einen Teller legen.
Den Naturjoghurt mit 2 EL Wasser vermischen und die Mischung zu der Brühe gießen. Die Tomatenmischung zu der Brühe geben und alles bei niedriger Temperatur köcheln lassen, bis sich die Aromen verbinden. Mit Salz, Pfeffer und einer kleinen Prise Zucker abschmecken.
Die restlichen Frühlingszwiebeln quer in feine Ringe schneiden. Den Kopfsalat waschen, trocken schütteln und wie einen Weißkohl in feine Streifen schneiden. Die Kräuter waschen und trocken schütteln. Den Langen Koriander und die Blätter der Roten Perilla quer mit einer Schere in feine Streifen schneiden. Vom Koriander und dem Thai-Basilikum die Blätter abzupfen. Auf einem Teller anrichten.
Die Reisnudeln in einem Sieb mit kochendem Wasser übergießen. Auf die vorgewärmten Suppenschüsseln verteilen. Je ein Stück Krabbenmasse darauflegen und alles mit der heißen Suppe übergießen. Jede Portion mit frittierten Schalotten bestreuen und servieren. Den Salat und die Kräuter tunkt man beim Essen in die Suppe ein. Wer es ganz authentisch mag, gibt etwas von der fermentierten Garnelenpaste *mam tom* und etwas Chilipulver dazu.

FISCHSUPPE AUS PHU QUOC – banh canh

Zubereitungszeit
60 Minuten

Zutaten
500 g Fischgräten (vom Fischhändler)
2 l ungesalzene Hühnerbrühe
1 Stück Lauch (5 cm)
2 Zwiebeln
4 Schalotten
Salz
1 EL Zucker
1 Packung Fischpaste »Frozen Grey Featherback Pie« (aus dem Asialaden), aufgetaut
½ TL gemahlener Pfeffer
6 EL Öl zum Braten
2 Packungen japanische *udon*-Nudeln*
300 g Filet vom Weißfisch (Steinbeißer, Heilbutt oder Makrele)
2 Frühlingszwiebeln
1 Bund frischer Koriander
1 Bund frischer Langer Koriander
1 Limette
1 Vogelaugen-Chilischote
grob zerstoßener Pfeffer
Fischsauce (nach Belieben)

* im Asialaden bereits gekocht und eingeschweißt erhältlich

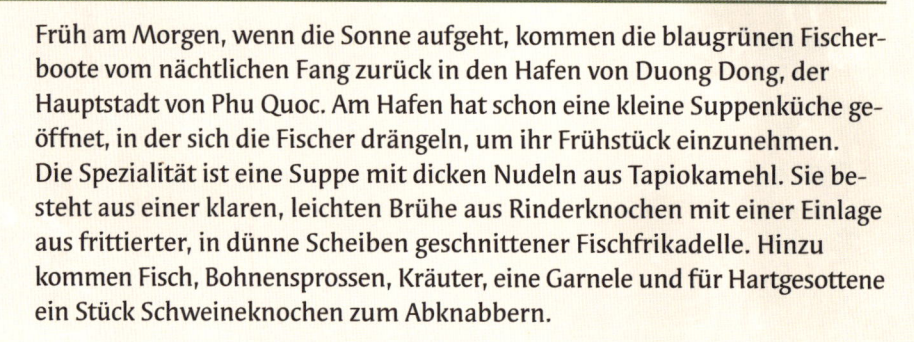

Früh am Morgen, wenn die Sonne aufgeht, kommen die blaugrünen Fischerboote vom nächtlichen Fang zurück in den Hafen von Duong Dong, der Hauptstadt von Phu Quoc. Am Hafen hat schon eine kleine Suppenküche geöffnet, in der sich die Fischer drängeln, um ihr Frühstück einzunehmen. Die Spezialität ist eine Suppe mit dicken Nudeln aus Tapiokamehl. Sie besteht aus einer klaren, leichten Brühe aus Rinderknochen mit einer Einlage aus frittierter, in dünne Scheiben geschnittener Fischfrikadelle. Hinzu kommen Fisch, Bohnensprossen, Kräuter, eine Garnele und für Hartgesottene ein Stück Schweineknochen zum Abknabbern.

Die Fischgräten mit kaltem Wasser abspülen und gründlich abwaschen. In einem Topf die Hühnerbrühe zusammen mit den Fischgräten langsam erhitzen. Den Lauch waschen und halbieren. Eine Zwiebel und zwei Schalotten schälen und vierteln. Das Gemüse in die Brühe geben. Diese kurz aufkochen lassen und sich bildenden Schaum mit einem Schaumlöffel entfernen. Dann die Brühe bei niedriger Temperatur 20 Minuten simmern lassen. Danach die Fischgräten herausnehmen und wegwerfen. Die Brühe durch ein feines Sieb abseihen, dann 1 TL Salz und den Zucker einrühren.

Die Fischpaste in eine Schüssel geben. Die restlichen zwei Schalotten schälen, sehr fein hacken und mit dem Pfeffer und 1 TL Salz unter die Paste mischen. Mit feuchten Händen vier flache Frikadellen aus der Masse formen.

In einer beschichteten Pfanne das Bratöl erhitzen und die Frikadellen darin von beiden Seiten schön braun anbraten, dann 5 Minuten bei niedriger Temperatur garen. Auf Küchenpapier abtropfen lassen.

Die Nudeln nach Packungsanleitung kochen. Pro Person eine Suppenschale warm stellen.

Das Fischfilet unter fließend kaltem Wasser abspülen und mit Küchenpapier trocken tupfen. Die Brühe wieder erhitzen und das Fischfilet darin bei niedriger Temperatur gar ziehen lassen.

Die Frühlingszwiebeln waschen putzen und in feine Ringe schneiden. Die zweite Zwiebel schälen, halbieren und in hauchdünne Ringe schneiden. Den Koriander und den Langen Koriander waschen und trocken schütteln. Den Koriander grob hacken, den Langen Koriander mit einer Küchenschere quer in feine Streifen schneiden. Die Limette achteln, die Chilischote waschen und fein hacken.

Die Nudeln mit heißem Wasser übergießen und mit den Händen voneinander lösen. Auf die vorgewärmten Suppenschalen verteilen. Das Fischfilet vorsichtig mit einem Schaumlöffel aus der Brühe heben und in Stücken auf die einzelnen Portionen verteilen.

Die Fischfrikadellen in dünne Scheiben schneiden und 4–6 Scheiben pro Portion auf den Nudeln platzieren. Jede Portion mit Frühlingszwiebeln, Zwiebelringen, Koriander und Langem Koriander bestreuen, den Rest separat auf einem Teller zusammen mit der Limette und den Chilischoten reichen. Die Brühe noch einmal bis zum Siedepunkt erhitzen und auf die Suppenschalen verteilen.

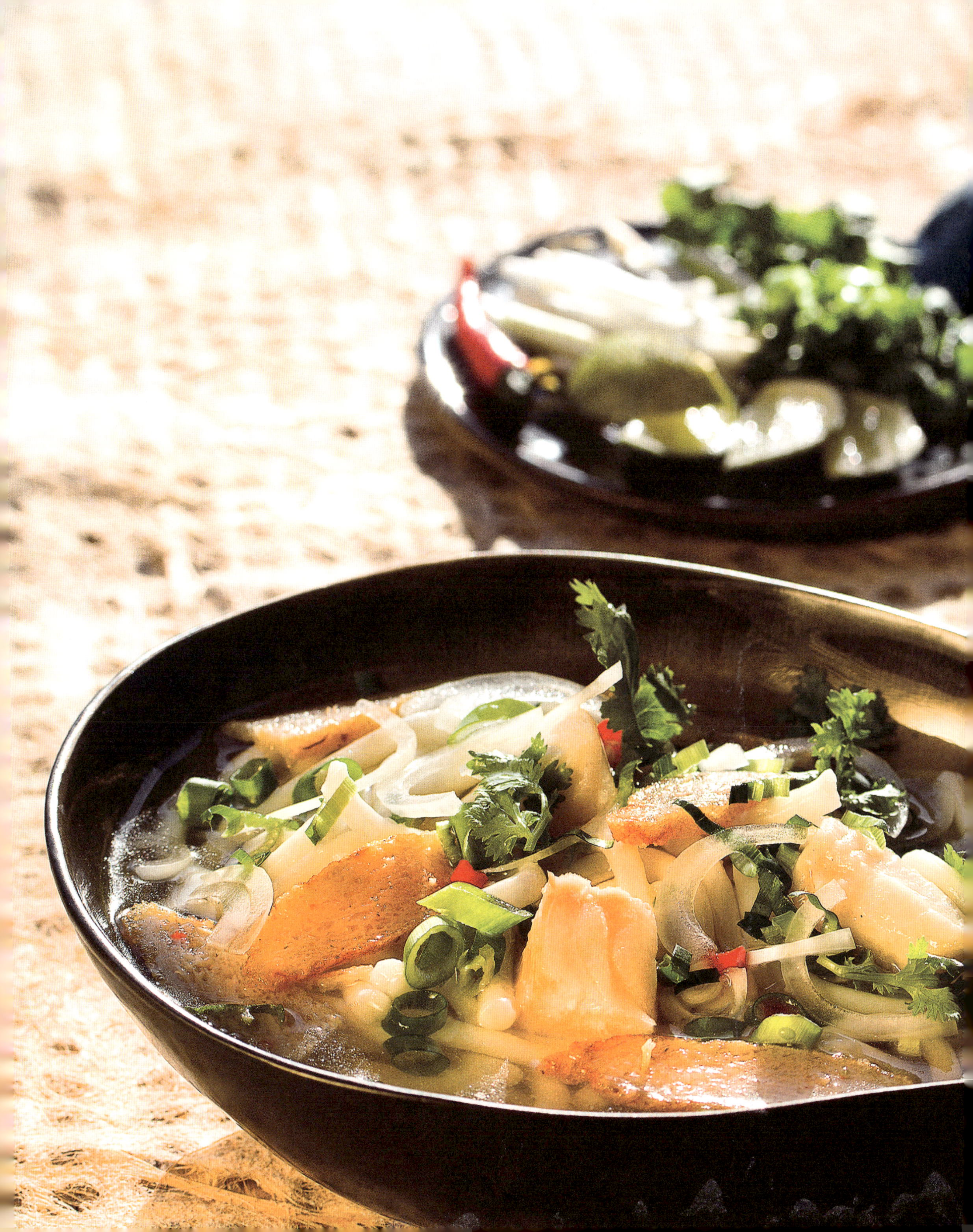

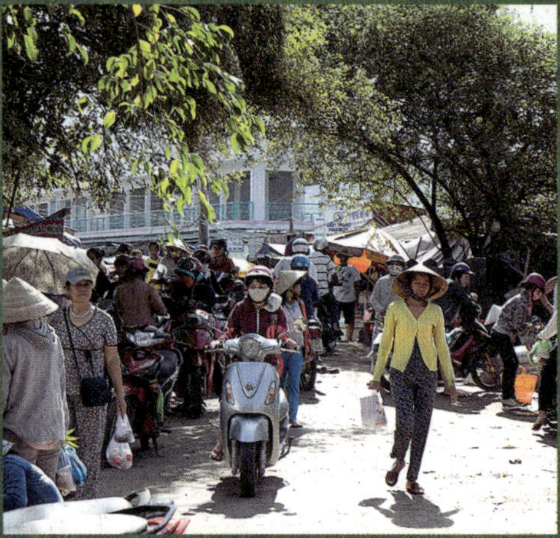
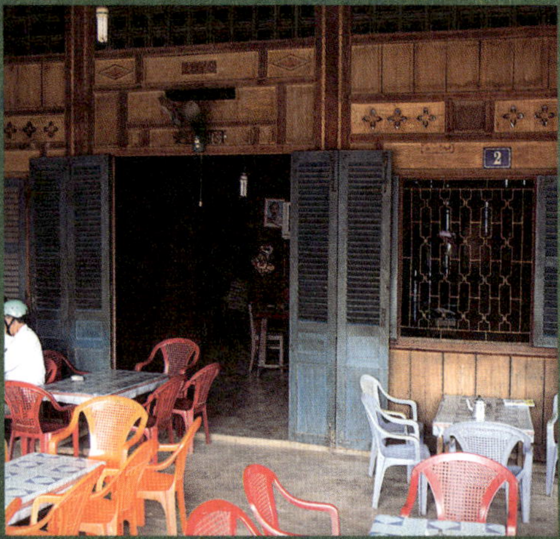
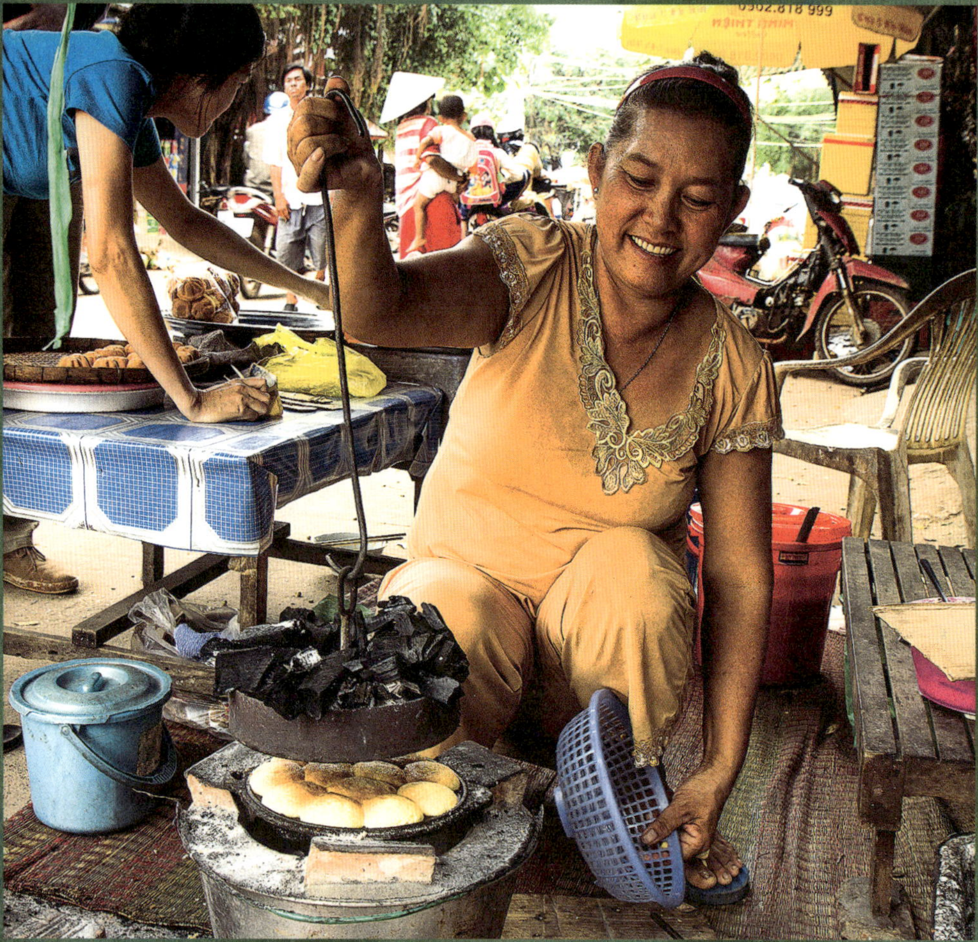
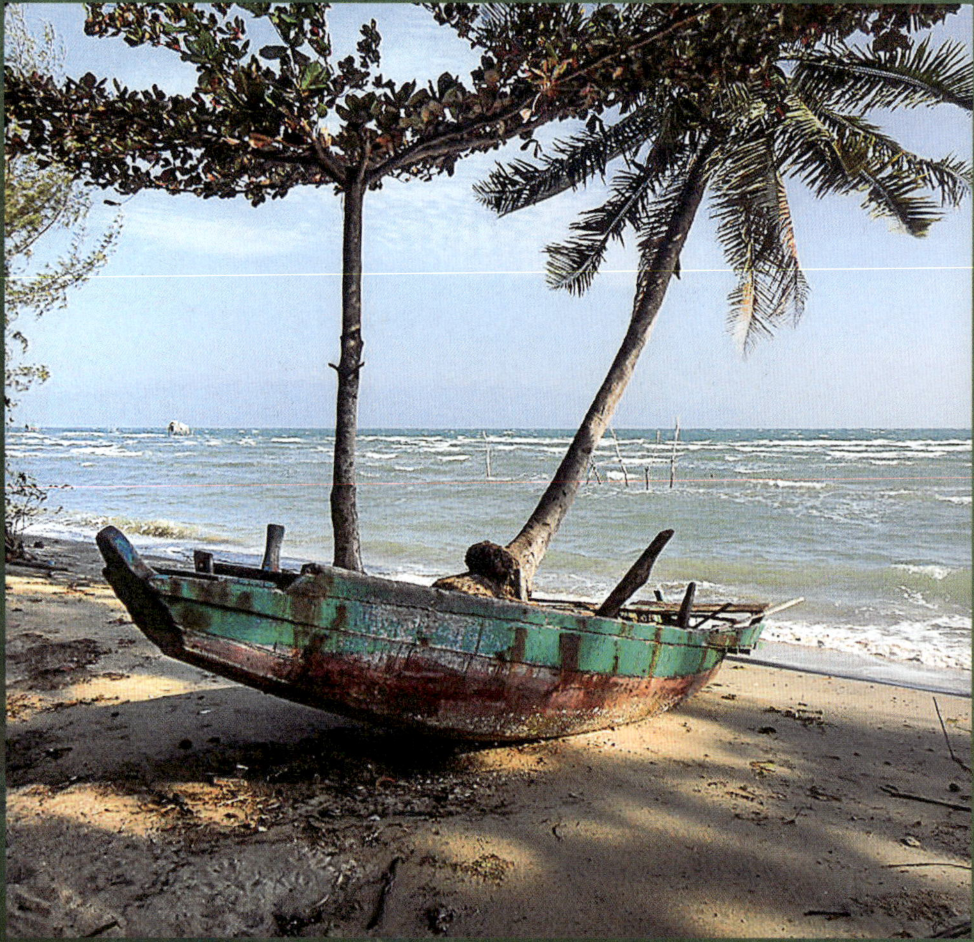
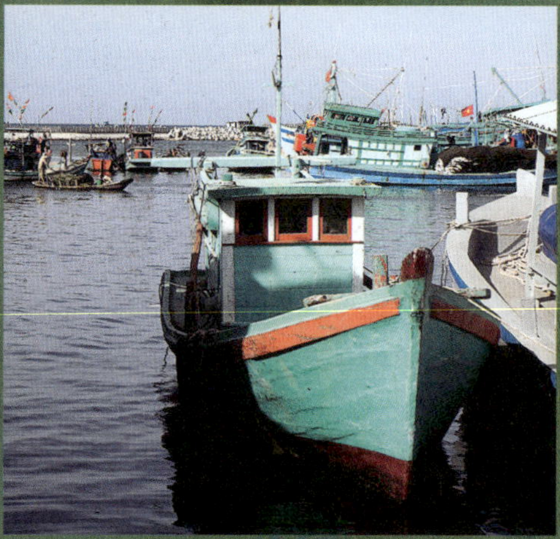
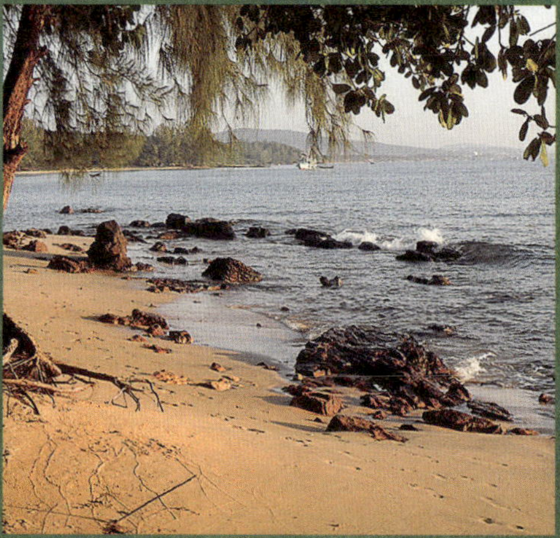

Familienküche auf Phu Quoc

Phu Quoc ist Vietnams Ferieninsel im Golf von Thailand. Eigentlich schon vor der Küste Kambodschas gelegen, hat sie den gleichen Boden wie die auf dem Festland gegenüberliegende Provinz Kampot und ist so wie diese bestens geeignet für den Anbau von Pfeffer. Haupteinnahmequelle neben dem Tourismus ist daher der qualitativ hochwertige Phu-Quoc-Pfeffer, der dem bekannteren Kampot Pfeffer geschmacklich nicht nachsteht, und die ebenfalls sehr gute Fischsauce.

Die Insel hat in den letzten Jahren eine rasante Entwicklung genommen. In der verschlafenen Hauptstadt Duong Dong herrscht rege Bautätigkeit. Der internationale Flughafen wurde 2012 eröffnet. Immer noch gibt es herrliche, größtenteils noch unberührte Strände, die aber mehr und mehr in den Fokus internationaler Hotelketten geraten. Man wird abwarten müssen, wie die vietnamesische Regierung damit umgeht und ob sich die Insel ihre fantastische Natur bewahren kann oder zu einem zweiten Phuket wird. Immerhin ist der Norden mit seinen Hochwäldern bereits 2001 zum Nationalpark erklärt worden.

Das »Sakura« auf Phu Quoc ist ein Familienrestaurant mit traditioneller vietnamesischer Küche mitten im bewaldeten Norden der Insel. Es ist ein kleines Open-Air-Restaurant, das lediglich durch ein Dach vor Regen geschützt ist. Der Name »Sakura« lässt zwar Japanisches vermuten, ein Blick auf die Speisekarte macht jedoch schnell deutlich, dass hier die Küche des Mekong-Deltas serviert wird.

Die Wirtin Kiem, die auch die Küche führt, wuchs während des Vietnamkriegs im Mekong-Delta auf. Dort erlebte sie die Bombardements der Amerikaner, was sie später nicht davon abhielt, sich in einen GI zu verlieben und ihn zu heiraten. Als der nach Kriegsende in die USA zurückkehrte, blieb sie zurück und lernte ihren heutigen Mann Be kennen. Der wurde als Südvietnamese auf der Flucht vor den nordvietnamesischen Kommunisten entdeckt und musste für drei Jahre ins Gefängnis. Glücklicherweise ist diese Zeit nun vergessen. Für Kiem dreht sich heute alles um ihr kleines Restaurant, das die ganze Großfamilie ernährt.

Der Name »Sakura«, »Kirschblüte«, würdigt ihren japanischen Vater, der während der japanischen Besetzung Vietnams in den 1940er-Jahren ins Land kam. Der gefüllte Tintenfisch ist eines von vielen Rezepten, die wir gemeinsam mit Kiem gekocht haben.

VIETNAMESISCHE FRÜHLINGSROLLEN –
nem ran/cha goi

ZUBEREITUNGSZEIT
60 Minuten

ZUTATEN
30 g getrocknete Shiitake-Pilze
30 g getrocknete Mu-Err-Pilze
100 g Glasnudeln
1 Karotte
½ Navette (Mairübchen, alternativ Pastinake)
4 Schalotten
100 g Mungbohnenkeimlinge
1 Bund frischer Schnittlauch
500 g Schweinehackfleisch
1 Eigelb
Salz
gemahlener Pfeffer
Zucker
30 Reispapierblätter (22 cm ⌀)
1 Kopfsalat
je ½ Bund Koriander, Vietnamesischer Koriander und Thai-Basilikum
Frittieröl
200 ml *nuoc cham* mit Papaya und Karotte (siehe Rezept für *bun cha*, Seite 22)

Vietnamesische Frühlingsrollen, gefüllt mit Schweinefleisch, Karotten und Pilzen, werden frittiert und mit Fischsauce, Salat und Kräutern gegessen. Im Norden heißen sie *nem ran*, im Süden *cha gio*. Im Gegensatz zur chinesischen Variante wickelt man sie statt in eine Weizenhülle in hauchdünnes Reispapier. Sie werden in Öl knusprig frittiert, dann mit einer Küchenschere in mundgerechte Stücke geschnitten, in ein Salatblatt gewickelt und in einen Dip getunkt.

Die Pilze mit kochendem Wasser übergießen und 30 Minuten einweichen. Die harten Stiele entfernen, den Rest fein hacken. Die Glasnudeln 10 Minuten einweichen, abspülen, abtropfen lassen und mit einer Küchenschere in kleine Stücke schneiden.

Die Karotte schälen und in feine Würfel schneiden. Die Navette und die Schalotten schälen und in feine Würfel schneiden. Die Mungbohnenkeimlinge putzen, waschen und in etwa 1 cm große Stücke schneiden. Den Schnittlauch waschen und in feine Röllchen schneiden. Die vorbereiteten Zutaten in einer Schüssel mit dem Schweinehackfleisch und dem Eigelb zu einer glatten Farce vermischen. Mit Salz, Pfeffer und Zucker abschmecken.

Eine große, flache Schüssel mit warmem Wasser bereitstellen. Ein Reispapierblatt kurz durchziehen und auf die Arbeitsfläche legen. Sobald das Reispapier weich und geschmeidig ist, ans untere Ende mittig 2 EL der Farce platzieren. Das Reispapier links und rechts einschlagen und von unten eng aufrollen. Den oberen Rand bei Bedarf nochmals anfeuchten und festkleben. So weiter verfahren, bis die Farce aufgebraucht ist. Es sollten Rollen von etwa 2 cm ⌀ und 10–12 cm Länge entstehen.

Für den Kräuterteller den Salat zerteilen, waschen und trocken schütteln. Die Kräuter waschen und trocken schütteln. Alles auf einer Platte anrichten.

Den Backofen auf 150 °C vorheizen.

Den Boden einer beschichteten Pfanne 1,5–2 cm hoch mit dem Frittieröl bedecken. Das Öl erhitzen, bis an einem hineingetauchten Holzstäbchen Bläschen aufsteigen. Langsam die Rollen hineingleiten lassen – Vorsicht, Spritzgefahr! – und bei mittlerer Hitze unter ständigem Wenden 3–5 Minuten hellbraun braten. Bei zu niedriger Temperatur schwimmen sie nur im Öl, ohne zu braten, ist das Öl zu heiß, wirft das Reispapier Blasen.

Die fertigen Rollen mit dem Sieblöffel aus dem Öl heben, auf Küchenpapier legen und zum Warmhalten in den Backofen stellen, bis die restlichen Rollen frittiert sind. Zum Servieren die Frühlingsrollen mit einer Schere in mundgerechte Teile schneiden und zusammen mit dem Kräuterteller und der Sauce reichen.

Hier ein Rezept mit vegetarischer Füllung

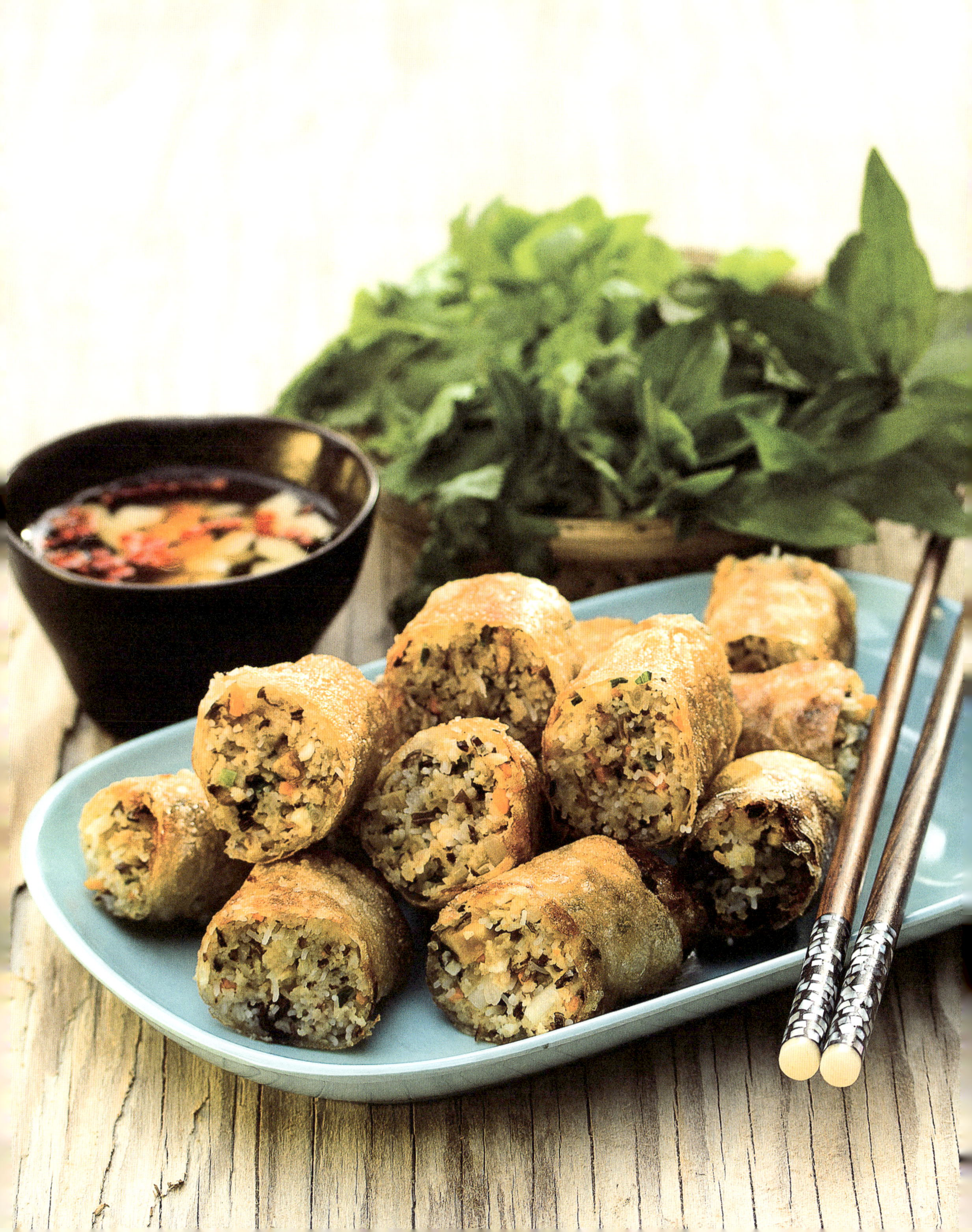

GEFÜLLTER TINTENFISCH MIT GARNELEN UND SCHWEINEFLEISCH – muc nhoi thit chien

ZUBEREITUNGSZEIT
60 Minuten

ZUTATEN
8 mittelgroße Tintenfische
2–3 Mu-Err-Pilze
100 g Garnelen (küchenfertig)
2 Schalotten
1 Karotte
1 Bund Dill
1 TL Zucker
5 EL Fischsauce
200 g Schweinehackfleisch
8 kleine Holzspieße
2 EL Öl zum Braten
Saft von 1 Orange
1 EL Honig
1 EL helle Sojasauce
¼ TL Fünf-Gewürze-Pulver

Tintenfische, gefüllt mit einer Farce aus Garnelen, Schweinefleisch und Pilzen, werden gegrillt und in einer Sauce aus Orangensaft und Fischsauce geschmort – in Scheiben geschnitten mit Reis ein wunderbares Gericht! Bei gut sortierten Fischhändlern erhält man mittelgroße Tintenfische, die zum Füllen geeignet sind. Ideal ist es, wenn der Händler die Tintenfischtuben ausnimmt und säubert. Lassen Sie sich die Tentakel mit einpacken, sie kommen mit in die Füllung.

Jeweils einen Tintenfischkörper fassen und mit der anderen Hand behutsam den Kopf mit den daran hängenden Innereien herausziehen. Mit einer Küchenschere die Tentakel knapp unter dem Auge abschneiden und für die Füllung beiseitelegen. Den durchsichtigen Rückenschild entfernen und die Tintenfischtube von innen gründlich unter dem fließenden Wasser säubern. Nach Belieben noch die äußere dünne Haut abziehen. Alternativ küchenfertig geputzte Tintenfische kaufen.
Für die Füllung die Mu-Err-Pilze in einer Schale mit kochend heißem Wasser übergießen und 10–15 Minuten einweichen lassen. Die Schalotten schälen und fein hacken. Die Karotte schälen und in winzige Würfel schneiden. Den Dill waschen, von den groben Stängeln befreien und fein hacken.
Die Tentakel der Tintenfische grob hacken. Die Mu-Err-Pilze aus dem Wasser nehmen, gut abtropfen lassen, den Stielansatz entfernen und erst in feine Streifen schneiden, dann fein hacken.
Garnelen grob hacken. In einer Schüssel Garnelen, Hackfleisch, Schalotten, Karotten, Dill, gehackte Tentakel und Pilze mit den Händen zu einer glatten Masse verarbeiten. Zucker und 3 EL von der Fischsauce einarbeiten.
Nun die Tintenfischtuben mit dieser Masse füllen. Dazu jeweils eine Tube in die Hand nehmen und am spitz zulaufenden Ende einen kleinen Einschnitt machen. Dadurch kann beim Füllen die Luft entweichen und die Tube wird komplett gefüllt. Die große Öffnung mit dem Daumen ein wenig weiten und mit einem Teelöffel die Füllung in die Tube füllen, bis sie ganz voll ist. Am oberen Rand 1–1,5 cm frei lassen. Diesen Rand zusammendrücken und mit einem Holzspieß verschließen. Eventuell anhängende Reste der Füllung vom Äußeren des Tintenfischs entfernen – sie werden beim Braten schwarz. Nach und nach alle Tuben auf diese Weise befüllen.
In einer Pfanne das Bratöl stark erhitzen und die Tintenfischtuben darin von beiden Seiten anbraten. Vorsicht, Spritzgefahr! Die Temperatur so regulieren, dass die Tintenfische zwar bräunen, aber nicht verbrennen. Wenn sie von beiden Seiten gebräunt sind, herausnehmen und auf einen Teller legen.
Den Orangensaft in einen Schmortopf geben, der ausreichend groß ist, um alle Tintenfische nebeneinander aufzunehmen. Den Honig, die Sojasauce, die restlichen 2 EL Fischsauce und das Fünf-Gewürze-Pulver einrühren und die Mischung kurz aufkochen lassen. Die Tintenfische in die Sauce legen und 20 Minuten zugedeckt bei niedriger Temperatur schmoren.
Anschließend herausnehmen, quer in 2 cm breite Ringe schneiden. Die Sauce nach Bedarf noch etwas einreduzieren und dann zu den Tintenfischröllchen und Jasminreis servieren.

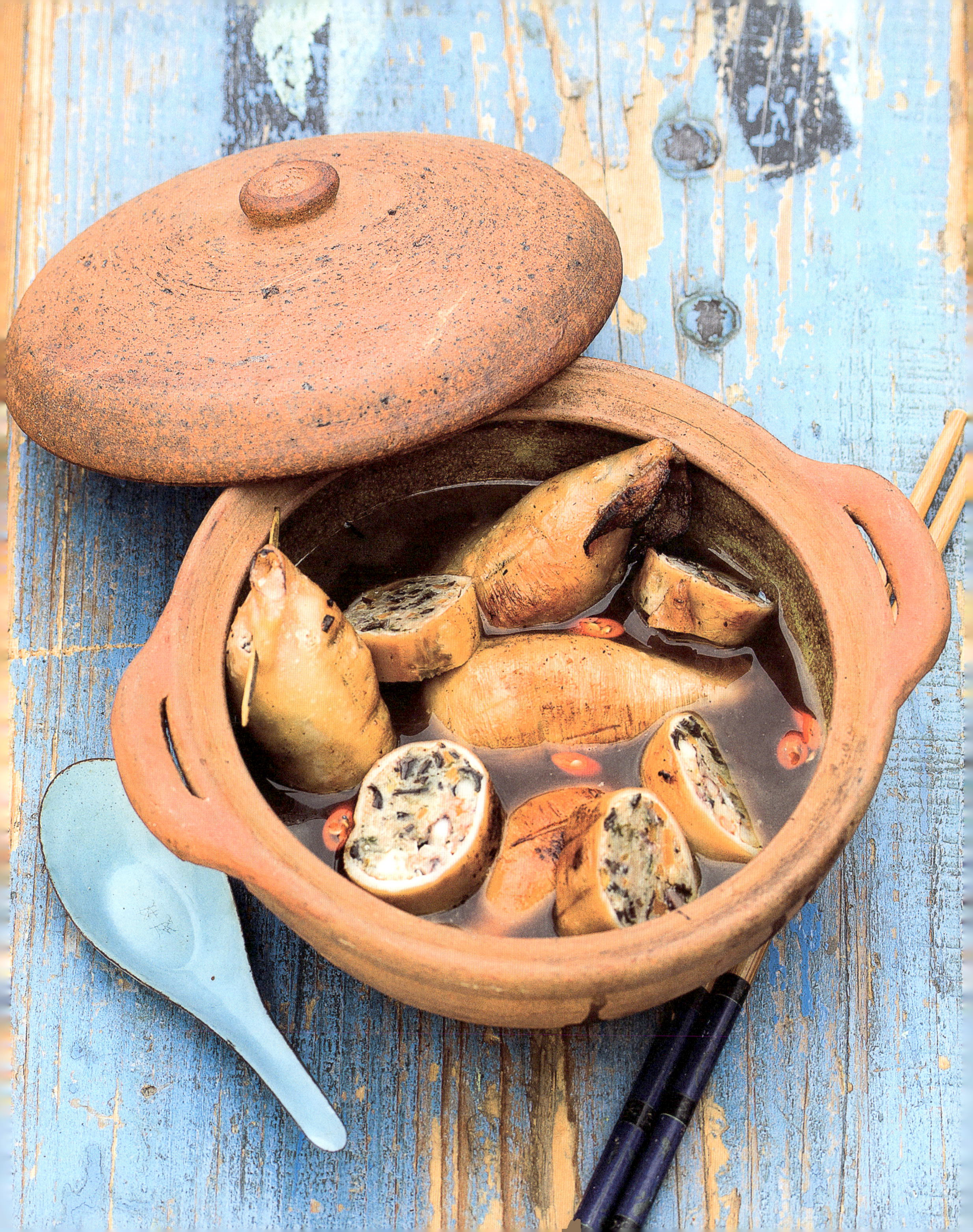

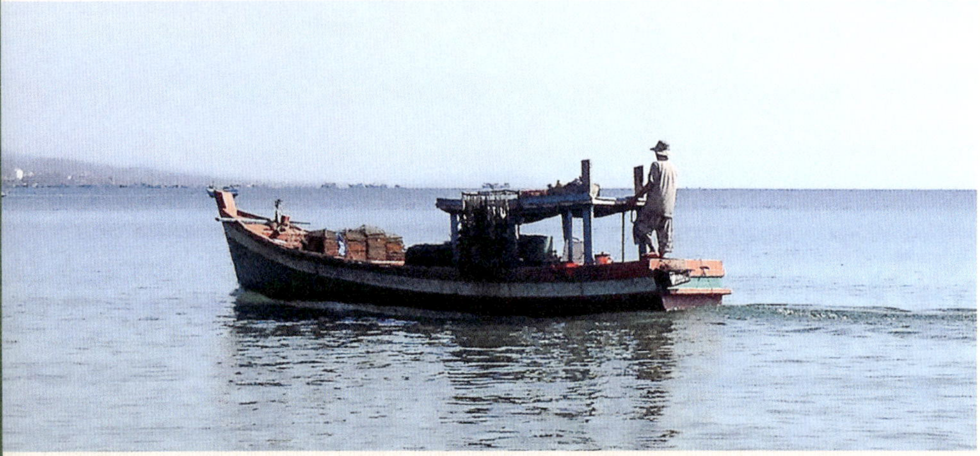

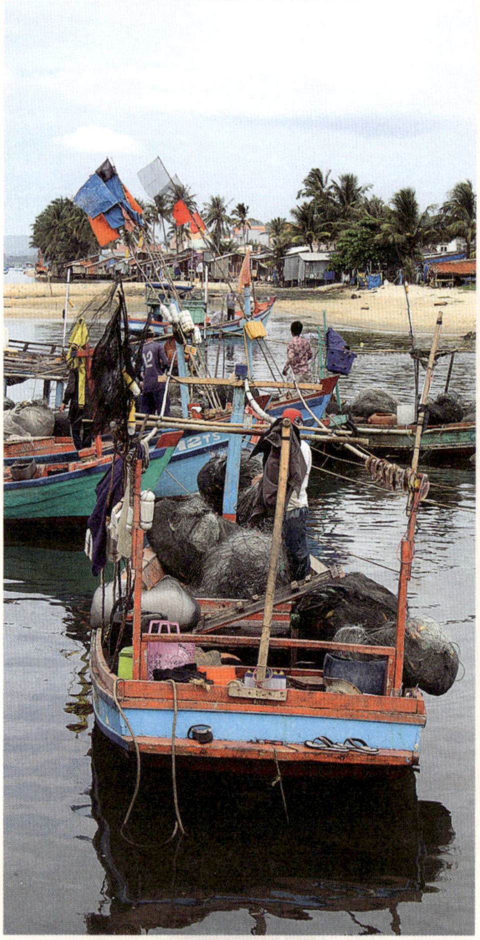

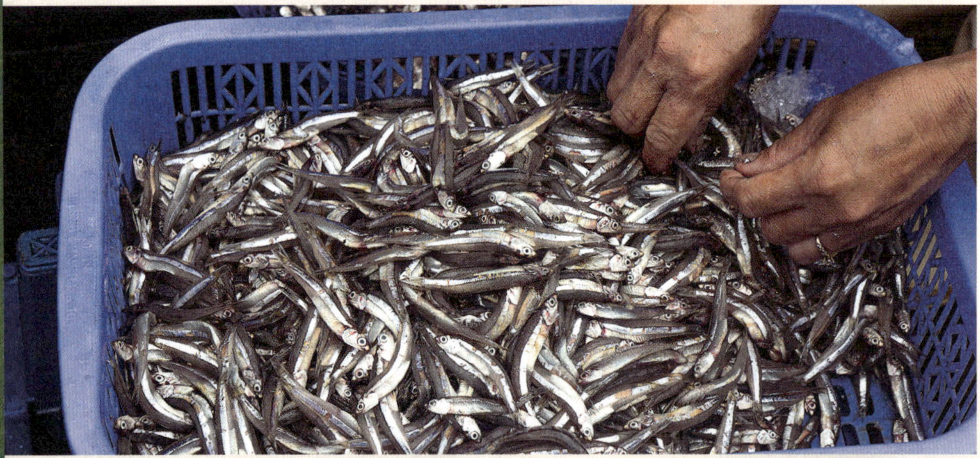

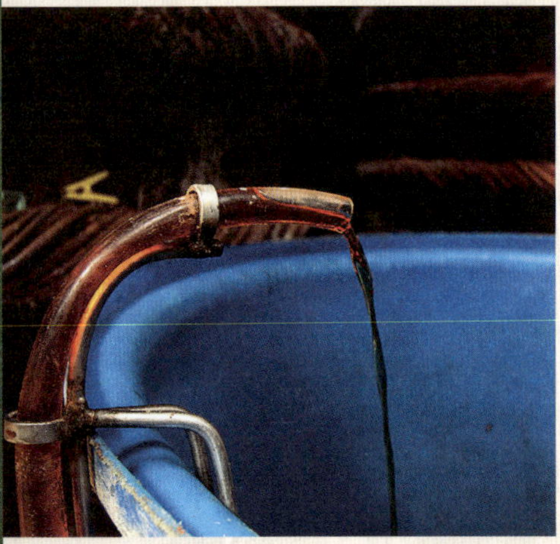

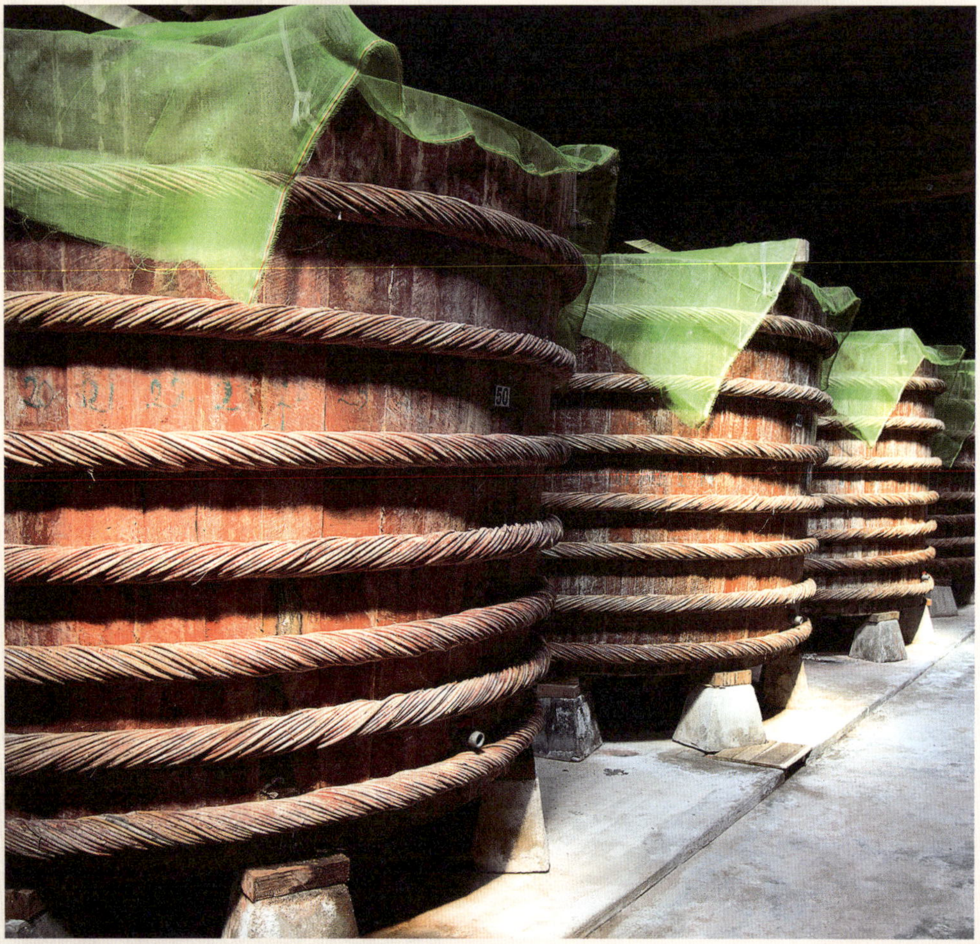

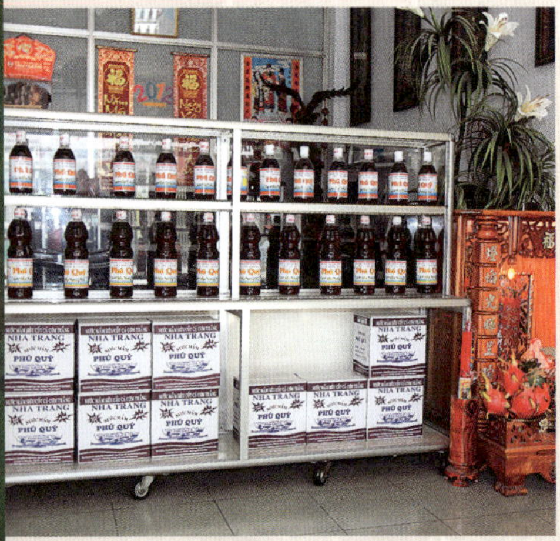
NHA TRANG
PHÚ QUÝ

VIETNAMESISCHE DIPSAUCE – nuoc cham

ZUBEREITUNGSZEIT
10 Minuten

ZUTATEN
1 Knoblauchzehe
1 Chilischote (nach Geschmack)
2 EL Zucker
4 EL Fischsauce
8 EL warmes Wasser
Saft von 1 Limette
gemahlener Pfeffer

Die klassische vietnamesische Dipsauce ist *nuoc cham*, übersetzt einfach »geflecktes Wasser«. Tatsächlich besteht sie aber aus einer sorgfältig ausbalancierten Mischung von Fischsauce, Zucker und Limette. Sie sollte salzig, süß und sauer zugleich schmecken. Knoblauch gibt ihr den notwendigen Körper. Man reicht *nuoc cham* zu vielen vietnamesischen Gerichten, speziell zu Gebratenem und Gegrilltem, aber sie ist auch Basis für Salatsaucen. Die Herstellung ist einfach, entscheidend ist das richtige Mischungsverhältnis, das man durch Abschmecken noch verfeinern kann.

Den Knoblauch und die Chilischote fein hacken und dann zusammen mit dem Zucker in einem Mörser zu einer Paste verarbeiten.
Die Fischsauce und das Wasser dazugeben und alles verrühren, bis sich der Zucker vollständig aufgelöst hat. Den Limettensaft und etwas Pfeffer unterrühren.

Tipp: Alternativ kann man den Knoblauch auch weglassen oder durch die gleiche Menge Ingwer ersetzen.

FISCHSAUCE

Fischsauce ist eine klare, hellbraune Sauce aus fermentiertem Fisch. Unter verschiedenen Namen ist sie in ganz Südostasien verbreitet, aber vor allem in Vietnam hat man aus ihrer Herstellung eine Kunst gemacht. Fischsauce kann aus verschiedenen Fischen wie Thunfisch und Pomfret gemacht werden, meist jedoch werden Sardellen verarbeitet.
In Vietnam gibt es entlang der Küste vier Hauptproduktionsstandorte für Fischsauce: im Norden in Hai Phong, weiter im Süden in Nha Trang und Phan Tiet, und schließlich am südlichsten Zipfel Vietnams auf der Insel Phu Quoc. Dort, sagt man, sei die beste Qualität zu finden, was daran liege, dass die Sardellen ihren Weg entlang der Küste von Nord nach Süd nehmen und bei ihrer Ankunft in Phu Quoc besonders fett und proteinreich seien.
Zur Herstellung werden die Fische roh lagenweise abwechselnd mit Salz in Fässer aus Bambus gepackt und gären darin zwischen sechs Monaten und einem Jahr. Der Proteingehalt der dabei austretenden Flüssigkeit, der Fischsauce nämlich, liegt bei bis zu 50 %. Für die kommerzielle Verwertung wird dann mit Wasser verdünnt.
Der Prozentsatz an Protein wird im Regelfall auf den Flaschen angegeben: 25 % ist dabei schon eine gute Qualität für den Gebrauch als Saucengrundlage. Wichtig ist, dass die Fischsauce ausschließlich aus Fisch, Salz und Wasser hergestellt ist und nicht mit Zucker oder gar künstlichen Aromen versetzt wurde. Mit einem kleinen Löffel probiert, sollte sie zuerst salzig und dann leicht süßlich schmecken. Wenn sie gleich süß schmeckt, wurde mit Sicherheit »gepanscht«. Fischsauce ist bei Zimmertemperatur nahezu unbegrenzt haltbar. Aus Geschmacksgründen sollte sie trotzdem nach ein paar Monaten ersetzt werden.

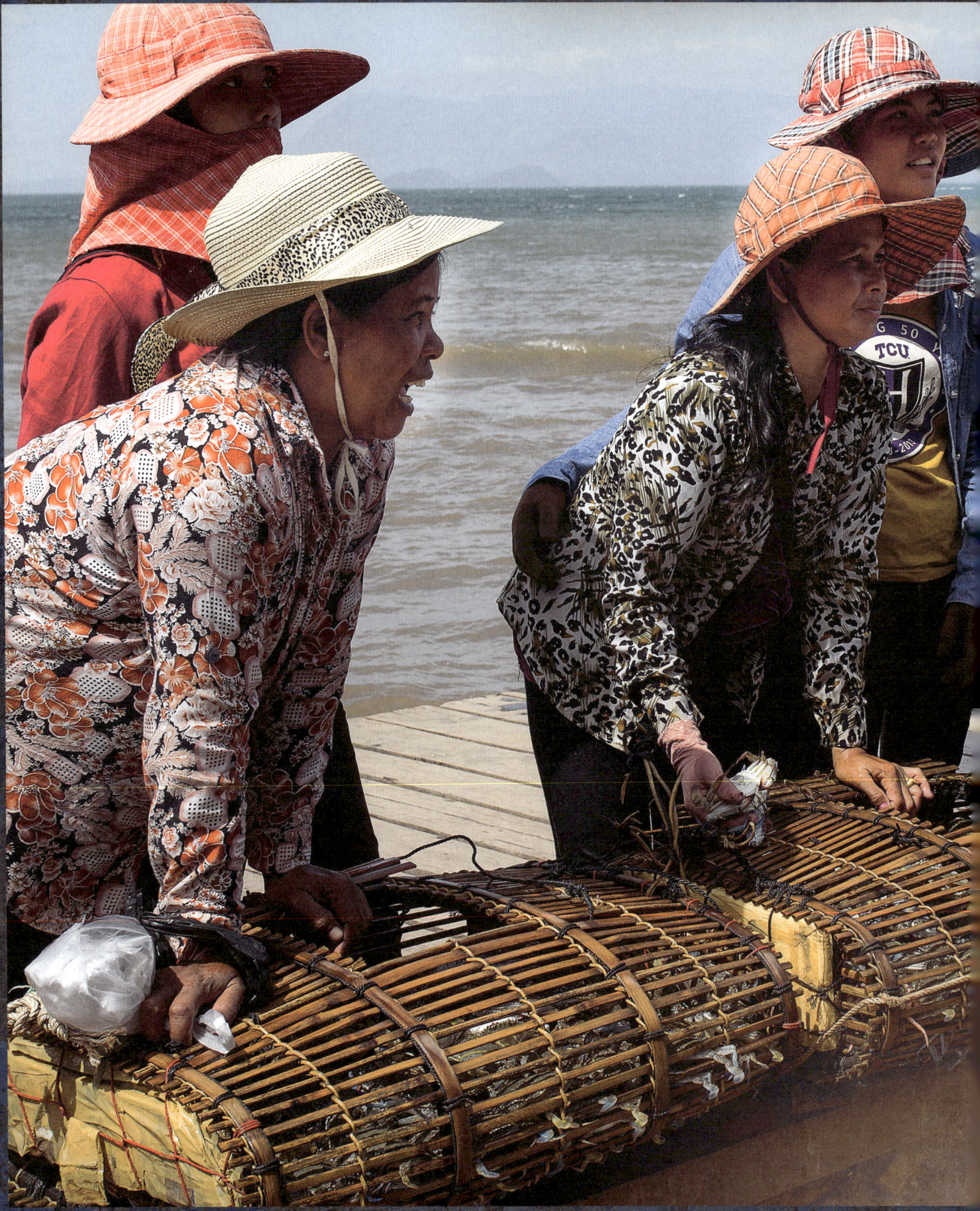
TCU

Kambodscha

Eine Reise nach Kambodscha fällt immer noch in die Kategorie Abenteuer. Deswegen ist auch die Küche Kambodschas hierzulande kaum bekannt. Mit ihrem unglaublichen Reichtum an Süßwasserfisch und dem allgegenwärtigen Reis lohnt es sich aber, sie kennenzulernen. Der Fischreichtum des Landes ist dem Mekong zu verdanken, dem sagenumwobenen Fluss, der in den Bergen des Himalaja entspringt und durch Yunnan, Laos, Thailand und Kambodscha fließt, bis er sich im Süden Vietnams aus einem gewaltigen Delta ins Südchinesische Meer ergießt. In Kambodscha speist er den größten See Südostasiens, den Tonle Sap, eines der fischreichsten Binnengewässer der Erde.

Softshell-Krabben und grüner Pfeffer

Die Küche Kambodschas

Zum kambodschanischen Neujahrsfest im April beginnt der jährliche Monsunregen. Tägliche Tropenschauer tränken das sattgrüne Land und schaffen so die Grundlage für den erntereichen Reisanbau. Üppige Mango- und Tamarindenbäume stehen zwischen den Reisfeldern, aus denen immer wieder Kokospalmen herausragen. Früchte wie Papayas, Mangos und Kokosnüsse gedeihen im tropischen Klima im Überfluss und werden in Salaten, Currys und Desserts verwendet.

Beeinflusst wurde die Küche der Khmer, wie man die Bewohner Kambodschas bezeichnet, von den Nachbarn Thailand und Vietnam, aber wie überall in Südostasien haben auch hier ebenso chinesische Siedler ihre Spuren hinterlassen. Unter dem brutalen und menschenverachtenden Regime der Roten Khmer in den Neunzigerjahren des letzten Jahrhunderts wurde die traditionelle kambodschanische Küche jedoch nahezu ausgelöscht. Nach der Überwindung des Regimes, dem über zwei Millionen Kambodschaner zum Opfer fielen, entstanden zwar nach und nach wieder erste Restaurants für Touristen und reiche Kambodschaner, die jedoch nicht die einheimische Küche pflegten, sondern chinesische, vietnamesische oder thailändische Gerichte servierten.

Erst als die Menschen das Trauma des Genozids langsam zu verarbeiten begannen, besannen sie sich auch wieder auf ihre alten Traditionen und vor allem ihre Küche. In der Hauptstadt Phnom Penh entstanden stilvolle Restaurants mit traditionellen Gerichten der Khmer-Küche. Auch die Straßenküche wurde wiederbelebt und ist nach Einführung neuer Hygienevorschriften für den westlichen Magen problemlos genießbar.

Neben frischem Süßwasserfisch finden sich alle Arten von Meeresfrüchten, Huhn, Schwein und Rind auf dem Speiseplan. Fisch wird auch in Salz eingelegt und durch Fermentation haltbar gemacht. Die entstehende Fischpaste *prahok* wird zum Würzen verwendet. *Kroeung* heißt die Würzpaste aus frischen Gewürzen wie Zitronengras, Galgant, Kaffirlimette, Kurkuma und vielem mehr, die ähnlich den Currypasten Thailands in verschiedenen Gerichten zum Einsatz kommt. An dem Küstenstreifen im Süden Kambodschas befinden sich die Pfefferplantagen von Kampot, die berühmt sind für ihren hocharomatischen Pfeffer. Dieser wird n vielen Gerichten anstelle von Chilischoten verwendet.

Verglichen mit der Thailands ist die Küche Kambodschas noch eher ursprünglich und rustikal, aber nicht weniger reizvoll.

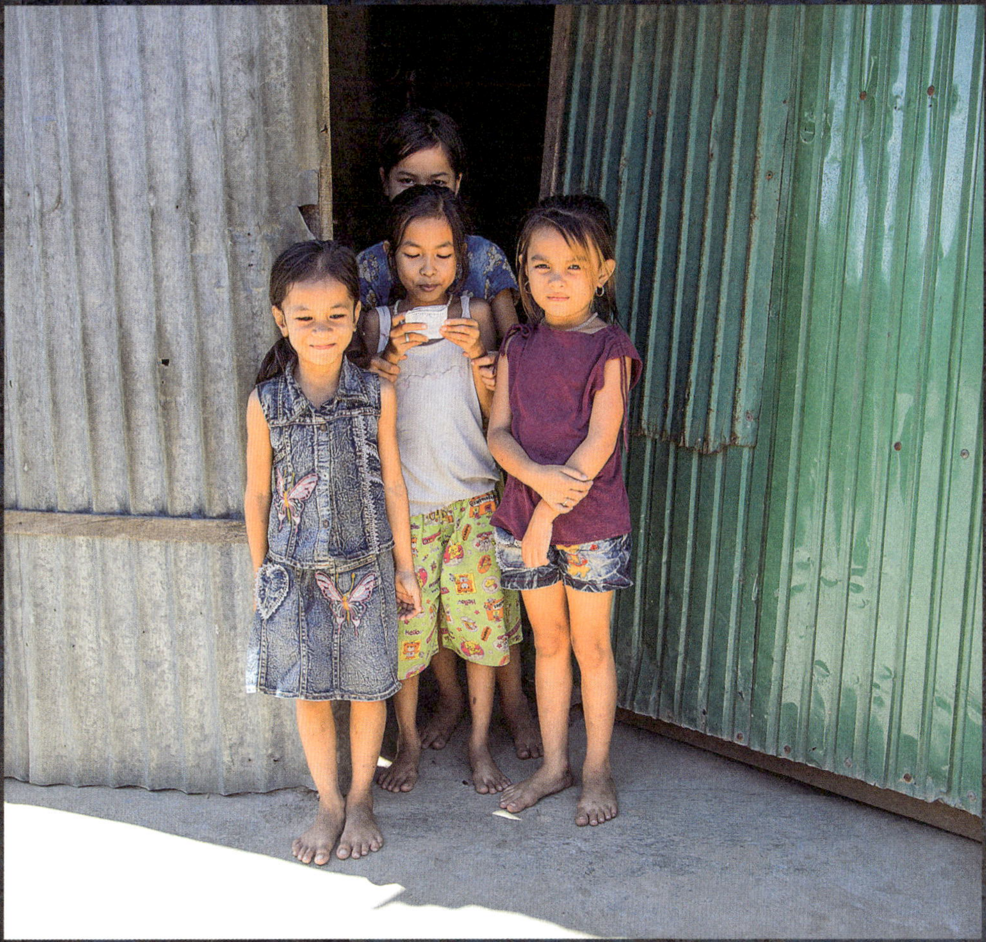

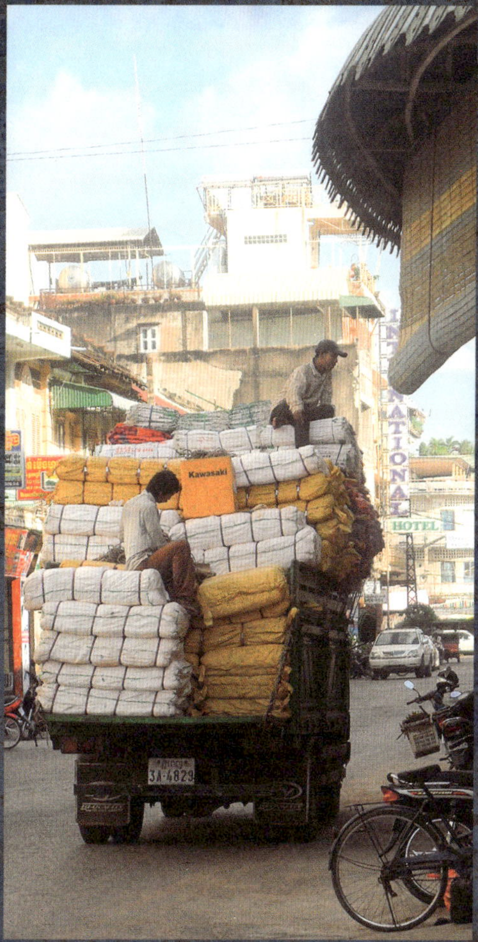
Kawasaki
HOTEL

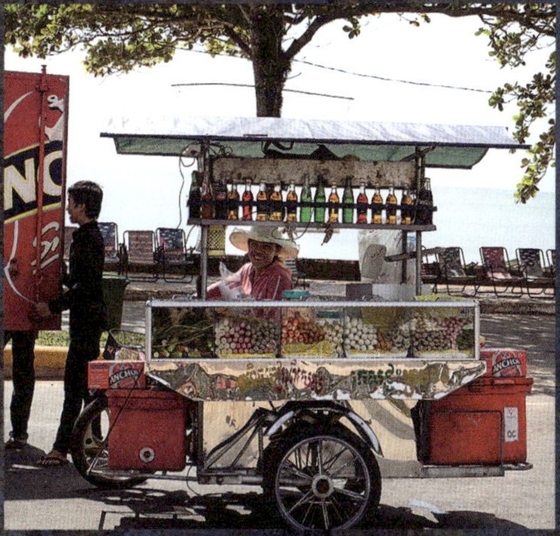

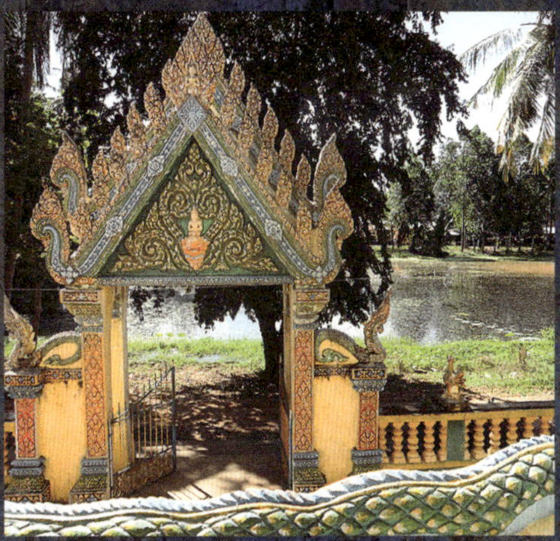

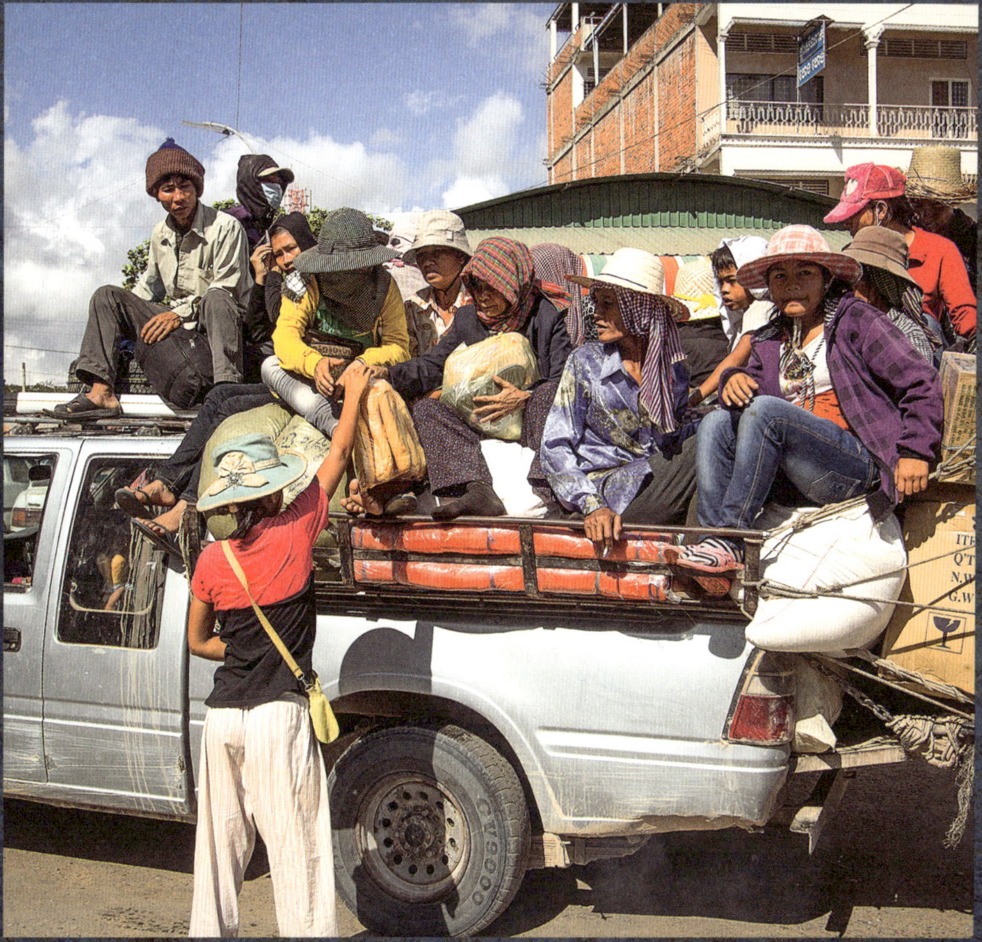

MANGOSALAT MIT FISCH – neorm svye kchey

ZUBEREITUNGSZEIT
40 Minuten

ZUTATEN
2 EL getrocknete Garnelen
4–5 feste, grüne Mangos
1 geräuchertes Forellenfilet
2 kleine Schalotten
½ Bund frisches Thai-Basilikum
½ Bund frischer Vietnamesischer Koriander
2 EL Fischsauce
1 EL Zucker
2 EL geröstete Erdnüsse (Rezept siehe QR-Code)
1 große rote Chilischote
1 EL Knoblauchöl oder neutrales Speiseöl

Ein herrlich erfrischender Salat aus grünen Mangos mit einem sauer-süß-salzigen Aroma, der geräucherte Fisch verleiht die besondere Note. Wir alle lieben süße, aromatische Mangos mit gelbem, saftigem Fruchtfleisch. Wenige wissen, dass man Mangos, ähnlich wie die Papaya, auch als unreife Frucht in einem Salat essen kann. Kaufen kann man diese in Asialäden, sie sind viel kleiner als die brasilianischen reifen Mangos und haben eine dunkelgrüne Schale. Beim Kauf darauf achten, dass sie rundherum hart sind und keine weichen Stellen aufweisen.

Die getrockneten Garnelen in einer Schale mit kochend heißem Wasser übergießen und 20 Minuten einweichen.
Die Mangos schälen und dann in feine Streifen raspeln. Das Format der Streifen ist für den Geschmack des späteren Salat durchaus wichtig: Sind die Streifen zu dick, hat der Salat keinen Zusammenhalt, zu dünne Streifen machen das Ganze matschig! Am besten mit der 4-mm-Einstellung eines Gemüsehobels oder einem Julienne-Schneider von der flachen Seite her abraspeln (es sollten lange, 4 x 4 mm breite Streifen entstehen). Die Mangostreifen in eine Salatschüssel geben.
Die eingeweichten Garnelen aus der Schale nehmen, abtropfen lassen und im Mörser zu einem faserigen Brei zerstoßen. Diesen anschließend so mit den Finger auflockern, dass ein faseriges, grobes Pulver entsteht.
Das geräucherte Forellenfilet fein zerrupfen.
Die Schalotten schälen und quer in feine Scheiben schneiden.
Die Kräuter waschen und trocken schütteln, die Blätter von den Stielen zupfen und grob hacken. Alle so vorbereiteten Zutaten in die Salatschüssel geben.
Für das Dressing die Fischsauce und den Zucker mit 1–2 EL heißem Wasser gründlich verrühren, bis sich der Zucker aufgelöst hat. Die Erdnüsse grob hacken, die Chilischote in Ringe schneiden. Das Dressing über den Salat geben und alles vorsichtig mit den Händen vermischen. Mit dem Knoblauchöl beträufeln, mit den Erdnüssen bestreuen und mit den Chiliringen dekorieren. Sofort mit Jasminreis servieren.

Tipp: Mangos haben einen abgeflachten Kern, das Fruchtfleisch verteilt sich also nicht gleichmäßig um den Kern, sondern eher auf eine fleischige Ober- und Unterseite. Erkennen kann man die fleischige Seite daran, dass sie abgeflacht ist.

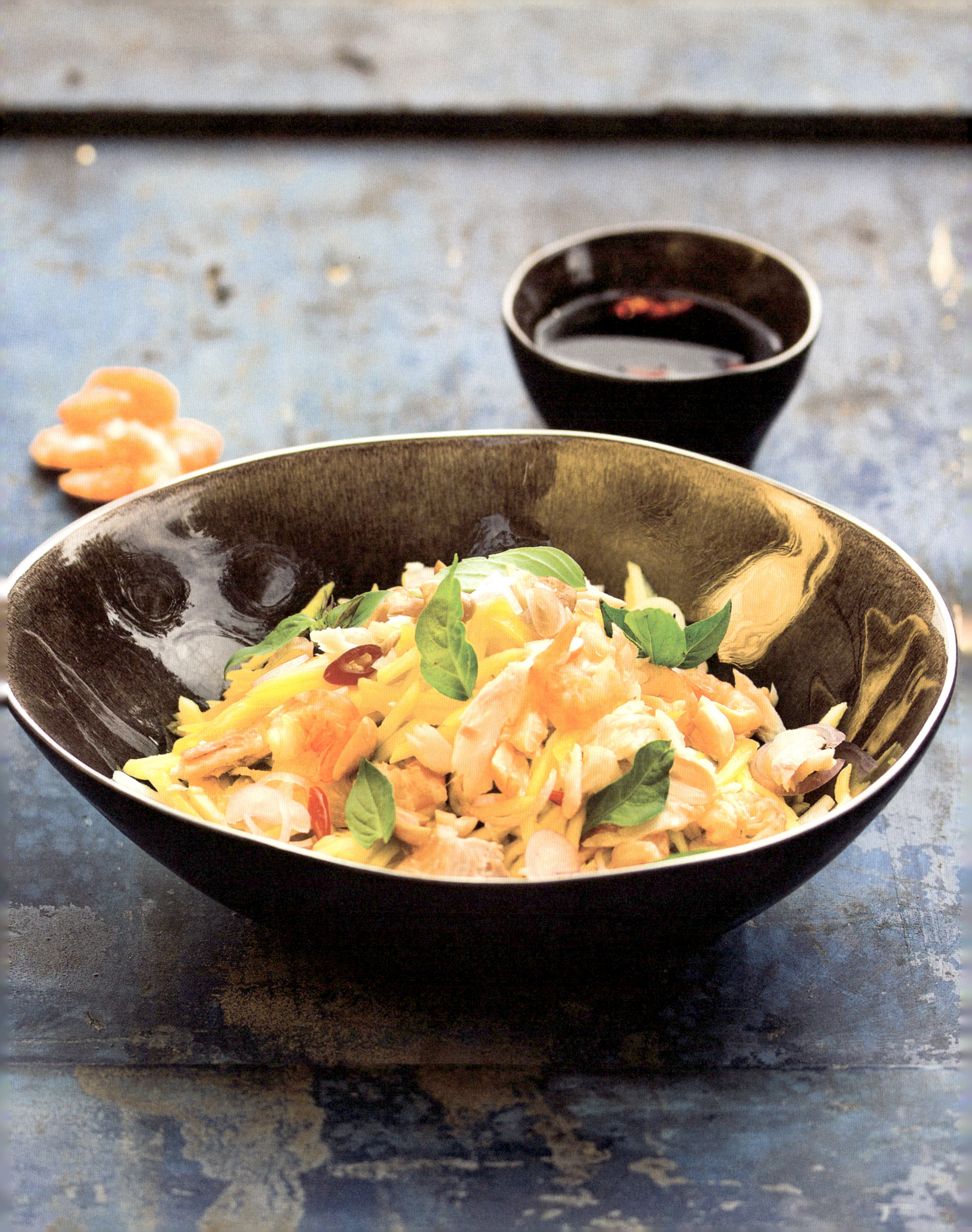

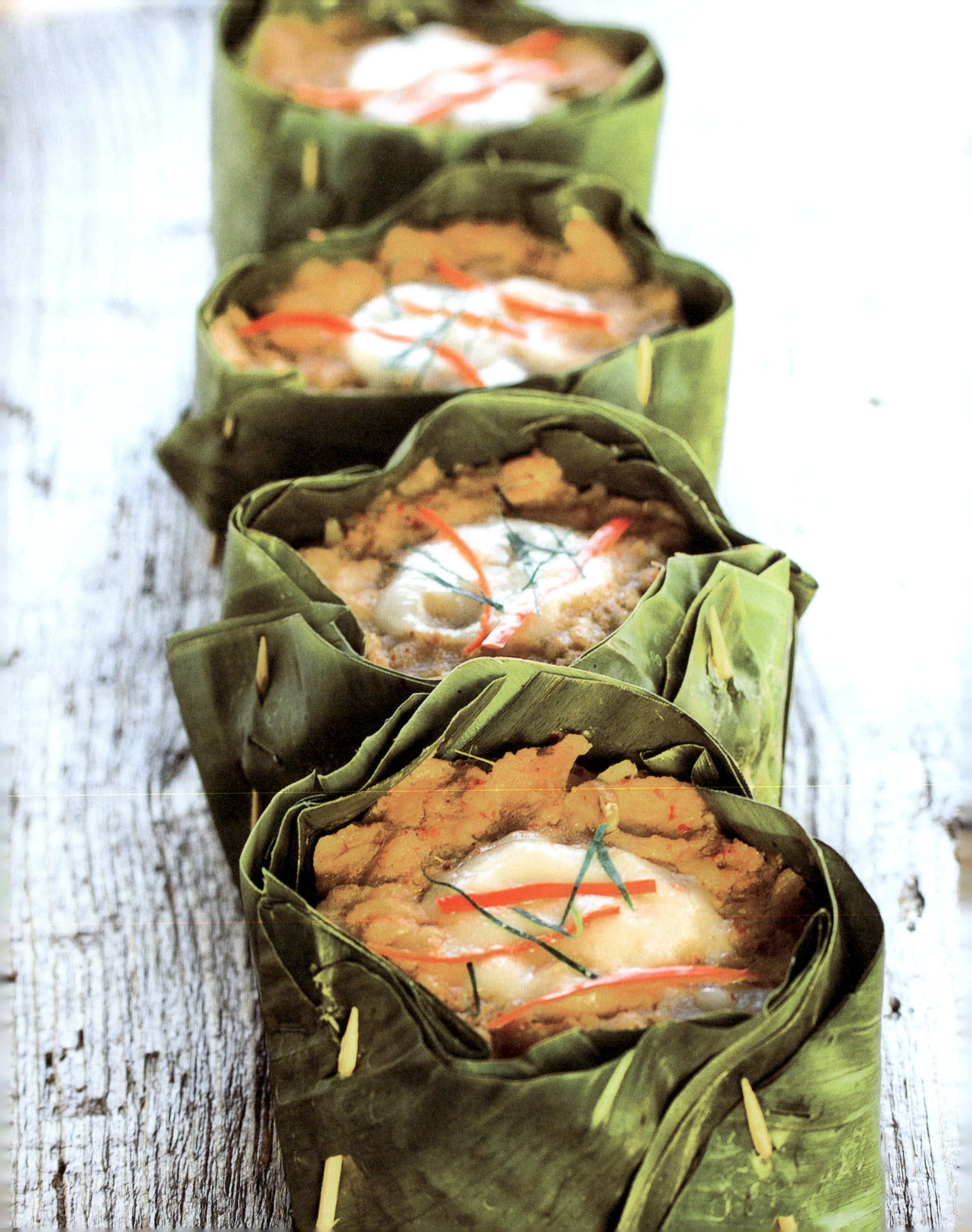

FISCH-AMOK – amok trei

ZUBEREITUNGSZEIT
50 Minuten,
    plus 20 Minuten Ruhezeit

ZUTATEN
Für die Currypaste
2 getrocknete Chilischoten
2 Stängel Zitronengras
1 daumengroßes Stück Galgant
40 g Chinesischer Ingwer
    (*krachai*, ca. 4 Wurzelfinger)
4 Kaffirlimettenblätter
2 Knoblauchzehen
½ TL *gapi* (Garnelenpaste)
1 TL gemahlene Kurkuma

400 g weißfleischiges Fischfilet (Steinbeißer, Wels oder Kabeljau)
2 EL Fischsauce
1 TL Zucker
½ TL Salz
200 ml Kokosmilch
1 Packung Bananenblätter
1 TL Maisstärke
1 große rote Chilischote
8 Spinatblätter

Zarter Fisch in einer milden Currysauce, der in einem Bananenblatt gedämpft und anschließend mit Kokossahne überzogen wird. Amok ist das Nationalgericht Kambodschas.

Die getrockneten Chilischoten in Streifen schneiden und dabei die Kerne entfernen. In lauwarmem Wasser 20 Minuten einweichen. Das Zitronengras unten kappen, oben ein Drittel abschneiden und das äußere Blatt entfernen. Fein hacken. Den Galgant schälen und fein hacken. Den *krachai* säubern und fein hacken. Zwei Kaffirlimettenblätter in der Mitte zusammenfalten, von der Mittelrippe befreien und mit einer Küchenschere in feine Streifen schneiden. Die Chilis aus dem Wasser nehmen und fein hacken. Den Knoblauch schälen. In einem Mörser nun nach und nach das Zitronengras, den Galgant, den *krachai*, die Kaffirlimettenblätter, die Chilischoten und den Knoblauch zu einer feinen Paste verarbeiten. Dabei jede Zutat gründlich zerkleinern, bevor die nächste hinzugefügt wird. Zum Schluss die Garnelenpaste und das Kurkumapulver untermischen.

Das Fischfilet unter fließend kaltem Wasser abspülen, trocken tupfen und in schmale Streifen schneiden. Den Fisch in eine Schüssel geben und mit der Fischsauce, dem Zucker und dem Salz vermengen. Die so erhaltene Currypaste sowie 150 ml von der Kokosmilch dazugeben und alles zu einer homogenen Masse verarbeiten.

Die Bananenblätter mit einem feuchten Tuch von beiden Seiten gründlich abreiben. Blanchieren oder dampfbügeln. Vier kleine Schälchen falten (Anleitung siehe QR-Code). Dabei sollten die ausgeschnittenen Blätter einen Durchmesser von 18–20 cm haben und in zwei Lagen liegen!

In einem Topf langsam die restliche Kokosmilch erhitzen – sie darf nur leicht aufwallen, da sie sich sonst vom Kokosfett trennt. Die Maisstärke mit 4 EL kaltem Wasser und einer Prise Salz verquirlen und die Mischung in die Kokosmilch einrühren. 1 Minute unter ständigem Rühren köcheln, bis eine dicke Creme entsteht. Die Chilischote der Länge nach aufschneiden, von den Kernen befreien und in schmale, lange Streifen schneiden. Die restlichen Kaffirlimettenblätter in der Mitte zusammenfalten, von der Blattrippe befreien und mit einer Küchenschere in feine Streifen schneiden. Die Spinatblätter waschen, trocken schütteln und von den Stielen befreien. Je zwei Blätter auf den Boden jedes Bananenblattkörbchens legen und die Fischmasse gleichmäßig auf die Körbchen verteilen. Die Körbchen in einen Dämpfkorb setzen und 20 Minuten über heißem Wasserdampf dämpfen. Herausnehmen, auf Tellern anrichten, jeweils mit 2 EL von der Kokoscreme beträufeln, mit Chili- und Kaffirlimettenblätterstreifen bestreuen und servieren. Dazu passt gedämpfter Jasminreis.

Tipps: Statt die Currypaste selbst zuzubereiten, kann man auch eine fertige rote Currypaste nehmen. In diesem Fall 2 EL verwenden.
Alternativ zu den Bananenblattkörbchen kann man auch Bananenblätter in spitz zulaufende Streifen schneiden und eine Keramikschale damit auslegen.
Wenn man keine Bananenblätter bekommen kann, einfach Keramikschälchen mit etwas Öl ausstreichen und dann mit der Fischmasse füllen.

SÜSSSAURE FISCHSUPPE – somlor machu yuon

ZUBEREITUNGSZEIT
30 Minuten

ZUTATEN
2 EL Tamarindenmark mit Kernen
1 daumengroßes Stück Galgant
4 Kaffirlimettenblätter
400 g festes Fischfilet vom Weißfisch (Steinbeißer, Wels, Kabeljau)
2 Scheiben Ananas (1,5 cm dick)
6 Scheiben Lotuswurzel (TK, aus dem Asialaden)*
2 mittelgroße feste Tomaten
2 Knoblauchzehen
½ Bund frisches Thai-Basilikum
½ Bund frischer Langer Koriander
1 Frühlingszwiebel
1 große Chilischote
4 EL Fischsauce
1 TL Salz
1 EL Zucker
2 EL Öl zum Braten

Zartes Fischfilet in einer mit Tamarinde und Galgant gewürzten klaren Brühe, mit Ananas, Tomaten und Lotus. Durch die Kräuter bekommt die Suppe Leichtigkeit und Frische.

Das Tamarindenmark (siehe QR-Code) in einer kleinen Schale mit heißem Wasser 20 Minuten einweichen. Den Galgant schälen und in dünne Scheiben schneiden. Die Kaffirlimettenblätter waschen.
Den Fisch unter fließend kaltem Wasser waschen, mit Küchenpapier abtupfen und in große Würfel schneiden.
Die Ananasscheiben achteln. Die Lotuswurzelscheiben kurz in heißem Wasser auftauen lassen. Herausnehmen und halbieren. Die Tomaten achteln und von Stielansatz und Kernen befreien. Den Knoblauch schälen und fein hacken. Die Kräuter waschen, trocken schütteln und die Blätter abzupfen. Die Frühlingszwiebel putzen, in 5 cm lange Stücke schneiden und diese längs in feine Streifen schneiden. Die Chilischote der Länge nach aufschneiden, von den Kernen befreien und in feine Streifen schneiden.
Im Ofen vier Suppenschalen vorwärmen.
In einem Topf 800 ml Wasser zum Kochen bringen. Den Galgant und die Kaffirlimettenblätter 1 Minute darin kochen lassen. Den Fisch in die Kochflüssigkeit geben und die Temperatur so weit reduzieren, dass die Suppe nur noch simmert. Die Fischsauce, das Salz und den Zucker einrühren. Die aufgelöste Tamarindenpaste durch ein Sieb in die Suppe geben. Aufsteigenden Schaum mit einem Schaumlöffel abschöpfen. Ananas, Lotuswurzel und Tomaten zur Suppe geben und alles 1 Minute simmern lassen. Die Suppe abschmecken, sie sollte säuerlich, etwas süßlich und salzig schmecken. In einer kleinen Pfanne das Öl erhitzen und den Knoblauch unter Rühren goldbraun braten.
Die Suppe auf die Suppenschalen verteilen, jede Portion mit etwas Knoblauch bestreuen und mit etwas Knoblauchöl beträufeln. Mit den Kräutern, den Frühlingszwiebeln und den Chilistreifen bestreuen und mit gedämpftem Jasminreis servieren.

* Lotuswurzeln bekommt man als TK-Ware in Abpackungen von 300–400 g im Asialaden.

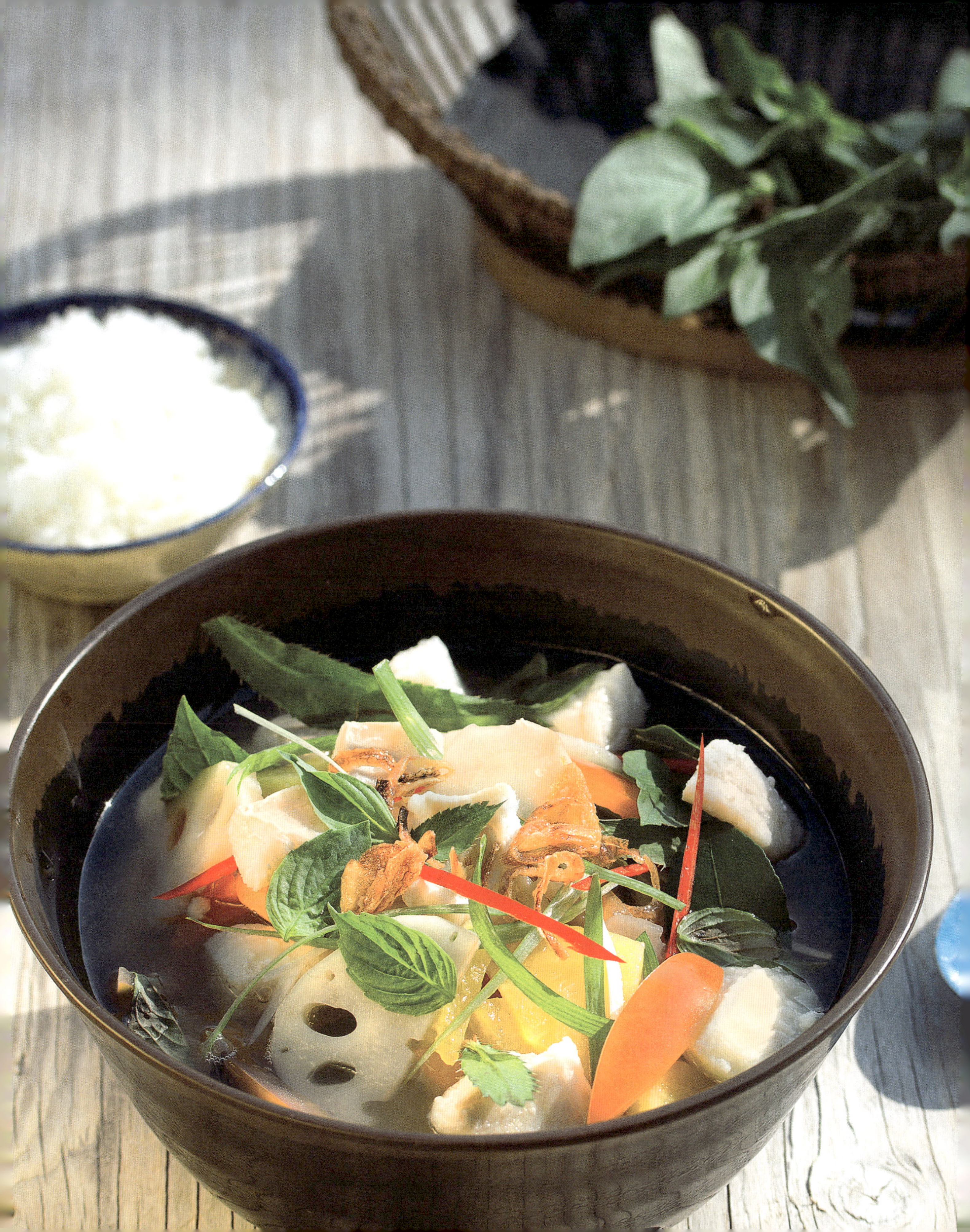

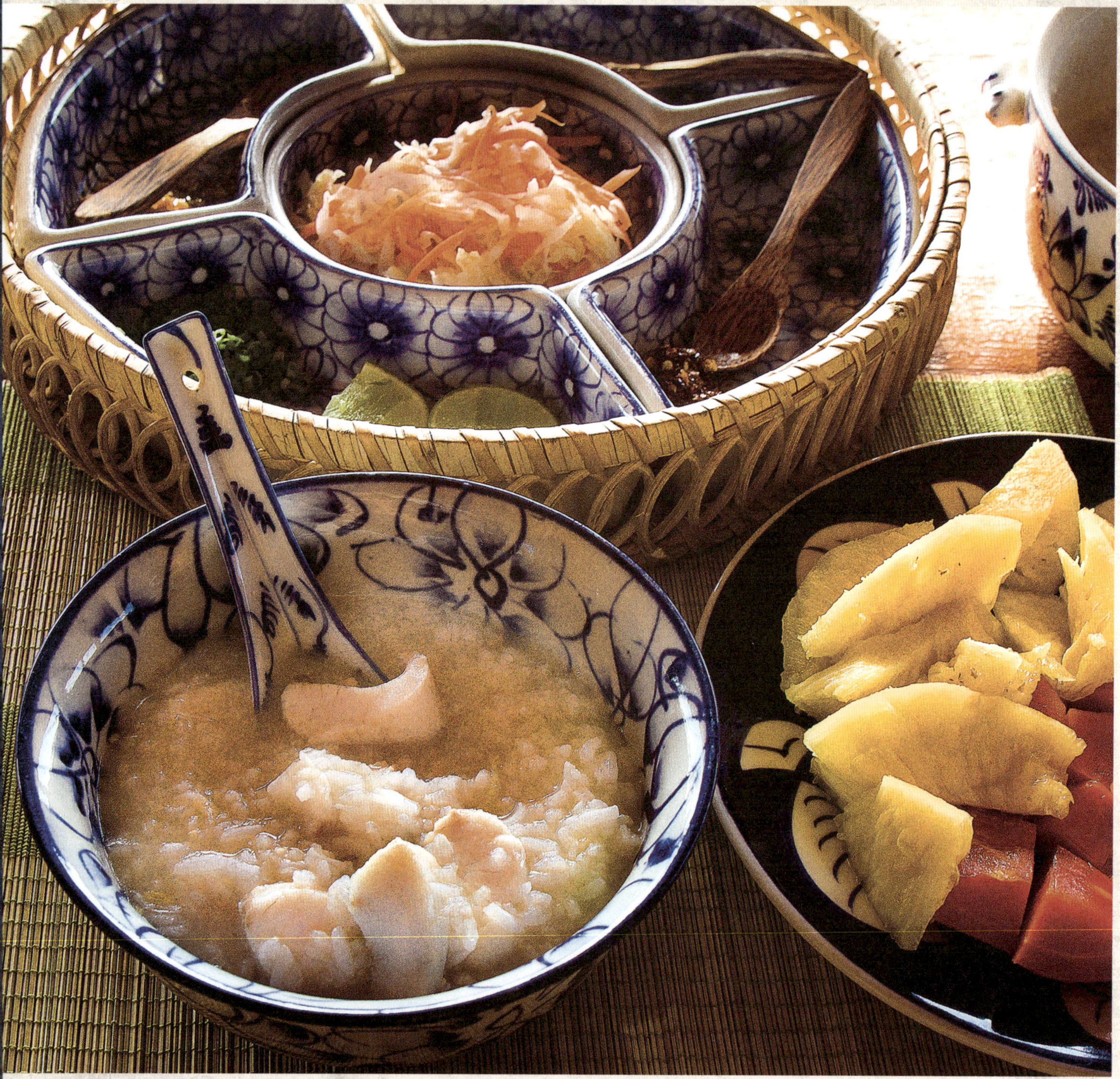

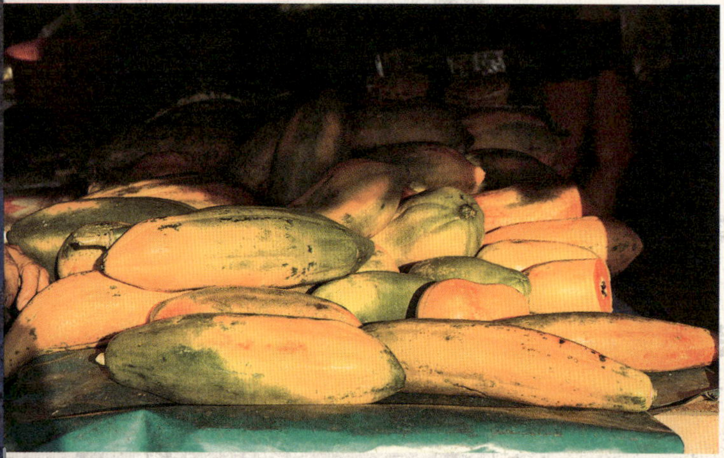

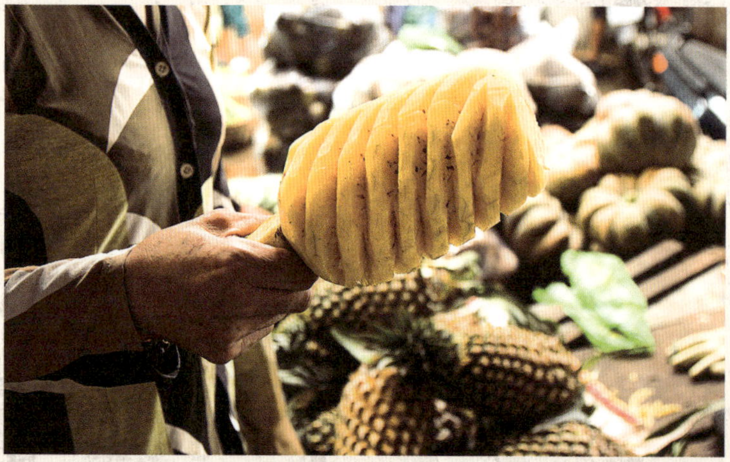

KLASSISCHE REISSUPPE – bobor trey

Zubereitungszeit
45 Minuten

Zutaten
1 daumengroßes Stück Galgant
1 Stängel Zitronengras
1 Knoblauchzehe
1 kleine Zwiebel
500 g Fischgräten und frische Fischabfälle vom Fischhändler
1 EL Öl zum Braten
1 TL Palmzucker
2 EL Fischsauce
200 g Fischfilet vom Weißfisch
300 g Jasminreis
2–3 Blätter vom Langen Koriander
1 Limette
2 EL frittierte Schalotten
1 TL schwarzer Pfeffer, grob zerstoßen
2 Vogelaugen-Chilischoten (nach Belieben)

Reissuppe oder *congee* ist in ganz Asien von Japan bis Indonesien weit verbreitet. Sie ist magenschonend und trotzdem sättigend und damit ein idealer Einstieg in den Tag. Der Reis kann je nach Rezept noch klar in Körnerform erkennbar sein oder aber verkocht zu einer sämigen Suppe. Als Einlage bieten sich alle Arten von Fleisch oder Fisch an, frisch oder getrocknet. Pilze und Ingwer werden gern verwendet und natürlich auch Kräuter. Natürlich kann man Reissuppe nicht nur zum Frühstück essen, sie schmeckt den ganzen Tag.

Den Galgant schälen und in dicke Scheiben schneiden. Das Zitronengras an beiden Enden kappen, vom äußeren Blatt befreien und mit der stumpfen Seite eines schweren Küchenmessers flach klopfen, damit sich das Aroma entfalten kann. Den Knoblauch schälen und flach klopfen. Die Zwiebel schälen und vierteln. Die Fischgräten und -abfälle gründlich unter fließend kaltem Wasser abspülen. In einem Topf das Öl bei mittlerer Temperatur erhitzen und darin die Gräten und Fischabfälle kurz anschwitzen. Den Galgant, das Zitronengras, den Knoblauch, die Zwiebel und 1 l kaltes Wasser dazugeben. Die Mischung langsam aufkochen, dabei aufsteigenden Schaum immer wieder abschöpfen. Den Palmzucker und die Fischsauce dazugeben und alles 30 Minuten bei niedriger Temperatur köcheln lassen. Den Fischfond durch ein Sieb in einen anderen Topf gießen und erneut aufkochen.

Den Fisch unter fließend kaltem Wasser abspülen und trocken tupfen. In den kochenden Fond gleiten lassen. Den Topf vom Herd nehmen und die Suppenbasis 6–8 Minuten ziehen lassen, bis der Fisch gar ist. Den Fisch mit einem Schaumlöffel herausheben, auf einen Teller legen, etwas abkühlen lassen und dann mit den Fingern grob zerteilen.

Den Reis mit kaltem Wasser abspülen, bis das Wasser klar bleibt. In einem Sieb abtropfen lassen. In den Fischfond geben und alles langsam erhitzen – die Suppe darf nur leicht köcheln. Ab und zu mit einem Holzspatel umrühren. Die Suppe 20–30 Minuten köcheln lassen, bis die Reiskörner richtig weich sind. Die Suppe sollte eine sämige Konsistenz haben. Falls sie zu dick wird, noch etwas Wasser zugeben. Mit Salz und Fischsauce abschmecken, dann den Fisch wieder in die Suppe geben und vorsichtig umrühren.

Den Langen Koriander waschen, trocken schütteln und quer in feine Streifen schneiden. Die Limette achteln. Zum Servieren die Suppe mit frittierten Schalotten, grob zerstoßenem Pfeffer und dem Langen Koriander bestreuen. Dazu separat Fischsauce, die Chilischoten und die Limettenspalten servieren.

Früchte zum Frühstück

Tropisches Klima, viel Sonne, aber auch Regen und damit hohe Luftfeuchtigkeit sind ideale Bedingungen für das Wachstum exotischer Früchte. Ganz Südostasien ist daher ein Paradies für Liebhaber von süßen Mangos, saftigen Ananas und üppigen Bananen. In Kambodscha reicht man schon zum Frühstück einen köstlich frischen Obstteller. Ein guter Anfang für einen heißen und erlebnisreichen Tag!

Battambang – die Reiskammer Kambodschas

Battambang, die zweitgrößte Stadt Kambodschas, ist ein beschaulicher Ort, der sich seinen rustikalen Charme bewahrt hat. Die gleichnamige Provinz ist eine der fruchtbarsten Regionen des Landes, was ihr auch den Beinamen »Reisschüssel Kambodschas« eingebracht hat.

Aus der Zeit als französische Kolonie stammt der alte Bahnhof, der mittlerweile außer Betrieb ist und in seiner Verlassenheit eine malerische Kulisse bietet. Die Einheimischen nutzen einen Teil der stillgelegten, verrosteten Trasse, um mithilfe einer selbst gebauten Draisine Reis und andere Nahrungsmittel zu transportieren. Die sogenannte »Bambusbahn« besteht aus einem Bambusgestell auf Metallrädern aus verschrotteten Panzern, die von Motoren aus gebrauchten Generatoren angetrieben wird. Sie veranschaulicht eindrucksvoll das Improvisationsvermögen und den Überlebenswillen des kambodschanischen Volkes.

Strassenküche in Phnom Penh

Phnom Penh, die Hauptstadt Kambodschas am Ufer des Mekong, galt einst als Perle Asiens. Breite Alleen mit ausladenden Mangobäumen luden zum Flanieren ein. Das Stadtbild war geprägt von herrlichen Kolonialbauten, die während des französischen Protektorats von 1863 bis 1953 entstanden waren. Der Terror der Roten Khmer machte dem ein Ende, die Bevölkerung wurde aufs Land vertrieben, wo sie entweder unter unmenschlichen Bedingungen auf den Feldern arbeiten musste oder auf den sogenannten »Killing Fields« hingerichtet wurde.

Nur langsam hat sich die Stadt in den letzten Jahrzehnten von dieser Zeit erholt. Heute ist Phnom Penh – auch dank internationaler Hilfe – eine pulsierende Millionenstadt mit schicken Restaurants, stylischen Cafes und einem lebhaften Nachtleben. Durch die Straßen ziehen mobile Küchen mit Leckereien, im Central Market kann man in winzigen Garküchen kambodschanische Spezialitäten probieren und abends lohnt sich ein Spaziergang am Flussufer, wo sich überall kleine Restaurants niedergelassen haben.

KHMER-BAGUETTE MIT GEGRILLTEM RINDFLEISCH – sach ko an jakak

ZUBEREITUNGSZEIT
40 Minuten,
plus 1 Tag Ruhezeit
und 1 Stunde Marinierzeit

ZUTATEN

Für das eingelegte Gemüse
1 kleine grüne Papaya
2 Karotten
1 große rote Chilischote
1 Knoblauchzehe
8 EL Fischsauce
8 EL chinesischer weißer Reisessig
125 g Zucker

Für die Fleischspieße
2 Stängel Zitronengras
1 daumengroßes Stück Galgant
2 Knoblauchzehen
1 TL gemahlene Kurkuma
2 EL Fischsauce
25 g Palmzucker
½ EL Salz
2 EL Annatto-Öl oder neutrales Speiseöl
200 g Rindfleisch (Entrecôte)
8 Holzspieße zum Grillen
4 Baguettebrötchen

Ein leckerer, schneller und preiswerter Street-Food-Snack. Das Geheimnis ist die duftende Khmer-Würzpaste, *kroeung* genannt, aus Zitronengras, Kurkuma, Galgant und Knoblauch. Sie ist die Basis vieler kambodschanischer Rezepte. Das Baguette haben die Franzosen während der Kolonialzeit nach Indochina gebracht.

Am Vortag die Papaya und die Karotten schälen und mit einem Juliennschneider in feine Streifen schneiden. Die Chilischote der Länge nach aufschneiden, entkernen und in feine Streifen schneiden. Die Knoblauchzehe schälen und mit der stumpfen Seite eines schweren Küchenmessers flach drücken. Das Gemüse vermischen und in ein hitzebeständiges Gefäß mit dicht schließendem Deckel füllen.

In einem Topf 250 ml Wasser zum Kochen bringen. Die Fischsauce, den Reisessig und den Zucker einrühren und die Mischung aufkochen lassen. Das Gemüse mit der Flüssigkeit übergießen, bis es vollständig bedeckt ist. Das Gefäß verschließen und über Nacht oder länger marinieren.

Für die *kroeung*-Würzpaste das Zitronengras am unteren Ende kappen, am oberen um ein Drittel abschneiden und von dem äußeren Blatt befreien. Fein hacken. Den Galgant schälen und fein hacken. Den Knoblauch schälen. Das Zitronengras in einen Mörser geben und zerstampfen. Wenn eine faserige Paste entstanden ist, nach und nach die restlichen Zutaten hinzugeben und alles zu einer Paste zerstampfen. Zum Schluss die gemahlene Kurkuma untermischen. Die Fischsauce, den Palmzucker, das Salz und das Annatto-Öl (siehe QR-Code) in einer Schüssel gründlich verrühren. Die Gewürzpaste dazugeben und alles sorgfältig vermischen. Das Fleisch so in Streifen schneiden, dass man es gut auf einen Grillspieß ziehen kann, und in die Schüssel mit der Gewürzmischung geben. Alles gut vermischen und mindestens 1 Stunde marinieren.

Die Holzspieße in warmem Wasser einweichen, damit sie beim späteren Grillen nicht verbrennen. Einen Holzkohlengrill anheizen. Das Fleisch aus der Marinade nehmen und auf die Holzspieße stecken. Unter häufigem Wenden über der Holzkohlenglut gar grillen.

Die Baguettebrötchen kurz im Ofen aufbacken, dann auf einer Seite aufschneiden. Mit einem Löffel beide Innenseiten des Brötchens mit etwas Gemüsemarinade beträufeln, das macht es saftiger. Das eingelegte Gemüse aus dem Glas nehmen, abtropfen lassen und in die Brötchen füllen. Je einen Grillspieß hineinlegen, das Brötchen zusammenklappen und den Holzspieß herausziehen. Nach Belieben mit einer Chilisauce servieren.

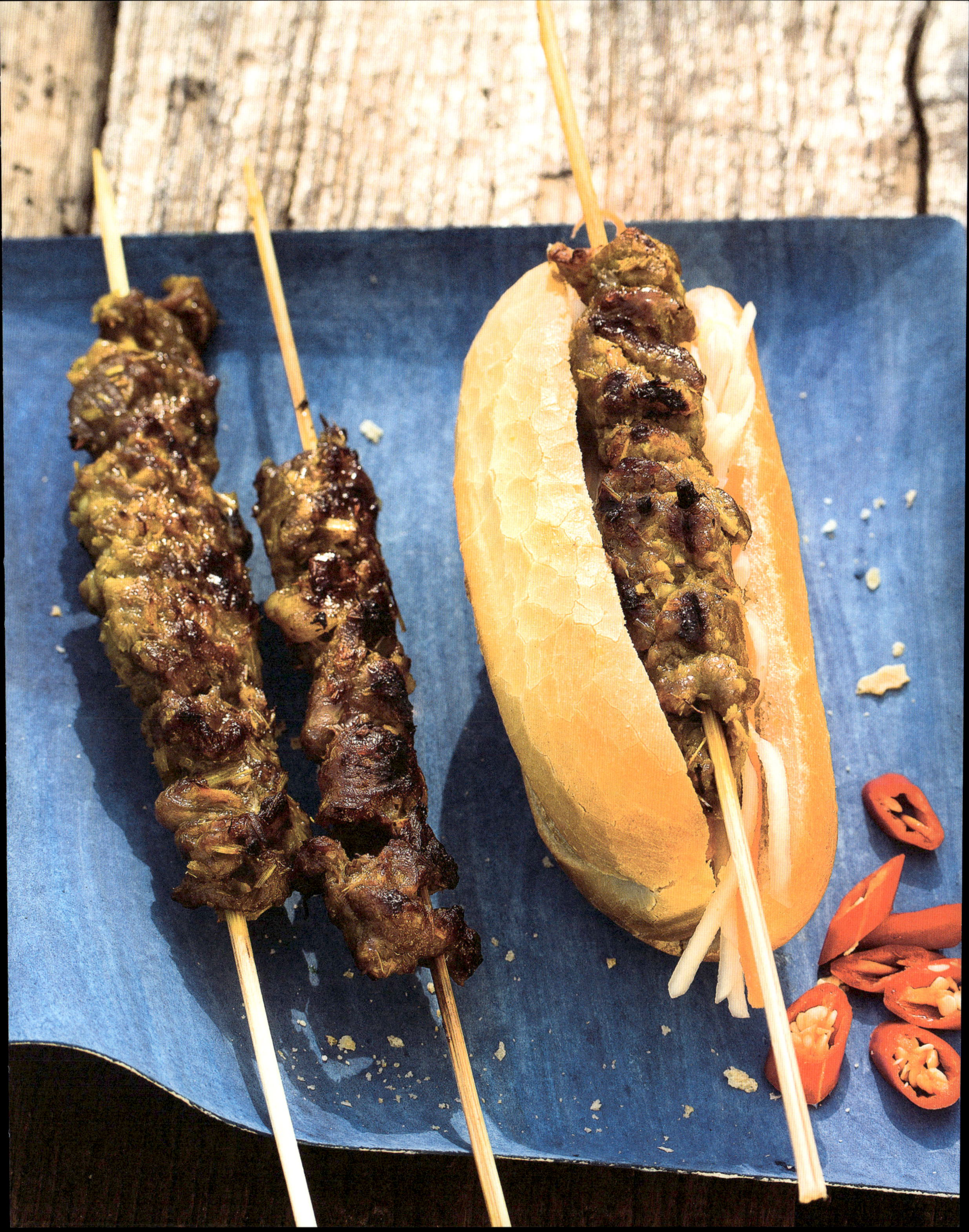

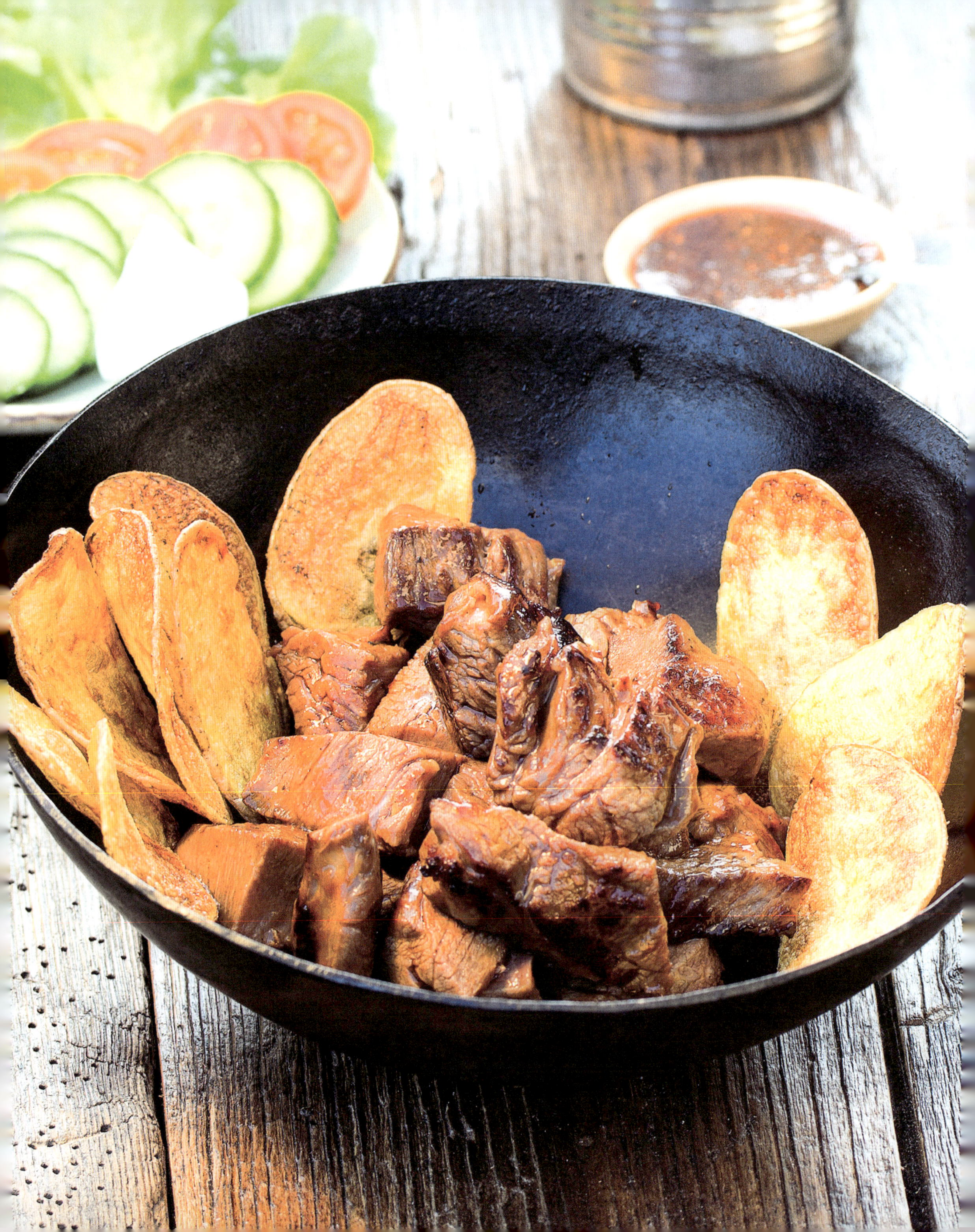

RINDFLEISCH MIT PFEFFERSAUCE – lok lak

ZUBEREITUNGSZEIT
45 Minuten

ZUTATEN
400 g Entrecôte oder Hüfte vom Rind
2 mittlere Kartoffeln
Öl zum Frittieren
2 Knoblauchzehen
Saft von 1 Limette
Salz
2 EL grob zerstoßener schwarzer Pfeffer (bevorzugt Kampot Pfeffer)
2 EL Fischsauce
1 TL Zucker
2 EL Öl zum Braten

Für die Marinade
4 EL helle Sojasauce
2 EL Austernsauce
1 EL Tomatenketchup
1 TL Chilisauce
1 EL Zucker
½ TL Salz
2 EL Speiseöl

Für den Rohkostteller
1 kleiner Kopfsalat
2 mittlere Tomaten
1 kleine Gurke
¼ Gemüsezwiebel

Zarte Rindfleischwürfel, scharf im Wok angebraten und mit einem feurigen Pfeffer-Limetten-Dip serviert: Obwohl dieses Gericht eigentlich aus Vietnam stammt, wo es *bo luc lac* heißt, ist es zu einem Klassiker der kambodschanischen Küche geworden – vielleicht, weil es mit dem kambodschanischen Pfeffer aus Kampot besonders gut schmeckt! *Luc lac* beschreibt im Vietnamesischen das Schwenken des Fleisches im Wok. In Kambodscha machte man daraus *lok lak*.

Das Fleisch unter fließend lauwarmem Wasser abwaschen und mit Küchenpapier trocken tupfen. In Würfel von 2 cm Seitenlänge schneiden. In einer großen Schüssel alle Zutaten für die Marinade verrühren, dabei das Öl zuletzt dazugeben. Das Fleisch in die Marinade legen und gründlich darin wenden.
Für den Rohkostteller den Salat zerteilen, waschen und trocken schütteln. Die Tomaten waschen und in Scheiben schneiden. Die Gurke waschen und in Scheiben schneiden. Die Zwiebel schälen und in Scheiben schneiden. Alles auf einer Platte anrichten.
Die Kartoffeln waschen und unter fließendem Wasser abbürsten. Mit einem Gemüsehobel in feine Scheiben hobeln. Diese kurz in kaltes Wasser legen, dann auf Küchenpapier von beiden Seiten gut abtrocknen.
In einer Fritteuse das Öl erhitzen, bis an einem hineingetauchten Holzstäbchen Blasen aufsteigen. Die Kartoffelscheiben nach und nach in das heiße Öl gleiten lassen und von beiden Seiten goldbraun frittieren. Mit einem Schaumlöffel herausnehmen und auf Küchenpapier abkühlen lassen.
Den Knoblauch schälen und fein hacken. Den Limettensaft in einer Schüssel mit einer Prise Salz, dem Pfeffer, der Fischsauce und dem Zucker verrühren.
Das Fleisch aus der Marinade nehmen und gut abtropfen lassen. Die restliche Marinade unter die Pfeffersauce mischen. In einem Wok das Bratöl so stark erhitzen, dass es beginnt zu rauchen. Jetzt so viel Fleisch dazugeben, dass alle Stücke nebeneinander liegen und den Boden bedecken. 30 Sekunden anbraten lassen, dann wenden, nach weiteren 30 Sekunden aus dem Wok nehmen und auf einen Teller legen. Auf diese Weise nach und nach das ganze Fleisch scharf anbraten, bei Bedarf noch etwas Öl nachgießen.
Wenn alles Fleisch gebraten ist, den Wok auf mittlere Temperatur erhitzen und darin den Knoblauch anschwitzen. Das Fleisch dazugeben und alles nochmals gut durchschwenken. Wer das Fleisch stärker durchgebraten möchte, sollte es etwas länger im Wok lassen. Aber Vorsicht: Es wird leicht zäh und trocken werden!
Das fertig gegarte Fleisch auf einem Teller zusammen mit den Kartoffelchips anrichten. Die Pfeffersauce in den Wok geben und kurz aufkochen lassen. Bei Bedarf noch 1 EL Wasser einrühren, dann in eine Schüssel geben. Das Fleisch mit dem Rohkostteller und der Pfeffersauce servieren. Dazu passt Jasminreis.

REISNUDELSALAT MIT KOKOSDRESSING AUS KAMPOT – nom pan chok kampot

ZUBEREITUNGSZEIT
40 Minuten

ZUTATEN
200 g dünne Reisnudeln
1 mittlere Gurke
1 Handvoll Mungbohnensprossen
4 Blätter Eisbergsalat
1 Bund frische Minze
1 Bund frisches Thai-Basilikum
1 EL getrocknete Garnelen
4 EL geröstete Erdnüsse (Rezept siehe QR-Code Seite 28)
1 große rote Chilischote
1 Knoblauchzehe
½ TL Salz
1 EL Zucker
2 EL Fischsauce
Saft von 1 Limette
1 Frühlingszwiebel
1 EL Öl zum Braten
50 ml Kokosmilch
1 TL Maisstärke
1 TL Palmzucker oder Zucker

Im Trubel des Morgenmarkts in Kampot sahen wir eine Marktfrau, die mit einem Bambusjoch zwei schwere Körbe auf ihren Schultern balancierte. Mitten in der Fischabteilung blieb sie stehen und holte kleine Plastikstühle aus ihren Körben, die sogleich von hungrigen Gästen besetzt wurden. Für sie bereitete sie in null Komma nichts einen leckeren Salat: Dünne Reisnudeln wurden in einer Schale mit Gurke, Sprossen, frischer Minze und Thai-Basilikum vermischt. Dazu kam ein leichtes Chili-Limetten-Dressing. Zum Schluss dekorierte sie den Salat mit gehackten Erdnüssen und träufelte ein sahniges Kokosdressing darüber – ein einfacher, schneller, leichter und vor allem leckerer Snack.

Die Nudeln nach Packungsanleitung bissfest kochen, abgießen und im Sieb mit fließend kaltem Wasser gründlich abspülen.
Die Gurke waschen, schälen und in Stifte schneiden, dabei die Kerne entfernen. Die Mungbohnensprossen waschen und, falls nötig, das untere Ende mit einer Küchenschere abschneiden. Den Salat waschen und in dünne Streifen schneiden. Die Kräuter waschen, trocken schütteln und die Blätter abzupfen.
Die getrockneten Garnelen in einer Schale mit kochend heißem Wasser übergießen und 5 Minuten einweichen. Abgießen und in einer Pfanne trocken braten. Anschließend in einer Küchenmaschine fein mahlen.
Die Erdnüsse grob hacken.
Für das Chili-Limetten-Dressing die Chilischote der Länge nach aufschneiden. Die Kerne entfernen und die Schote erst in feine Streifen schneiden, dann quer würfeln (am besten mit Einweghandschuhen arbeiten!). Den Knoblauch schälen und zusammen mit dem Salz und dem Zucker in einem Mörser zerstampfen.
Die Chilischoten dazugeben und alles weiter mörsern. Die Fischsauce und den Limettensaft untermischen und das Dressing ausgewogen sauer, süß, scharf und salzig abschmecken.
Für das Kokosdressing die Frühlingszwiebel putzen und der Länge nach vierteln, dann quer fein schneiden. In einer kleinen Pfanne das Bratöl erhitzen und darin die Frühlingszwiebeln kurz anschwitzen, dann die Kokosmilch dazugeben. Sie sollte nur leicht köcheln, da sie sich sonst vom Kokosfett trennt.
Die Maisstärke mit 4 EL kaltem Wasser, einer Prise Salz und dem Palmzucker verrühren und in die Kokosmilch einrühren. Die Mischung 1 Minute unter ständigem Rühren köcheln lassen, bis sie andickt.
Die Gurkenstifte, die Sprossen, den Salat und die Kräuter auf vier Servierschalen verteilen, darauf jeweils die Nudeln und 2 EL Chili-Limetten-Dressing geben. Alles gut vermischen. Jetzt jede Portion mit je 2 EL von dem Kokosdressing beträufeln und mit dem Garnelenpulver und den Erdnüssen bestreuen. Servieren.

Tipp: Als Variante kann man den Salat wunderbar um ein paar gekochte Garnelen erweitern.

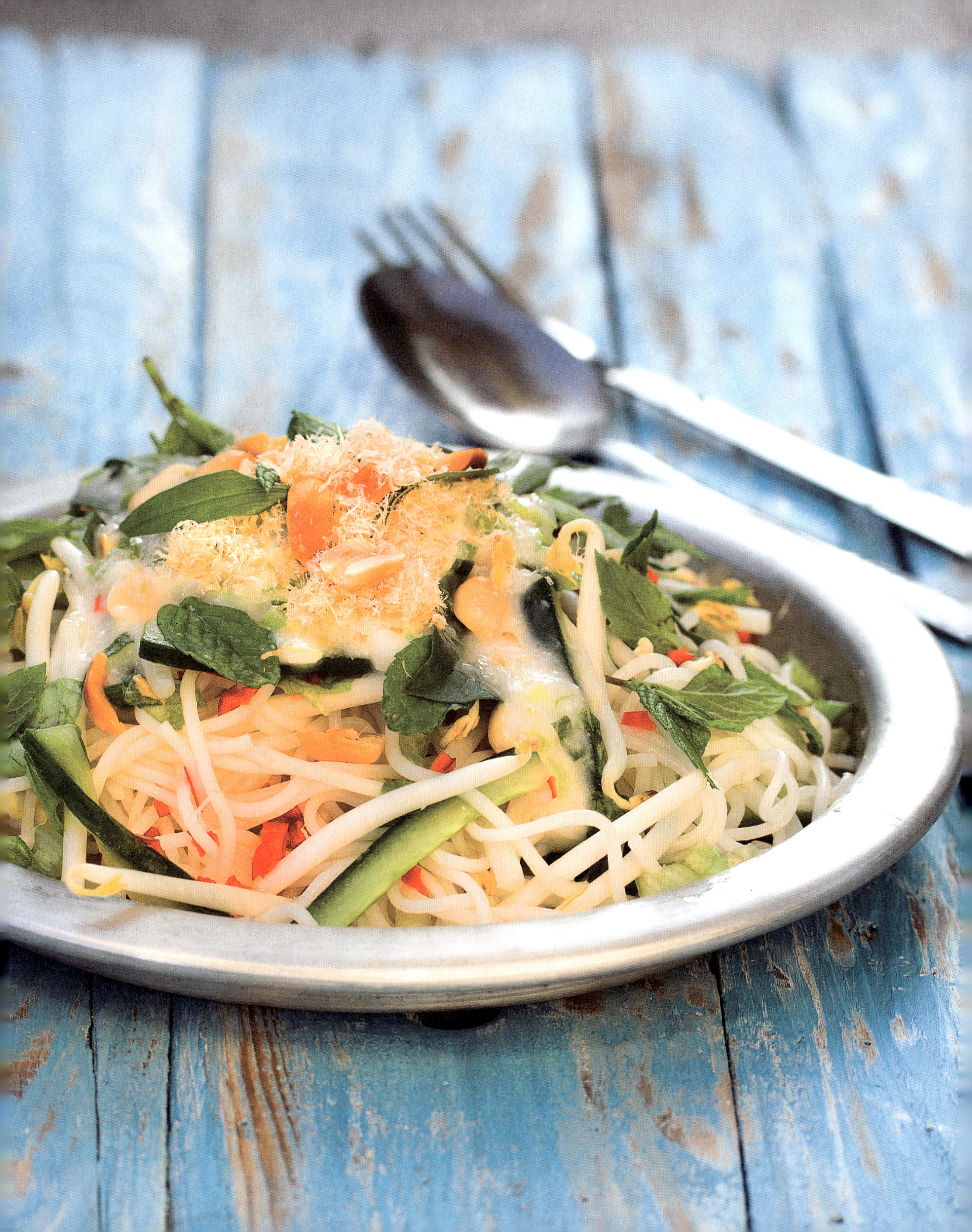

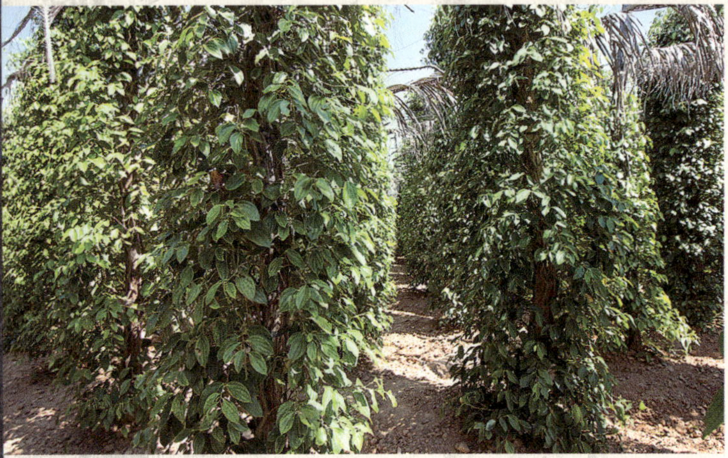
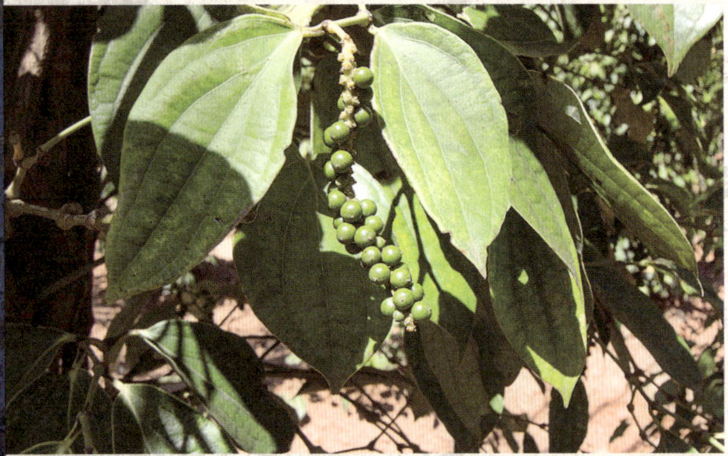
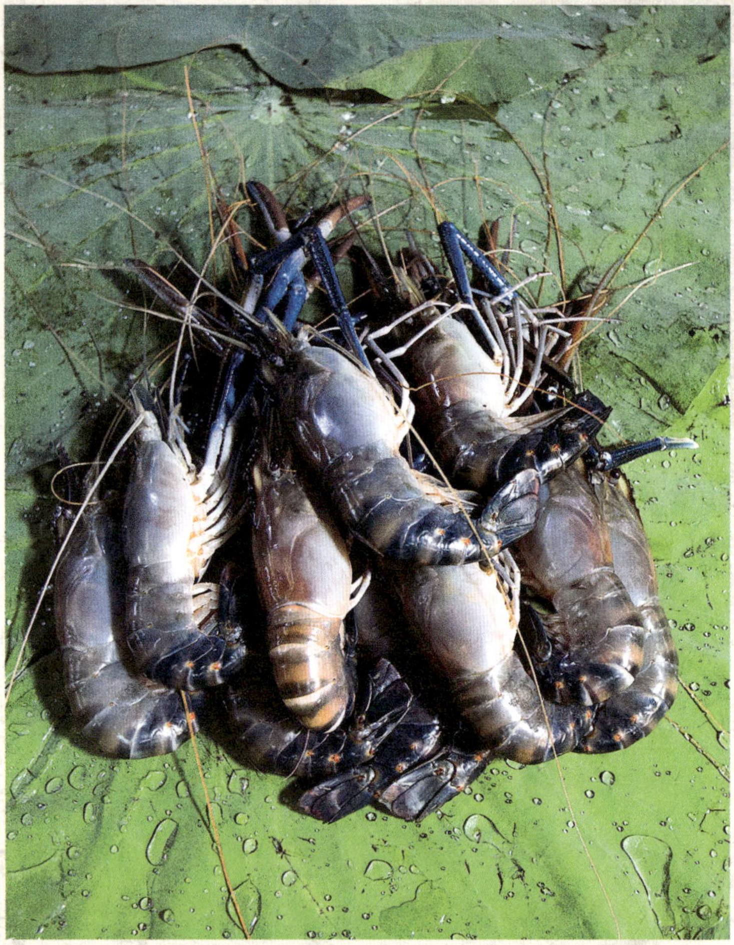
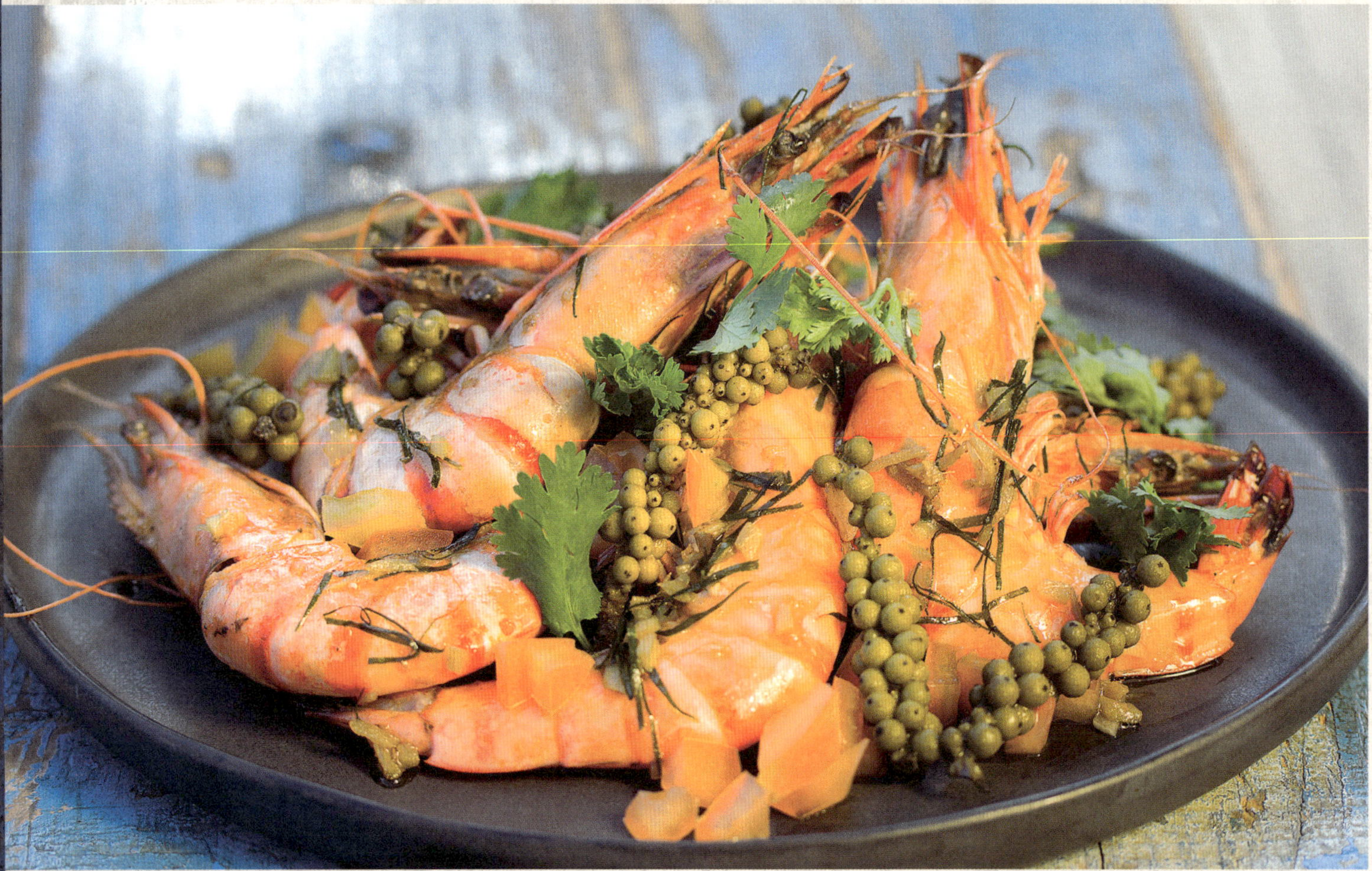

GARNELEN MIT GRÜNEM KAMPOT PFEFFER –
cha bongkia mriet kchey

ZUBEREITUNGSZEIT
35 Minuten

ZUTATEN
- 12 Riesengarnelen mit Kopf und Schale (TK, aufgetaut)
- 2 daumengroße Stücke Ingwer
- 2 Knoblauchzehen
- 1 Glas (100 ml) grüner Pfeffer in Marinade oder 1 Packung frischer grüner Pfeffer
- 2 Kaffirlimettenblätter
- 2 mittelgroße Tomaten
- ½ Bund frischer Koriander
- 2 EL Öl zum Braten
- 1 EL Austernsauce
- 2 EL Fischsauce
- Saft von ½ Limette

Dies ist eine Variation der fantastischen Softshell-Krabben mit grünem Kampot Pfeffer, wie man sie in kleinen Strandrestaurants an der Küste Kambodschas serviert bekommt.

Die Riesengarnelen unter fließend kaltem Wasser abspülen und mit Küchenpapier trocken tupfen. Den Ingwer und den Knoblauch schälen und fein hacken. Die Pfefferkörner gründlich abspülen und von der Rispe abzupfen. Die Kaffirlimettenblätter in der Mitte zusammenfalten und von der Blattrippe befreien. Mit einer Küchenschere in feine Streifen schneiden. Die Tomaten waschen, halbieren, entkernen und in Achtel schneiden. Den Koriander waschen, trocken schütteln und grob zerrupfen. Einen Wok mit dem Öl auf mittlere Temperatur erhitzen. Ingwer und Knoblauch anschwitzen. Vorsicht, der Knoblauch darf nicht braun werden. Aus dem Wok nehmen und in eine Schüssel geben.
Den Wok erneut erhitzen und darin die Garnelen von allen Seiten anbraten, bis sie sich rot gefärbt haben. Die Ingwer-Knoblauch-Mischung sowie die Pfefferkörner, die Kaffirlimettenblätter, die Austernsauce und die Fischsauce dazugeben und alles unter vorsichtigem Rühren weiterbraten, bis die Garnelen sich orangerot gefärbt haben. Die Tomaten dazugeben und alles kurz durchschwenken. Abschmecken und bei Bedarf mit Fischsauce nachwürzen.
Alles auf einem Teller anrichten, mit Limettensaft beträufeln, dem Koriander bestreuen und servieren. Dazu passt weißer Jasminreis.

KAMPOT PFEFFER

Eines der weltweit besten Pfefferanbaugebiete befindet sich an der Küste Kambodschas. Nur im Küstengebiet zwischen Kep und Kampot angebauter Pfeffer darf den geschützten Namen »Kampot Pfeffer« tragen. Pfeffer wurde in diesem Gebiet schon zu Zeiten des Angkor-Reichs kultiviert. Richtig in Schwung kam der Anbau aber um 1870, als ein Krieg in Indonesien die dortigen Pfefferplantagen zerstörte. In den 1980er-Jahren gelang es den Horden der Roten Khmer jedoch, alles, was nach »dekadentem Genuss« aussah, erfolgreich zu vernichten, darunter auch die Pfefferplantagen. Erst in den letzten Jahren kam der Anbau mit westlicher Hilfe wieder in Gang. Mittlerweile gehört der Kampot Pfeffer zu den aromatischsten und weltweit teuersten Gewürzen. Entscheidend für die Güte des Pfeffers ist die Bodenbeschaffenheit, die eben in Kampot eine besonders gute Qualität hervorbringt.
Zwischen April und Mai wird der grüne Pfeffer gepflückt. Beim roten handelt es sich um eine Spätlese, der Pfeffer schmeckt noch aromatischer und fruchtiger. Den grünen Pfeffer verwendet man frisch geerntet. Für den schwarzen und roten Pfeffer werden die grünen Beeren an der frischen Luft getrocknet, bis sie schrumpelig und schwarz bzw. dunkelrot sind. Für weißen Pfeffer werden die getrockneten Beeren in Wasser gekocht, bis sich die schwarze Schale löst und eine kleine weiße Kugel freigibt. Weißer Pfeffer schmeckt weniger aromatisch, aber etwas pfeffriger, und wird speziell für helle Saucen verwendet. Wichtig ist: Pfeffer immer erst kurz vor der Verarbeitung frisch mahlen oder im Mörser zerstoßen. Ihn außerdem erst zum Schluss über das fertige Gericht streuen, nicht mitkochen. Und zum Schluss: Guter Pfeffer ist teuer, aber ein wunderbares Geschmackserlebnis!

Kampot – wo der Pfeffer wächst

Anders als seine Nachbarn Thailand und Vietnam besitzt Kambodscha nur einen kleinen Küstenstreifen, der dazu noch sehr dünn besiedelt ist. Das kleine Städtchen Kampot ist berühmt für seinen Pfeffer und das noch kleinere Kep für seinen Markt, auf dem alle Arten von Meeresfrüchten fangfrisch zubereitet werden. Allein diese beiden lokalen Spezialitäten ergeben zusammen ein einzigartiges kulinarisches Erlebnis: Man sitzt in kleinen Garküchen direkt am Meer und genießt im Wok gebratene Garnelen, Krabben oder Tintenfische, nach Belieben mit grünen Pfefferkörnern oder grob gestoßenem, aromatischem schwarzem Pfeffer gewürzt.

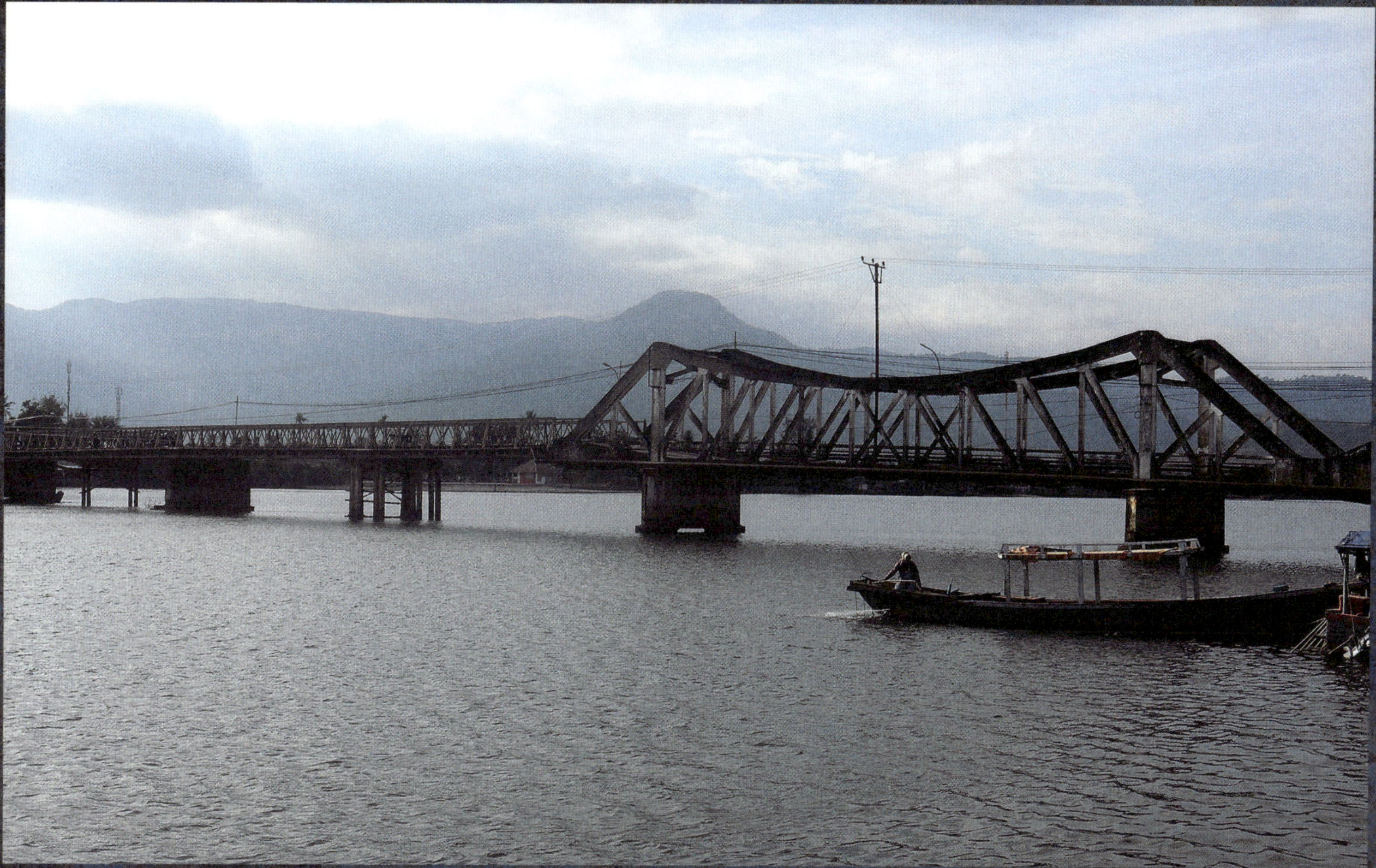
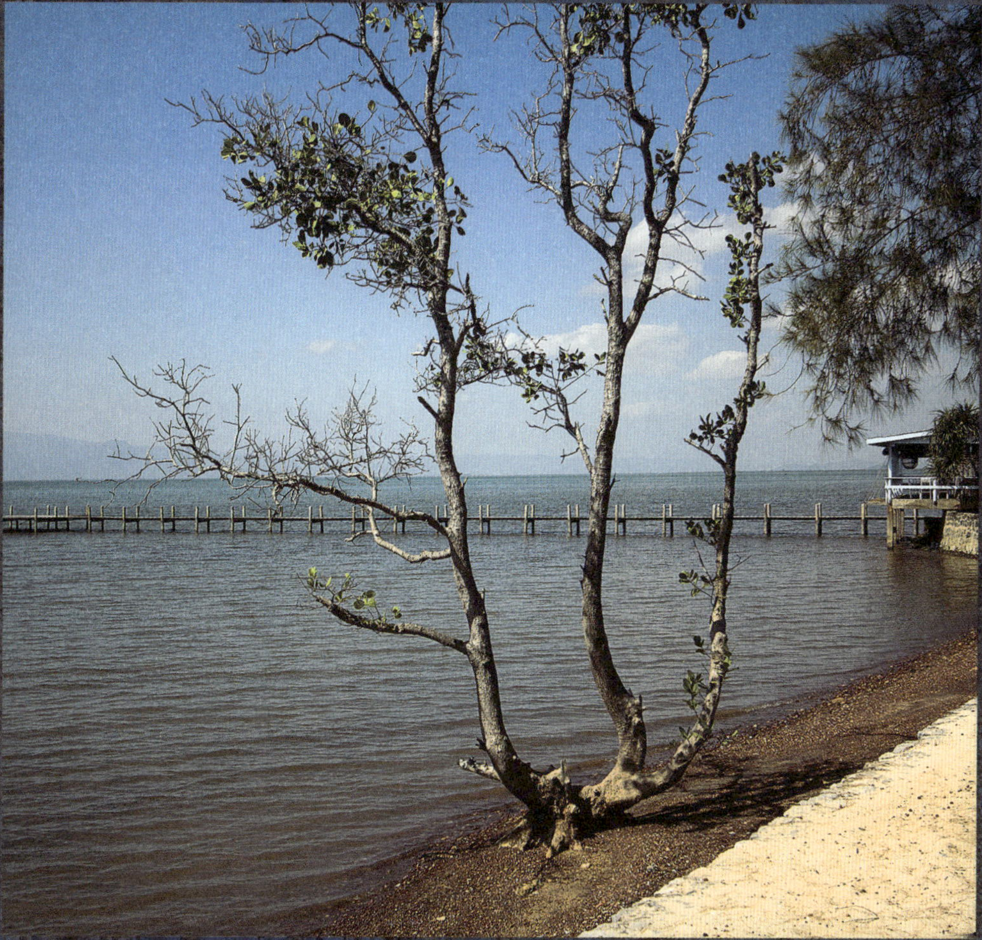
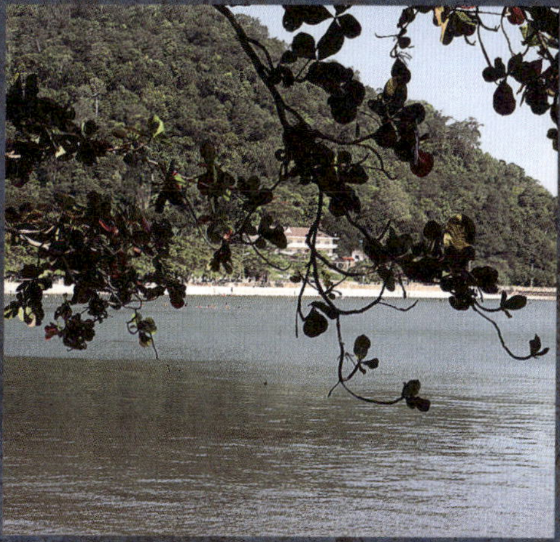
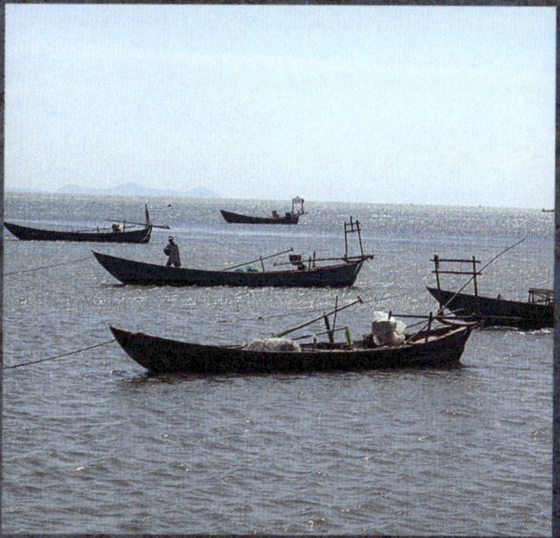

GARNELEN IN KARAMELLSAUCE MIT SCHWARZEM PFEFFER – cha bongkia mriet kmoa

ZUBEREITUNGSZEIT
20 Minuten

ZUTATEN
2 Knoblauchzehen
1 Bund frischer Koriander
500 g Garnelen ohne Kopf und Schale (TK, aufgetaut)
4 EL Öl zum Braten
4 EL Karamellsauce (Rezept siehe QR-Code)
4 EL Fischsauce
2 EL schwarzer Pfeffer

Saftige Garnelen in Karamellsauce gebraten und mit grobem schwarzem Pfeffer und Korianderblättern bestreut – ein einfach zubereitetes Gericht, das durch das bitter-süße Aroma des Karamells in Verbindung mit der Schärfe des Pfeffers und der Frische des Korianders besticht. Wichtig ist es, den Pfeffer grob gemörsert und nicht gemahlen zu verwenden.

Den Knoblauch schälen und hacken. Den Koriander waschen und trocken schütteln. Die Blätter abzupfen, die Stiele fein hacken. Die Garnelen mit Küchenpapier trocken tupfen.
In einem Wok oder einer Pfanne das Bratöl erhitzen und darin den Knoblauch kurz anbraten, ohne ihn braun werden zu lassen. Mit einem Schaumlöffel herausnehmen und beiseitestellen. Die Garnelen in das heiße Öl geben und bei mittlerer Temperatur von beiden Seiten kurz anbraten. Den Knoblauch mit der Karamellsauce und der Fischsauce zu den Garnelen in den Wok geben und alles kurz köcheln lassen, dabei die Garnelen in der Sauce schwenken. Die Temperatur auf kleinste Stufe reduzieren. Den Pfeffer, die gehackten Korianderstiele und die Hälfte der Korianderblätter in den Wok geben und alles durchschwenken. Noch 1 Minute weiterbraten. Auf einer Servierplatte anrichten und mit dem restlichen Koriander bestreut servieren. Dazu passt gedämpfter Jasminreis.

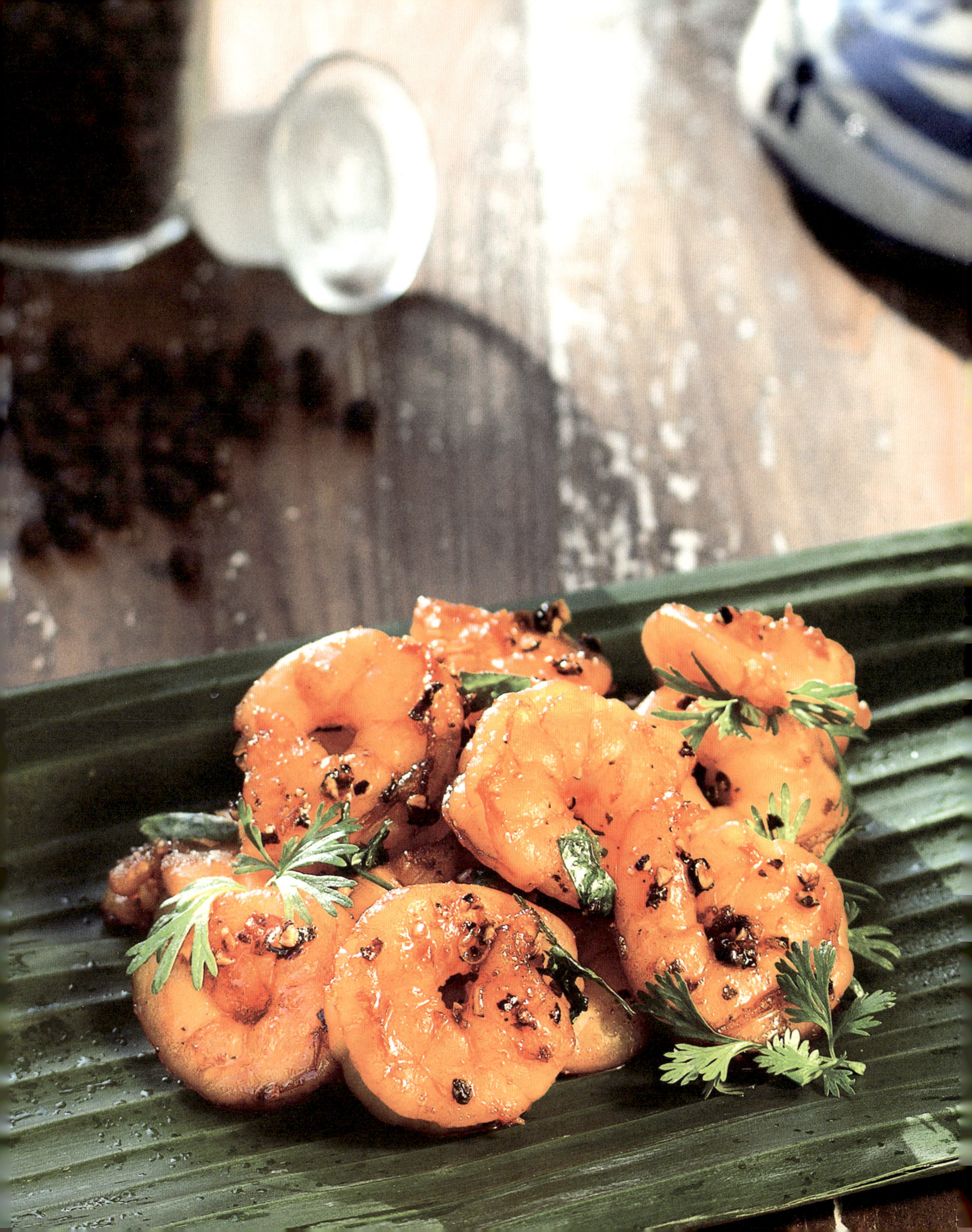

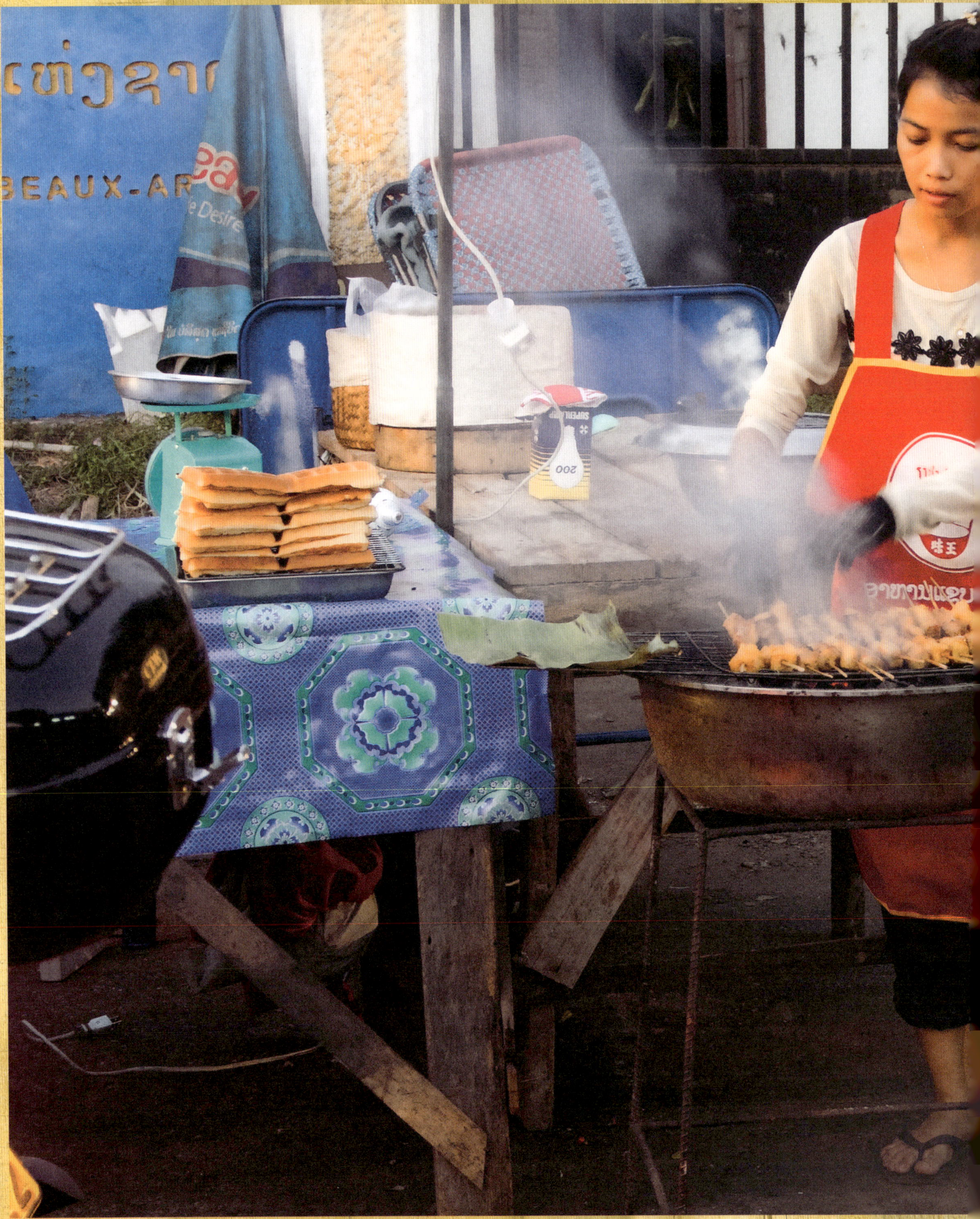

Laos

Laos, »Land der Millionen Elefanten«, wie es früher hieß, ist umschlossen von China, Vietnam, Kambodscha, Thailand und Myanmar. Als einziges Land Südostasiens hat es keinen Zugang zum Meer. Zum Ausgleich kann es mit dem Mekong, einem der größten Ströme der Welt, aufwarten. Dieser durchfließt Laos von Nord nach Süd und bildet die Lebensgrundlage für Millionen von Menschen. Ebenfalls von Norden nach Süden zieht sich an der Grenze zu Vietnam die dicht bewaldete Bergkette der Annamiten, die eine Höhe von bis zu 2800 m erreicht. Sie ist Lebensraum für eine Vielzahl von Bergstämmen.

Büffelhaut und Schlangenbohnen

Die Laotische Küche

Die alte Königstadt Luang Prabang im Norden ist mit ihren goldglänzenden Pagoden und ihren in safrangelbe Gewänder gekleideten buddhistischen Mönchen heute das Hauptziel für Touristen. Auch die lediglich 750.000 Einwohner zählende Hauptstadt Vientiane in der Mitte des Landes zieht mit ihrem beschaulichen Flair aus der Kolonialzeit viele Besucher an. Das eigentliche Laos lernt man jedoch abseits der Städte kennen: in den Dörfern entlang des Mekong oder in den von Tälern und Schluchten durchzogenen Wäldern mit Wasserfällen, exotischen Pflanzen und Tieren.

Nach dem Ende der französischen Besatzung übernahm im Jahre 1954 der Pathet Lao, die kommunistische Partei, die Macht. Politisch orientiert sich heute niemand mehr an den Idealen von Marx und Lenin, doch noch immer vereinigt die Partei alle Macht in ihren Händen, Demokratie sucht man vergeblich, die Korruption hingegen ist überall zu finden. Wirtschaftlich gehört Laos zu den Ländern mit dem weltweit niedrigsten Bruttosozialprodukt. Die wichtigsten Exportgüter sind tropische Hölzer, Bodenschätze und Bekleidung. Durch Wasserkraft kann Strom für den Export in die Nachbarländer erzeugt werden. Vor allem China investiert hier kräftig in Staudammprojekte, die allerdings rücksichtslos die Natur zerstören und deren Auswirkungen noch bis ins vietnamesische Mekong-Delta zu spüren sind. Die Gewinne aus diesen Projekten wandern, wie auch die aus dem Holzexport, in die Taschen von Funktionären, die ökologischen Verluste werden von der Bevölkerung getragen. Immerhin hat sich in den letzten Jahren ein sanfter Tourismus zu einer Einnahmequelle für das ganze Volk entwickelt.

Das Land ist reich mit Schätzen der Natur gesegnet, das Klima ist ideal für das Wachstum aller Arten von Gemüse, in den Wäldern findet man seltene Kräuter und Pflanzen und der Mekong ist eine schier unerschöpfliche Quelle für Fisch. Kulinarisch ist Laos trotzdem noch weitgehend Neuland. Es gibt weltweit nur eine Handvoll Kochbücher zur laotischen Küche. Dabei lohnt es sich wirklich, sie zu entdecken: Süßwasserfisch aus dem Mekong, schmackhaftes Schweine- und Hähnchenfleisch aus bäuerlicher Haltung und das dunkelrote, kräftig schmeckende Büffelfleisch gehören ebenso zu laotischen Mahlzeiten wie Auberginen, grüne Papayas und Schlangenbohnen. Vermischt werden sie mit frischem Galgant, Zitronengras und Tamarinde, Aroma spenden duftende Kräuter wie Basilikum, Koriander und Minze. Das ist in Kurzform die laotische Küche, neben der vietnamesischen die frischeste und leichteste Südostasiens.

Basis jeder Mahlzeit ist natürlich wie in ganz Asien der Reis. In Laos ist es allerdings Klebreis – und das ist einzigartig, da im übrigen Asien Klebreis nur für Desserts verwendet wird. Der Klebreis wird gedämpft und in kleinen Bastkörbchen serviert. Während der Mahlzeit formt man ihn mit der Hand zu kleinen Bällchen, mit denen das Essen dann aufgenommen wird. Die überall in Südostasien verwendete Fischsauce wird in Laos aus Süßwasserfisch hergestellt. Sie heißt *padaek* und schmeckt sehr intensiv. Die in den Wäldern lebenden Bergstämme sammeln viele wild wachsende Kräuter und Gewürze für ihre Küche. So liefert ein Baum das sogenannte Pfefferholz, mit dem zum Beispiel *or lam* gewürzt wird, ein leichtes Schmorgericht mit dem Fleisch des Wasserbüffels und Gemüse wie Auberginen, Pilzen und Schlangenbohnen. Ein typisches Gericht ist *larb*, ein Salat aus rohem und gekochtem Hackfleisch oder Fisch, vermischt mit geröstetem Reis, vielen frischen Kräutern und Gewürzen und vor allem Chilischoten. *Larb* wird mit Fischsauce und Limettensaft gewürzt. Die *jeow* genannten Dips aus über Holzkohle gegrilltem Gemüse haben einen angenehm rauchigen und trotzdem frischen Geschmack. Man isst sie zusammen mit rohem Gemüse. Der uns bekannte thailändische Papayasalat *som tam* ist eigentlich laotischen Ursprungs und wurde erst von laotischen Einwanderern nach Nordostthailand gebracht.

Für Bierliebhaber: Man sagt, das einheimische »Beer Lao« sei das beste ganz Südostasiens. Es wird mit Reis gebraut, Hopfen und Malz kommen angeblich aus Deutschland. In sympathischen 660-ml-Flaschen eisgekühlt serviert, ist es in jedem Fall ein Genuss.

Frisch, leicht und gesund, aber trotzdem gut gewürzt, trifft die laotische Küche genau den europäischen Geschmack unserer Zeit!

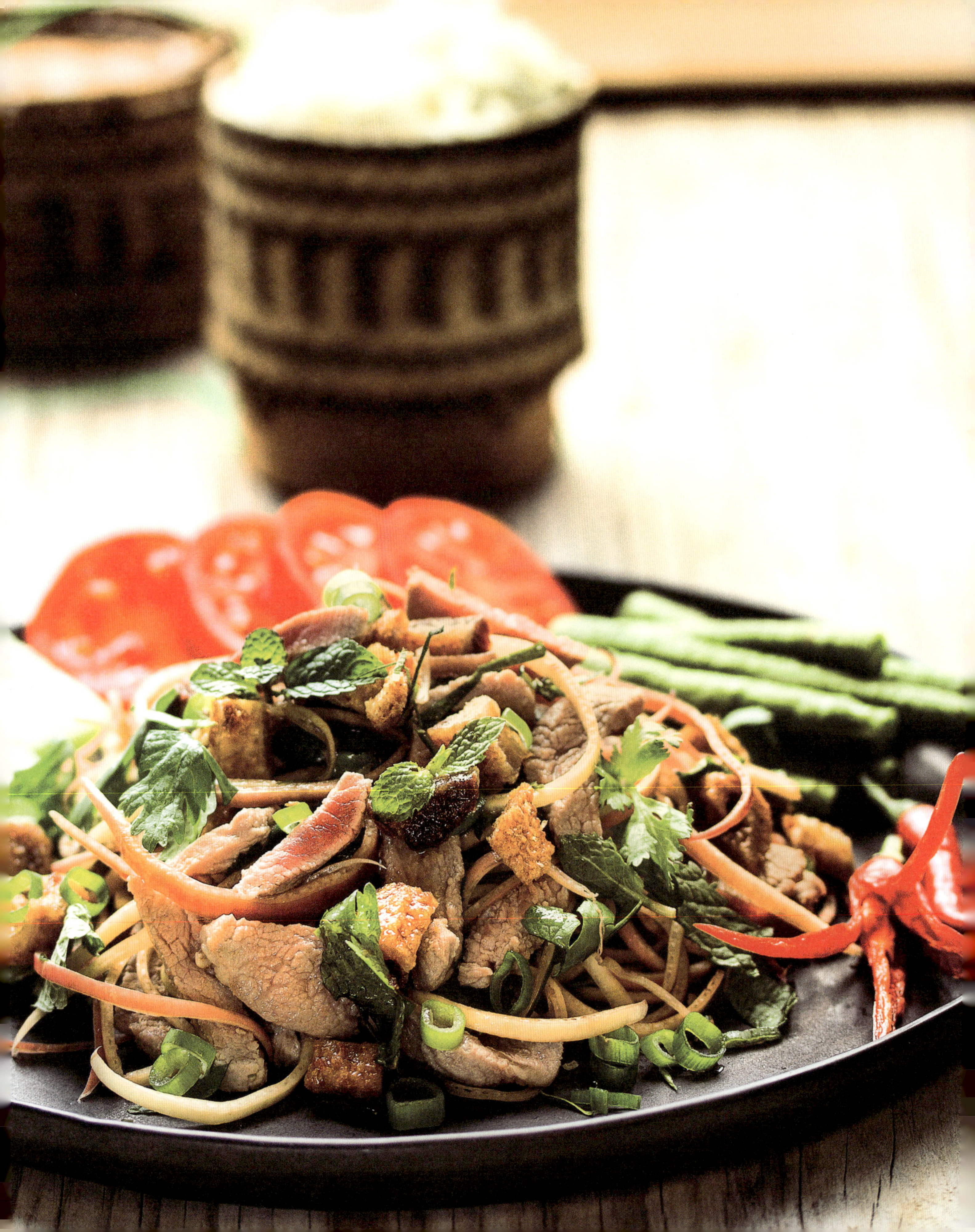

SCHARFER ENTENSALAT – larb bpet

ZUBEREITUNGSZEIT
50 Minuten

ZUTATEN
1 Entenbrust
2 EL Öl zum Braten
2 Knoblauchzehen
4 EL Fischsauce
Salz
1 Kopf Chicorée
1 Bund frische Minze
1 Bund frischer Koriander
2–3 Kaffirlimettenblätter
2 Schalotten
2 Frühlingszwiebeln
1–2 rote Vogelaugen-Chilischoten (nach Geschmack)
Saft von 2 Limetten
2 Tomaten
½ Salatgurke
2–3 Schlangenbohnen
gedämpfter Klebreis (siehe Seite 113) zum Servieren

Ein Salat mit gebratenem Entenfleisch, gewürzt mit Zitronengras, frischer Minze und Koriander. Fein gehobelter Chicorée verleiht ihm eine luftig-leichte Textur. Dazu serviert man rohe Gemüse und natürlich Klebreis.

Von der Entenbrust die Haut abziehen. Das Fleisch zunächst in feine Scheiben, dann diese der Länge nach in feine Streifen schneiden. Es sollte eine luftige Fleischmasse aus feinsten Fleischstreifen entstehen.

Das Öl in eine Pfanne geben und die Entenhaut möglichst flach hineinlegen. Mit einer Lage Backpapier bedecken und mit einem Kochtopf beschweren. Nun die Pfanne bei mittlerer Temperatur erhitzen. Der Kochtopf verhindert, dass sich die Haut beim Braten aufrollt. Die Haut 5–8 Minuten braten, dann den Topf anheben und die Entenhaut überprüfen. Ist sie knusprig, herausnehmen und auf Küchenpapier abtropfen lassen.

Den Knoblauch schälen, fein hacken, zu dem heißen Öl in die Pfanne geben und leicht anschwitzen, aber nicht bräunen. Das Entenfleisch dazugeben und alles unter Rühren 2 Minuten lang braten. 2 EL Fischsauce und eine Prise Salz einrühren und die Mischung vom Herd nehmen.

Vom Chicorée die äußeren Blätter entfernen und quer von der Spitze beginnend in feine Streifen schneiden. Den harten Strunk wegwerfen. Minze und Koriander waschen und trocken schütteln. Den Koriander grob zerteilen, die Stiele fein hacken. Von der Minze die Blätter ablösen, große Blätter zerteilen. Die Kaffirlimettenblätter in der Mitte zusammenfalten. Von der Blattrippe befreien und mit einer Küchenschere in feine Streifen schneiden. Die Schalotten schälen, halbieren und in feine Halbringe schneiden. Die Frühlingszwiebeln und die Chilischoten putzen und in feine Ringe schneiden. Alle vorbereiteten Zutaten in die Schüssel zu dem Entenfleisch geben. 2 EL Fischsauce und die Hälfte des Limettensafts hinzufügen. Alles mit den Händen vermischen.

Die Tomaten waschen und in Scheiben schneiden. Die Salatgurke schälen und in Scheiben schneiden. Die Schlangenbohnen waschen, putzen und in 4–6 cm lange Stücke schneiden.

Den Entensalat mit Fischsauce, Limettensaft und Salz abschmecken und auf einer Platte anrichten. Die knusprige Entenhaut in kleine Stücke brechen und auf dem Salat verteilen. Die Tomaten, Gurken und Bohnen um den Salat herum anrichten und alles mit gedämpftem Klebreis servieren.

LARB – VIETNAMS SALATWUNDER

Larb, *laab* oder *lahb* ist das Nationalgericht der Laoten. Es findet sich nicht nur in Laos, sondern ebenso im nordöstlichen Teil Thailands. Möglicherweise kam es ursprünglich durch Händler aus Yunnan nach Laos und Thailand. *Larb* ist eine wundervoll ausgewogene Mischung aus Fleisch oder Fisch zusammen mit Gewürzen wie Zitronengras und Galgant, Kräutern wie Minze und Koriander, scharfen Chilischoten, säuerlichen Limetten und geröstetem Reis. Dazu serviert man rohe Gemüse wie Schlangenbohnen, Gurken, Weißkohl und frische Kräuter. Man isst *larb* immer mit Klebreis, den man zu kleinen Bällchen formt und sie, mit einer Mulde versehen, als Löffel verwendet – ein frisches, leichtes Gericht, das mit exotischen Aromen verzaubert.

TATAR VOM RIND MIT KRÄUTERN - larb sein

ZUBEREITUNGSZEIT
40 Minuten

ZUTATEN

500 g Rindertartar
2 Stängel Zitronengras
1 daumengroßes Stück Galgant
2 Schalotten
1 Knoblauchzehe
2 Frühlingszwiebeln
2 EL Fischsauce
Saft von 2 Limetten
½ TL Chiliflocken
1 Bund frische Minze
1 Bund frischer Koriander
1 Kopfsalat
2 Tomaten
½ Salatgurke
2–3 Schlangenbohnen
   (nach Belieben)
2 Thai-Auberginen
   (nach Belieben)
2 EL gerösteter Reis
   (Rezept siehe QR-Code)
gedämpfter Klebreis
   (siehe Seite 113)
   zum Servieren

Hier ein Rezept für ein vegetarisches Tofu-Larb

Tatar vom Rind einmal anders: Zitronengras, Galgant und Limettensaft geben Frische, Minze und Koriander machen es leicht. In Laos hat der Genuss von rohem Fleisch und Fisch Tradition.

Das Fleisch in eine Schüssel legen.
Das Zitronengras oben und unten abschneiden, von den äußeren Blättern befreien und in feine Scheiben schneiden. Den Galgant schälen und fein hacken. Die Schalotten schälen, halbieren und in feine Halbringe schneiden. Die Knoblauchzehe schälen und fein hacken. Die Frühlingszwiebeln putzen und in feine Ringe schneiden. Alles zum Fleisch in die Schüssel geben. Die Fischsauce, die Hälfte des Limettensafts und die Chiliflocken hinzufügen und alles gut mit den Händen vermischen. Dabei nicht kneten, sondern das Fleisch möglichst luftig untermengen. Minze und Koriander waschen und trocken schütteln. Den Koriander grob zerteilen, die Stiele fein hacken. Von der Minze die Blätter ablösen, große Blätter zerteilen. Den Kopfsalat waschen und die Blätter ablösen. Die Tomaten waschen und in Scheiben schneiden. Die Salatgurke schälen und in Scheiben schneiden. Falls verwendet, die Schlangenbohnen waschen, putzen und in 4–6 cm lange Stücke schneiden, die Thai-Auberginen waschen, vom Stielansatz befreien, vierteln und kurz in kaltem Wasser einlegen. Das Gemüse auf einer Platte anrichten. Die Minze und den Koriander behutsam unter das Fleisch mischen, ein paar Blätter zur Dekoration beiseitelegen.
Den Salat nach Bedarf mit Salz, Fischsauce und Limettensaft nachwürzen, auf einer Platte anrichten und mit dem gerösteten Reis bestreuen. Mit der Gemüseplatte und gedämpftem Klebreis servieren.

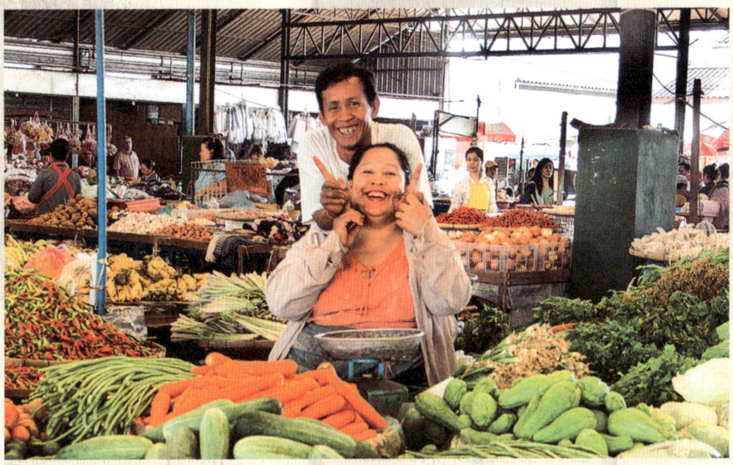
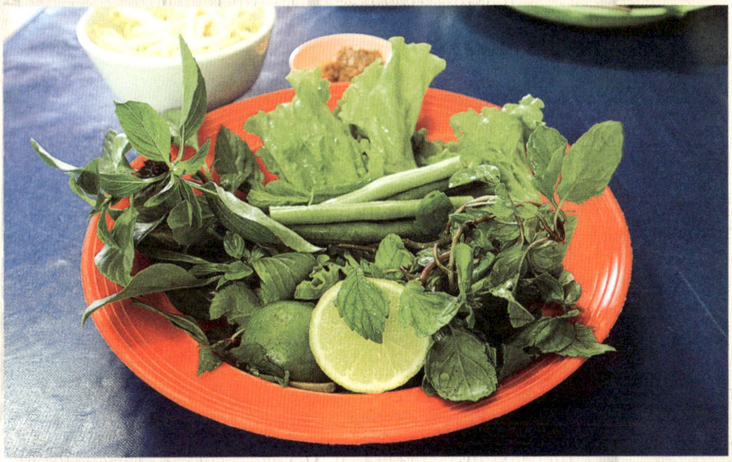
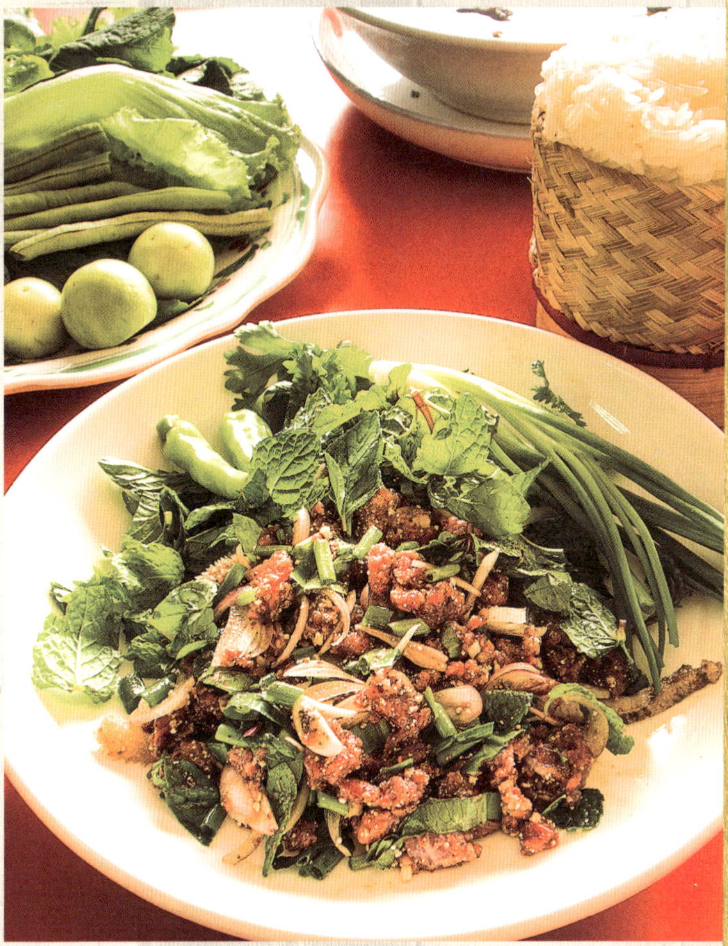
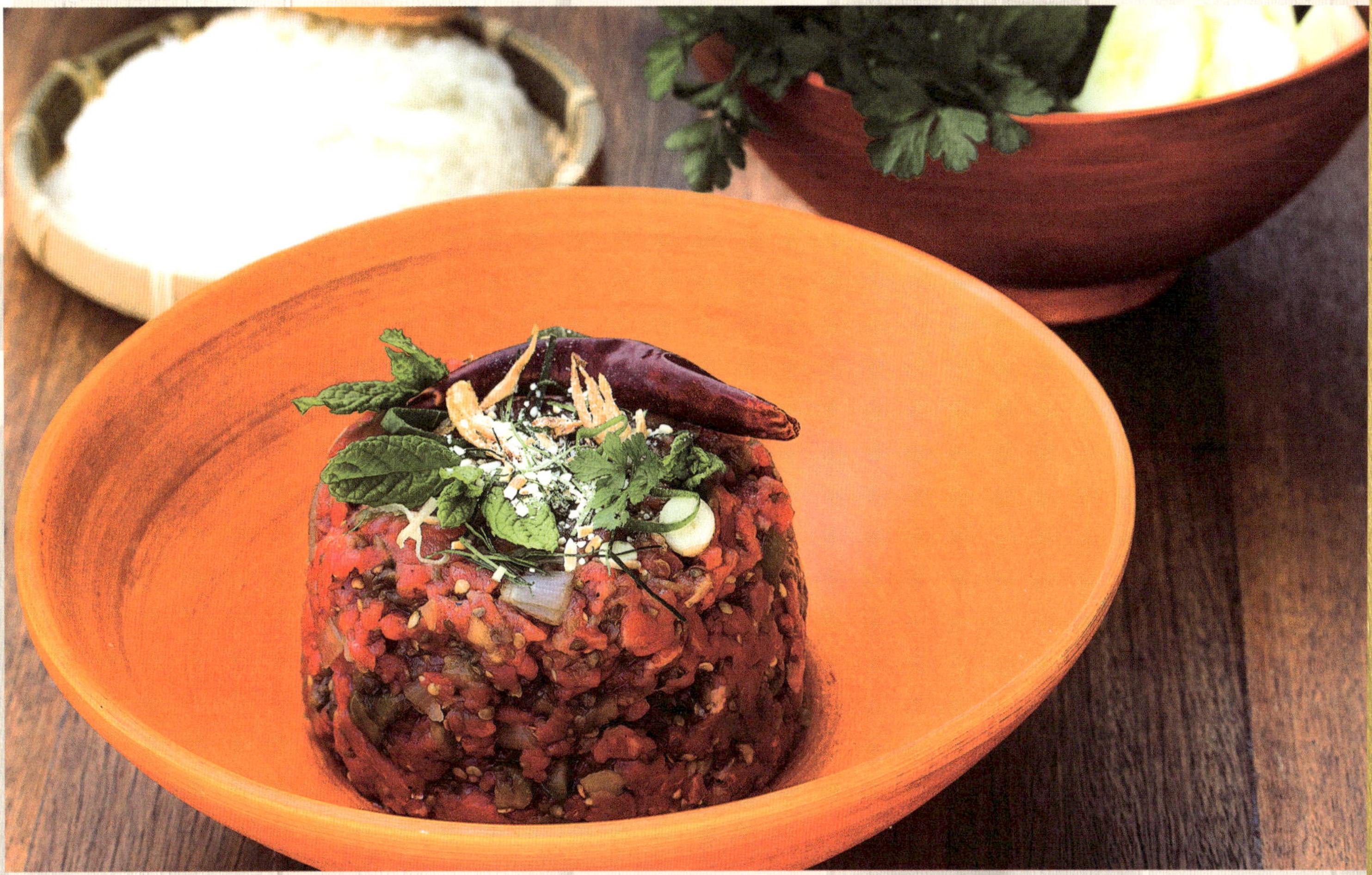

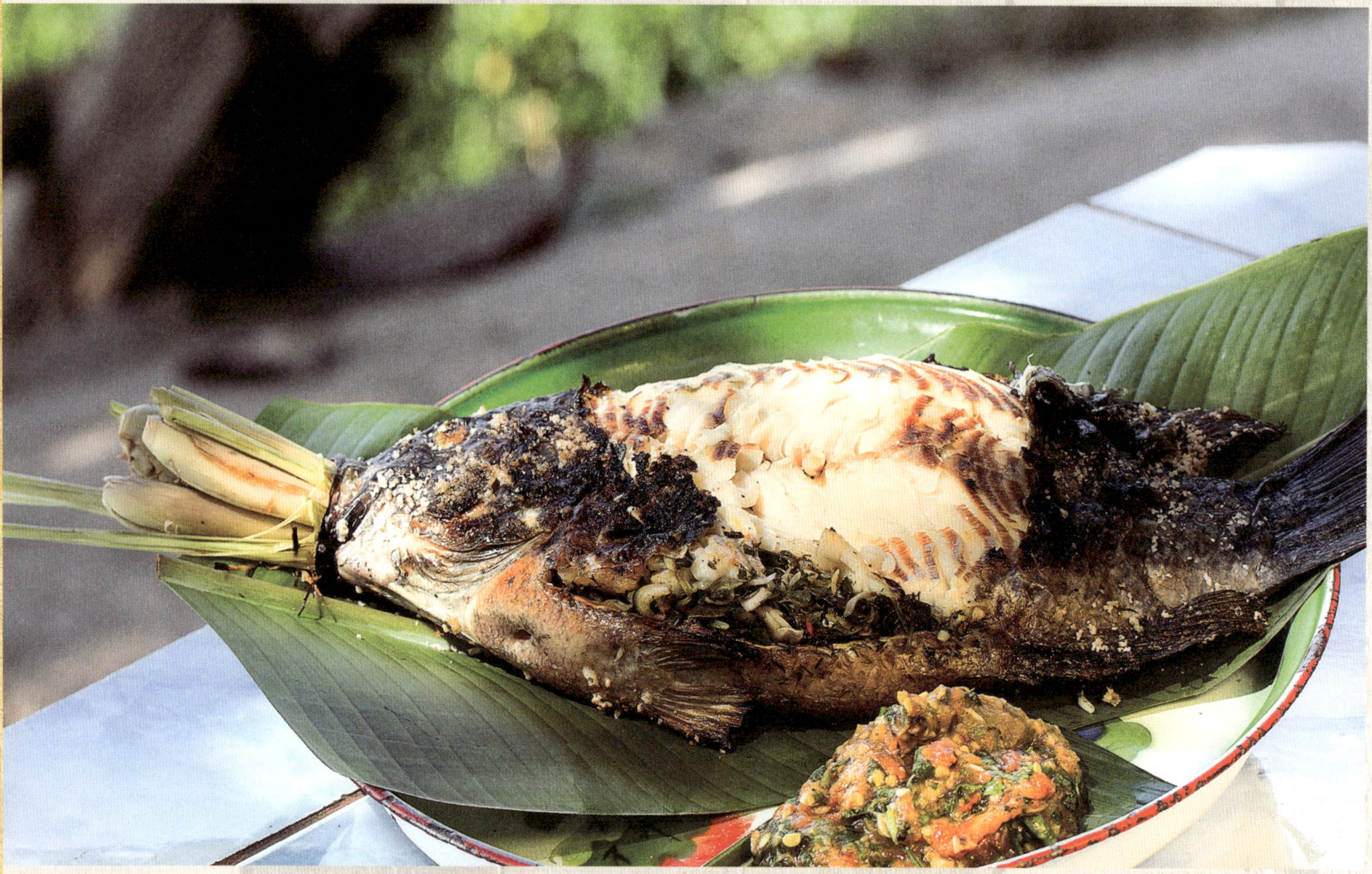

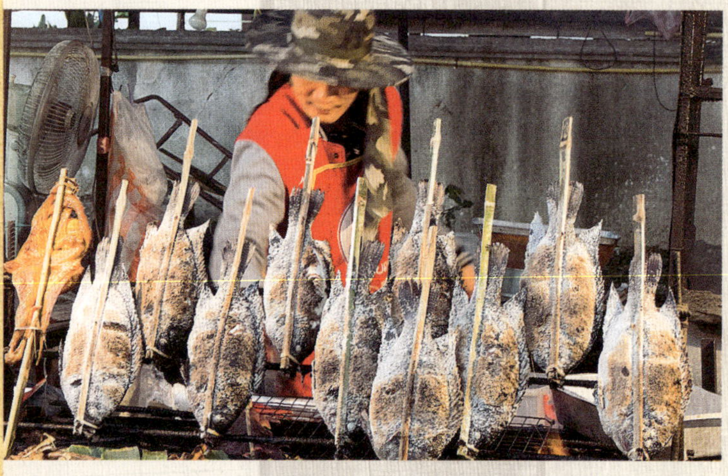

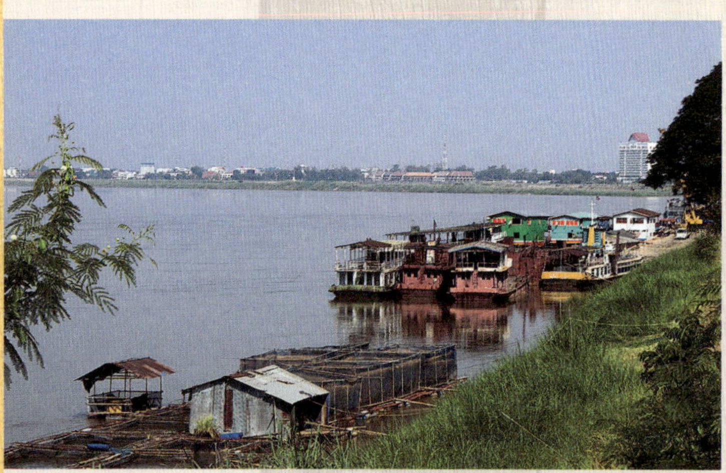

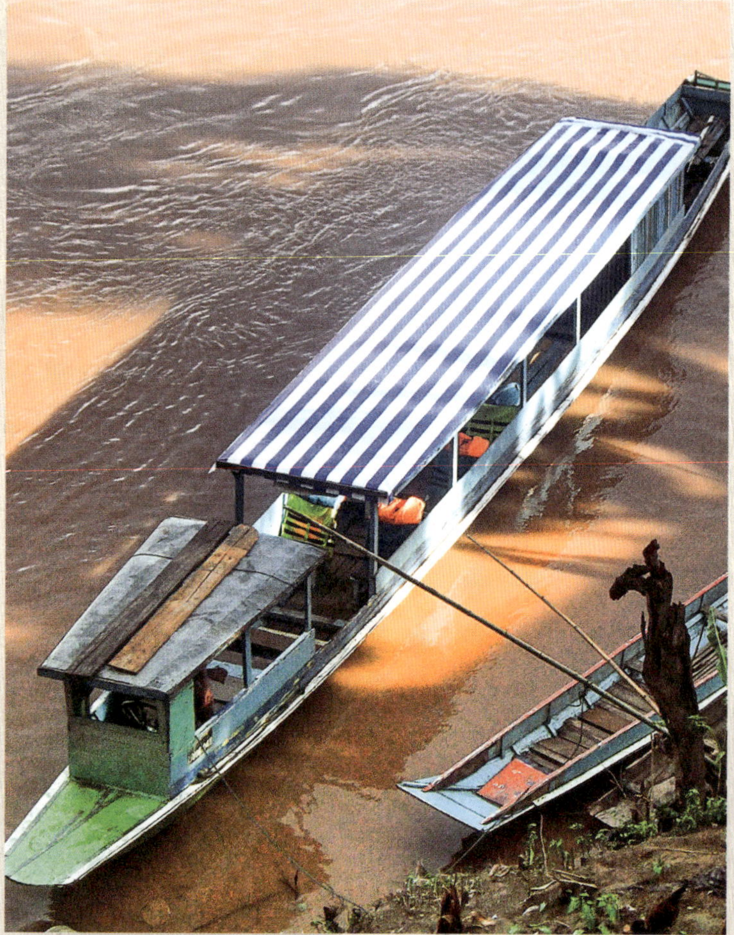

MEKONG-FISCH MIT KRÄUTERN – ping bpaa

ZUBEREITUNGSZEIT
40 Minuten

ZUTATEN
1 Rezeptmenge Tomaten-*jeow* (siehe Seite 106)
4 Stängel Zitronengras
8 Kaffirlimettenblätter
1 Bund frischer Dill
2 Frühlingszwiebeln
je 1 rote und grüne Vogelaugen-Chilischote
1 ganzer Fisch (Dorade, Wolfsbarsch o. Ä.), ausgenommen und entschuppt
1 kg grobes Meersalz
gedämpfter Klebreis (siehe Seite 113) zum Servieren

Ein im Ganzen gegrillter Fisch, gefüllt mit Zitronengras, Kaffirlimettenblättern und Dill: leicht, frisch, köstlich! Die Salzkruste macht die Haut knusprig und hält das Fleisch saftig. Das Besondere ist die Verwendung von Dill, auch »Lao-Koriander« genannt. Dazu serviert man einen Lao-Dip, ein sogenanntes *jeow*, mit Tomaten.

Das Tomaten-*jeow* zubereiten, wie auf Seite 106 beschrieben.
Das Zitronengras an beiden Enden kappen, von den äußeren Blättern befreien. Zwei Stängel mit dem stumpfen Rücken eines schweren Küchenmessers flach klopfen, die restlichen fein hacken. Die Kaffirlimettenblätter in der Mitte zusammenfalten. Von der Blattrippe befreien und in sehr feine Streifen schneiden. Den Dill waschen, trocken schütteln und grob hacken. Die Frühlingszwiebeln putzen, in vier Teile und diese längs in Streifen schneiden. Die Chilischoten in Ringe schneiden, dabei die Kerne entfernen. Alle gehackten Zutaten in einer kleinen Schüssel vermischen.
Einen Holzkohlengrill anheizen.
Den Fisch gründlich unter fließend kaltem Wasser abspülen. Die restlichen Zitronengrasstängel zusammenfalten und so in den Bauchraum des Fisches einlegen, dass sie zum Maul wieder herauskommen. Sollte das nicht möglich sein, zunächst mit einem langen, scharfen Messer vom Bauchraum aus durchstoßen. Die gehackten Gewürze zum Zitronengras in den Bauchraum des Fisches füllen und die Öffnung gut zudrücken. Eventuell mit einem Zahnstocher verschließen. Das Salz auf der Arbeitsfläche verteilen und den Fisch so in dem Salz wenden, dass beide Seiten vollständig bedeckt sind. Den Fisch auf einen Bogen Aluminiumfolie legen, dabei darauf achten, dass möglichst wenig Salz wieder abfällt. Den Fisch auf der Alufolie auf den Grillrost legen und bei mittlerer Temperatur von jeder Seite 10–15 Minuten grillen. Die Dauer ist abhängig von der Größe des Fisches. Der Fisch ist gar, wenn sich die knusprige Haut leicht lösen lässt und sich das darunterliegende Fleisch leicht von den Gräten trennt.
Mit dem Tomaten-*jeow* und gedämpftem Klebreis servieren.

GRILLFISCH AM MEKONG

Der Mekong entspringt im Hochland von Tibet und durchfließt auf seinem Weg ins Südchinesische Meer die Länder China, Myanmar, Laos, Thailand, Kambodscha und Vietnam. Mit einer Länge von 4500 km ist er der zehntgrößte Fluss der Welt. Steile Schluchten, tiefe Wasserfälle und große Seen machen ihn zu einem beeindruckenden Naturdenkmal. Er ist die Heimat von 1300 verschiedenen Fischarten, darunter dem bis zu 300 kg schweren Riesenwels.
Mit Mekongfisch decken die Laoten einen Großteil ihres Proteinbedarfs. Zurzeit planen und bauen die Anrainerstaaten jedoch zahlreiche bedenkliche Großprojekte: Riesige Staudämme sollen der Energieerzeugung dienen. Angesichts der wirtschaftlichen Situation der Länder ist dies zwar nachvollziehbar, massive negative Auswirkungen auf das Flusssystem werden aber unweigerlich folgen. Umweltorganisationen wie der WWF engagieren sich seit Jahren in der Region, um den Anrainerstaaten des Mekong andere Methoden zur Energiegewinnung nahezubringen und dadurch Alternativen zum Bau weiterer Dämme zu bieten.

DIP AUS GEGRILLTEN AUBERGINEN, KNOBLAUCH UND CHILISCHOTEN – jeow mak keua

ZUBEREITUNGSZEIT
20 Minuten

ZUTATEN
5 grüne Thai-Auberginen
5 Knoblauchzehen
2 Schalotten
1–2 rote Chilischoten (nach Geschmack)
1–2 grüne Chilischoten (nach Geschmack)
1 Frühlingszwiebel
4 Zweige frischer Koriander
2 EL Fischsauce
1 Msp. Zucker

Jeow nennt man in Laos einen wundervoll leckeren Dip aus geröstetem, im Mörser gestampftem Gemüse (siehe QR-Code). Man isst *jeow* mit Klebreis. *Jeow mak keua* besteht aus Thai-Auberginen, Knoblauch und Chilischoten, die über Holzkohlenfeuer geröstet werden. Anschließend zieht man die Haut ab und stampft alles im Mörser zu einer würzigen Sauce. Man kann ein *jeow* auch im Küchenmixer zubereiten, aber dann hat es eine andere Konsistenz und schmeckt nicht so authentisch. *Jeow mak keua* wird auch zu den gegrillten Fleischbällchen aus Luang Prabang gegessen.

Ein Holzkohlenfeuer entfachen. Alternativ eine Gasflamme verwenden. Die Auberginen waschen und auf einen Grillspieß stecken. Die ungeschälten (wichtig!) Knoblauchzehen und Schalotten ebenfalls auf einen Spieß stecken. Die Chilischoten längs auf einen weiteren Spieß aufziehen. Das Gemüse an den Spießen über offenem Feuer unter ständigem Wenden rösten, bis die äußere Haut rundherum schwarz ist. Bei den Chilischoten reichen auch schwarze Flecken. Das Gemüse abkühlen lassen, von den Spießen ziehen und unter fließend lauwarmem Wasser die verbrannte Haut entfernen. Die Auberginen achteln und in eine Schale mit kaltem Wasser legen, damit sie sich nicht verfärben.
In einem Mörser zunächst die Chilischoten grob zerstampfen, dann die Knoblauchzehen dazugeben und grob zerkleinern, anschließend die Schalotten hinzufügen und zerdrücken. Zum Schluss die Auberginenstücke dazugeben und alles zu einer grobstückigen Paste verarbeiten.
Die Frühlingszwiebel waschen und in feine Ringe schneiden. Den Koriander waschen, trocken schütteln und grob hacken. Die Fischsauce, den Zucker, die Frühlingszwiebeln und den Koriander gründlich unter das *jeow* mischen und die Masse abschmecken.

Tipp: *Jeow* schmeckt auch fantastisch auf frisch geröstetem Brot.

TOMATEN-JEOW – jeow mak len

Hierzu werden die Auberginen durch kleine Tomaten ersetzt und zusammen mit dem restlichen Gemüse schwarz geröstet. Anschließend weiter verfahren wie im Rezept oben.

JEOW

Das Rösten von Gemüse, bis die äußere Schale schwarz und das Fruchtfleisch weich ist, hat eine lange Tradition in Laos. Gemüse wie Auberginen, Tomaten, Zwiebeln, Knoblauch und Chilischoten werden auf einen Spieß gesteckt und in die abnehmende Glut eines Holzkohlenfeuers gelegt. Unter ständigem Wenden lässt man die Haut schwarz werden, während das Innere gart und weich wird. So erhalten die Gemüse ein angenehm rauchiges Aroma.

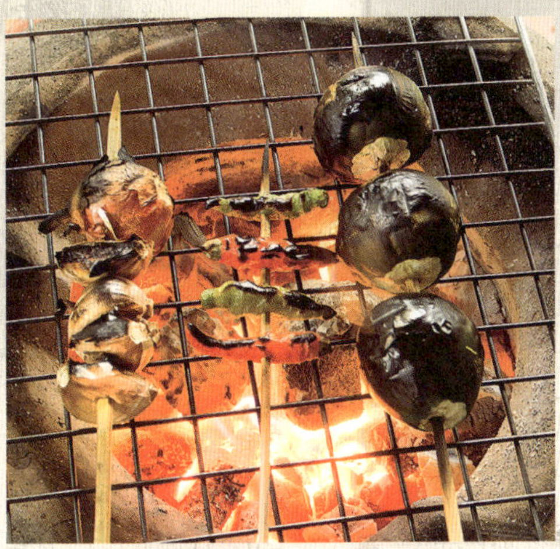
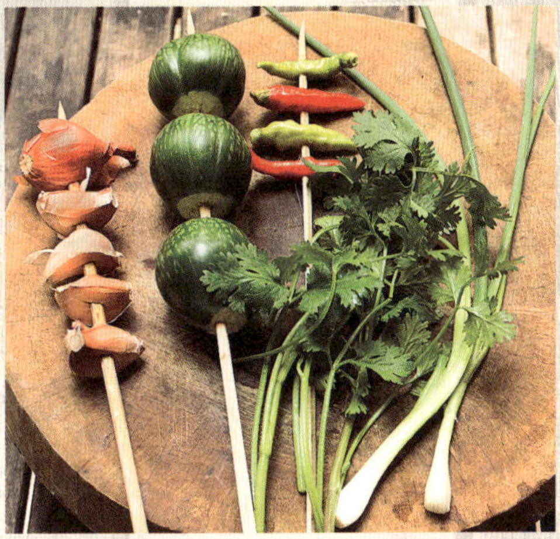
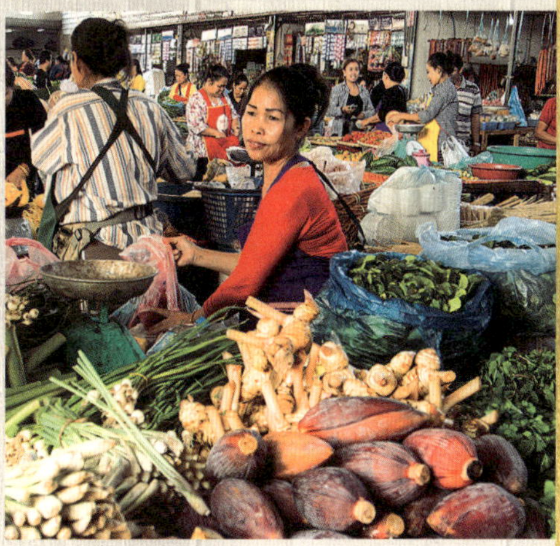
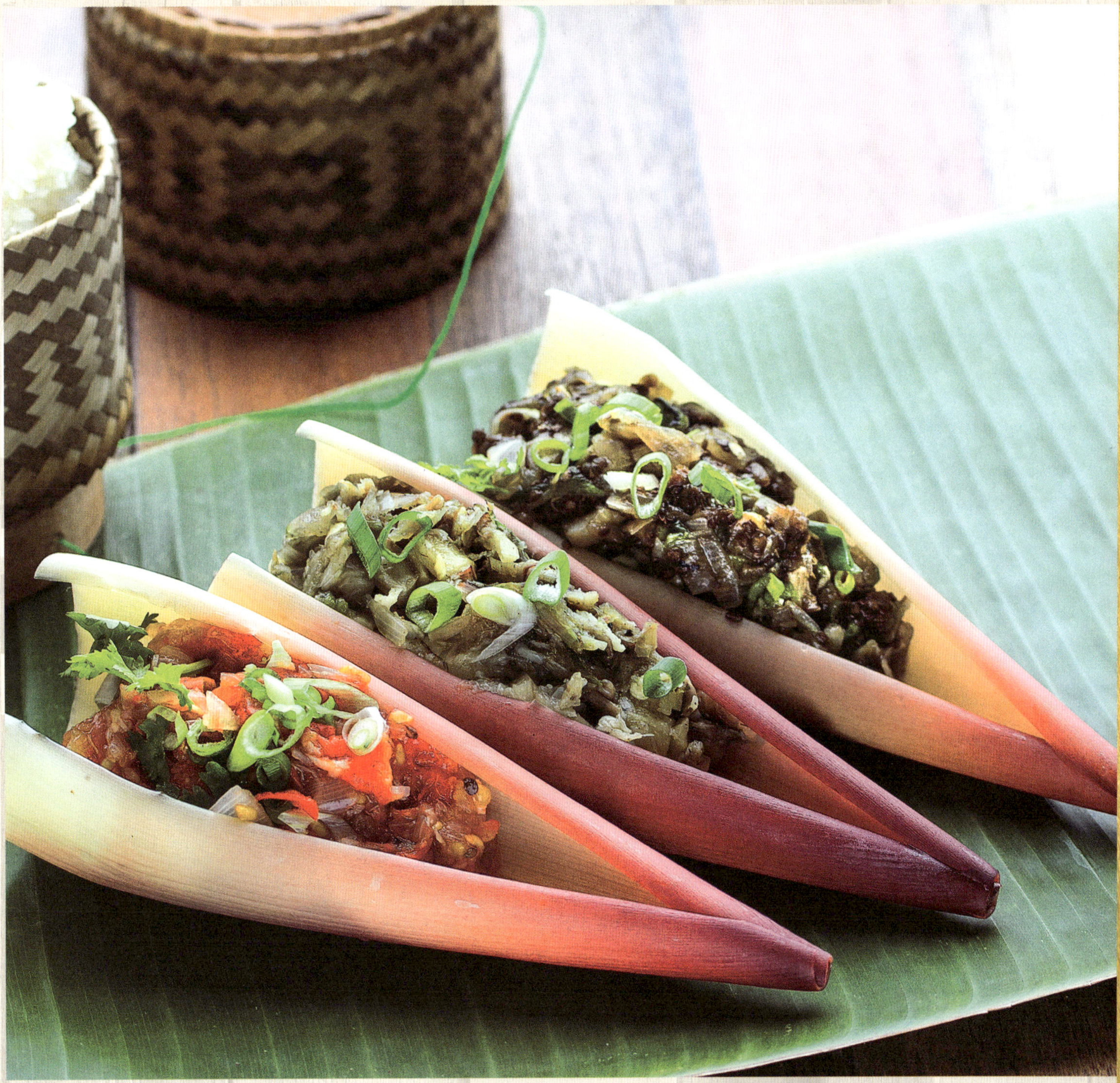

makphet
Creative Local Cuisine
A training restaurant for marginalized youth

RINDERRAGOUT MIT AUBERGINEN – or lam

ZUBEREITUNGSZEIT
45 Minuten

ZUTATEN
- 3–4 getrocknete Mu-Err-Pilze
- 1 Stängel Zitronengras
- Salz
- 1–2 rote Vogelaugen-Chilischoten (nach Geschmack)
- 400 g Rindsgulasch
- 1 TL schwarze Pfefferkörner
- ½ TL Szechuanpfeffer
- 1 getrocknete Chilischote
- 4–6 Thai-Auberginen
- 1–2 Schlangenbohnen
- 2 EL gekochter Klebreis (siehe Seite 113)
- 50 g Erbsenauberginen
- ½ Bund frisches Heiliges Basilikum (alternativ Thai-Basilikum)
- ½ Bund frischer Koriander
- ½ Bund frischer Dill
- 1 Frühlingszwiebel
- 4 EL Fischsauce
- gedämpfter Klebreis (siehe Seite 113) oder Jasminreis zum Servieren

Or lam ist ein Eintopf, der traditionell mit getrocknetem Büffelfleisch und Büffelhaut gekocht wird. Wir haben es durch Rindfleisch ersetzt. In den Wäldern von Laos wächst ein Baum, dessen Holz – *mai sakhan* – beim Kochen ein pfeffriges und chilischarfes Aroma entfaltet. Im Rezept verwenden wir eine Mischung aus schwarzem Pfeffer, Szechuanpfeffer und getrockneten Chilischoten.

Die Pilze 20 Minuten in heißem Wasser einweichen.
Das Zitronengras am unteren und oberen Ende kappen, von den äußeren Blättern befreien und flach klopfen. In einem Topf 2 l Wasser mit 1 TL Salz zum Kochen bringen, Zitronengras und Chilischoten hineingeben und alles bei mittlerer Temperatur köcheln lassen. Das Rindfleisch gründlich abwaschen, trocken tupfen, in 1 cm große Würfel schneiden und in den Topf geben.
Den schwarzen Pfeffer, den Szechuanpfeffer und die getrocknete Chilischote in einen Einwegteebeutel geben und diesen in den Topf hängen. Das Ganze etwa 30 Minuten köcheln lassen, bis das Rindfleisch fast weich ist.
Die Pilze abgießen, ausdrücken und von den Stielen befreien. Grob zerteilen und in den Topf geben. Die Thai-Auberginen waschen, vom Stielansatz befreien und vierteln. Die Schlangenbohnen waschen, putzen und in 2 cm lange Stücke schneiden. Alles in den Topf geben und weiter köcheln lassen.
Aus dem Klebreis einen Ball formen und diesen über einer Gasflamme von allen Seiten kurz rösten, bis die Oberfläche hart wird. Er darf aber nicht anbrennen. Den Reisball in den Topf geben. Den Teebeutel mit den Gewürzen entfernen. Sobald die Thai-Auberginen weich sind, diese zusammen mit dem Zitronengras, den Chilis und dem Reisball mit einem Schaumlöffel herausholen. Alles in einen Mörser geben und grob zerstoßen. Anschließend wieder in den Topf geben.
Die Erbsenauberginen waschen, vom Stängel zupfen und in den Topf geben. Sie sollten beim Servieren noch knackig sein.
Die Kräuter waschen und trocken schütteln. Vom Basilikum die Blätter abzupfen, den Koriander und den Dill grob hacken. Die Frühlingszwiebel schräg in Ringe schneiden. Alles zusammen mit der Fischsauce in den Eintopf einrühren und das Ganze noch 1 Minute köcheln lassen. Abschmecken und mit gedämpftem Kleb- oder Jasminreis servieren.

MAKPHET – KÜCHE, DIE GUTES TUT

Das »Makphet« – laotisch für »Chilischote« – ist ein Projekt von »Friends International«. Die Hilfsorganisation bietet ehemaligen Straßenkindern ein breites Spektrum beruflicher Ausbildungsmöglichkeiten an, die ihnen zu gut bezahlten Jobs für eine bessere Zukunft verhelfen sollen. Zur Ausbildung gehört auch das Kochen. 2005 entstand in Phnom Penh das erste »Friends«-Restaurant. Schon 2006 folgte das »Makphet« in Laos. Heute gibt es fünf Restaurants, in denen Jugendliche von erfahrenen Köchen ausgebildet werden. Die traditionelle Küche wird dort in so hervorragender Qualität serviert, dass das »Makphet« vom »Miele Guide«, dem »Guide Michelin« Asiens, zu einem der besten Restaurants des asiatischen Raums gewählt wurde.

FISCHCURRY MIT LAO-WHISKEY – pa sa lao lao

Zubereitungszeit
45 Minuten

Zutaten
2 Stängel Zitronengras
1 daumengroßes Stück Galgant
1 daumengroßes Stück Ingwer
2 Schalotten
1–2 rote Vogelaugen-Chilischoten (nach Geschmack)
2 EL Öl zum Braten
1 Msp. Chili- oder Paprikapulver
2 cl Lao-Whiskey oder anderer Reisschnaps*
200 ml Hühnerbrühe
4 Kaffirlimettenblätter
2 Kartoffeln
2 Karotten
1 mittelgroße Zwiebel
300 g Fischfilet von Wels, Tilapia oder Steinbeißer
2 EL Weizenmehl
2 l Frittieröl
2 EL Fischsauce
Salz

* Falls weder Lao-Whiskey noch ein anderer Reisschnaps zur Verfügung stehen, kann man auch einen italienischen Grappa verwenden.

Frittierter Fisch mit knackigem Gemüse wird in einer aromatischen, mit Lao-Whiskey abgeschmeckten Currypaste serviert. Lao-Whiskey ist ein hochprozentiger Reisschnaps, der unter dem Namen *lao lao* neben »Beer Lao« zu den laotischen »Grundnahrungsmitteln« gehört. Er wird pur getrunken, aber auch mit Honig und Früchten verfeinert. Eine ebenfalls übliche »Verfeinerung« mit Skorpionen und anderen Kriechtieren entspricht wohl nicht unbedingt dem europäischen Geschmack.

Das Zitronengras an beiden Enden kappen, von den äußeren Blättern befreien und fein hacken. Galgant, Ingwer und Schalotten schälen und fein hacken. Die Chilischoten entkernen und klein schneiden. Alles im Mörser zu einer Paste zerstampfen. Schneller geht es im Blitzmixer, dabei eine halbe Tasse Wasser zugeben. In einer Pfanne das Bratöl erhitzen. Die Paste bei mittlerer Temperatur braten, bis sie trocken und krümelig wird. Das dauert 6–8 Minuten. Vorsicht: Sie darf nicht anbrennen!

Das Chilipulver in die Paste einrühren, den Lao-Whiskey dazugeben und alles kurz aufkochen, damit der Alkohol verdampft. Die Hühnerbrühe und zwei Kaffirlimettenblätter untermischen und die Pfanne vom Herd nehmen.

Die Kartoffeln schälen und in 2 cm große Würfel schneiden. Mit Küchenpapier trocken tupfen. Die Karotten schälen und ebenfalls würfeln. Die Zwiebel schälen und vierteln. Die restlichen Kaffirlimettenblätter in der Mitte zusammenfalten. Von der Blattrippe befreien und mit einer Küchenschere in Streifen schneiden. Den Fisch unter fließend kaltem Wasser abwaschen, trocken tupfen und in 2 cm große Würfel schneiden. Einen flachen Teller mit dem Mehl bereitstellen.

In einer Fritteuse das Öl erhitzen, bis an einem hineingetauchten Holzstäbchen kleine Blasen aufsteigen. Mit einem Schaumlöffel zuerst die Kartoffeln hineingeben und frittieren. Nach 3 Minuten die Karotten und die Zwiebeln dazugeben und alles weitere 3 Minuten frittieren. Das Gemüse herausnehmen und auf Küchenpapier abtropfen lassen. Die Streifen der Kaffirlimettenblätter mit dem Schaumlöffel kurz frittieren und dann auf Küchenpapier abtropfen lassen.

Die Fischstücke in Mehl wenden, überschüssiges Mehl abschütteln. 2 Minuten in dem heißen Fett frittieren. Herausnehmen und auf Küchenpapier abtropfen lassen. Das Gemüse und den Fisch zu der Currypaste in die Pfanne geben. Die Mischung bei niedriger Temperatur erhitzen und dann leicht köcheln lassen. Die Fischsauce einrühren. Das Curry mit Salz abschmecken, mit den frittierten Kaffirlimettenblättern bestreuen und servieren.

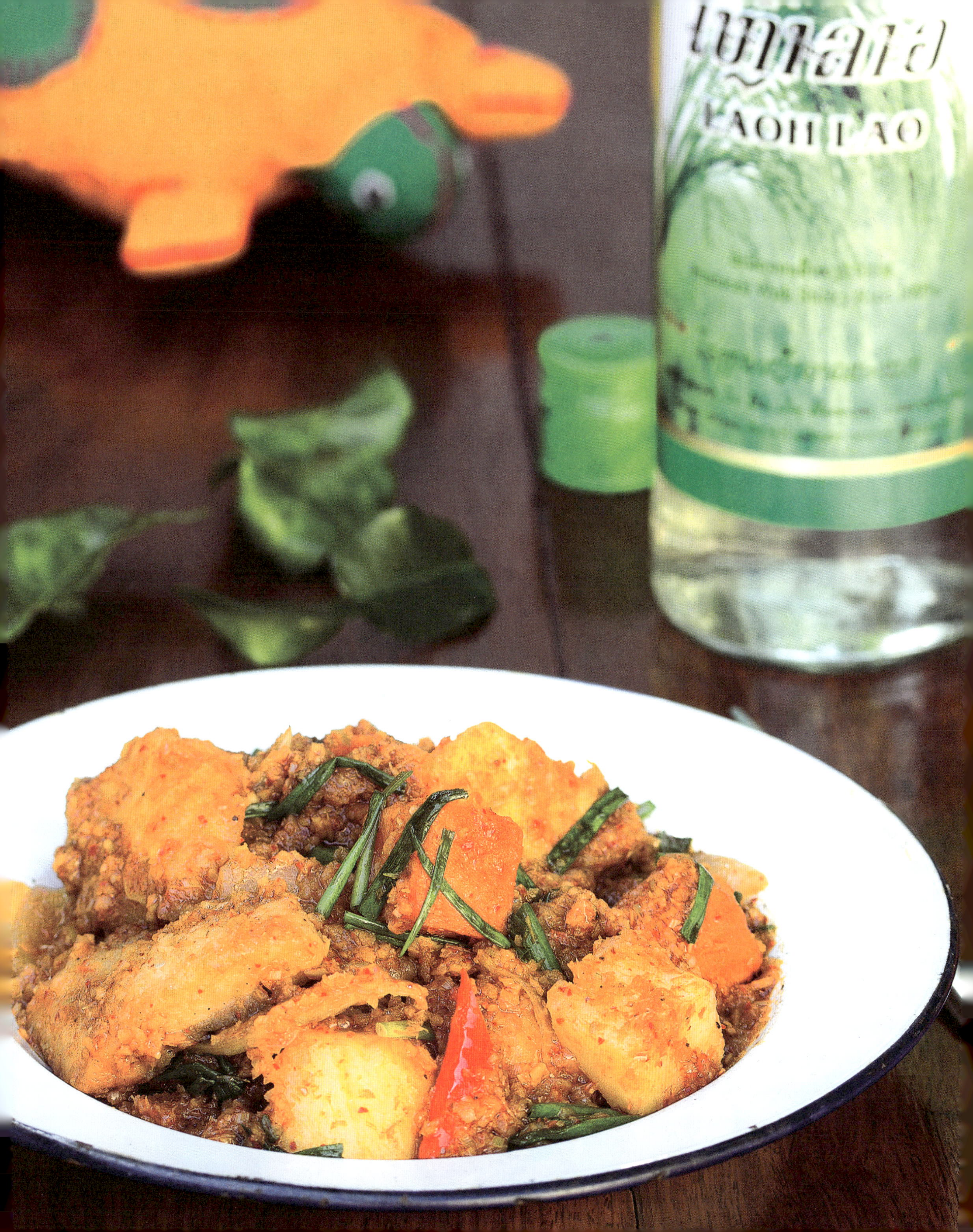

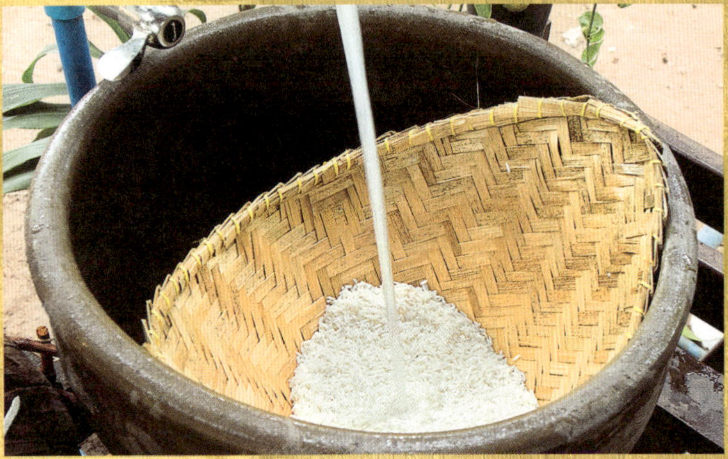

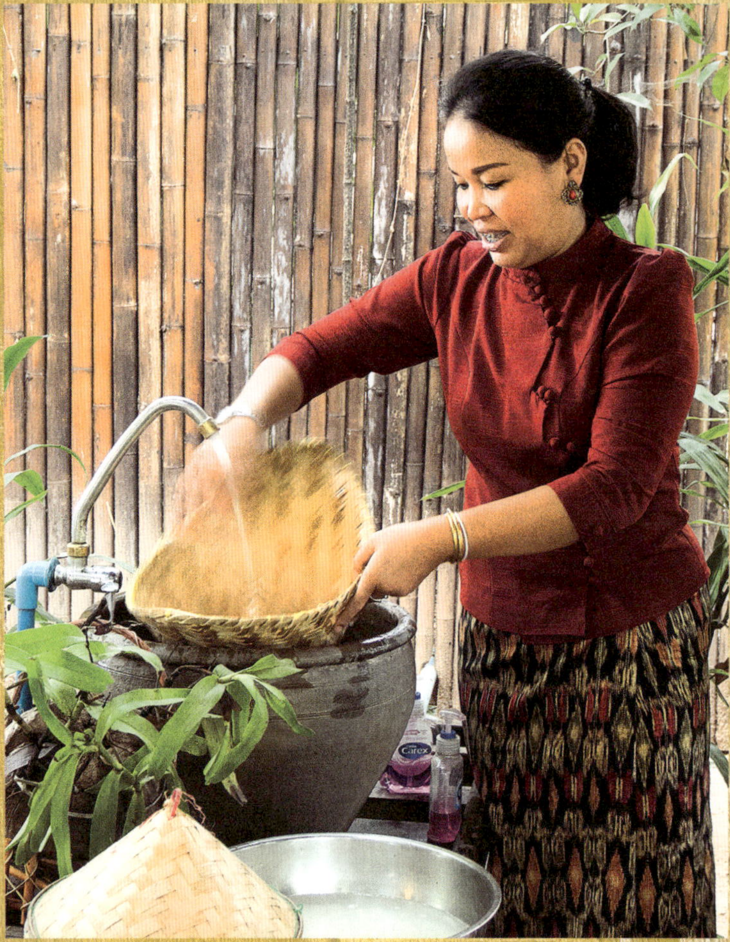

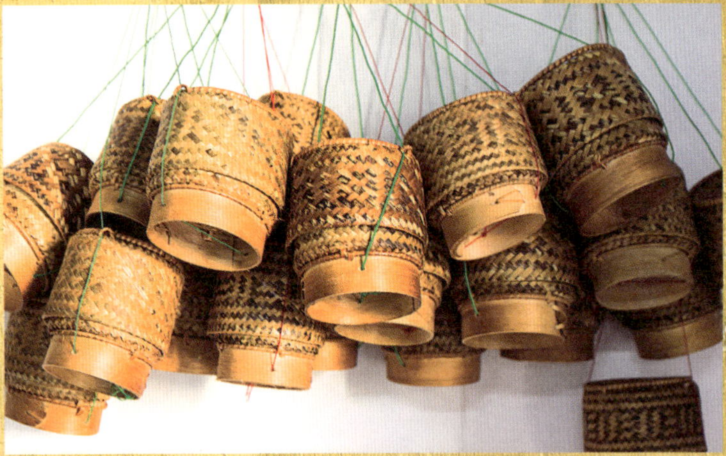

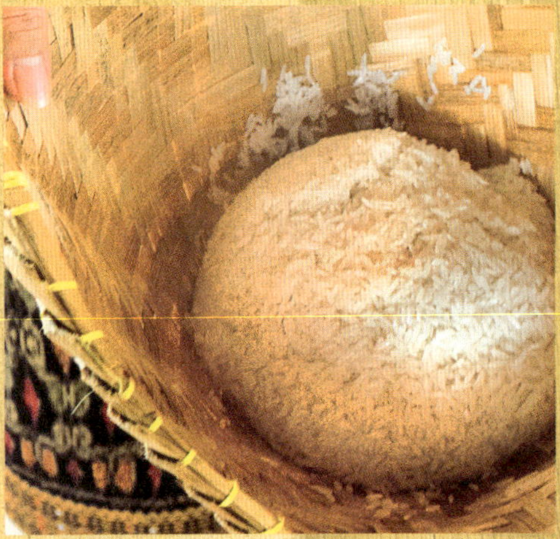

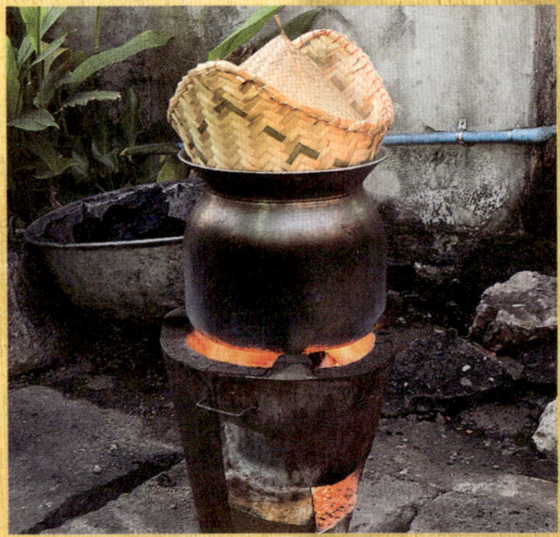

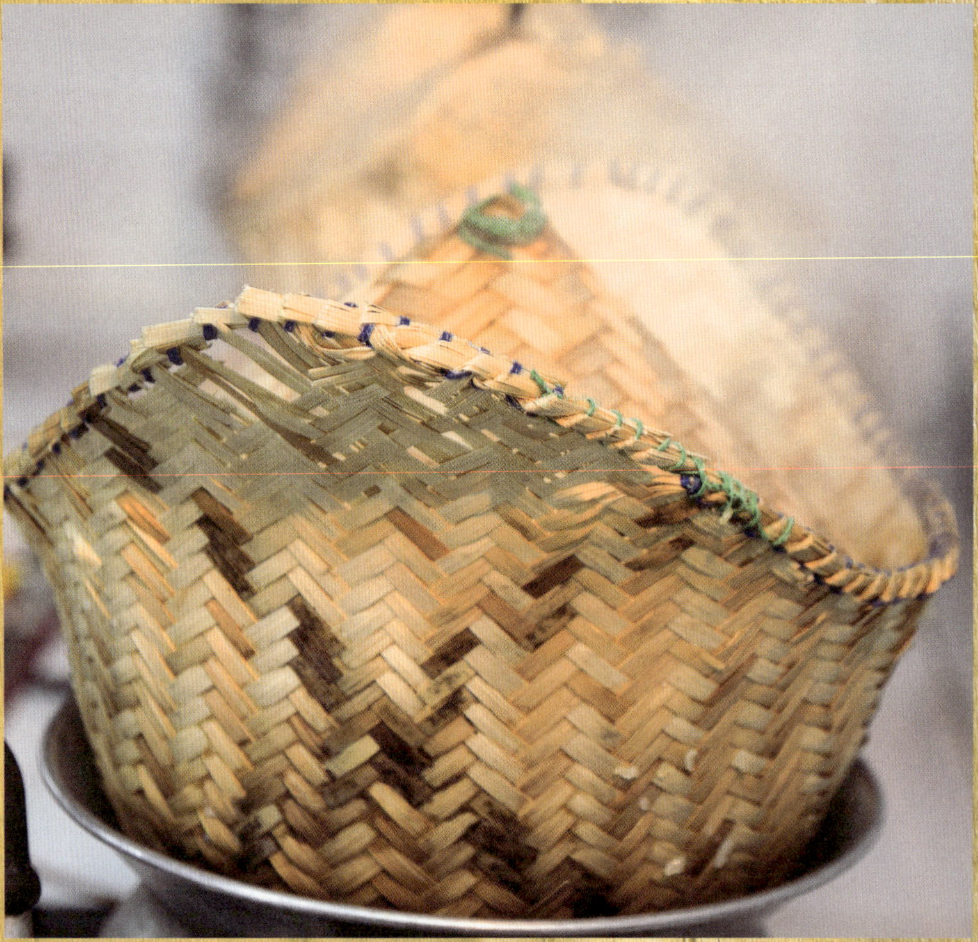

»Sticky Rice«

Klebreis ist weiß und hat ein dickes, bauchiges Korn. Er ist das Hauptnahrungsmittel in Laos und im Nordosten Thailands. In Vietnam wird er vorwiegend für Desserts, Dessertsuppen und Reiskuchen verwendet.

Jasminreis und Klebreis lassen sich leicht unterscheiden: Während ungekochter Jasminreis ein bisschen durchscheinend ist, ist roher Klebreis undurchsichtig und von leuchtend weißer Farbe. In gekochtem Zustand ist es dann allerdings gerade umgekehrt, nun sieht der Klebreis etwas durchscheinend aus, während der Jasminreis undurchsichtig weiß ist. Klebreis ist durch den bei uns gebräuchlichen Risotto- oder Milchreis nicht zu ersetzen. In Asialäden erhält man thailändischen Klebreis in sehr guter Qualität.

Man hört oft, Klebreis sei nur in kleinen Mengen zu essen, da er sonst Verdauungsprobleme bereiten würde. Das Gegenteil ist der Fall: Klebreis ist sehr gesund und fördert die Verdauung.

Für die Zubereitung von Klebreis für laotische Gerichte empfiehlt sich ein laotischer Reisdämpfer. Er besteht aus einem nach unten konisch geformten Bambuskorb und einem Aluminiumtopf mit einer speziell gewölbten Öffnung (in gut sortierten Asialäden bzw. online erhältlich). Man benötigt mindestens 400 g Klebreis, um später beim Dämpfen die richtige Konsistenz zu bekommen.

Den Klebreis gründlich in lauwarmem Wasser mehrmals waschen, dabei die Reiskörner zwischen den Händen reiben. Den Reis anschließend mindestens 3 Stunden, besser noch über Nacht einweichen. Den Bambuskorb gründlich mit lauwarmem Wasser ausspülen. Damit verhindert man, dass der Klebreis später am Korb klebt. Über dem Spülbecken den eingeweichten Klebreis mitsamt dem Einweichwasser in den Bambuskorb füllen. Dabei den Klebreis in der Mitte des Bambuskorbs platzieren und nicht an der Wand hochdrücken. Den Aluminiumtopf mit 1–1,5 l Wasser füllen und auf den Herd, vorzugsweise einen Gasherd, stellen. Das Wasser zum Kochen bringen, dann den Bambuskorb aufsetzen und alles mit einem feuchten Küchenhandtuch abdecken. 20 Minuten dämpfen, dann das Küchenhandtuch entfernen und den Korb mit beiden Händen so lange schütteln, bis sich der Reisklumpen einmal komplett gedreht hat. Das Küchenhandtuch wieder auflegen und den Reis weitere 10 Minuten dämpfen.

Den fertigen Klebreis auf eine saubere und glatte Arbeitsfläche kippen und mit einem Plastiklöffel oder Holzspatel ausbreiten, damit er etwas abkühlen kann. Anschließend entweder ganz authentisch in kleine Bambuskörbchen oder in eine Schüssel füllen und servieren.

Bei Tisch nimmt man mit den Fingern der rechten Hand eine kleine Menge Reis auf, formt ihn zu einem Ball, drückt mit dem Daumen eine kleine Mulde hinein und benutzt den Reisball als Löffel, um zum Beispiel ein laotisches *larb* aufzunehmen.

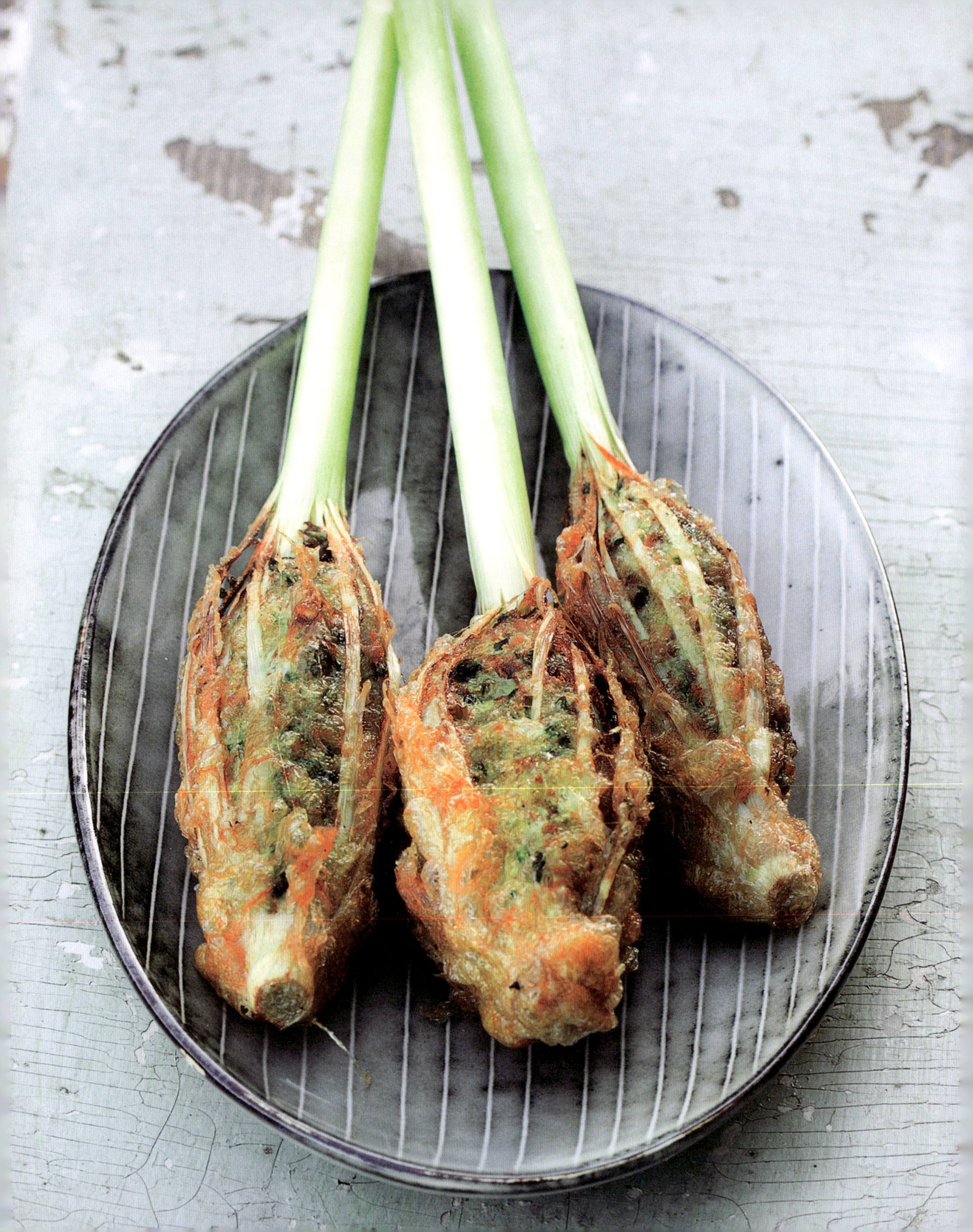

GEFÜLLTES ZITRONENGRAS – ua si khai

Zubereitungszeit
60 Minuten

Zutaten
8 Stängel Zitronengras, möglichst frisch mit dicken Enden
2 Frühlingszwiebeln
1 Bund frischer Koriander
1 Kaffirlimettenblatt
1 TL Salz
1 Knoblauchzehe
250 g Hackfleisch vom Schwein, möglichst aus dem Bauch
2 Eier
Frittieröl

Ein Rezept aus der alten laotischen Königsstadt Luang Prabang: Zitronengras gefüllt mit einer Mischung aus Schweinefleisch, Frühlingszwiebeln und Koriander. Der kräftige Geschmack des Fleischs verbindet sich mit dem exotischen Aroma des Zitronengrases. Man kann statt Schwein als vegetarische Variante auch Tofu verwenden.

Je vier Zitronengrasstängel zusammen locker in Küchenpapier einschlagen und in der Mikrowelle auf höchster Stufe 1 Minute weich werden lassen. Dadurch lassen sich die Stängel leichter verarbeiten.
Vom oberen Ende der Stängel je 1 cm abschneiden, vom unteren nur 1–2 mm. Jeweils das äußere Blatt entfernen. Jeden Stängel mit einem spitzen, scharfen Messer in einem Abstand von 1 cm zum unteren Ende der Länge nach 8–9 cm lang durchschneiden. Den Stängel 90 Grad um die eigene Achse drehen und wiederum einen durchgängigen Schnitt machen. Den Stängel so insgesamt 6–8-mal der Länge nach einschneiden, bis sich aus den Fasern eine Art Körbchen gebildet hat, das man füllen kann. Mit dem Daumen das Körbchen vorsichtig etwas weiten, ohne die Fasern des Stängels zu zerreißen. Je feiner man es schneidet, umso leichter lässt sich das Zitronengras später essen. Auf diese Weise alle Stängel vorbereiten und beiseitelegen.
Die Frühlingszwiebeln fein hacken. Den Koriander waschen, trocken schütteln und grob hacken. Das Kaffirlimettenblatt der Länge nach mittig falten, von der Blattrippe befreien und mit einer Küchenschere in sehr feine Streifen schneiden. Zusammen mit dem Salz und dem Knoblauch in einem Mörser zerstoßen oder im Blitzmixer pürieren. Das Schweinefleisch dazugeben und alles zu einer Paste vermischen. In eine Schüssel füllen.
In eine Hand einen Zitronengrasstängel nehmen und mit dem Daumen das Körbchen etwas öffnen. Mit der anderen Hand 1 TL Füllung hineingeben und gleichmäßig verteilen. Die Körbchen sollten gut gefüllt und etwas bauchig sein. Sorgfältig die Fasern des Zitronengrases um die Füllung herum anordnen, sodass das Körbchen gut geschlossen ist. Eventuell überschüssige Füllmasse zu kleinen Bällchen formen.
Die Eier in eine Schüssel schlagen und verquirlen. In einem Topf oder einer Fritteuse das Frittieröl erhitzen, bis an einem eingetauchten Holzstäbchen Luftblasen aufsteigen. Jedes Zitronengraskörbchen so in die Eimasse tauchen, dass es gleichmäßig mit Ei überzogen ist. Dann vorsichtig in das heiße Frittieröl tauchen und goldbraun frittieren. Am einfachsten hält man die Körbchen dabei am Stängel. Es empfiehlt sich, Handschuhe zu tragen!
Die Stängel bei Bedarf bei 120 °C im Ofen noch nachgaren lassen bzw. bis zum Servieren warm halten. Die Bällchen aus der restlichen Füllung ebenfalls in Ei wenden und frittieren.
Serviert werden die gefüllten Zitronengrasstängel als Snack oder Bestandteil einer Mahlzeit. Am besten isst man sie mit den Fingern oder löst mit Löffel und Gabel das Fleisch aus dem Körbchen.

Tipp: Bei der Verwendung von Tofu, festen Tofu kaufen, in kleine Würfel schneiden und mit den Händen mit den anderen Zutaten verkneten.

LUANG-PRABANG-SALAT – yam pak louang prabang

Zubereitungszeit
25 Minuten

Zutaten
2 Eier
1 EL Zucker
1 Msp. Salz
2 EL Fischsauce
Saft von 1 Limette
1 Knoblauchzehe
1 EL Öl
2 kleine Römersalatherzen
1 Schale Brunnenkresse
2 mittlere Tomaten
1 kleine Salatgurke
½ Bund frischer Koriander
½ Bund frische asiatische Minze oder Nana-Minze
2 EL geröstete und gehackte Erdnüsse (Rezept siehe QR-Code)

Die wichtigste Zutat für den Luang-Prabang-Salat ist die dort wachsende Wasserkresse. Sie lässt sich durch grünen Salat und Brunnenkresse ersetzen. Das Dressing kommt uns bekannt vor und ist auch tatsächlich von der französischen Küche beeinflusst. Sie hinterließ ihre Spuren während des französischen Protektorats 1893–1946. Heute noch kann man in Laos frische Baguettes und knusprige Croissants kaufen und viele Bewohner Vientianes und Luang Prabangs sprechen Französisch.

Die Eier 10 Minuten in kochendem Wasser hart kochen. Anschließend unter kaltem Wasser abschrecken, abkühlen lassen, pellen, halbieren und Eiweiß und Eigelb trennen. Das Eiweiß grob hacken.
In einer Schüssel den Zucker mit dem Salz, der Fischsauce und dem Limettensaft gründlich verrühren. Das Eigelb dazugeben und mit einer Gabel zerdrücken, dann alles zu einem glatten Dressing aufschlagen.
Den Knoblauch schälen und fein hacken. In einer kleinen Pfanne das Öl erhitzen und den Knoblauch darin bei mittlerer Temperatur sanft anschwitzen, ohne ihn zu bräunen.
Den Knoblauch mitsamt dem Bratöl zu dem Dressing geben und alles kräftig glatt rühren. Danach vorsichtig das gehackte Eiweiß unter die Sauce mischen.
Den Römersalat zerteilen, waschen und trocken schütteln. Die Brunnenkresse abschneiden. Die Tomaten waschen und in Scheiben schneiden. Die Salatgurke schälen und in Scheiben schneiden. Die Kräuter waschen, trocken schütteln und die Blätter abzupfen.
Alle frischen Zutaten miteinander vermengen. Den Salat anrichten und das Dressing darüber verteilen. Mit den Erdnüssen bestreuen und servieren.

Luang Prabangs goldene Tempel

Luang Prabang – zweitgrößte Stadt und Touristenmagnet in Laos. Der Name leitet sich von einer mit Gold überzogenen Statue Buddhas ab, die mit Unterbrechungen seit 1353 in Luang Prabang beheimatet ist. Ursprünglich soll sie in Ceylon, dem heutigen Sri Lanka, gefertigt worden und über das Khmer-Reich von Angkor ins Königreich Lang Xang gekommen sein, das sich in seinen Grenzen in etwa mit dem heutigen Laos deckt. Die Statue sollte der Verbreitung des Theravada-Buddhismus in Südostasien dienen.
Die Missionierung ist in Luang Prabang offensichtlich gelungen, denn die kleine Stadt an der Mündung des Nam-Khan-Flusses in den Mekong besteht aus unzähligen Tempeln und Klöstern. Trotz vieler Touristen, die per Bus, Boot oder Flugzeug in die Stadt kommen, hat sie sich ihren ruhigen und beschaulichen Lebensfluss bis heute erhalten können.
Kulinarisch gilt Luang Prabang als die Hauptstadt von Laos, allein der Nachtmarkt mit Dutzenden von Garküchen mit ihren lokalen Spezialitäten ist schon eine Reise wert.

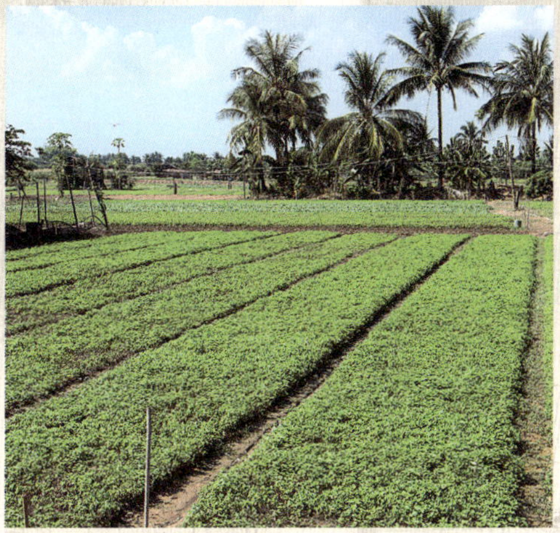

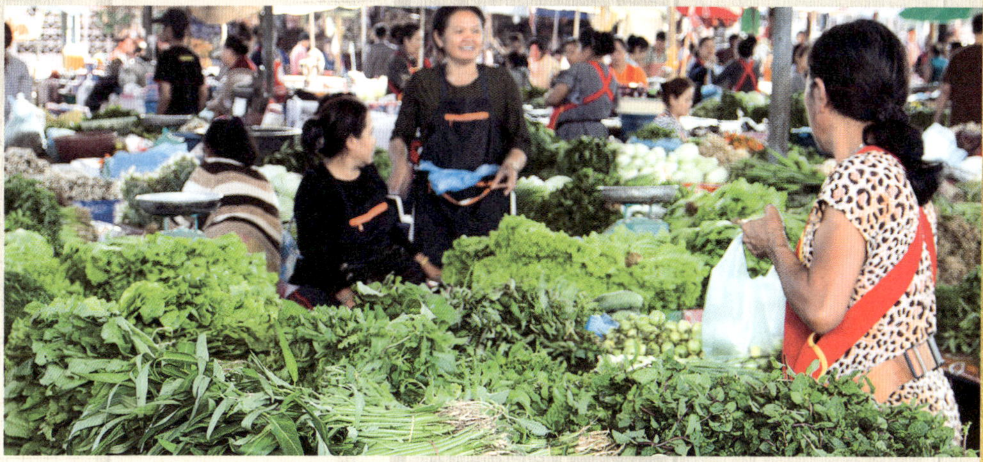

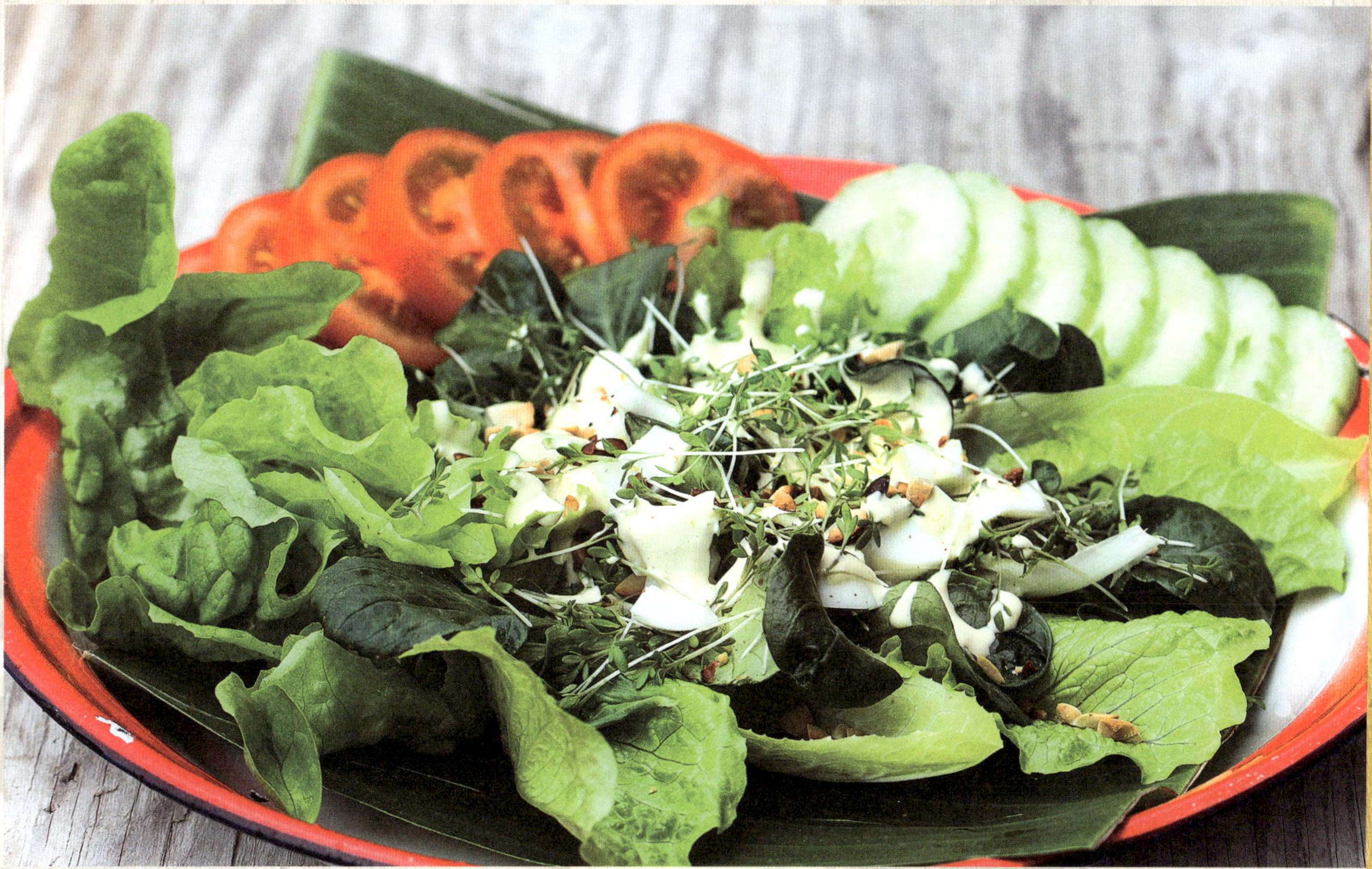

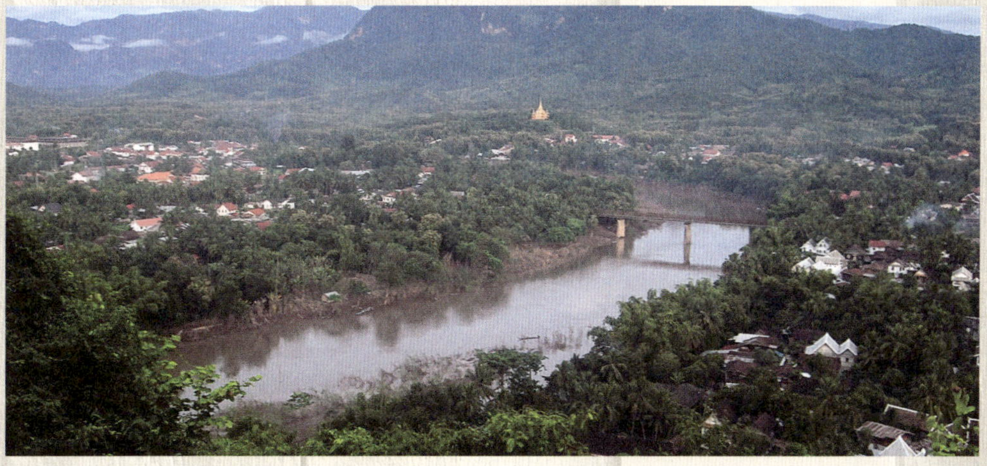

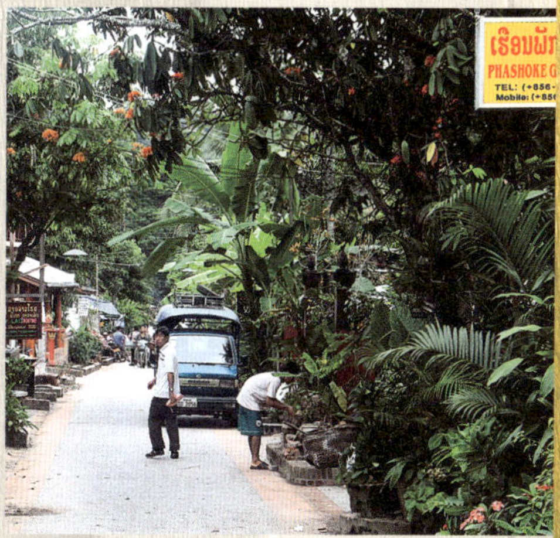

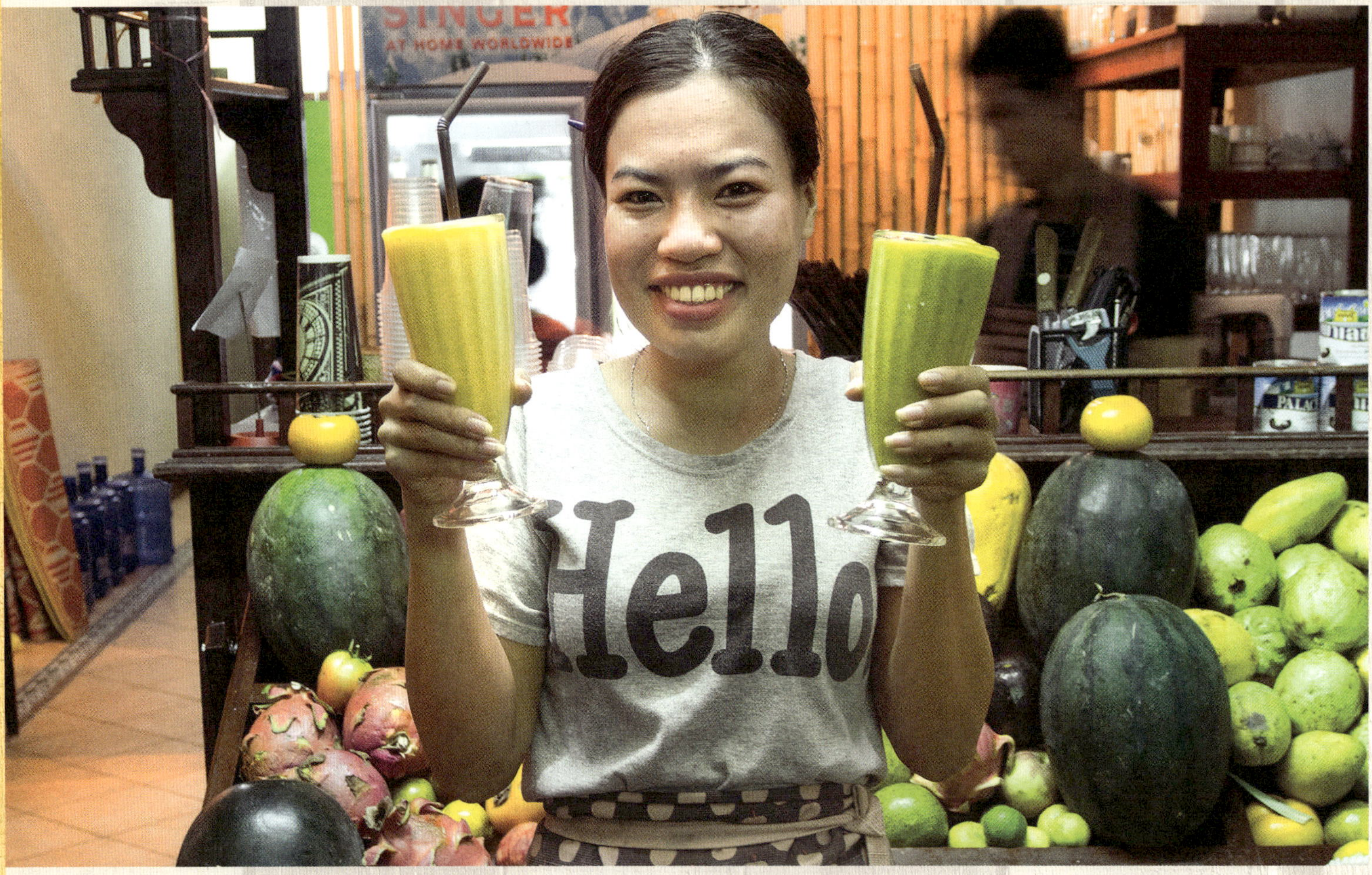
SINGER
AT HOME WORLDWIDE
Hello

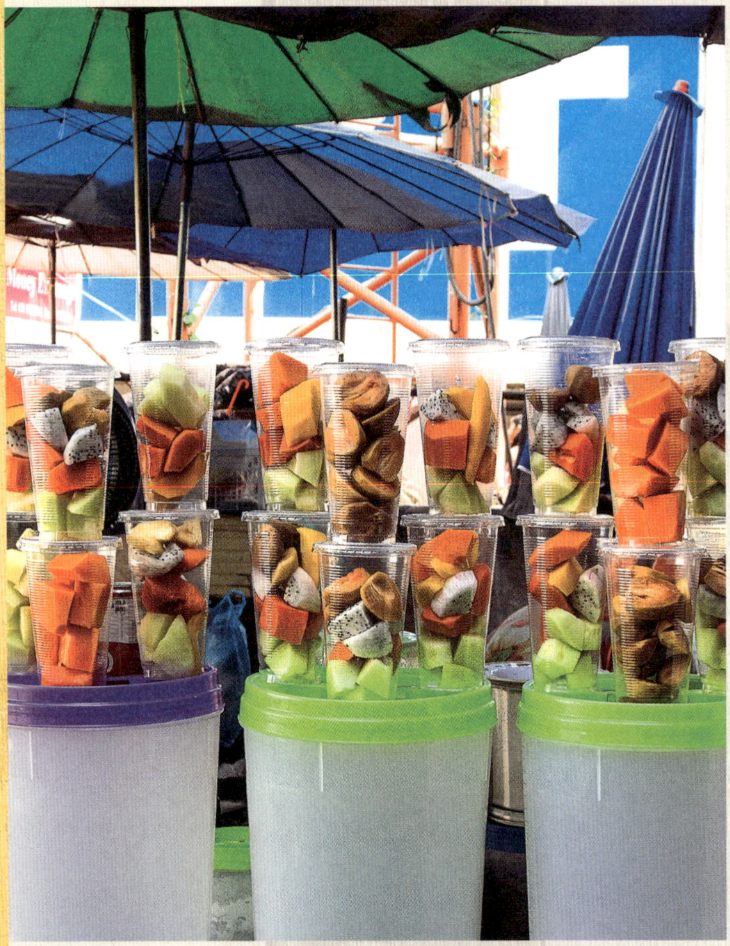

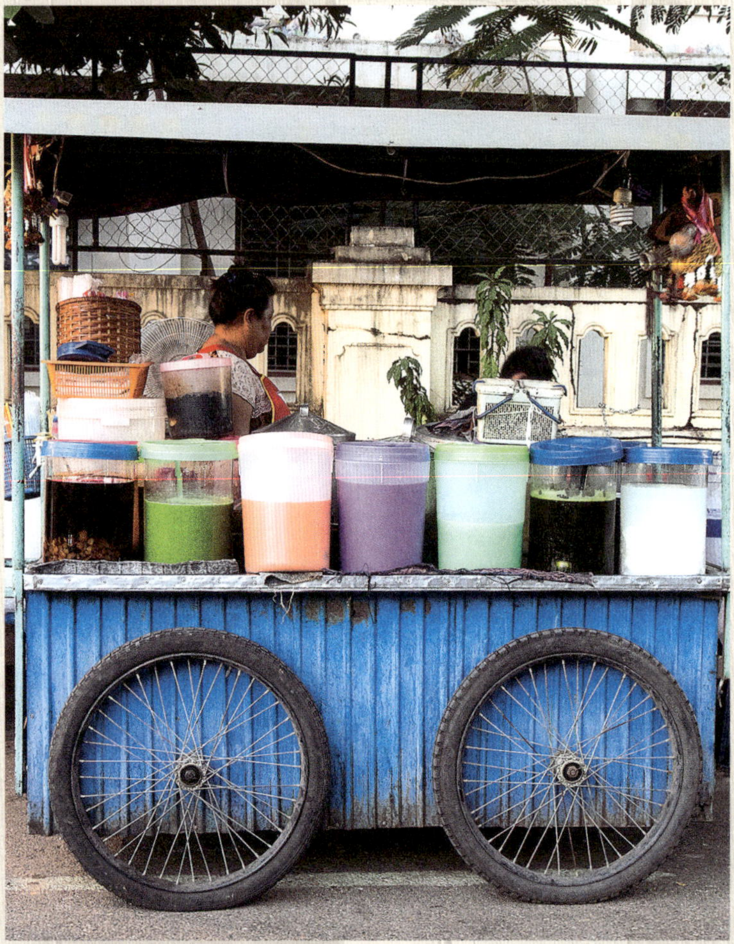

MANGO-MINZE-LIMETTEN-SMOOTHIE –
nam ma muang pan

ZUBEREITUNGSZEIT
15 Minuten

ZUTATEN
1 junge Kokosnuss
1 reife Mango
50 g Babyspinat
1 Bund frische Minze
½ Limette ohne Schale
Eiswürfel

Südostasien bietet eine unglaubliche Auswahl an tropischen Früchten. Man kann sie schälen und aus der Hand oder als Obstsalat essen. Richtig lecker sind sie vor allem als Smoothie. In »Noy's Fruit Heaven« in Vientiane haben wir dieses Rezept probiert. Süße Mango mit frischer Minze, der Säure der Limette und das Grün des Spinats geben ein phantastisches Aroma. Die Herstellung ist ganz einfach und das Ergebnis sensationell, nicht nur an einem warmen Sommerabend.

Die Kokosnuss öffnen und den Saft in einen Mixer geben. Die Mango schälen. Das Fruchtfleisch vom Kern lösen und klein schneiden. Den Babyspinat und die Minze waschen, abtropfen und von den Stängeln befreien.
Alle Zutaten einschließlich der Limette in den Mixer geben und zusammen mit den Eiswürfeln zu einem sämigen Getränk verarbeiten. In ein hohes Glas füllen und mit einem Strohhalm servieren.

Kaffee in Laos

Genauso wie nach Vietnam haben die französischen Kolonialherren die Kaffeepflanze auch nach Laos gebracht. Angebaut werden vorwiegend die kräftige Robusta- und die milde Arabica-Bohne. Hauptanbaugebiet ist das Bolaven-Hochplateau im Süden des Landes. Der Großteil der Ernte wird exportiert, aber ein Teil verbleibt im Land. In kleinen Cafés wird mittels eines Baumwollsiebs ein starker, aromatischer Kaffee gebraut, der mit süßer Kondensmilch aus Gläsern getrunken wird.

FRITTIERTE BANANEN MIT KAFFIRLIMETTENSAUCE

ZUBEREITUNGSZEIT
25 Minuten

ZUTATEN
1 unbehandelte Kaffirlimette oder Limette
50 ml Zuckersirup
4 kleine oder 2 große, feste Bananen
4 EL Maisstärke
1 Ei
80 g Cashewkerne
Öl zum Frittieren

Frittierte Bananen sind ein klassischer Snack der Straßenküche, werden aber auch im »Makphet«-Restaurant in Vientiane serviert. Den besonderen Kick liefert die Kaffirlimettensauce, in der sich die Süße des Zuckers mit der zitronigen Frische der Limette verbindet. Dazu serviert man am besten Kokoseis. Wichtig ist es, feste, gerade eben erst reife Bananen zu verwenden.

Für die Sauce die Kaffirlimette gründlich waschen, trocknen und dann die Schale mit einer mittelgroben Reibe abreiben. Das Fruchtfleisch der Kaffirlimette ist nicht weiter verwendbar. In einem kleinen Topf den Zuckersirup bei niedriger Temperatur erhitzen und die abgeriebene Schale hineingeben. Die Mischung 5–6 Minuten auf dem Herd bei niedrigster Temperatur ziehen und anschließend abkühlen lassen.

Die Bananen schälen. Kleine Bananen der Länge nach halbieren, große zusätzlich in der Mitte teilen. Die Maisstärke auf einen Teller schütten. Das Ei in eine flache Schüssel schlagen und verquirlen. Die Cashewkerne sehr fein hacken und auf einen Teller geben. Die Bananenstücke zuerst von allen Seiten in der Stärke wenden und abklopfen, anschließend in der Eimasse wenden und schließlich in die gehackten Cashewkerne drücken. Zum Schluss sollten die Bananen rundherum von einer Cashewkernschicht ummantelt sein.

Den Boden einer tiefen beschichteten Pfanne 2 cm hoch mit Öl bedecken. Das Öl auf 140 °C (mit dem Frittierthermometer überprüfen!) erhitzen. Langsam die Bananenstücke mit einem Schaumlöffel in das heiße Öl gleiten lassen (Vorsicht, Spritzgefahr!). Sobald die Unterseite nach etwa 1 Minute hellbraun ist, die Banane wenden und 1 weitere Minute von der anderen Seiten frittieren. Mit einem Schaumlöffel herausnehmen und auf Küchenpapier abtropfen lassen.

Die frittierten Bananen auf Portionstellern anrichten und mit der Sauce beträufeln. Sofort mit je einer Kugel Kokos- oder Vanilleeis servieren.

KOKOSEIS

ZUBEREITUNGSZEIT
20 Minuten, plus 40–60 Minuten Ruhezeit

ZUTATEN
1 Vanilleschote
250 ml Kokosmilch
250 ml Sahne
100 ml Vollmilch
4 Eigelb
100 g Zucker

Diese Köstlichkeit bietet Abwechslung vom ewigen Vanilleeis. Kokosmilch verleiht dem Eis seine harmonische und exotische Note. Wenn man eine Eismaschine zur Verfügung hat, ist es ganz einfach herzustellen.

Die Vanilleschote der Länge nach aufschlitzen. In einem Topf mit dickem Boden die Kokosmilch zusammen mit der Sahne, der Milch und der Vanilleschote unter ständigem Rühren aufkochen. Sobald die Mischung zu steigen beginnt, sofort vom Herd ziehen und abkühlen lassen. Die Vanilleschote herausnehmen. Das Mark herauskratzen und zu der Milch-Sahne-Mischung geben.

Das Eigelb mit dem Zucker cremig, aber nicht schaumig rühren. Die Masse zu der Milch-Sahne-Mischung in den Topf geben und alles unter ständigem Rühren mit einem Holzspatel erhitzen, bis die Creme andickt. Sie darf auf keinen Fall kochen, sonst stockt das Eigelb.

Die Mischung durch ein feines Sieb gießen und abkühlen lassen. Dann in eine Eismaschine füllen und nach Bedienungsanleitung zu einem cremigen Eis verarbeiten.

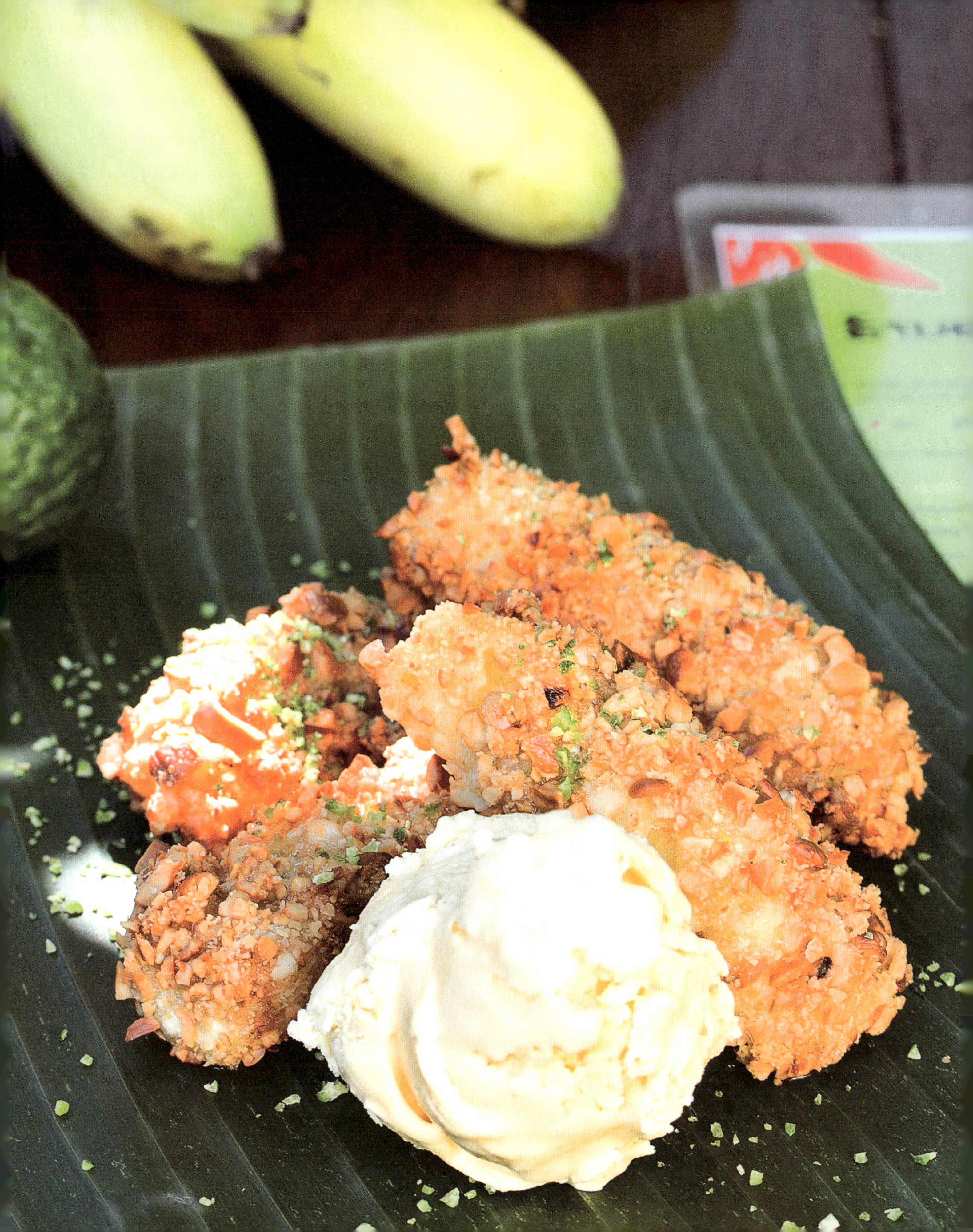

Limetten

Limette heißt wörtlich »kleine Limone«, wie die Zitrone früher auch bezeichnet wurde. Limetten sind grüne, runde Früchte mit einem Durchmesser von 3–6 cm. Ihr Fruchtfleisch schmeckt sauer wie das der Zitrone, aber mit einer intensiveren, würzigeren Note. Bei uns erlangte die Limette in erster Linie durch brasilianische Cocktails wie den Caipirinha Bekanntheit. In Asien wird sie anstelle von Zitronen ausschließlich verwendet und man kann sie wegen des geschmacklichen Unterschieds auch nicht einfach durch Zitronen ersetzen.

Speziell die berühmte vietnamesische Dipsauce *nuoc cham* erhält ihren besonderen Geschmack durch Limettensaft. Auch die Salate Thailands sind ohne Limetten nicht vorstellbar. In Vietnam verwendet man gern auch die aromareichen Blätter des Limettenbaums, so wickelt man etwa Fleisch, das anschließend gegrillt werden soll, darin ein. Die ätherischen Öle der Limettenblätter wandern beim Grillen ins Fleisch und geben ihm ein leicht zitroniges Aroma.

Eine andere Zitrusfrucht ist die Kaffirlimette. Sie ist in Südostasien beheimatet und wegen ihrer geringeren Größe und zerfurchten Oberfläche nicht mit der Limette zu verwechseln. Die abgeriebene Schale hat ein intensives zitronenähnliches Aroma. Zum Aromatisieren kann man ersatzweise aber auch die abgeriebene Schale einer unbehandelten Limette verwenden. Der wenige Saft, den die Kaffirlimette enthält, ist aufgrund seiner extremen Säure nicht zur Verwendung in der Küche geeignet.

Ihre dunkelgrün glänzenden und etwas ledrigen Blätter hingegen finden sich in der südostasiatischen Küche häufig. Sie sind so etwas wie das Pendant zu den Lorbeerblättern, die wir bei Schmorgerichten verwenden. Man gibt die ganzen Blätter schon während des Garens in thailändische Currys oder Suppen, um ihnen dadurch ein pikant zitroniges Aroma zu verleihen. Klein geschnitten kann man die Blätter auch für Saucen verwenden. So aromatisieren sie noch besser und man muss sie vor dem Essen nicht entfernen. Zu diesem Zweck faltet man sie am besten entlang der Mittelrippe zusammen, entfernt diese dann und schneidet das restliche Blatt mit einer Küchenschere in feine Streifen. Bei uns sind Kaffirlimettenblätter am ehesten tiefgekühlt erhältlich, das tut der Qualität aber meist keinen Abbruch. Einmal aufgetaut, sollten sie direkt weiterverarbeitet werden.

Hierzulande noch ziemlich unbekannt ist die sogenannte Buddhahand. Sie ist verwandt mit der europäischen Zitronat-Zitrone. Wie diese besitzt sie fast kein Fruchtfleisch, sondern besteht im Inneren größtenteils aus der weißen Innenhaut. Die äußere Schale kann man hervorragend über Frischkäse oder Desserts reiben. Dabei gibt sie ihr volles, frisches Aroma ab. In ihrer ungewöhnlichen Form erinnert die exotische Frucht an eine Hand, was ihr den klangvollen Namen einbrachte und sie in Asien zur häufigen Requisite religiöser Zeremonien macht.

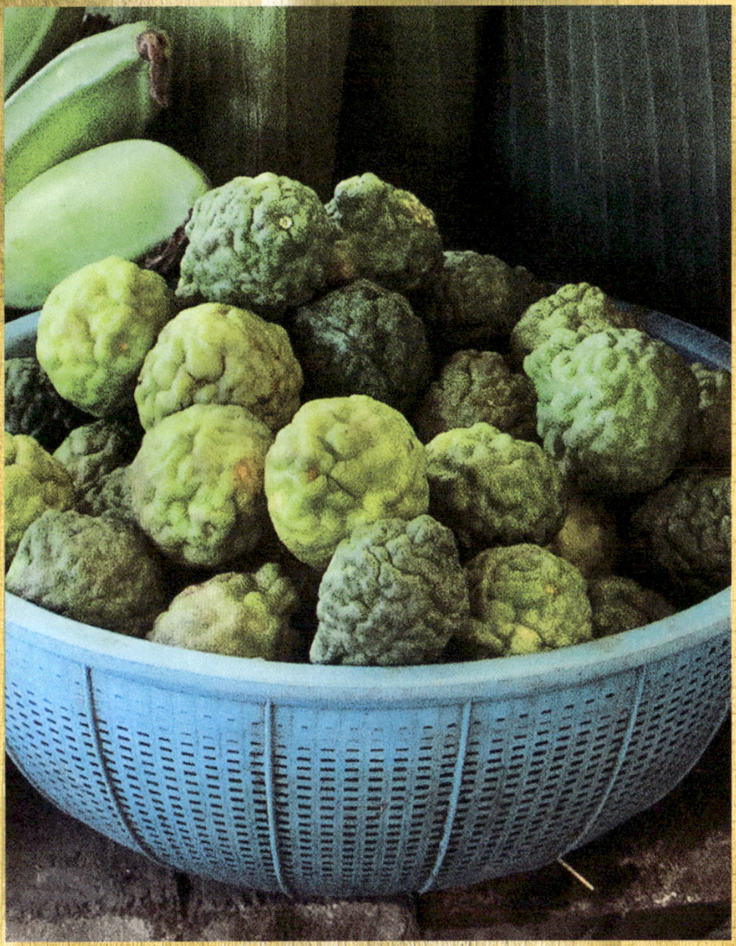
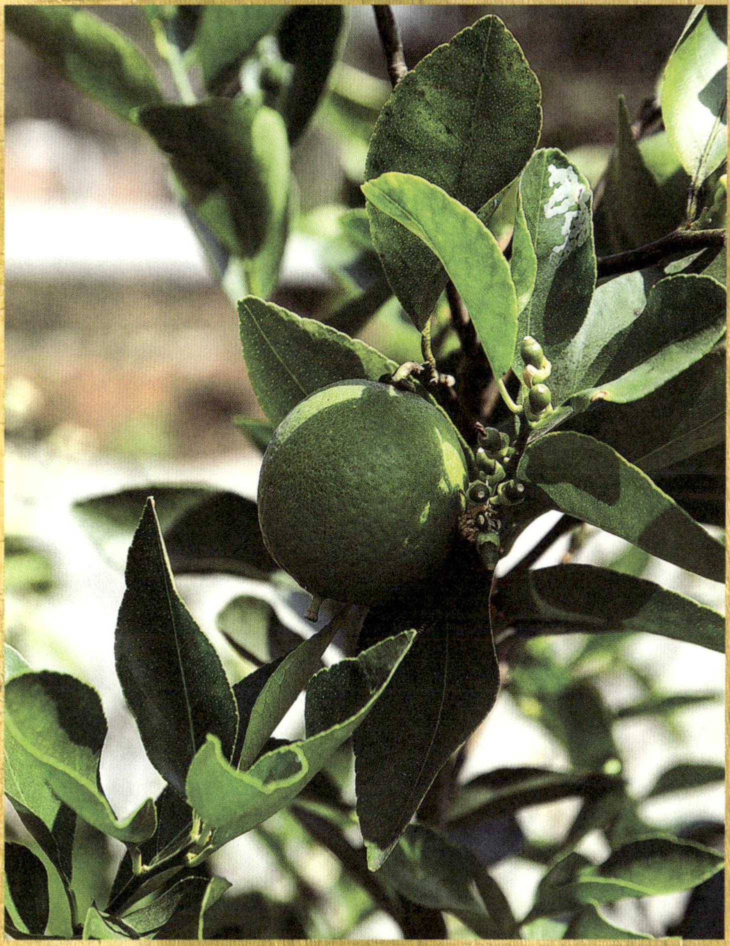
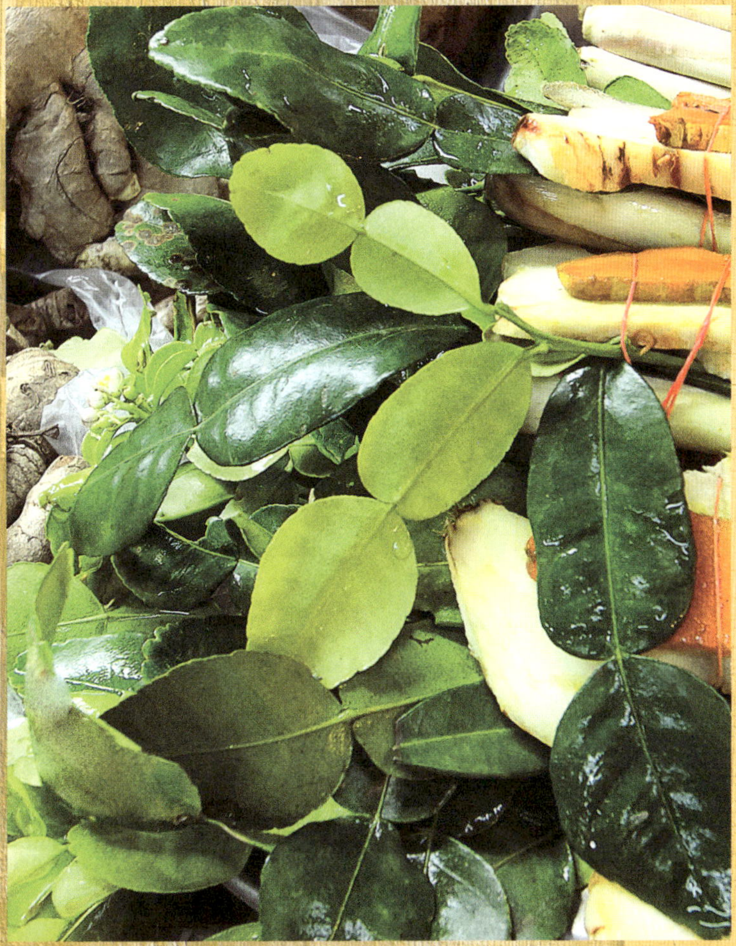
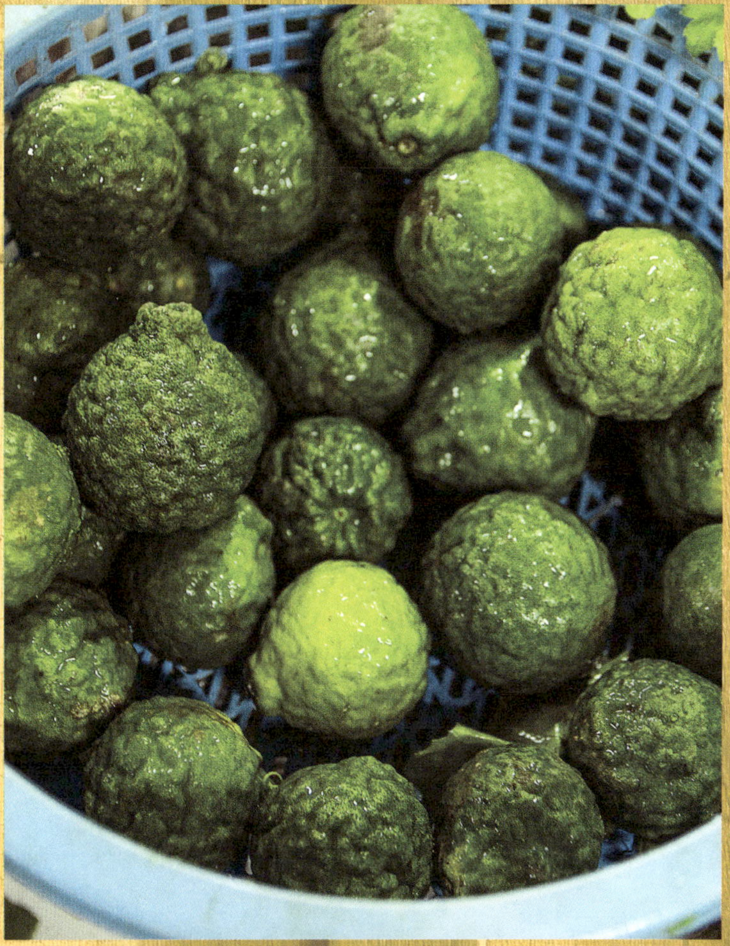

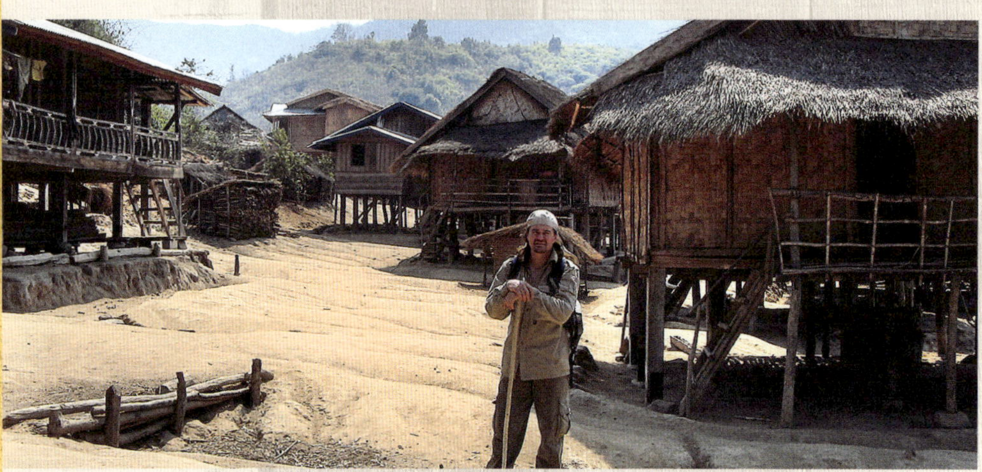

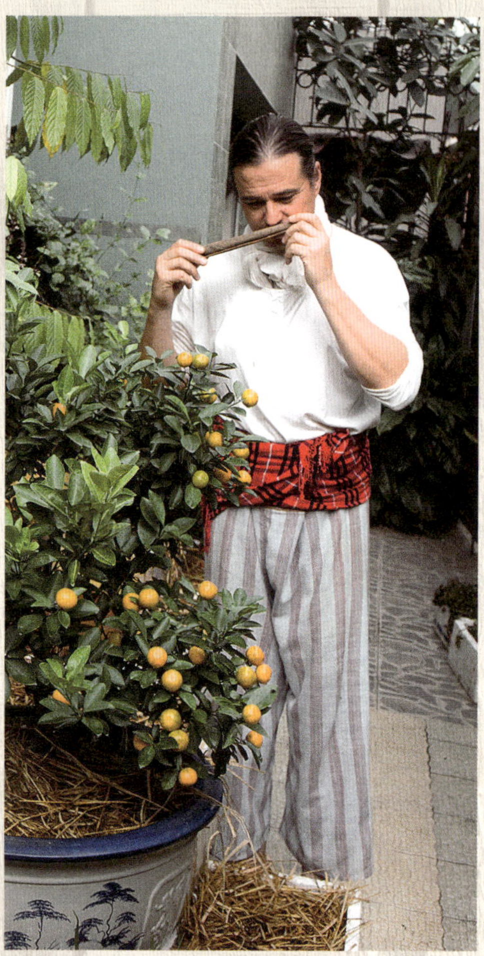

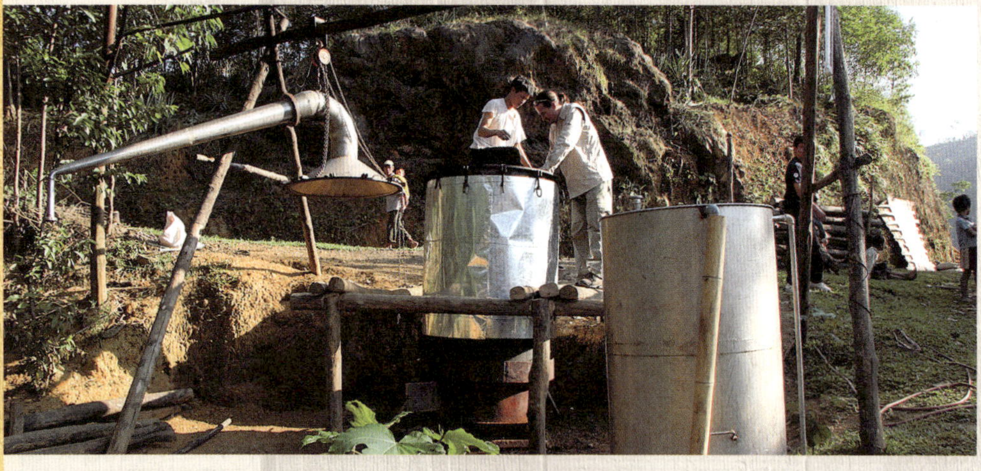

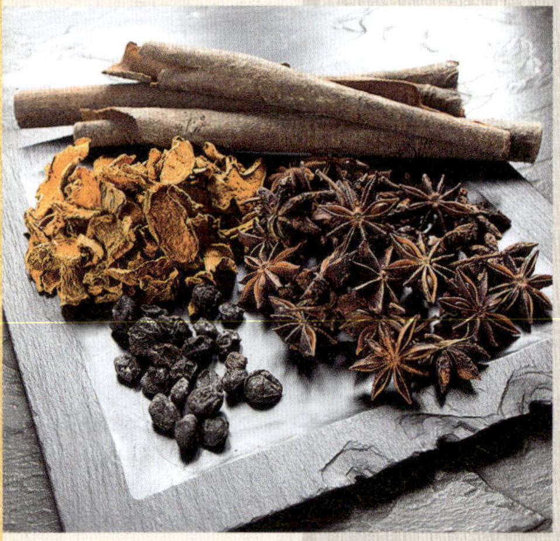

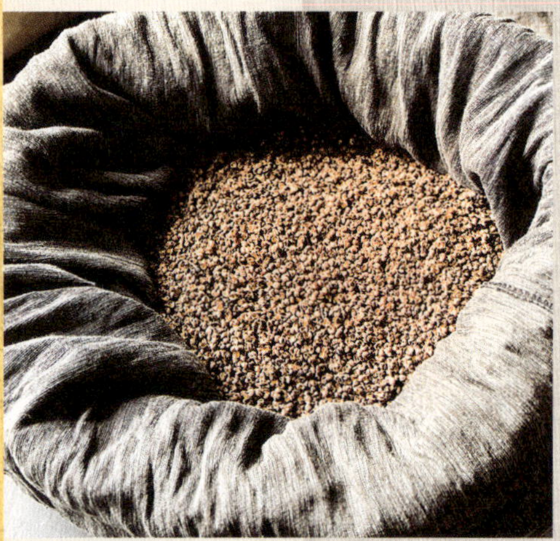

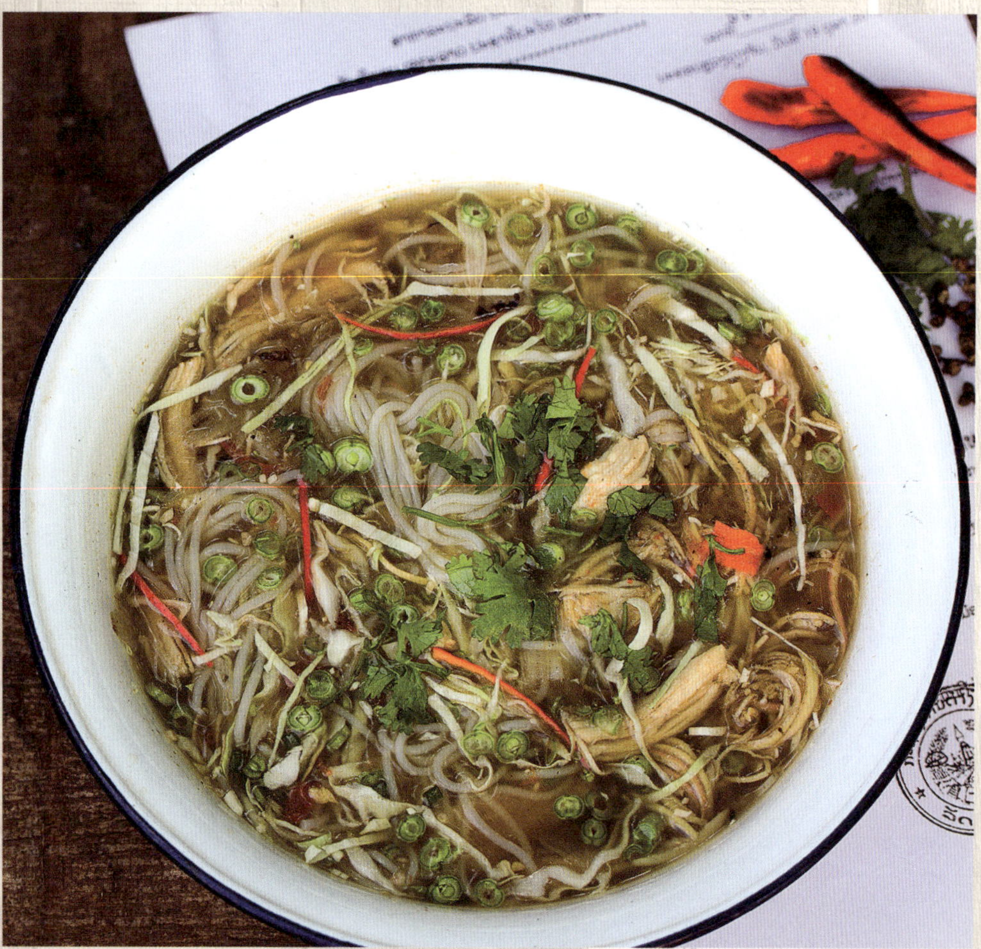

HÜHNERSUPPE MIT PFEFFER – keng kai xiengkhuang

Zubereitungszeit
40 Minuten

Zutaten
1 l Hühnerbrühe
4 Korianderwurzeln
1 daumengroßes Stück Galgant
1 daumengroßes Stück Ingwer
2 Kaffirlimettenblätter
200 g Hähnchenbrustfilet
1–2 rote Vogelaugen-Chilischoten (nach Geschmack)
2 Knoblauchzehen
1 Schalotte
1 TL *mak-ken-** oder Szechuanpfeffer
1 TL helle Sojasauce
1 EL Fischsauce
1 TL Zucker
1 Packung Reis-Fadennudeln
1 TL Öl
2–3 Schlangenbohnen
1 Chicorée
½ Bund frischer Koriander

* *mak-ken*-Pfeffer erhält man bei *gourmerie.de*

Eine leckere Hühnersuppe, die den Magen wärmt: Galgant, Ingwer und *mak-ken*-Pfeffer verleihen eine exotische Note, Chicorée und Schlangenbohnen geben Biss und die Nudeln sorgen für angenehme Sättigung. Das Rezept stammt aus der bergigen Provinz Xieng Khouang mit ihren dichten Wäldern.

Die Hühnerbrühe in einem Topf zum Kochen bringen.
Die Korianderwurzeln mit einer Wurzelbürste unter fließend lauwarmem Wasser säubern. Galgant und Ingwer schälen und flach klopfen. Alles zusammen mit den Kaffirlimettenblättern zu der Brühe geben und bei niedriger Temperatur köcheln lassen.
Das Hähnchenbrustfilet mit kaltem Wasser abspülen und mit Küchenpapier trocken tupfen. Parallel zur Faser in 1 cm breite Streifen schneiden, in die Brühe geben und 30 Minuten köcheln lassen.
Chilischoten, Knoblauch und Schalotte auf einen Grillspieß stecken und über einer Gasflamme von allen Seiten schwarz rösten. Abkühlen lassen und unter fließendem Wasser die schwarze Haut vollständig entfernen. In einen Mörser geben und zu einer Paste zerstoßen.
Ingwer, Galgant, Korianderwurzeln und Kaffirlimettenblätter aus der Brühe entfernen. Die Hühnerbruststreifen herausnehmen und entlang der Fasern noch weiter zerkleinern. Wieder in die Brühe geben. Die Würzpaste einrühren.
In einer kleinen Pfanne den Pfeffer bei mittlerer Temperatur ohne Öl rösten, bis er zu duften beginnt. In den Mörser geben und zerstoßen. Die Hälfte des Pfeffers zusammen mit der Sojasauce, der Fischsauce und dem Zucker in die Brühe einrühren und alles 5 Minuten köcheln lassen. Abschmecken.
Vier Suppenschalen vorwärmen. Die Nudeln nach Packungsanweisung kochen, abgießen und unter fließend kaltem Wasser gründlich abspülen. Das Öl untermischen – so kleben sie nicht zusammen. Die Schlangenbohnen waschen, putzen und in 0,5 cm lange Stücke schneiden.
Den Chicorée von den äußeren Blättern befreien und quer in dünne Streifen schneiden. Den Koriander waschen, trocken schütteln und grob hacken.
Die Nudeln auf die Suppenschalen verteilen. Die Schlangenbohnen mit dem Chicorée auf einer Platte anrichten. Mit dem frischen Koriander bestreuen.
Die Suppe bei Bedarf nochmals aufwärmen, in die Suppenschalen geben und zusammen mit dem Gemüseteller servieren. Jeder nimmt sich nun nach Geschmack von dem Gemüse und gibt es in die Suppe.

Duftjäger

Man nennt ihn den »chasseur d'aromes«, den Duftjäger. Vor vielen Jahren begann der Franzose Laurent Severac seine Reise nach Indochina. Heute lebt er in einer alten Kolonialstilvilla in Hanoi. Regelmäßig zieht es ihn in die Wälder von Laos, wo er seltene Kräuter und Gewürze findet, unter anderem den wilden *mak-ken*-Pfeffer. Er wächst in den Bergen Südostasiens, wo ihn die Bergbewohner von den Wipfeln hoher Bäume pflücken. In der lokalen Küche wird er zum Würzen genommen. Dabei verwendet man nur die äußere Hülle, die beim Trocknen aufplatzt. Angeröstet gibt der Pfeffer Gerichten ein herrlich zitronig-pfeffriges Aroma.

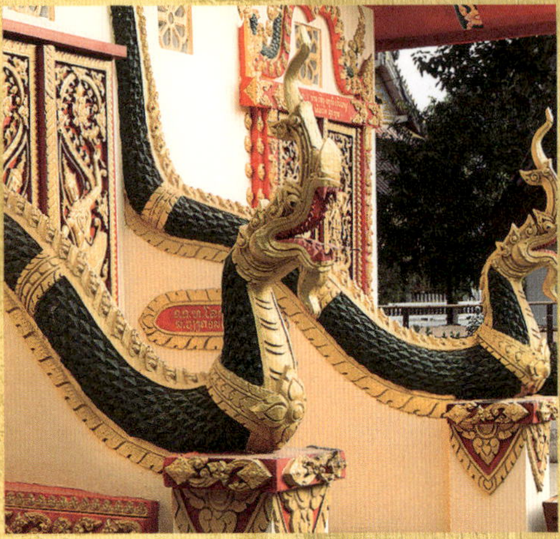
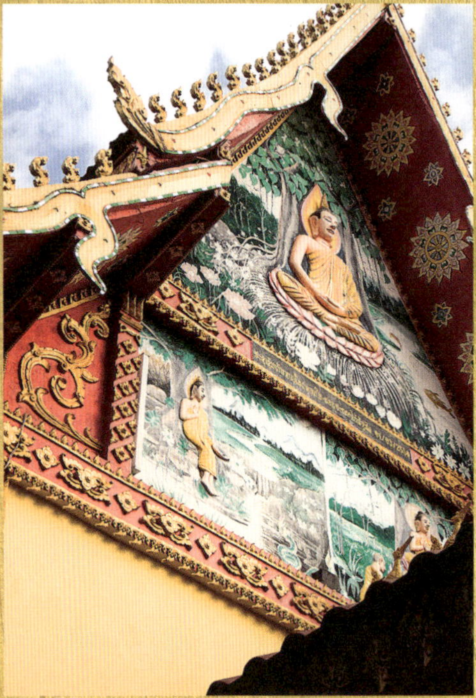
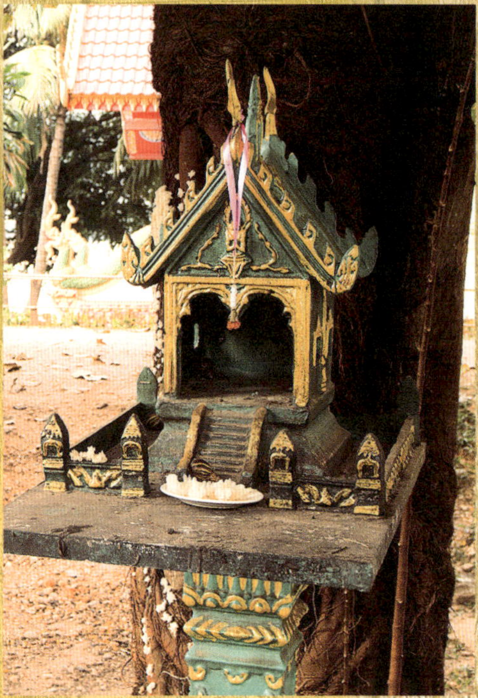
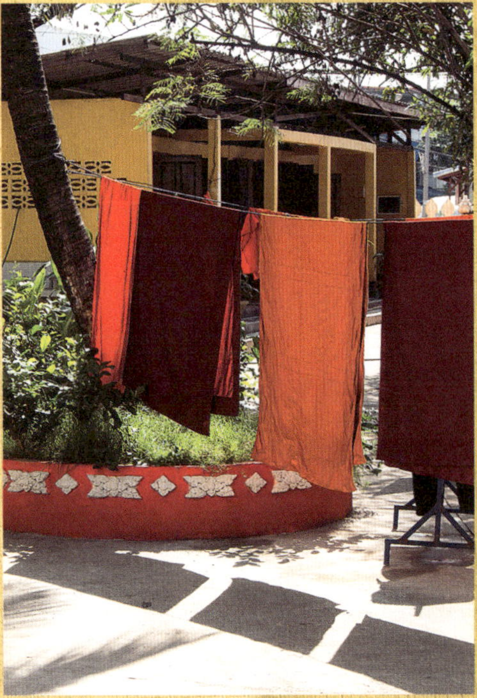
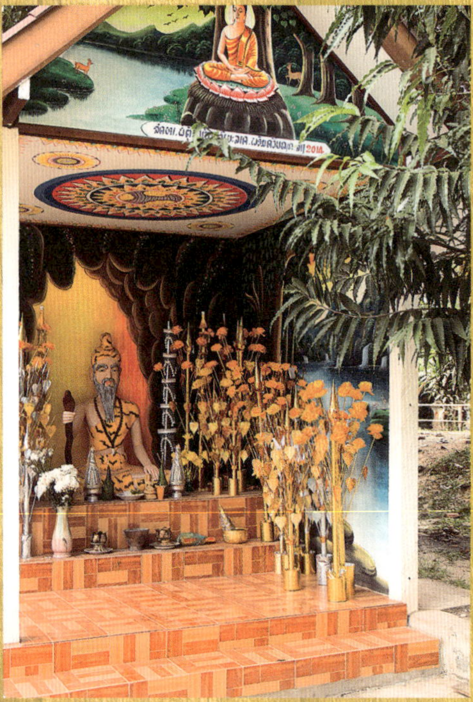
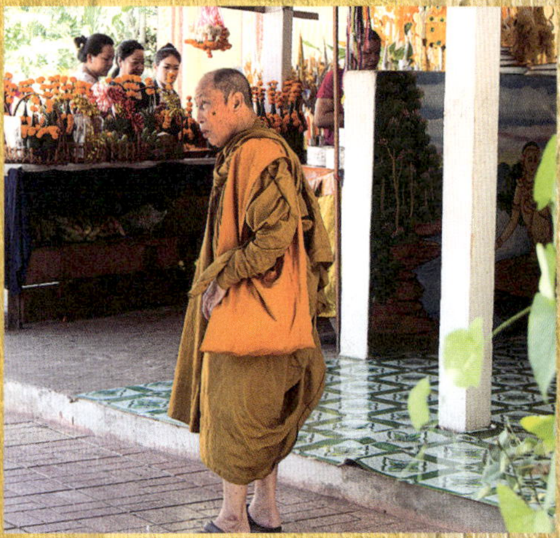
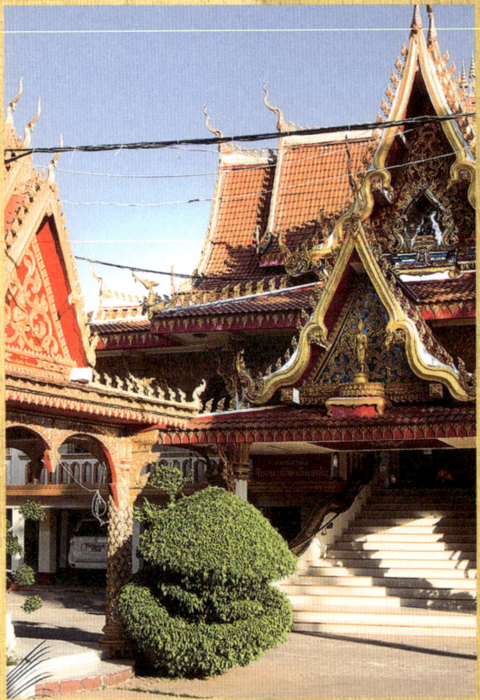
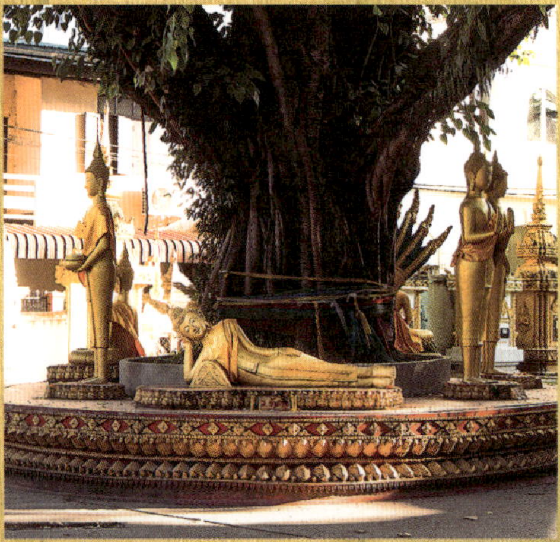
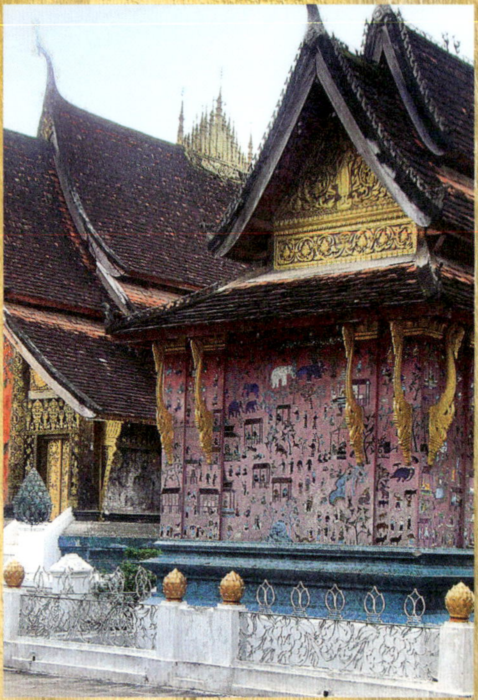

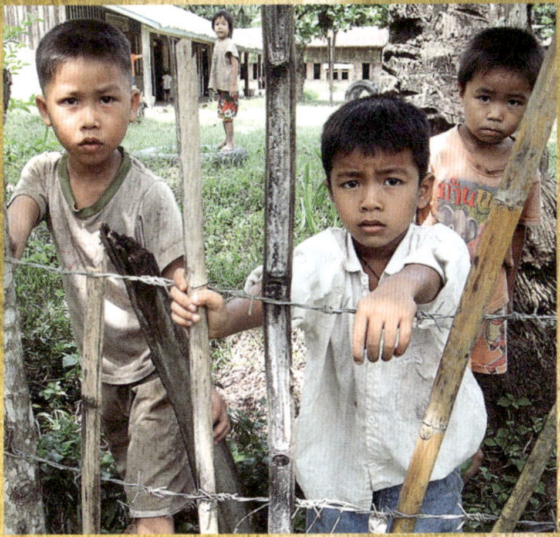
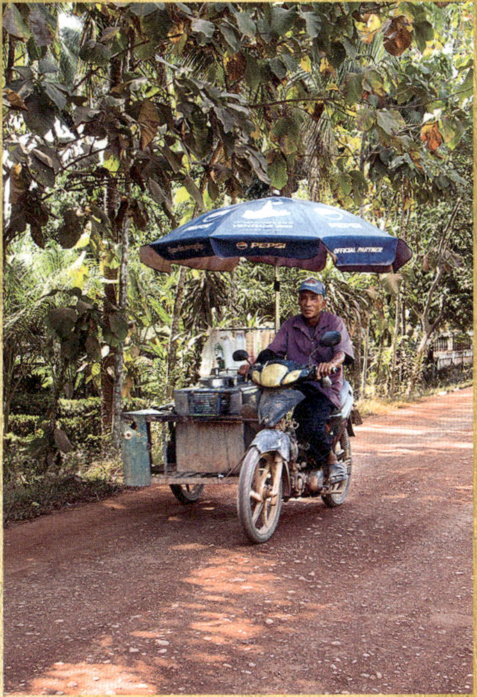
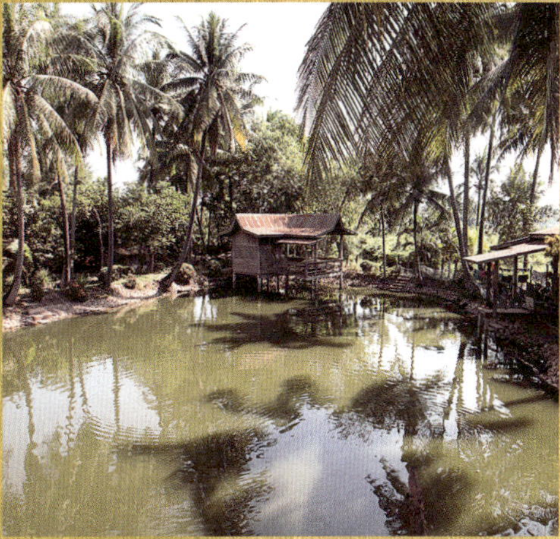
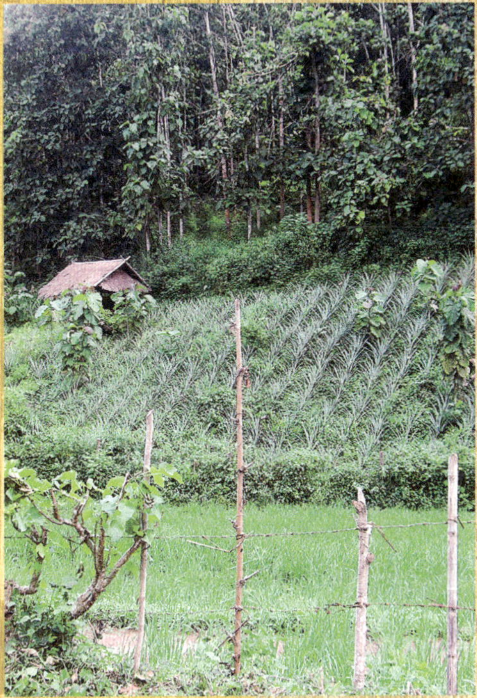
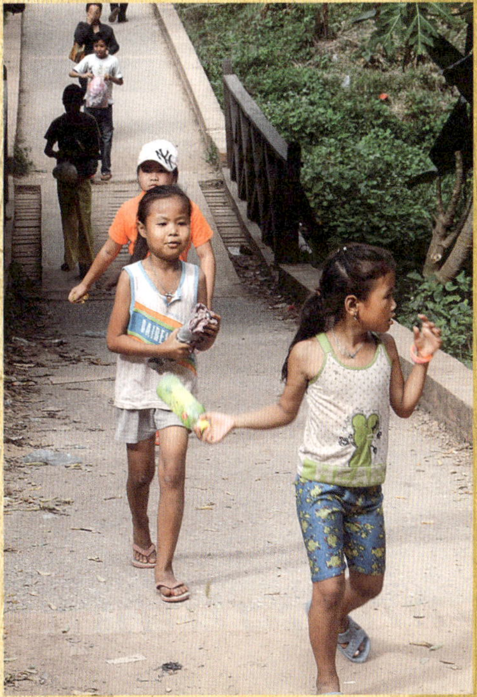
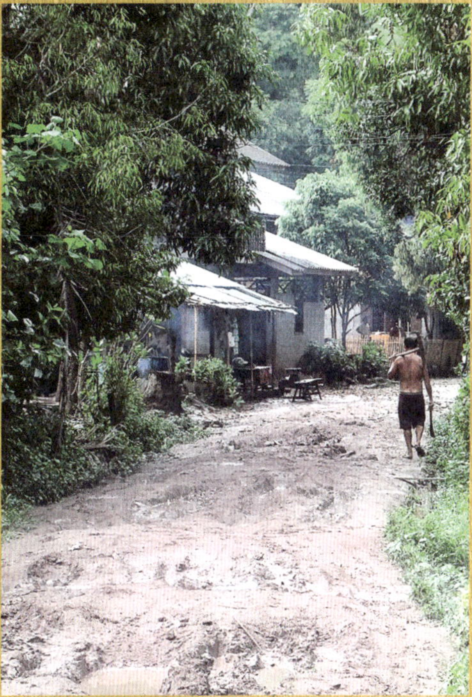
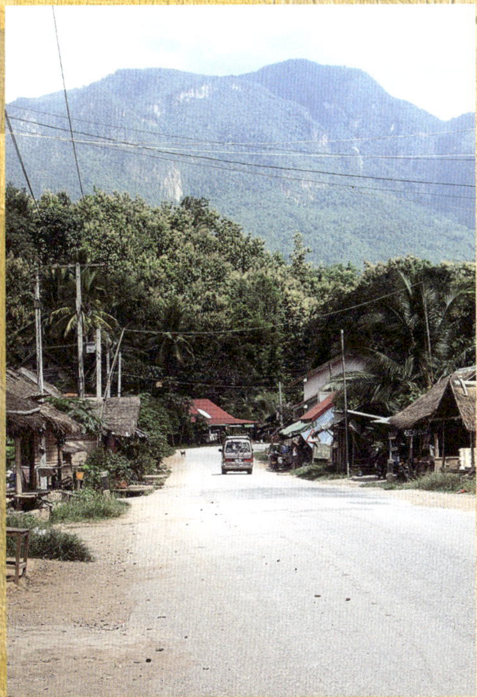
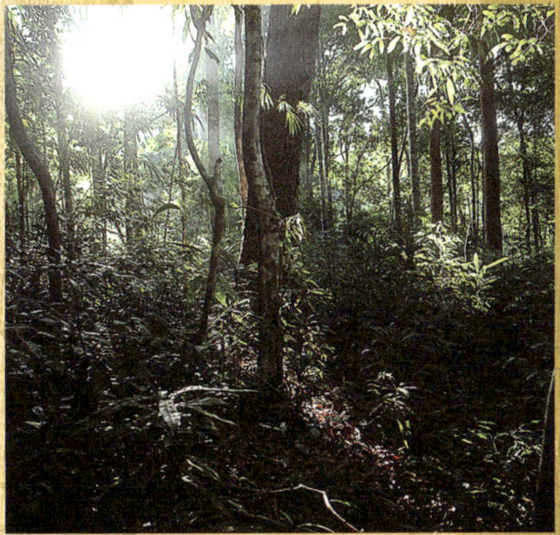
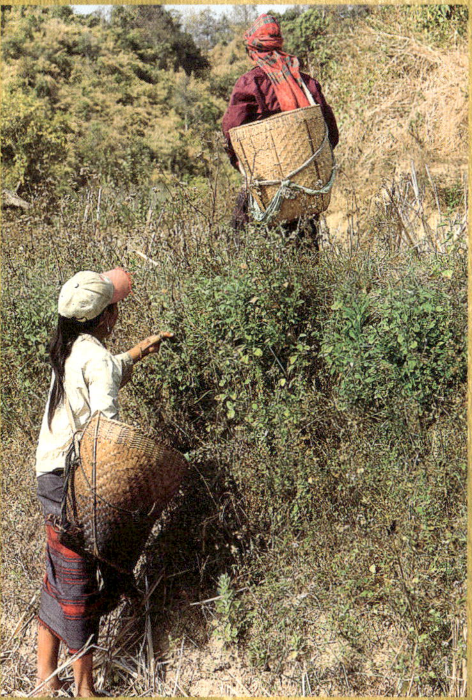

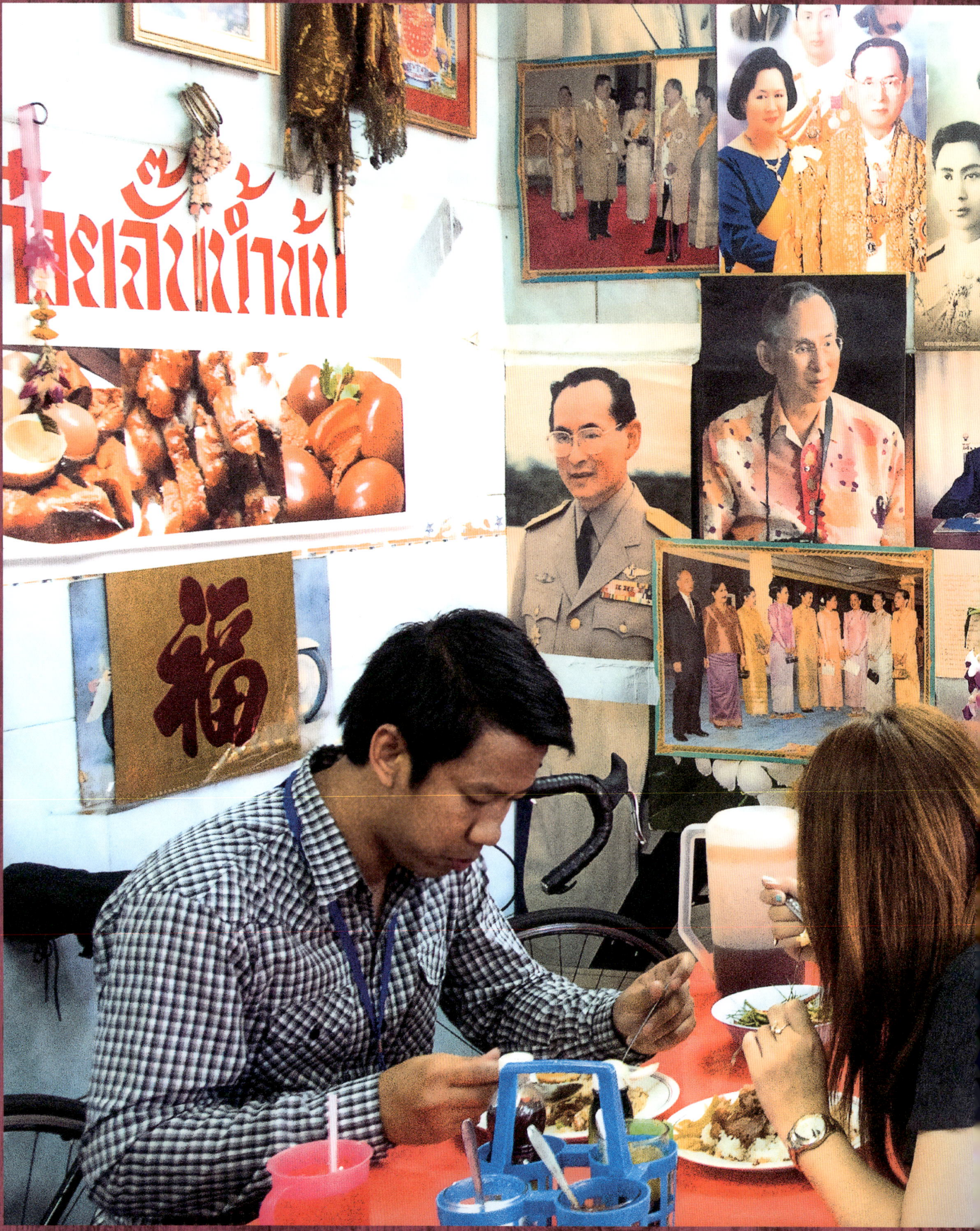
福

Thailand

Thailand ist das einzige Land Südostasiens ohne koloniale Vergangenheit. Darauf sind die Thais bis heute stolz. Ihre Herrscher haben es immer verstanden, sich als Puffer zwischen den beiden Kolonialmächten Großbritannien und Frankreich zu etablieren. Trotzdem wurde das Land gegenüber dem Westen nicht abgeschottet. Man pflegte vielfältige Handelsbeziehungen und holte sich gern westliche Berater ins Land, jedoch ohne sich von ihnen abhängig zu machen.

Galgant und Kokosmilch

Die Küche Thailands

Der Name »Jim Thompson«, zum Beispiel, steht noch heute für luxuriöse Produkte aus hochwertiger Thai-Seide. Thompson, ein Amerikaner, hatte es verstanden, der am Boden liegenden Seidenindustrie Thailands in den 1950er-Jahren den Weltmarkt zu öffnen. Dafür ging er als der »thailändische Seidenkönig« in die Geschichte ein. Der wirkliche König Thailands, Bhumibol Adulyadej, erfährt auch heute noch grenzenlose Verehrung: 1946 inthronisiert, ist er der weltweit am längsten regierende Monarch. Sein Bildnis begegnet einem in Thailand auf Schritt und Tritt, Kritik an ihm wird als Majestätsbeleidigung geahndet.

Auch auf die Küche Thailands hat das Königshaus großen Einfluss. So gibt es nicht nur eine königliche Küche, deren Rezepte sich bis ins 14. Jahrhundert zurückverfolgen lassen, sondern selbst Straßenküchen schmücken sich deutlich sichtbar mit der Auszeichnung, Mitglieder der königlichen Familie mit ihren Gerichten zu beliefern.

Die thailändische Küche kam in den 1960er-Jahren mit heimkehrenden US-Soldaten zunächst in die Vereinigten Staaten. Viele von ihnen hatten sich während des Vietnamkriegs im neutralen Thailand erholt und dabei die einheimischen Gerichte schätzen gelernt. Schnell eröffneten die ersten Thai-Restaurants in den USA, meist von thailändischen Einwanderern betrieben. Von dort trat die Thai-Küche ihren Siegeszug rund um die Welt an. Neben der italienischen und der chinesischen dürfte sie die am weitesten verbreitete Landesküche der Welt sein. Wie es allerdings passieren konnte, den unglaublichen Variantenreichtum der thailändischen Kochkunst jenseits der Landesgrenzen auf zwei Handvoll Gerichte einzudampfen, bleibt wohl ein Geheimnis. Bei uns beschränkt sich das Standardrepertoire auf Papayasalat *som tam*, sauerscharfe Garnelensuppe *tom yum goong*, gebratene Nudeln *pad thai* und höchstens sechs bis acht weitere Gerichte.

Das Land, das sich allein von Norden nach Süden über fast 1700 km erstreckt, hat deutlich mehr zu bieten. Grob unterteilt gibt es allein vier Regionalküchen, die in sich wiederum variantenreich sind: Die Dschungelküche des Nordens arbeitet viel mit Blättern, Sprossen und trockenen Gewürzen; im Nordosten gedeiht eine stark von Laos beeinflusste Küche mit einfachen, aber kräftig gewürzten Zutaten, die zum Teil roh gegessen werden; in der zentralen Tiefebene mit Bangkok verführen die klassischen grünen und roten Currys mit süßem Palmzucker, salziger Garnelenpaste und reichhaltiger Kokosmilch; im Süden prägt Schärfe die typischen Gerichte, hervorgerufen durch Unmengen von Chilischoten zusammen mit trockenen Gewürzen wie Kreuzkümmel und Nelken, die den muslimischen Einfluss deutlich spüren lassen.

Oft wird die Komplexität der Thai-Küche unterschätzt. So kann man zwar mit fertigen Zutaten relativ einfach »thailändisch« kochen, den authentischen Geschmack wird man damit aber nicht erreichen. Eine fertige Thai-Currypaste ist eben nicht zu vergleichen mit einer eigenhändig im Mörser gestampften. Der wohl größte westliche Kenner der Thai-Küche, der australische Autor und Sternekoch David Thompson, sagt: »Die Thai-Küche ist alles andere als einfach. Es geht um das Zusammenbringen von unterschiedlichen Elementen zu einem harmonischen Ganzen. Wie ein komplexer musikalischer Akkord muss es eine angenehme und gefällige

Oberfläche haben, ohne dass man merkt, was sich darunter abspielt. Einfachheit ist hier keinesfalls die Maxime. Einige Europäer glauben, es wäre ein Mischmasch von Aromen, aber ein Thai weiß, dass es die Komplexität ist, die das Vergnügen am Essen ausmacht.«

Das Vergnügen am Essen wurde in Thailand ursprünglich ohne Besteck gepflegt, traditionell aß man mit der rechten Hand, was uns aus Indien bekannt, aber auch sonst in Südostasien üblich ist. Mit zunehmendem westlichen Einfluss setzte sich im 19. Jahrhundert der Gebrauch von Löffeln und Gabeln durch. Dabei verwendet man die Gabel nur, um die Speisen auf den Löffel zu befördern, man führt sie aber nicht zum Mund! Der Gebrauch von Stäbchen kam durch den Einfluss der Chinesen. Nudelsuppen, die chinesischen Ursprungs sind, werden daher auch immer mit Stäbchen gegessen. Das einzige Land Südostasiens, in dem ausschließlich mit Stäbchen gegessen wird, ist übrigens Vietnam – eine Folge von 1000 Jahren chinesischer Besatzung.

CURRY-NUDELSUPPE – khao soi chiang mai

ZUBEREITUNGSZEIT
110 Minuten

ZUTATEN
2 getrocknete rote Chilischoten
1 Kapsel schwarzer Kardamom
1 EL Koriandersamen
5 Schalotten
2 Knoblauchzehen
2 daumengroße Stücke Ingwer
4–8 Korianderwurzeln
Salz
1 TL gemahlene Kurkuma
400 ml Kokosmilch
  ohne Emulgator
4 Hähnchenschenkel
  mit Knochen
100 ml Hühnerbrühe
2 EL Palmzucker
1 EL Fischsauce
3 EL dunkle Sojasauce
Chilipulver
1 Packung chinesische
  Eiernudeln
Speiseöl
4 große rote Chilischoten
1 Limette
1 Frühlingszwiebel
1 Bund frischer Koriander

Khao soi chiang mai sind Eiernudeln in einem würzigen Kokoscurry mit zartem Hühnchen. Die Currypaste wird mit schwarzem Kardamom gewürzt, dunkelrote Chilischoten geben dem Gericht Schärfe und frittierte Nudeln eine knusprige Textur. Einst wurde dieses Gericht von chinesischen Muslimen über Burma nach Nord-Thailand gebracht.

Die getrockneten Chilischoten aufschneiden und von den Samen befreien. In warmem Wasser 15 Minuten einweichen.
Die Kardamomkapsel mit einem schweren Küchenmesser der Länge nach teilen und die kleinen Samen herausholen. Diese zusammen mit den Koriandersamen in einer kleinen Pfanne rösten, bis sie anfangen zu duften. Abkühlen lassen und in einem Mixer zu Pulver zermahlen.
Die Chilischoten aus dem Wasser nehmen, ausdrücken und auf einen Grillspieß stecken. Über einer Gasflamme grillen, bis sie leicht angekohlt sind. Vier der Schalotten und den Knoblauch ebenfalls auf einen Spieß stecken und grillen, bis sie außen schwarz und innen weich sind. Den Ingwer grillen, bis er leicht angebräunt ist. Abkühlen lassen, unter fließend warmem Wasser gründlich die schwarzen Hautstellen abbürsten. Dies ergibt den typisch rauchigen Geschmack der *khao soi*. Die Korianderwurzeln säubern und fein hacken.
In einem Mörser die Chilischoten mit etwas Salz zerstoßen, anschließend nacheinander Schalotten, Knoblauch, Ingwer und die Korianderwurzeln dazugeben und alles zu einer feinen Paste zerstoßen. Zum Schluss die gemahlenen trockenen Gewürze und das Kurkumapulver hinzugeben.
Für die Suppe die feste, weiße Kokoscreme mit einem Löffel aus der Dose entnehmen und in einem Topf langsam erhitzen. Sobald sich das klare Kokosöl abscheidet, nach Geschmack 2–3 EL von der Currypaste hineingeben und bei leichter Hitze braten, bis sie anfängt zu duften.
Die Hähnchenschenkel dazugeben und von allen Seiten leicht anbraten. Die Hühnerbrühe angießen, Palmzucker, Fischsauce und 2 EL Sojasauce einrühren. Die Mischung mit der restlichen Kokosmilch bedecken. Bei Bedarf etwas Wasser dazugeben. Alles zugedeckt 20–25 Minuten sanft köcheln lassen, bis das Hühnchen gar ist. Anschließend den Topf vom Herd ziehen und das Curry bei geschlossenem Deckel 30 Minuten ziehen lassen. Abschmecken. Die Sauce sollte leicht salzig, würzig und etwas süßlich schmecken. Nach Geschmack mit Chilipulver nachwürzen. 25 g von den Nudeln in einer Fritteuse in heißem Öl knusprig frittieren. Pro Person eine Chilischote 30–60 Sekunden frittieren. Alles beiseitestellen. Vier Suppenschalen vorwärmen.
Die restliche Schalotte schälen und in Scheiben schneiden. Die Limette achteln. Schalotte und Limette mit etwas Chilipulver auf einen kleinen Teller legen. Die Frühlingszwiebel waschen und das Grüne quer in Röllchen schneiden. Den Koriander waschen, trocken schütteln und die Blättchen abzupfen. Die restlichen Nudeln nach Packungsanleitung kochen, abgießen und unter heißem Wasser abspülen. Mit je 1 EL dunkler Sojasauce und Speiseöl vermischen. Auf die vorgewärmten Suppenschalen verteilen, je einen Hähnchenschenkel darauflegen und mit Sauce übergießen. Mit den frittierten Nudeln, Frühlingszwiebelröllchen, Korianderblättern und den frittierten Chilischoten garnieren und mit dem Schalotten-Limetten-Teller servieren.

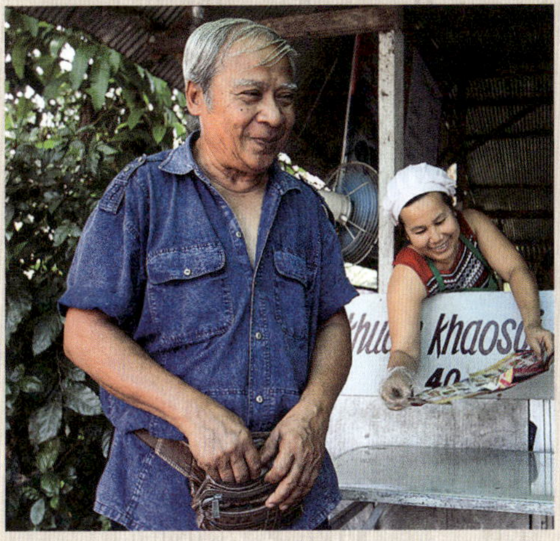
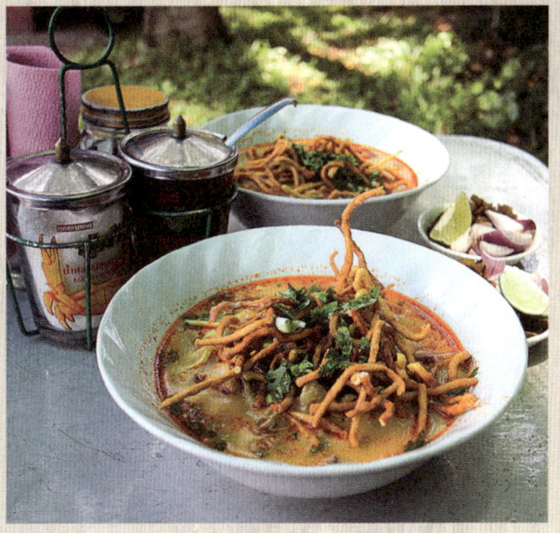
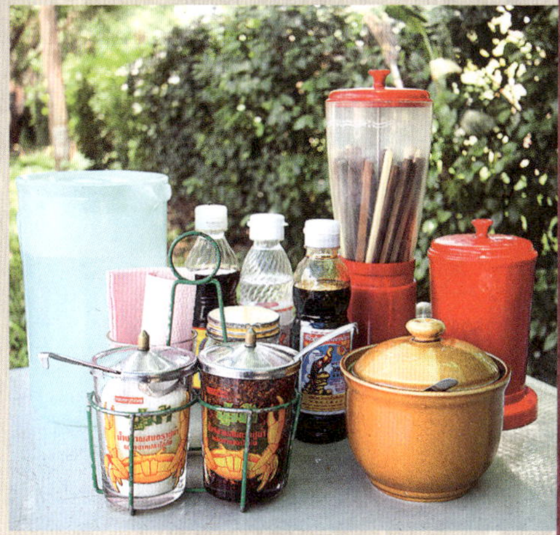
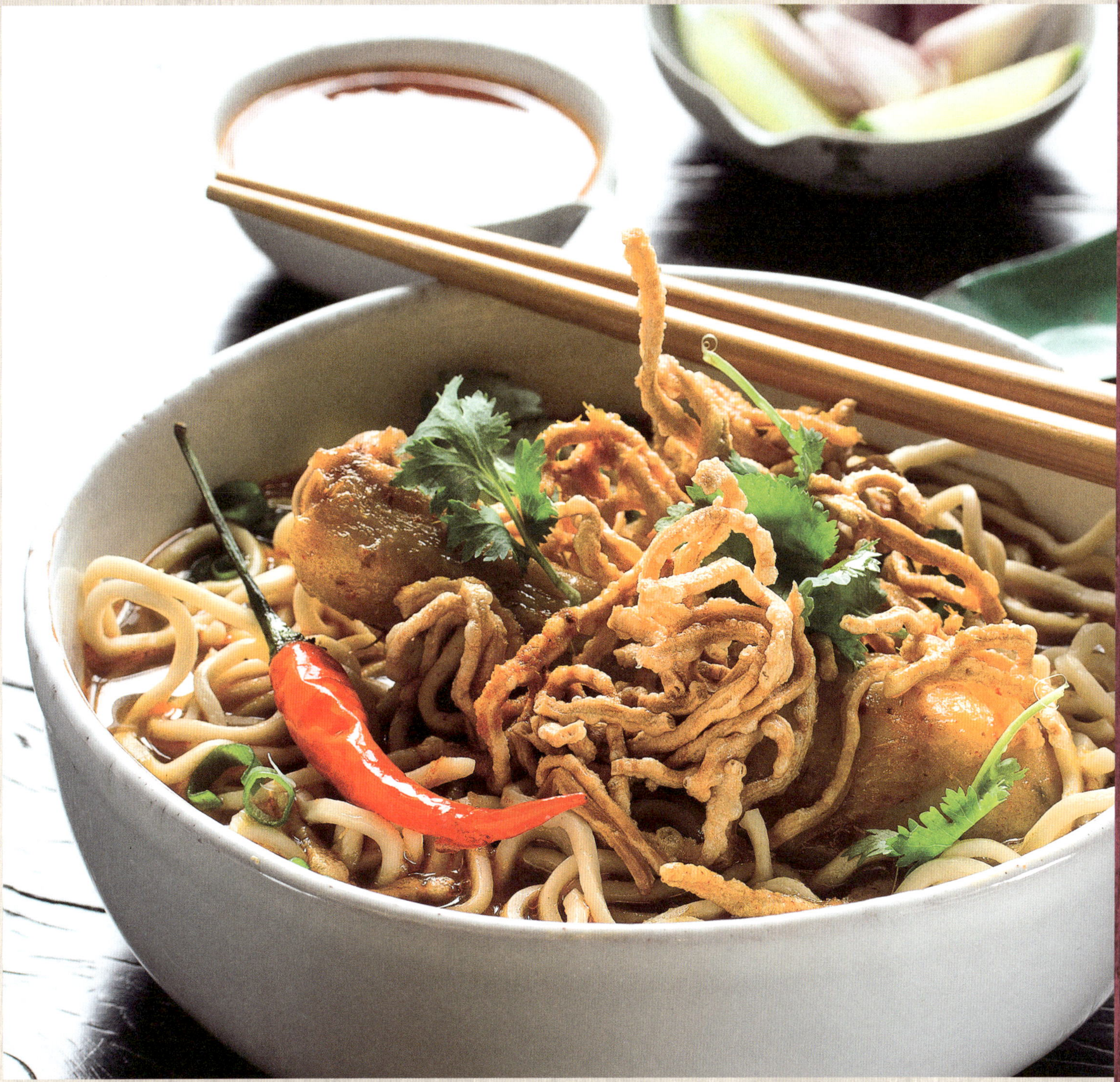

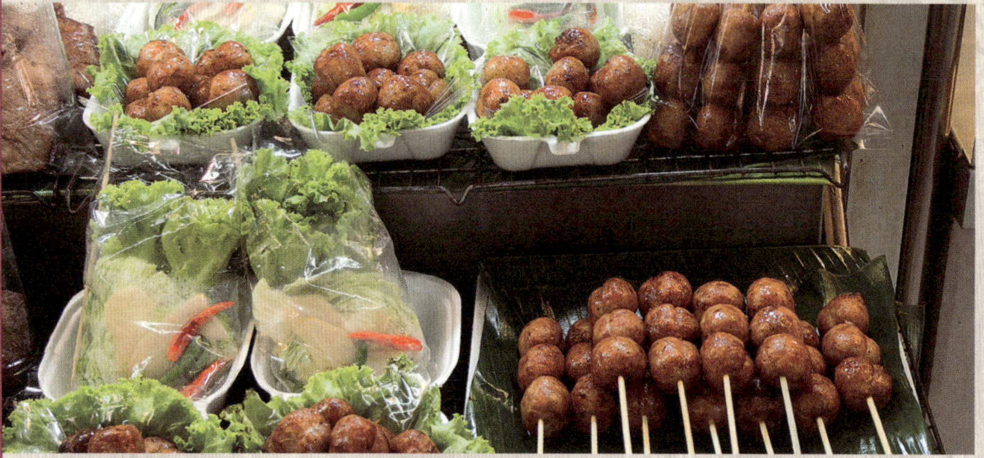

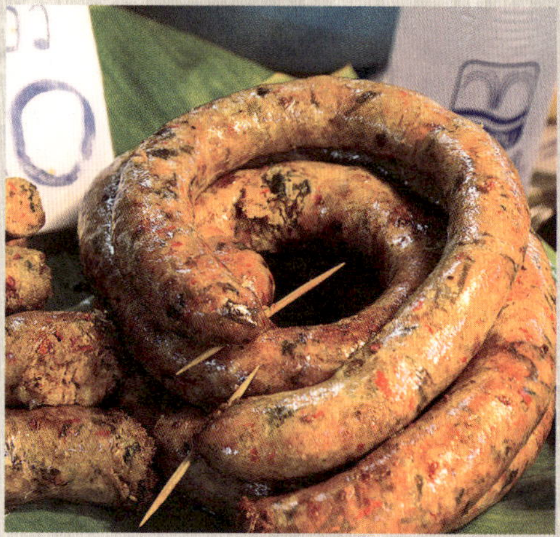

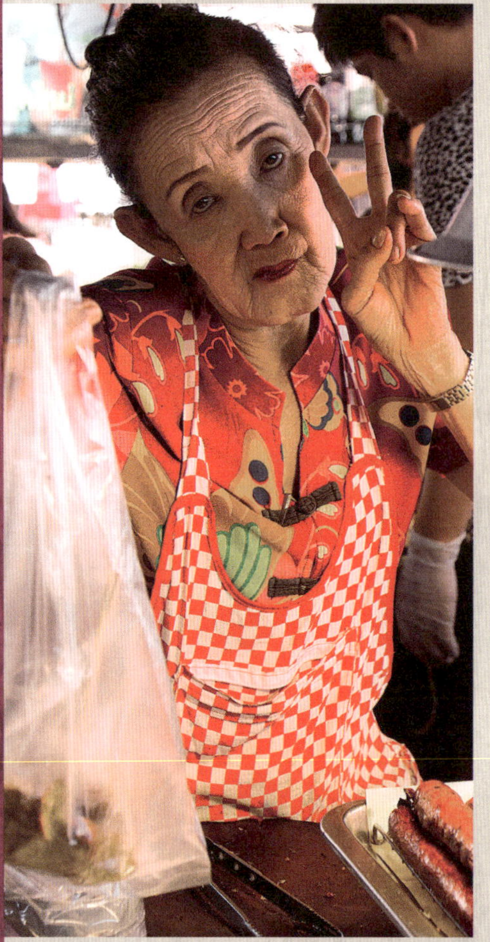

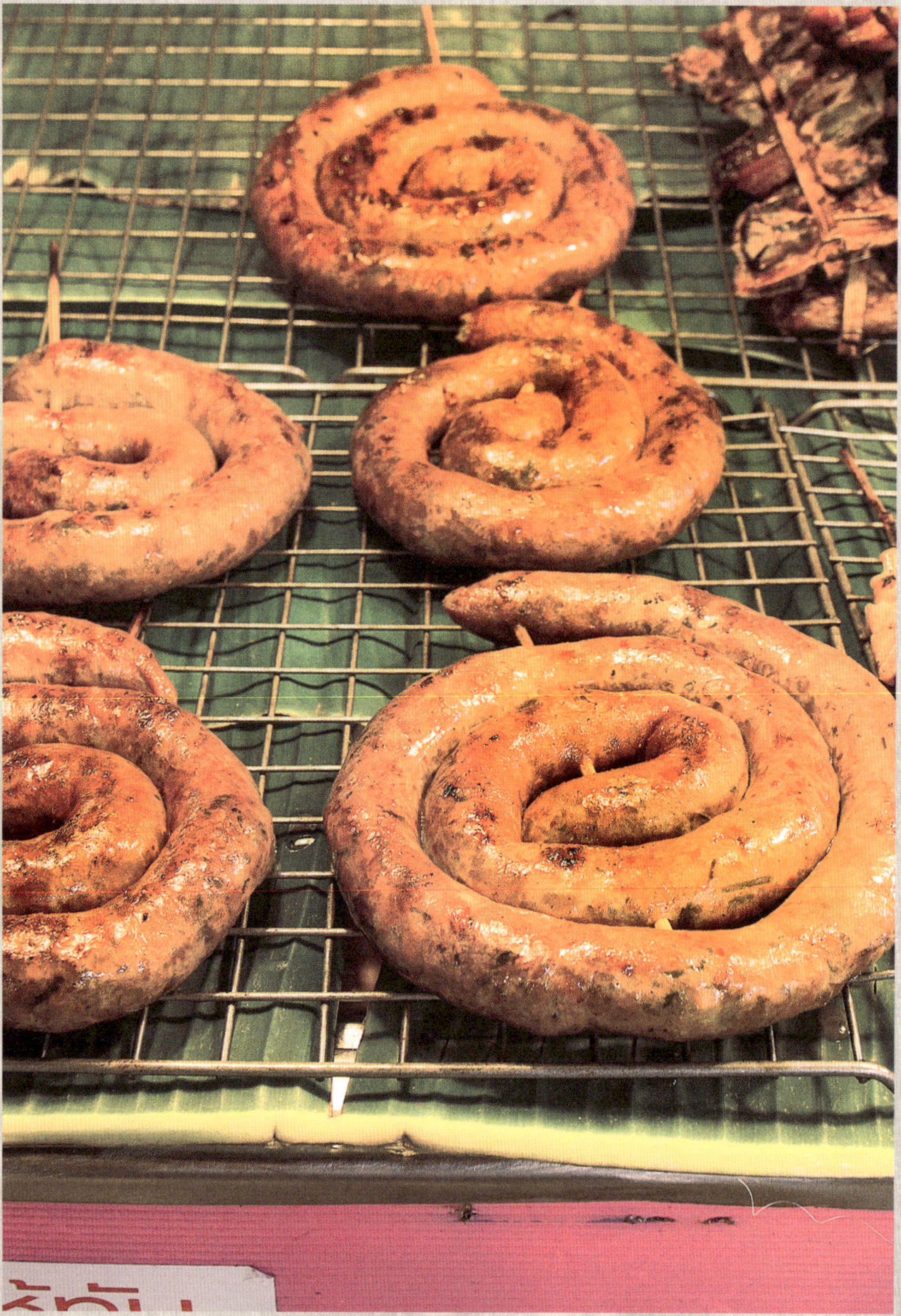

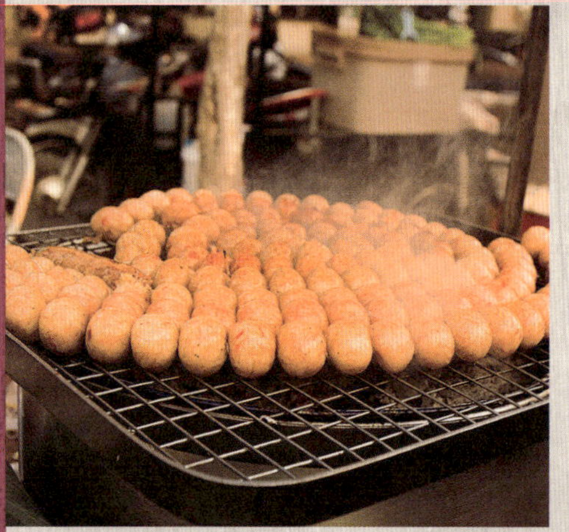

BRATWURST AUS CHIANG MAI – sai ua chiang mai

ZUBEREITUNGSZEIT
105 Minuten

ZUTATEN
10 getrocknete rote Chilischoten
3 Stängel Zitronengras
2 daumengroße Stücke Galgant
6 Knoblauchzehen
6 Schalotten
4 Kaffirlimettenblätter
1 Bund frischer Koriander
1 kg durchwachsenes Schweinehackfleisch
1 EL Palmzucker
1 EL gemahlene Kurkuma
4 EL Fischsauce
1 EL gemahlener schwarzer Pfeffer
1 EL Salz
80 g Wurstdarm
1 daumengroßes Stück Ingwer
2 Vogelaugen-Chilischoten
½ Kopfsalat oder Weißkohl

Sai ua kommt ursprünglich aus den Bergen im Norden Thailands und dem daran angrenzenden Shan-Staat in Burma. Heute verbindet man diese Bratwurst aber mit Chiang Mai, wo sie auf allen Märkten zu bekommen ist. Es ist eine Bratwurst aus Schweinefleisch, gewürzt mit einer scharfen Chiliwürzmischung. Sie wird sanft im Rauch glühender Kokosnussraspel gebraten und mit Klebreis, roten Chilischoten, Ingwerstreifen und grünem Salat gegessen.

Die getrockneten Chilischoten 10 Minuten in warmem Wasser einweichen, danach ausdrücken, von den Samen befreien und fein hacken. Das Zitronengras am unteren Ende kappen und das obere Drittel abschneiden. Das äußere Blatt entfernen. Die Stängel der Länge nach vierteln und quer fein hacken. Den Galgant, den Knoblauch und die Schalotten schälen und fein hacken. Die Kaffirlimettenblätter in der Mitte falten, von der Blattrippe befreien und mit einer Schere in feinste Streifen schneiden. Den Koriander waschen, trocken schütteln und fein hacken. Den Galgant, den Knoblauch, die Schalotten, die Kaffirlimettenblätter und den Koriander vermischen und nochmals fein hacken. Dann die Würzmischung gründlich mit dem Schweinehack, dem Palmzucker, dem Kurkumapulver, der Fischsauce, dem Pfeffer und dem Salz vermengen.

Die Fleischmischung in einen Spritzbeutel mit großer Öffnung füllen und den Darm über die Tülle streifen. Langsam die Füllung in den Darm drücken, dabei darauf achten, dass keine Luftblasen entstehen. Nach der gewünschten Länge der Würste den Darm abdrehen und die nächste Wurst füllen. Alternativ zur klassischen Bratwurstform kann man auch Kugeln oder eine Bratwurstschnecke herstellen.

Am besten räuchert man die Bratwurst über dem Rauch geraspelter Kokosnuss. Dafür einen Bambusdämpfkorb 30 Minuten in kaltes Wasser einlegen. Einen Wok mit Alufolie auslegen und eine Handvoll geraspelter Kokosnuss darauf verteilen. Den Bambusdämpfkorb mit einem Bananenblatt auslegen und die Bratwurst darauflegen. Nun den Wok langsam erhitzen, bis die Kokosnussraspel anfangen zu rauchen. Dann den Deckel auflegen und die Würste etwa 1 Stunde räuchern. Bei Bedarf Kokosraspel nachfüllen. Einfacher, wenn auch nicht ganz authentisch ist es, die Bratwurst über Holzkohle langsam zu grillen. Dabei darauf achten, dass die Haut nicht platzt.

In der Zwischenzeit den Ingwer schälen und in feine Streifen schneiden. Die frischen Chilischoten waschen und in Ringe schneiden. Den Salat waschen und in Blätter zerteilen bzw. die äußeren Blätter und den Strunk des Weißkohls entfernen und den restlichen Kohl in dicke Scheiben schneiden.

Die Bratwurst abkühlen lassen und mit Ingwerstreifen, Chilischoten, Salat oder Weißkohlblättern und Klebreis servieren.

Tipp: Am nächsten Tag kann man die Bratwurst in dicke Scheiben aufschneiden und in Öl knusprig braten.

THAI-PAPAYASALAT – som tam thai

ZUBEREITUNGSZEIT
30 Minuten

ZUTATEN
1 EL getrocknete Garnelen
1 feste grüne Papaya
2 mittelgroße Karotten
2–3 Schlangenbohnen
2 Knoblauchzehen
1–3 grüne oder rote Vogelaugen-Chilischoten (nach Geschmack)
1 EL Palmzucker
2 EL Fischsauce
1 unbehandelte Limette
8 Cocktailtomaten
4 EL geröstete Erdnüsse (siehe QR-Code Seite 140)

Ein Salat aus knackiger grüner Papaya, die im Mörser gestampft wird. Ursprünglich aus Laos stammend, wurde *som tam* von Einwanderern in den Nordosten Thailands und nach Bangkok gebracht. Heute verbindet man ihn weltweit mit thailändischer Küche. Je nach Region gibt es verschiedene Varianten, die sich vor allem in der Verwendung von getrocknetem oder fermentiertem Fisch unterscheiden. Hier die recht unkomplizierte Bangkok-Variante. Als wichtiges Utensil zur Herstellung benötigt man einen Tonmörser mit Holzstößel (siehe Tipp). Grüne Papaya erhält man in Asialäden oder auch online.

Die getrockneten Garnelen in lauwarmem Wasser einweichen.
Die Papaya schälen, quer teilen und mit einem Löffel die Kerne entfernen. Nun die Papaya mit einem Gemüsehobel in feine Stifte schneiden. Alternativ mit einem Sparschäler breite Streifen von der Papaya abhobeln und diese dann mit dem Messer in feine Stifte schneiden. Die Stifte sollten eine Breite von etwa 2 mm haben, können aber ruhig ungleichmäßig sein.
Die Karotten schälen und ebenfalls in feine Stifte schneiden. Die Schlangenbohnen waschen, putzen und in 4 cm lange Stücke schneiden. Die Knoblauchzehen schälen. Die Chilischoten waschen und die Stiele entfernen. Die eingeweichten Garnelen abgießen und grob hacken.
Den Knoblauch, die Chilischoten und die Garnelen in einen Mörser geben und mit einem Holzstößel zerstampfen. Wenn alles gründlich zerkleinert ist, die Schlangenbohnen dazugeben und alles weiterstampfen. Dann ein Drittel der Papaya hinzufügen und sanft weiterstampfen. Insgesamt sollte das Gemüse nur leicht zerdrückt sein, um sein Aroma besser abzugeben – nicht zu klein zermahlen. Den Palmzucker, die Fischsauce und die Hälfte der Limette hinzufügen. Nun mit dem Stößel in der einen Hand sanft weiterstampfen, mit der anderen Hand mit einem langen Löffel alles, was sich am Boden des Mörsers befindet, nach oben befördern. Gleichzeitig stampfen und mischen, um die Aromen bestmöglich zu verbinden.
Die restliche Papaya und die Karotten dazugeben und weiter stampfen und mischen. Sobald alles gut vermischt ist, die Masse mit Fischsauce, Palmzucker und Limettensaft abschmecken.
Die Cocktailtomaten halbieren und zusammen mit den Erdnüssen in den Mörser geben. Nochmals alles durchmischen und stampfen, dann mit gedämpftem Jasminreis servieren.

Tipp: Geeignete Tonmörser erhält man in gut sortierten Asialäden oder online. Alternativ kann man die Zutaten für das Dressing (Knoblauch, Chilis, Garnelen, Palmzucker, Fischsauce und Limettensaft) auch in einem Mixer zerkleinern. In diesem Fall gibt man das Gemüse (Schlangenbohnen, Papaya und Karotte) in eine große Schüssel und stampft es zum Beispiel mit einem Kartoffelstampfer. Dabei nach und nach das Dressing einarbeiten.
Schlangenbohnen kann man übrigens bedenkenlos roh essen. Falls ersatzweise grüne Bohnen verwendet werden sollen, diese vorher 2–3 Minuten blanchieren.

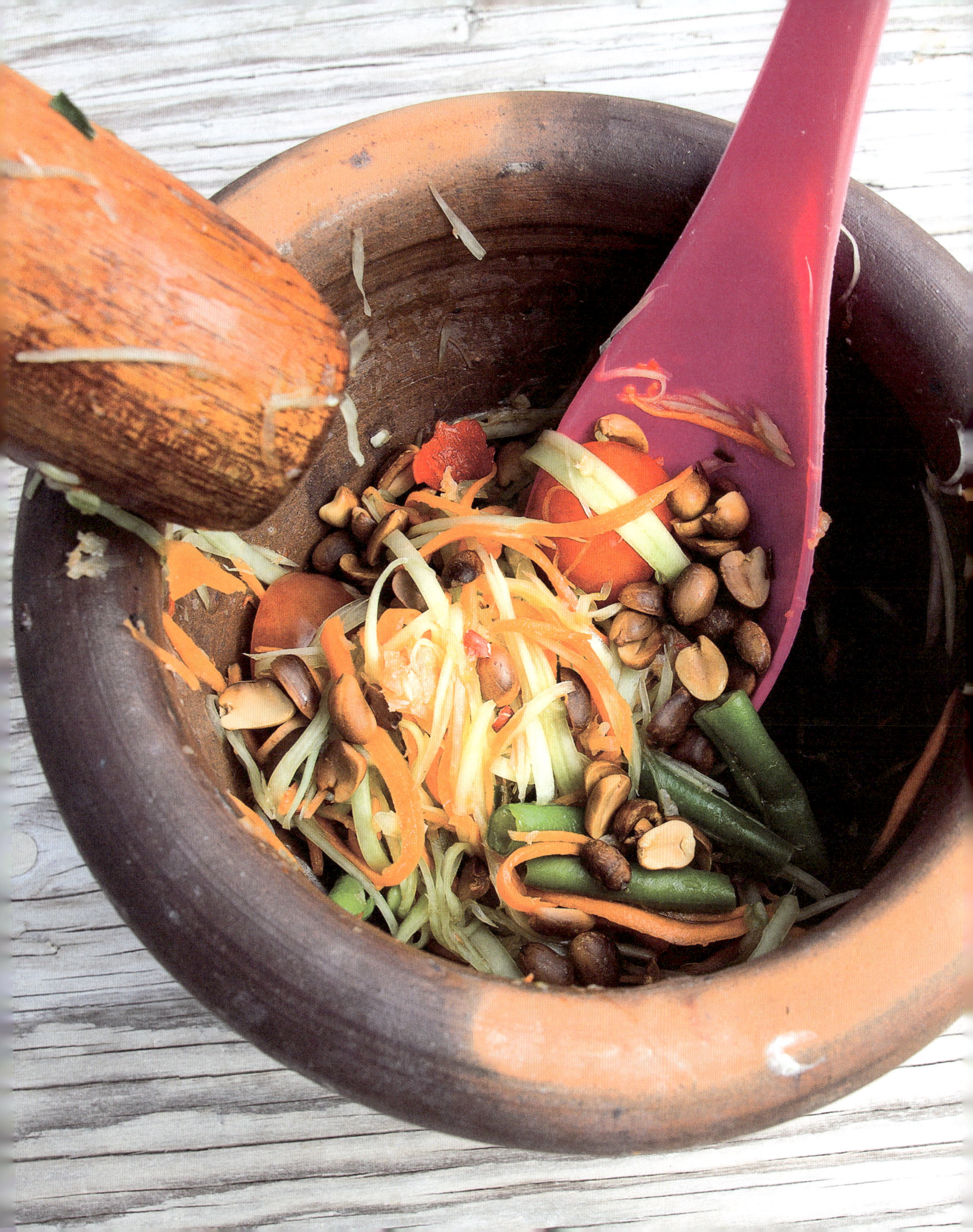

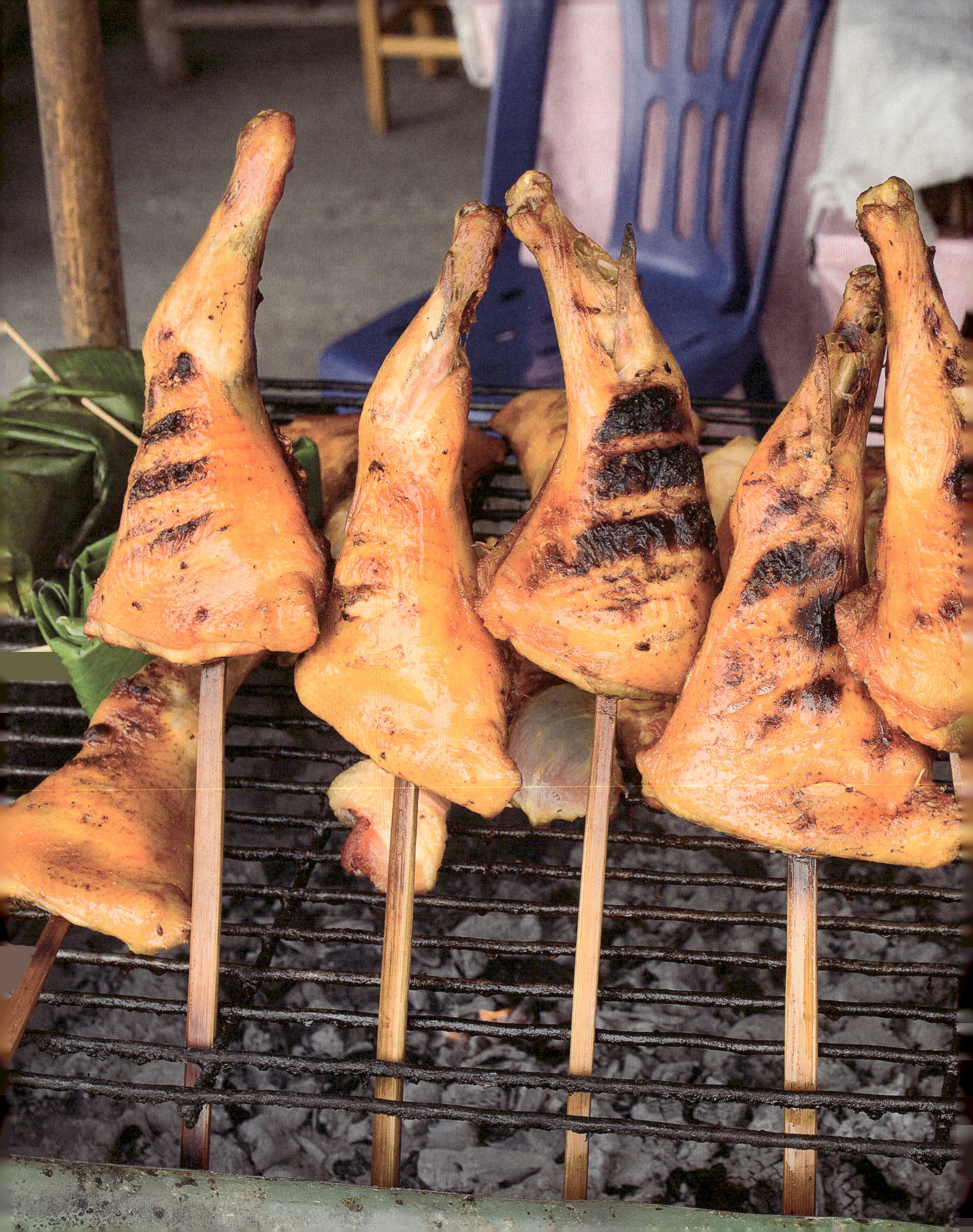

GEGRILLTES HÜHNCHEN AUS DEM ISAAN – gai yang

ZUBEREITUNGSZEIT
40 Minuten,
plus 2 Stunden Ruhezeit

ZUTATEN
1 ganzes Hühnchen
  aus Freilandhaltung
1 Stängel Zitronengras
10–15 Korianderwurzeln
2 Knoblauchzehen
Salz
10 weiße Pfefferkörner
3 EL Fischsauce
1 EL Palmzucker
süße Chilisauce
  (Rezept siehe QR-Code)
gedämpfter Klebreis

Gegrilltes Hühnchen mit Zitronengras, Kurkuma und Koriander mariniert – *gai yang* stammt aus dem Nordosten Thailands, dem Isaan, und ist eigentlich ein Gericht laotischer Einwanderer. Es ist ein typischer Snack der Straßenküche und wird oft zusammen mit dem Papayasalat *som tam* und Klebreis serviert.

Das Hühnchen gründlich von innen und außen mit fließend lauwarmem Wasser reinigen. Mit einem schweren, scharfen Messer entlang des Brustbeins halbieren. Die beiden Hälften auf der Arbeitsfläche flach drücken und mit Küchenpapier trocknen.
Das Zitronengras am unteren Ende kappen und das obere Drittel abschneiden. Das äußere Blatt entfernen. Den Stängel längs vierteln und anschließend quer fein hacken. Die Korianderwurzeln gründlich waschen und fein hacken. Die Knoblauchzehen schälen. Das Zitronengras, die Korianderwurzeln und den Knoblauch mit ½ TL Salz und den Pfefferkörnern in einem Mörser zu einer feinen Paste zerstampfen. Die Fischsauce und den Palmzucker dazugeben und gründlich in die Marinade einarbeiten. Die Hühnerhälften sorgfältig von allen Seiten mit der Marinade einreiben und zugedeckt im Kühlschrank mindestens 2 Stunden marinieren.
Einen Holzkohlengrill anfeuern. Sobald die Holzkohle einen weißen Aschefilm bekommt, die Hühnchenstücke auf einem Grillrost über der Holzkohle platzieren. Unter regelmäßigem Wenden 15–20 Minuten grillen. Wenn man die Schenkel ansticht und klarer Fleischsaft ausläuft, ist das Fleisch gar.
Mit süßer Chilisauce, gedämpftem Klebreis und einem Papayasalat servieren.

CURRY CHIANG-MAI-ART – gaeng hang lay

ZUBEREITUNGSZEIT
80 Minuten,
 plus 1 Stunde Ruhezeit

ZUTATEN
5 große oder 10 kleine getrocknete rote Chilischoten
2 EL Tamarindenmark
2 Stängel Zitronengras
1 daumengroßes Stück Galgant
2 daumengroße Stücke Ingwer
6 Schalotten
2 Knoblauchzehen
1 Kapsel schwarzer Kardamom
1 TL Koriandersamen
1 TL Kreuzkümmel
1 Sternanis
1 Stück Kassiazimt (2 cm)
2 Nelken
½ TL gemahlene Kurkuma
400 g Schweinebauch oder -schulter
1 l Hühnerbrühe
1 EL Palmzucker
2 EL Fischsauce
4 EL geröstete Erdnüsse (Rezept siehe QR-Code)
4 eingelegte Knoblauchzehen (»Pickled Garlic« aus dem Asialaden, nach Belieben)

Gaeng hang lay ist ein komplexes Curry mit Schweinefleisch aus dem burmesisch-thailändischen Grenzgebiet. Man vermutet, dass die Thais im Norden das Rezept im 16. Jahrhundert übernommen haben, als sie unter burmesischer Herrschaft standen. Die trockenen Gewürze wie Sternanis, Kardamom, Kreuzkümmel und Nelken deuten auf einen indischen Ursprung hin.

Für die Currypaste die Chilischoten mit einer Küchenschere über der Spüle aufschneiden und von den Kernen befreien (dabei am besten Handschuhe tragen). Anschließend die Chilis quer in Streifen schneiden und in kaltem Wasser 30 Minuten einweichen. Das Tamarindenmark in einer Tasse mit warmem Wasser bedecken. Nach 10 Minuten mit einer Gabel untermischen. Das Zitronengras am unteren Ende kappen und das obere Drittel abschneiden. Das äußere Blatt entfernen. Den Stängel der Länge nach vierteln und dann quer fein hacken. Den Galgant schälen und fein hacken. Den Ingwer schälen. Eine Hälfte fein hacken, die andere in feine Stifte schneiden und beiseitelegen. Zwei der Schalotten und den Knoblauch schälen und fein hacken. Je feiner man die einzelnen Zutaten hackt, umso leichter lässt sich später die Paste herstellen. Die Kardamomkapsel mit einem schweren Messer in der Mitte teilen und die Samen herausnehmen. In einer Pfanne bei mittlerer Temperatur trocken rösten, bis sie duften. Mit den Koriandersamen, dem Kreuzkümmel, dem Sternanis, dem Zimt und den Nelken ebenso verfahren. Die Gewürze abkühlen lassen und in einer elektrischen Mühle fein mahlen. Zusammen mit dem Kurkumapulver in einen Steinmörser geben.
Die eingeweichten Chilischoten abtropfen lassen, in den Mörser geben und mit den Gewürzen zu einer feinen Paste zerstampfen. Nach und nach das Zitronengras, den Galgant und den Ingwer einarbeiten. Dabei eine Zutat zunächst komplett zerstoßen, bevor man die nächste hinzufügt. Zwischendurch immer wieder mit einem Löffel die Paste vom Rand kratzen und in der Mitte des Mörsers sammeln. Zuletzt die Schalotten und den Knoblauch hinzufügen und alles weiterstampfen, bis eine glatte Paste entstanden ist.
Für das Curry das Schweinefleisch unter fließend lauwarmem Wasser gründlich abspülen, mit Küchenpapier trocken tupfen und in 2 cm große Würfel schneiden. In einer Schüssel gründlich mit der Currypaste vermengen. Kühl stellen und mindestens 1 Stunde marinieren lassen.
Einen Schmortopf mit dickem Boden erhitzen und das marinierte Fleisch zusammen mit der Currypaste hineingeben. Ohne Zugabe von Öl das Fleisch von allen Seiten kurz anbraten. Die Hühnerbrühe angießen. Alles gut verrühren und im geschlossenen Topf bei niedriger Temperatur schmoren lassen.
Die restlichen vier Schalotten schälen, vierteln und aufblättern. Zusammen mit den Ingwerstiften, dem Palmzucker, der Fischsauce und den Erdnüssen unter das Fleisch rühren. Durch ein Sieb die eingeweichte Tamarinde hinzufügen und alles weitere 30 Minuten schmoren, bis das Fleisch gar ist. Abschmecken und mit gedämpftem Jasminreis servieren.

Tipp: Als Gemüse kann man am Ende der Garzeit Thai-Auberginen und/oder Schlangenbohnen hinzufügen. Oder separat einen Teller mit rohem Gemüse (Gurken, Weißkraut, Schlangenbohnen, Thai-Auberginen) dazu reichen.

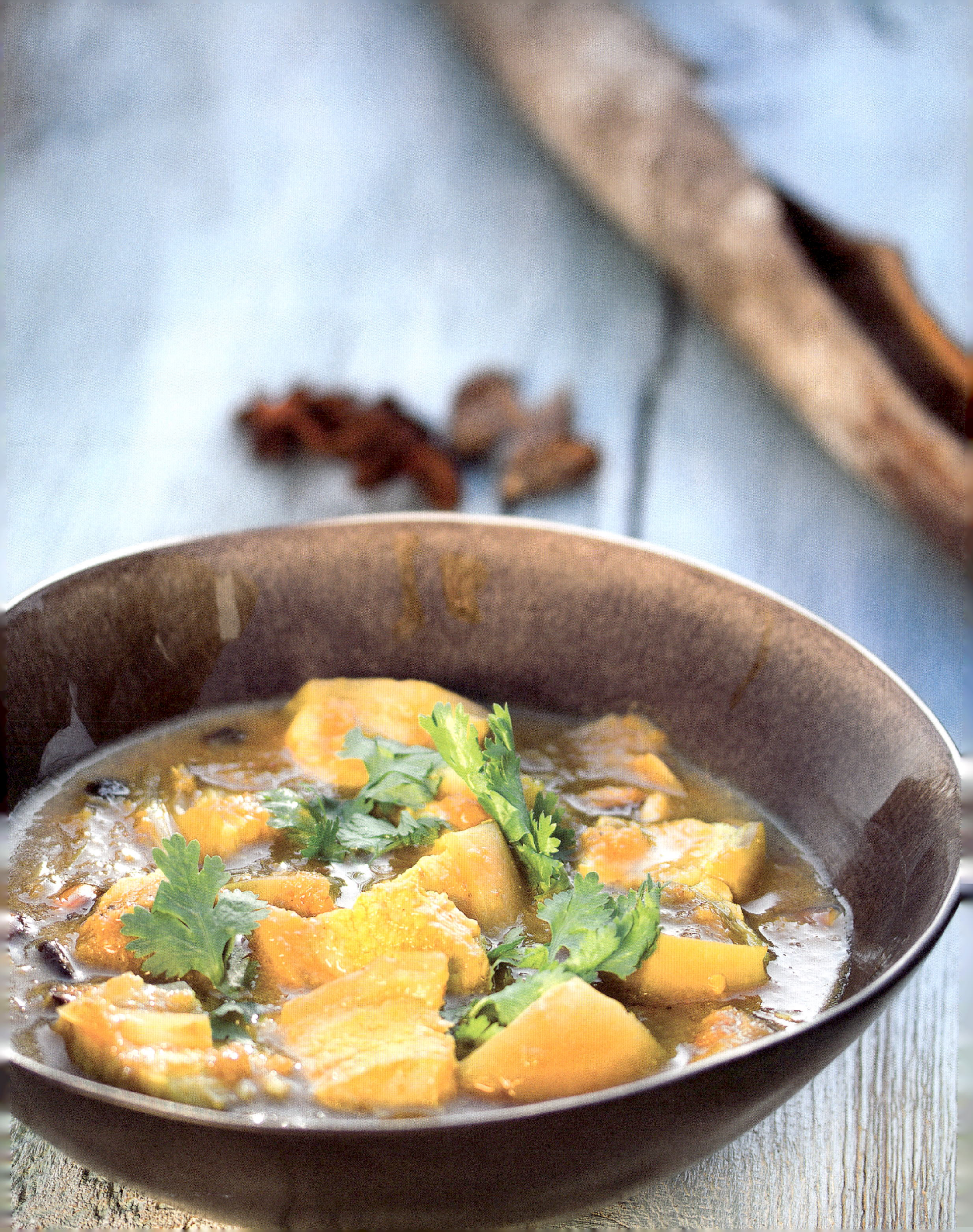

Klöster und Nachtmarkt in Chiang Mai

Chiang Mai ist die Hauptstadt Nordthailands, einer Region, die stark von ihrem Nachbarn Myanmar beeinflusst ist. Vom 13. bis zum 18. Jahrhundert beherrschte das Königreich Lanna, das »Land der Millionen Reisfelder«, den Norden des heutigen Thailands. Chiang Mai war die Hauptstadt dieses Reichs, das erst 1775 zu Thailand kam. Zwischenzeitlich stand es unter burmesischer Verwaltung, was auch entscheidenden Einfluss auf die Küche des Nordens hatte. Heute gilt Chiang Mai als die nach Bangkok kulturell wichtigste Stadt in Thailand.

Die innere Stadt ist von einer quadratisch angelegten Ringmauer umschlossen, deren ursprüngliches rotes Ziegelmauerwerk in Teilen noch erhalten ist. Viele der alten Teakholzhäuser, die der Stadt ihren beschaulichen Charakter gaben, sind heute modernen Bauten gewichen. Trotzdem hat sich Chiang Mai seine ruhige Atmosphäre bewahrt. Morgens wird man von den Gesängen der Mönche aus den zahlreichen Klöstern, den *wat*, sanft geweckt. Frühstücken kann man hervorragend in einer der kleinen Garküchen, um anschließend in einem der zahllosen gemütlichen Cafés den Tag mit einem Kaffee zu beginnen. Am frühen Abend, im Licht der untergehenden Sonne, bauen die Händler und Straßenküchen ihre Stände für den Nachtmarkt auf. Jetzt ist die schönste Zeit, um zu bummeln und von den frisch zubereiteten Spezialitäten zu probieren.

Wenn man Chiang Mai in Richtung Norden verlässt, erreicht man bald die bewaldeten Bergregionen Nordthailands. Hier befindet sich auch der Doi Inthanon, der mit fast 2600 m höchste Berg Thailands. Inmitten der dichten Wälder trifft man auf Dörfer der Minoritätenvölker, in denen die Zeit stehen geblieben zu sein scheint.

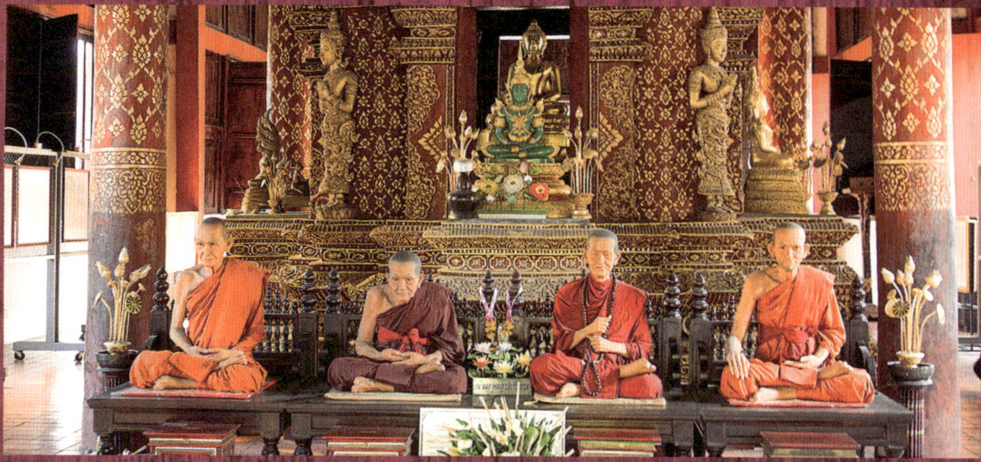

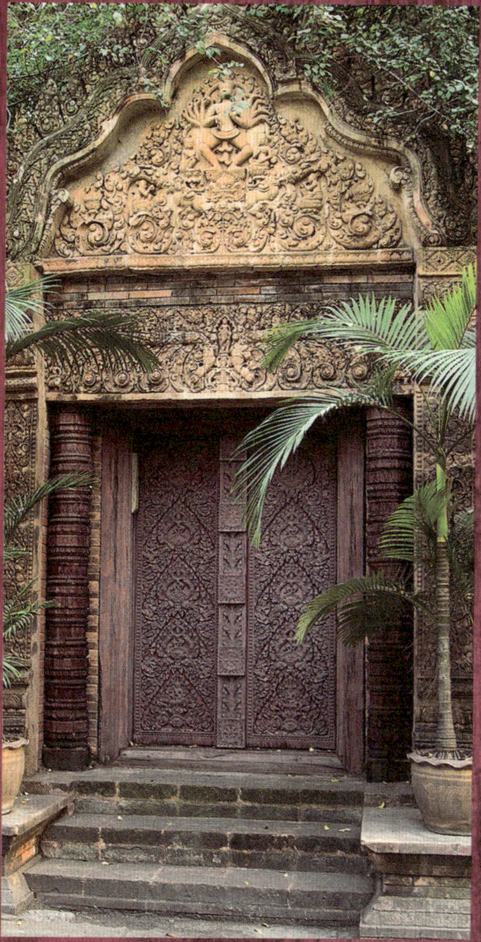

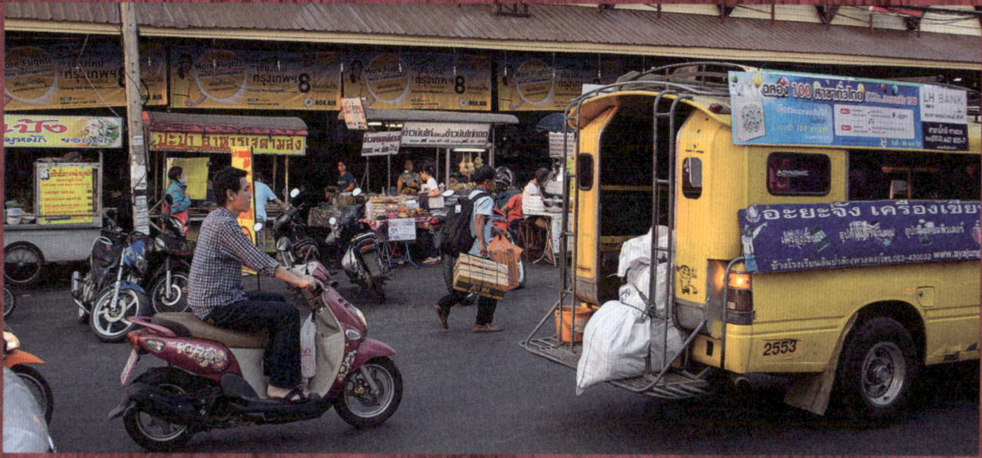
2553

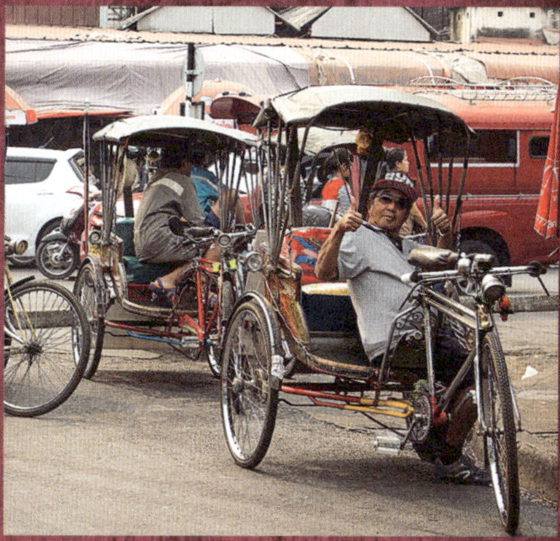

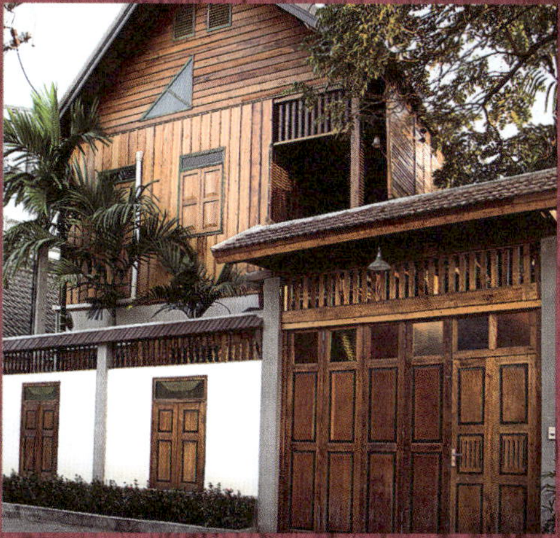

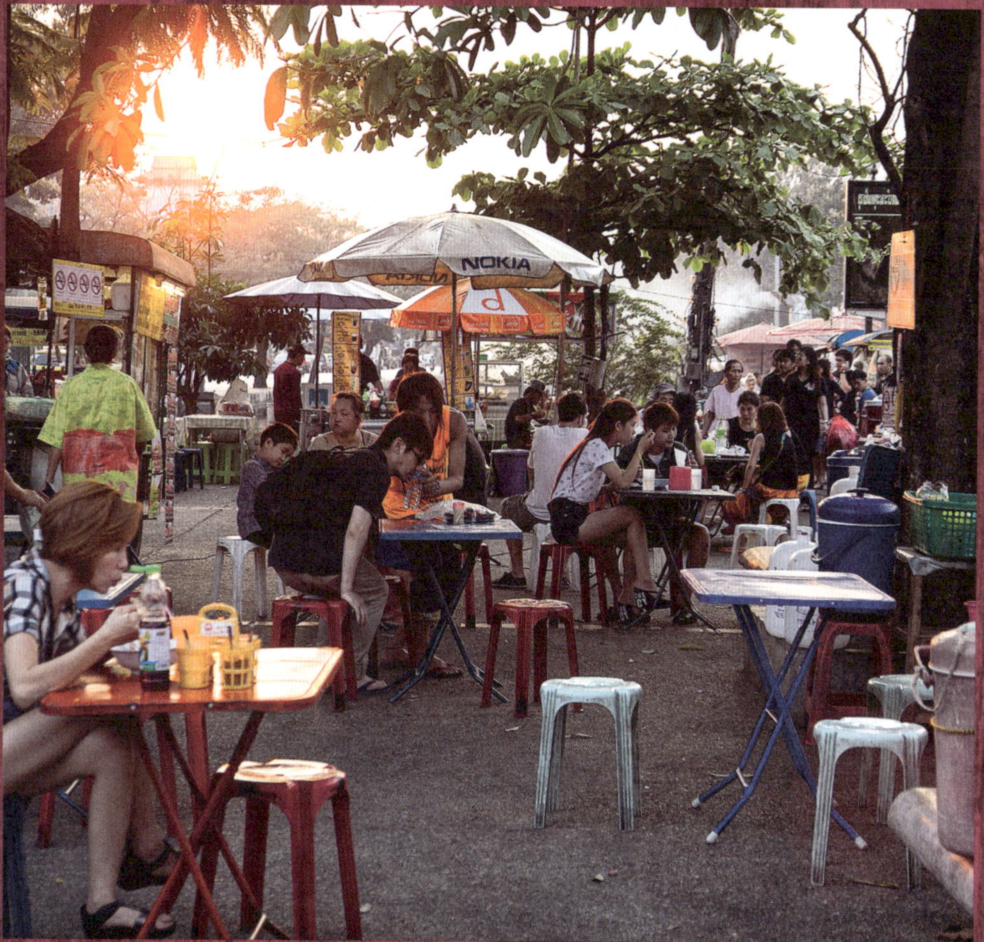
NOKIA

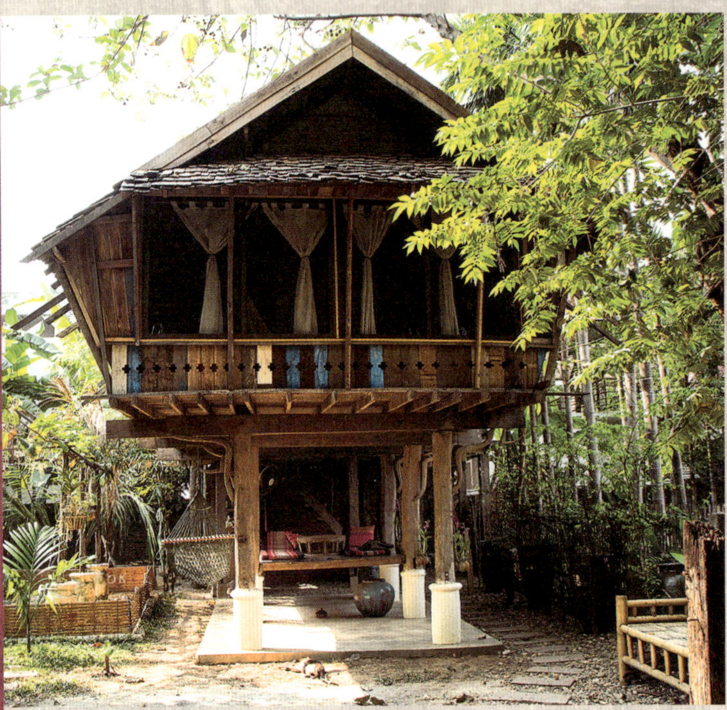
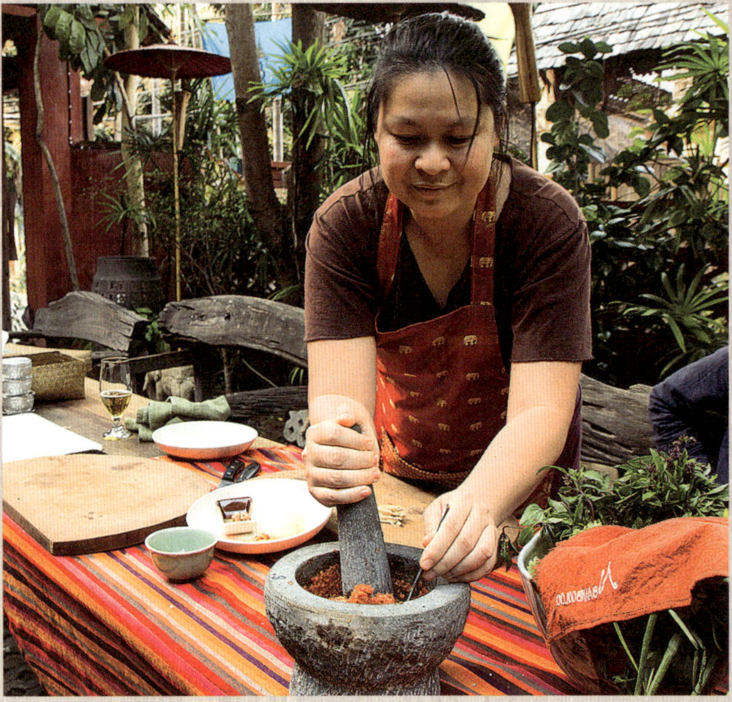
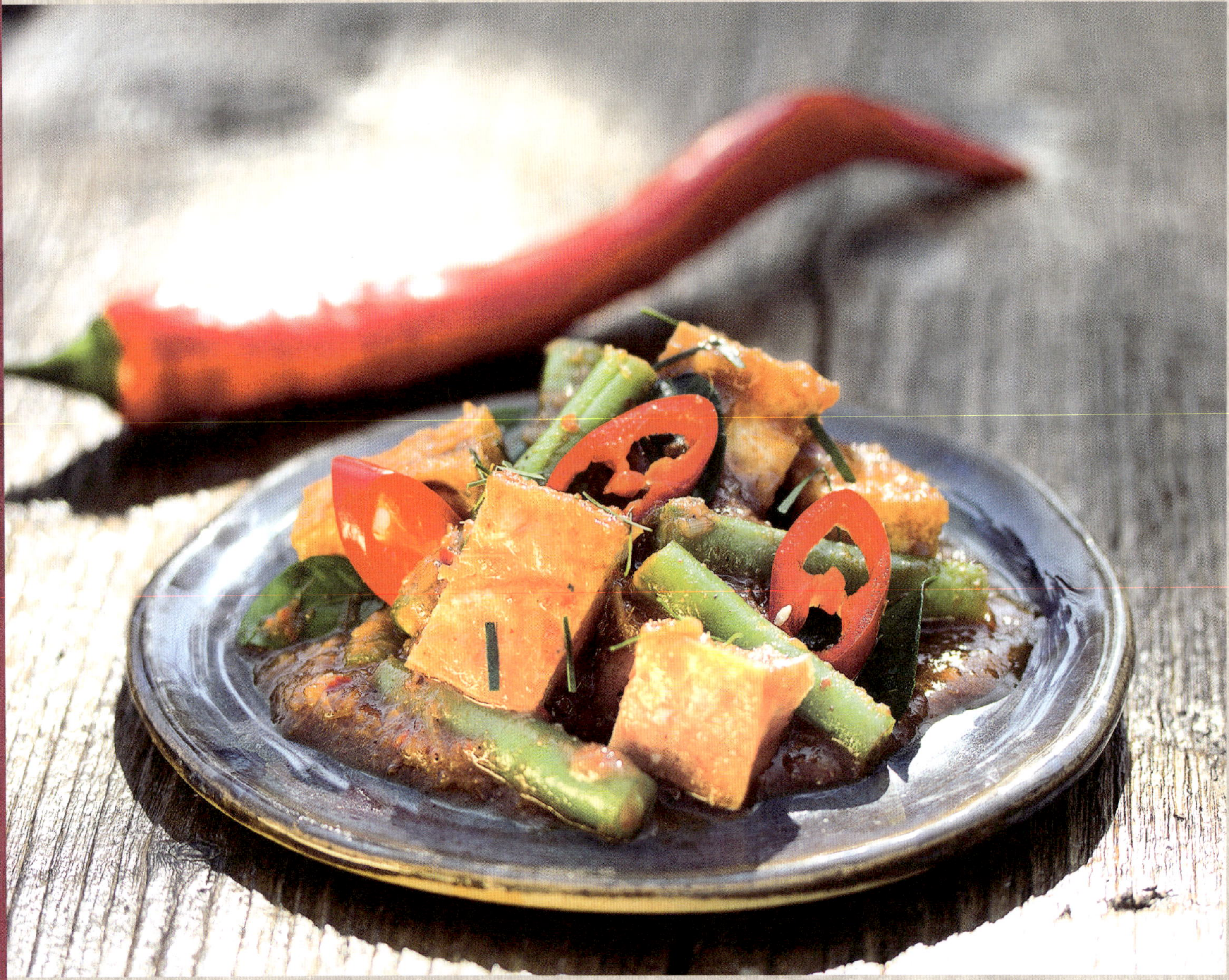

ROTES CURRY MIT BOHNEN UND TOFU –
pad prik king tao huu

ZUBEREITUNGSZEIT
25 Minuten

ZUTATEN
2–3 Schlangenbohnen
1–2 große Chilischoten
4 Kaffirlimettenblätter
1 Block fester Tofu (ca. 350 g)
Öl zum Frittieren
2 EL Öl zum Braten
2 EL rote Currypaste (siehe Seite 160, Rotes Hühnercurry – *gaeng phed gai*)
120 ml Hühnerbrühe
2 EL Fischsauce
1 EL Palmzucker

Pad prik king bedeutet wörtlich »trockenes Curry mit Ingwer«. Trotzdem taucht in diesem Rezept überhaupt kein Ingwer auf. Die Experten sind sich zwar uneinig über die Herkunft des Namens, aber immerhin einig darüber, dass es sich um ein sehr aromatisches Curry handelt, das sich hervorragend mit gedämpftem Jasminreis verträgt. Das Originalrezept mit Schweinebauch haben wir hier einmal mit frittiertem Tofu probiert.

Die Schlangenbohnen waschen, putzen und in 4 cm lange Stücke schneiden. Die Chilischoten waschen, quer in Ringe schneiden und von den Kernen befreien. Die Kaffirlimettenblätter in der Mitte falten, von der Blattrippe befreien und mit einer Schere in feinste Streifen schneiden.
Den Tofu quer halbieren und die Hälften in je vier Stücke schneiden. Mit Küchenpapier gründlich abtupfen. In einem Topf oder einer Fritteuse das Frittieröl erhitzen, bis an einem hineingesteckten Holzstäbchen kleine Bläschen aufsteigen. Die Tofustücke nochmals gut abtupfen und vorsichtig mit einem Sieblöffel ins heiße Öl gleiten lassen. Vorsicht, Spritzgefahr! Darauf achten, dass sie nicht aneinanderkleben. Hellbraun frittieren, dann mit dem Sieblöffel herausheben und auf Küchenpapier abtropfen lassen. Anschließend die frittierten Tofustücke erneut in je vier Teile teilen.
In einem Wok oder einer Pfanne das Bratöl bei mittlerer Temperatur erhitzen und darin die Currypaste anbraten, bis sich die Aromen entfalten. Die Tofustücke, die Schlangenbohnen, die Chilischoten und die Kaffirlimettenblätter untermischen und alles 1 Minute weiterbraten.
Die Hühnerbrühe, die Fischsauce und den Palmzucker unterrühren. Die Mischung noch 1 Minute braten. Das Curry sollte, wie der Name nahelegt, trocken sein, also nur wenig Flüssigkeit enthalten. Heiß servieren. Hervorragend passt dazu gedämpfter Jasminreis.

ORN

In einer kleinen Seitengasse neben dem Wat Prasat befindet sich das Baan-Boo-Loo-Gästehaus. Mit seinen kleinen Holzhäuschen ist es eine Oase inmitten von Chiang Mai.
Hier arbeitet und kocht Ornanong Paengthaisong, kurz Orn genannt, die Meisterin der Thai-Küche. Mit ihr haben wir bei 35 °C und hoher Luftfeuchtigkeit, umgeben von tropischen Pflanzen und Blumen, stundenlang geschnippelt, gehackt und gemörsert. Das Ergebnis: herrlich duftende, authentische Currypasten. Ganz ohne Fertigprodukte – die Hühnerbrühe wird stets frisch aus Hühnerknochen gekocht – und ohne fertige Gewürzmischungen kocht Orn nach alter Thai-Tradition. Nach getaner Arbeit werden die köstlichen Erzeugnisse ihrer Kochkunst zusammen mit allen Freunden und Mitarbeitern des Baan-Boo-Loo am großen Tisch im inzwischen schattigen Innenhof verspeist.

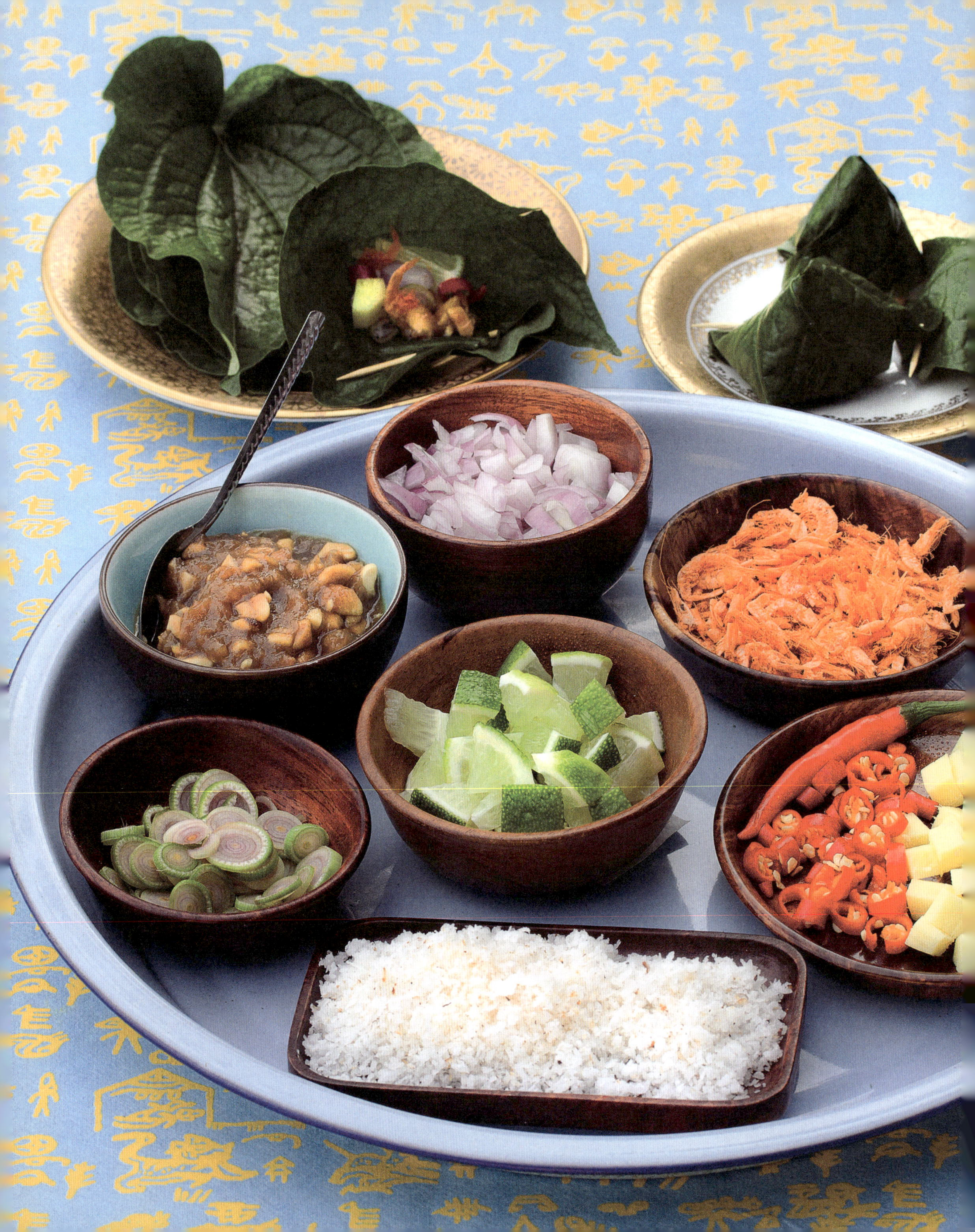

SNACK IM PFEFFERBLATT – miang kam

ZUBEREITUNGSZEIT
35 Minuten

ZUTATEN
- 1–2 Bund Blätter vom Wilden Pfeffer *(bai cha plu)*
- 2 EL Tamarindenpaste
- 50 g geraspelte Kokosnuss*
- 1 Stängel Zitronengras
- 1 Limette
- 3 EL getrocknete Garnelen
- 2–4 rote oder grüne Vogelaugen-Chilischoten (nach Geschmack)
- 2 daumengroße Stücke Ingwer
- 2 daumengroße Stücke Galgant
- 2 Schalotten
- 1 TL Öl zum Braten
- ½ TL Garnelenpaste *(gapi)*
- 2 EL Palmzucker
- 4 EL geröstete Erdnüsse (Rezept siehe QR-Code)

* geraspelte Kokosnuss selbst herstellen oder als TK-Ware im Asialaden kaufen. Notfalls getrocknete Kokosflocken verwenden

Miang kam ist ein typischer Straßensnack, wie er vor allem auf thailändischen Nachtmärkten angeboten wird. Der Name bedeutet übersetzt: »Viele kleine Dinge mit einem Bissen.« Geröstete Erdnüsse, Ingwer, Limette und vieles mehr werden in die grünen Blätter des Wilden Pfeffers gewickelt und als Happen verspeist. In *miang kam* verbindet sich das erdige Aroma von gerösteten Erdnüssen mit der Frische von Ingwer und Galgant. Hinzu kommt die Säure und Bitternote von Limetten, die wiederum durch Palmzucker gemildert wird. Eine wahre Geschmacksexplosion und ideal als Einstieg für jede Party mit Thai-Essen! Manchmal bekommt man Pfefferblätter in gut sortierten Asialäden. Als Ersatz kann man aber auch Spinat- oder Salatblätter nehmen.

Die Blätter von den Stängeln befreien und in kaltes Wasser legen. Die Tamarindenpaste in einer Tasse mit lauwarmem Wasser einweichen.
Die Kokosraspel in einer trockenen Pfanne leicht braun rösten. Vom Zitronengras das untere Ende kappen, den oberen grünen Teil wegschneiden. In schmale Ringe schneiden. Die Limette waschen. Quer in ½ cm dicke Scheiben schneiden, diese dann in kleine Würfel. Jedes Stück sollte aus Fruchtfleisch und Schale bestehen. Die getrockneten Garnelen grob hacken. Die Chilischoten in Ringe schneiden und von den Kernen befreien. Die Hälfte beiseitelegen. Ingwer und Galgant schälen und in kleine Würfel schneiden. Jeweils die Hälfte beiseitelegen. Schalotten schälen und würfeln. Die Hälfte beiseitelegen. Alle so vorbereiteten Zutaten auf einem Teller anrichten.
Die restlichen Chilischoten, Ingwer, Galgant und Schalotten in einem Mörser zu einer faserigen Paste zerstampfen. In einem Topf das Bratöl erhitzen. Die Chilipaste mit der Garnelenpaste anbraten. Palmzucker und 120 ml Wasser dazugeben und verrühren, bis sich der Zucker und die Garnelenpaste aufgelöst haben.
Die aufgelöste Tamarindenpaste durch ein Sieb dazugießen und unterrühren. 5 Minuten bei niedriger Temperatur köcheln lassen. Die gerösteten Erdnüsse dazugeben und die Sauce abkühlen lassen. In eine Schüssel füllen und mit den übrigen Zutaten sowie den Blättern servieren.
Bei Tisch nun jeweils ein Blatt in die Hand nehmen und so an der Seite falten, dass es eine kleine Schale bildet. Zunächst 1 ½ TL von der Sauce, dann nach Geschmack alles andere hineingeben. Das Blatt zusammenklappen und verzehren. Die verschiedenen Aromen explodieren förmlich am Gaumen und verbinden sich harmonisch.

REIS MIT HUHN – khao man kai

Zubereitungszeit
85 Minuten

Zutaten
2 l ungesalzene Hühnerbrühe
3 daumengroße Stücke Ingwer
3 Knoblauchzehen
6–8 Korianderwurzeln
½ Bund frischer Koriander
2 kleine Stücke Kandiszucker
2 Hühnerbrüste, möglichst mit Haut
3 EL Reisessig
Salz
200 g Jasminreis
2 EL Speiseöl
1–2 Vogelaugen-Chilischoten
1 EL Zucker
½ Salatgurke
1 Frühlingszwiebel
1 EL helle Sojasauce

Khao man kai ist ein klassisches Gericht, das man in Bangkoks Straßenküchen zum Frühstück isst. Eigentlich stammt es wohl von chinesischen Einwanderern, die es von der Insel Hainan mitbrachten, daher wird es auch unter dem Namen »Hainanese chicken rice« angeboten. In unterschiedlichen Varianten findet es sich in ganz Südostasien. Ein einfaches Essen, das durch die Güte der Zutaten seinen feinen Geschmack bekommt: Reis und Hühnchen sollten von allerbester Qualität sein.

Die Hühnerbrühe zum Kochen bringen. Ein Stück Ingwer waschen und mit einem schweren Küchenmesser flach klopfen. Eine Knoblauchzehe ungeschält ebenfalls flach klopfen. Die Korianderwurzeln mit einer Bürste unter fließendem Wasser reinigen. Die Hälfte davon beiseitelegen. Den Koriander waschen und trocken schütteln. Die Blätter abzupfen und beiseitelegen. Den Ingwer, den Knoblauch, die Korianderwurzeln und -stängel sowie den Kandiszucker zur Hühnerbrühe geben und alles 30 Minuten köcheln lassen.

Die Hühnerbrüste unter fließend warmem Wasser gründlich abspülen. Die Haut mit 1 EL von dem Essig und einer großzügigen Prise Salz abreiben. Das verleiht der Haut eine appetitlichere Farbe. Dann das Fleisch nochmals abspülen und trocken tupfen. Die Hühnerbrüste in die Brühe gleiten lassen und 20 Minuten bei niedriger Temperatur garen. Anschließend herausnehmen und in kaltes Wasser legen. Die Brühe vom Herd nehmen und durchseihen.

Den Reis gründlich waschen, bis das Waschwasser klar bleibt. In einem Sieb abtropfen lassen.

Ein Stück Ingwer und eine Knoblauchzehe schälen und fein hacken. Die restlichen Korianderwurzeln fein hacken. In einer Pfanne das Öl erhitzen und darin den Ingwer, den Knoblauch und die Korianderwurzeln bei mittlerer Temperatur braten, bis der Knoblauch weich ist und seine Schärfe verloren hat. Den Reis untermischen und 1 Minute mitbraten. Die Mischung in einen Reiskocher füllen und zwei Tassen von der Hühnerbrühe hinzugeben. Den Reiskocher einschalten.

Das restliche Stück Ingwer und eine Knoblauchzehe schälen und fein hacken. Die Chilischoten aufschneiden, entkernen und fein hacken. Mit dem Zucker und ¼ TL Salz im Mörser zu einer feinen Paste verarbeiten. 2 EL Reisessig und 6 EL von der Hühnerbrühe untermischen. Die Sauce abschmecken und auf vier Schüsseln verteilen.

Die Gurke schälen, entkernen und in 6 cm lange Stifte schneiden. Die Frühlingszwiebel putzen und quer in feine Ringe schneiden.

Die Brühe erneut erwärmen, aber nicht aufkochen. Mit der Sojasauce und Salz abschmecken. Die Hühnerbrüste wieder hineingeben und warm werden lassen. Herausnehmen und quer zur Faser in dünne Scheiben schneiden.

Den gegarten Reis jeweils als Halbkugel auf vier Teller verteilen. Jeweils ein paar Scheiben von der Hühnerbrust und ein paar Gurkenstifte darauflegen. Die Brühe auf Suppenschalen verteilen und mit Korianderblättern und Frühlingszwiebelringen bestreuen. Alles zusammen mit der Sauce servieren.

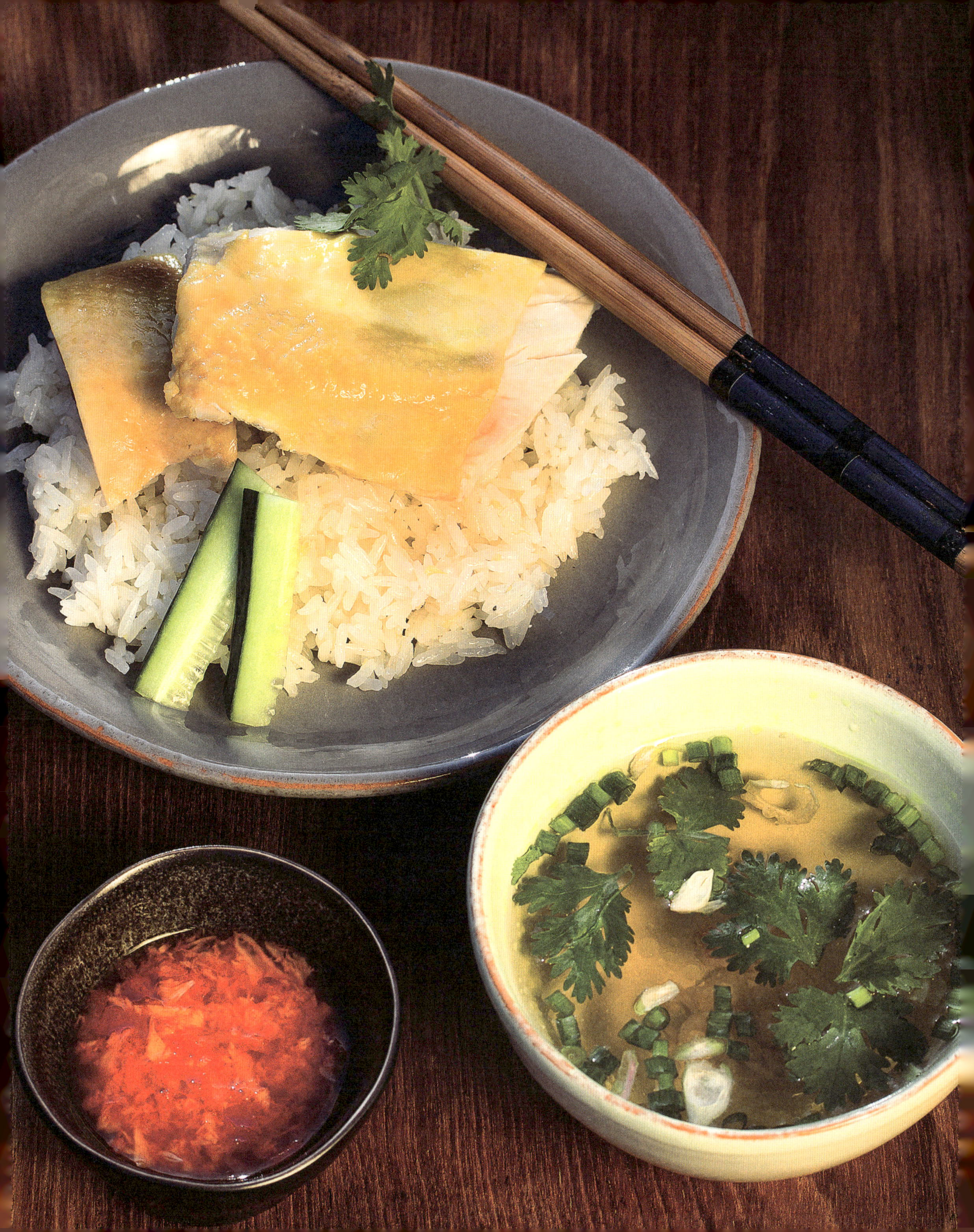

Reis

Als in der Frühzeit das Volk der Thai aus dem heutigen Südchina über die Berge in die Ebenen des heutigen Thailands kam, brachte es den Hauptbestandteil seiner täglichen Mahlzeit schon mit: den Reis. In den weiten Flusstälern fanden die Thais ideale Bedingungen vor, um diesen Reis anzubauen. Heute gehört Thailand neben Indien und Vietnam zu den führenden Reisexportnationen.

Reis wird überwiegend im sogenannten Nassreisverfahren angebaut. In einem Pflanzfeld werden zuerst die Setzlinge aus den Saatkörnern gezogen. In der Zwischenzeit wird das eigentliche Reisfeld vorbereitet. Umschlossen von einem niedrigen Erdwall, wird es erst umgepflügt und dann mit Wasser geflutet. Anschließend werden die Setzlinge in dieses flache Becken gesetzt. Der hohe Wasserspiegel versorgt sie während des Wachstums mit ausreichend Wasser, verhindert aber auch die Ausbreitung von Schädlingen und Unkraut. Nach vier bis sechs Monaten schließlich wird das Feld trockengelegt und der Reis kann geerntet werden. Dann wird er gedroschen und von den Spelzen befreit. Das Produkt ist der sogenannte Naturreis. In Asien wird dieser sehr selten verwendet, da er nach Meinung der Asiaten durch seinen Eigengeschmack das Aroma der Speisen übertönt. Erst durch das anschließende Polieren entsteht hochwertiger weißer Reis. Ein Teil des Reises wird auch unter der Bezeichnung »parboiled« verkauft. Durch dieses Verfahren, bei dem der Naturreis mit Dampf behandelt wird, erreicht man, dass große Teile der Vitamine und Mineralstoffe ins Innere des Reiskorns dringen und so beim anschließenden Polieren nicht verloren gehen.

»Khao jao« bedeutet »weißer Reis«. Die am meisten verwendete Qualität ist *khao hom mali*, der bekannte Jasminreis. Sein Name kommt vom aromatischen Duft des frisch gekochten Reises, nicht etwa von einer Aromatisierung mit Jasminblüten, wie man sie von chinesischen Tees kennt. Jasminreis bekommt man im Handel als Langkornvariante und auch als Bruchreis, den sogenannten »broken rice«. Der ist preiswerter, aber deshalb nicht minderwertig, sondern hat aufgrund des kürzeren, gebrochenen Korns nur eine andere Konsistenz.

In der thailändischen Küche wird Reis in erster Linie als Beilage zu pfannengerührtem Gemüse, Currys und Gegrilltem serviert. Nur bei wenigen Gerichten wie gebratenem Reis ist er Hauptbestandteil der Mahlzeit.

Die Zubereitung von Reis ist ziemlich einfach, besonders wenn man einen elektrischen Reiskocher verwendet. Man füllt den innenliegenden Topf mit 2 Tassen Reis und wäscht ihn darin. Insgesamt dreimal sollte er mit frischem, kaltem Wasser gewaschen werden. Erst wenn das Wasser klar bleibt, hat man das Reismehl entfernt. Das ist notwendig, damit der Reis nicht klebrig wird und mehlig schmeckt, sondern die von Thais bevorzugte Konsistenz erhält: Er muss gut mit den Stäbchen aufzunehmen sein, aber trotzdem sollten die einzelnen Körner erkennbar bleiben. Sobald das Waschwasser klar bleibt, wird es abgegossen und der Topf erneut mit zwei Tassen kaltem Wasser befüllt. Dann setzt man ihn in den Reiskocher, schaltet ein und wartet, bis er auf Warmhalten umschaltet. Für eine bessere Konsistenz hält man den Reiskocher im Anschluss noch etwa 5 Minuten geschlossen. Grundsätzlich geht man also von einem Verhältnis trockener Reis zu Kochwasser von 1:1 aus. Da dies jedoch auch vom Alter des Reises abhängig ist, muss die Wassermenge immer wieder angepasst werden, falls der Reis zu fest oder zu weich sein sollte.

หอมมะลิใหม่แม่จัน
คัดพิเศษ
ลิตรละ 30
กก.ละ 38
มะลิพะเยา (เก่า)
ลิตรละ 30
กก.ละ 38
มะลิพร้าว (เก่า)
ลิตรละ 32
กก.ละ 40

ข้าวเหนียว ก.ก.ละ 40
ข้าวกล้อง 7. 10.
ข้าวแข็ง 6.
ข้าวเหนียวดำ
10

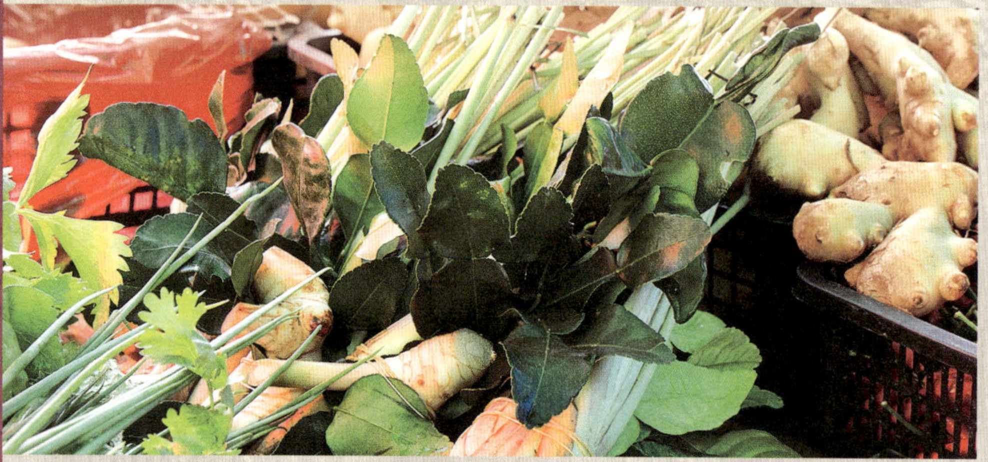
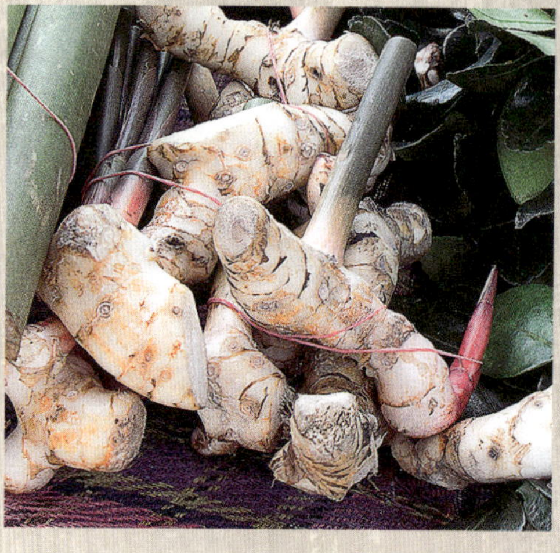
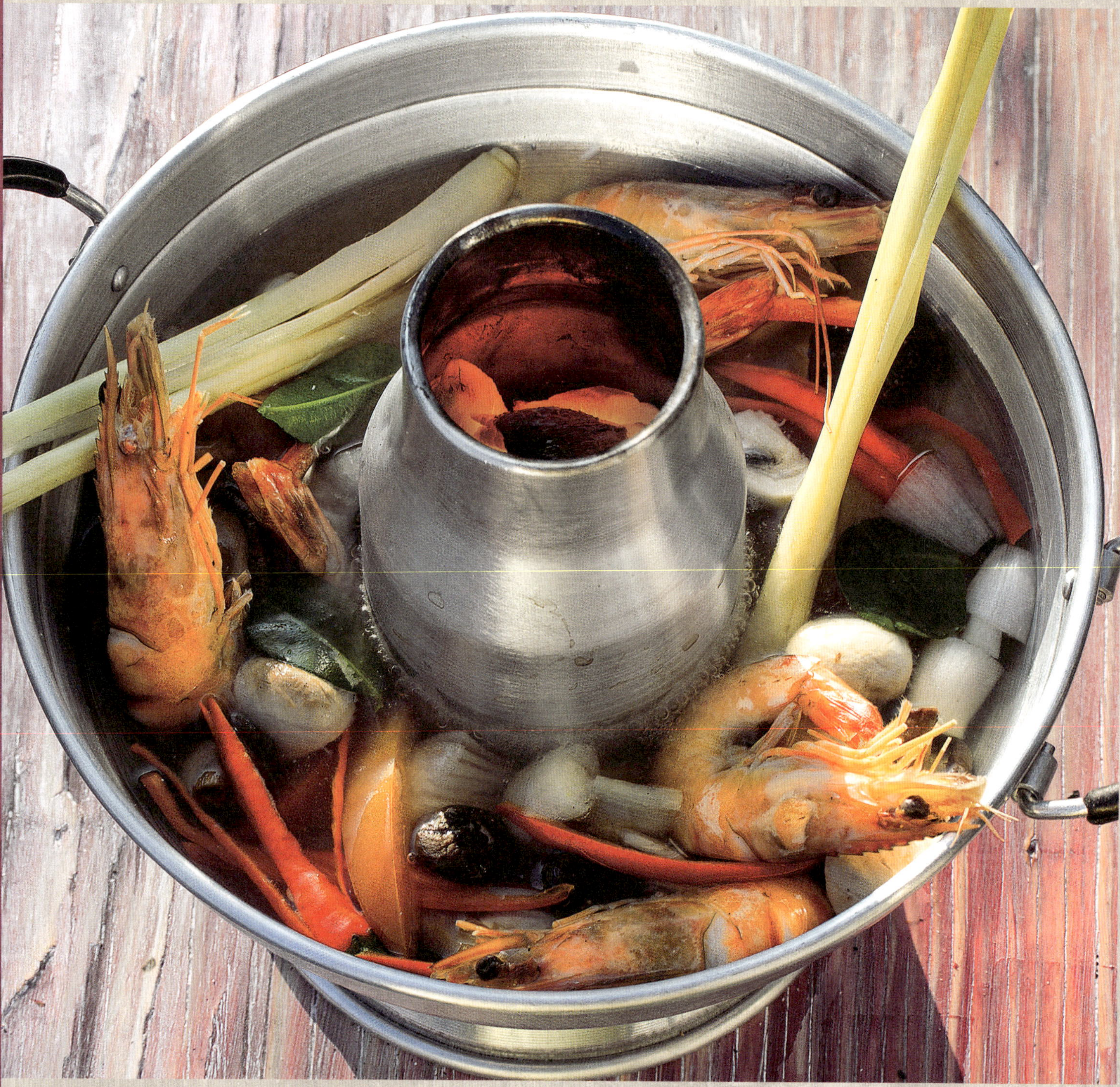

SCHARFSAURE GARNELENSUPPE – tom yum goong

ZUBEREITUNGSZEIT
30 Minuten

ZUTATEN
2 EL Tamarindenpaste
1 l ungesalzene Hühnerbrühe, am besten aus Hühnerknochen selbst gekocht
¼ TL Salz
½ TL Zucker
1 große Tomate
1 getrocknete rote Chilischote
8–12 rohe Riesengarnelen mit Schale
3 Stängel Zitronengras
1 daumengroßes Stück Galgant
2 Schalotten
4–6 Korianderwurzeln
2–3 Vogelaugen-Chilischoten
4 Kaffirlimettenblätter
200 g Strohpilze oder kleine weiße Champignons
2 EL Fischsauce
1 Bund frischer Koriander
1 Limette

Tom yum goong, ein Klassiker der thailändischen Küche, ist eine wunderbar fein nach Galgant und Zitronengras duftende klare Suppe mit Garnelen. Das Entscheidende bei dem Rezept ist die gelungene Balance zwischen scharf, salzig und sauer. Daher ist das Abschmecken mit Limettensaft, Fischsauce und Chilis sehr wichtig. Die in Thailand verwendeten, relativ geschmacksneutralen Strohpilze *het fang* kann man ohne Weiteres durch kleine weiße Champignons ersetzen.

Die Tamarindenpaste (siehe QR-Code) in einer Tasse mit warmem Wasser auflösen. Vier Suppenschalen vorwärmen.
In einem Topf die Hühnerbrühe zum Kochen bringen und mit dem Salz und dem Zucker würzen. Die Tomate waschen, vierteln und entkernen. Die getrocknete Chilischote grob in Streifen schneiden. Tomate und Chili in die Brühe geben und alles einige Minuten köcheln lassen, bis die Tomaten weich sind.
Die Riesengarnelen mit einer kleinen Küchenschere entlang des Rückens längs aufschneiden, den Schwanz jedoch ganz lassen. Die Schale bis auf den Schwanz entfernen. Nach Bedarf mit einem scharfen Messer das Fleisch am Rücken aufschlitzen und den schwarzen Darm entfernen.
Das Zitronengras an beiden Enden kappen und mit der flachen Seite eines schweren Küchenmessers flach klopfen. Den Galgant schälen und in 2 mm dünne Scheiben schneiden. Die Schalotten schälen und vierteln. Die Korianderwurzeln waschen und mit der Klinge eines kleinen Küchenmessers sauber schaben. Die Chilischoten der Länge nach aufschneiden und entkernen. Alles zusammen mit den Kaffirlimettenblättern in einen Mörser geben und leicht zerstoßen, damit sich das Aroma entfalten kann. Dann zu der köchelnden Brühe geben.
Die Pilze putzen, vierteln und dazugeben. Die Brühe 2 Minuten weiterköcheln lassen, bis die Pilze weich sind. Nun die Garnelen und die Fischsauce einrühren. Das Tamarindenwasser durch ein Sieb dazugießen. Die Suppe 2–3 Minuten leise köcheln lassen, bis die Garnelen gar sind. Den Koriander waschen, trocken schütteln und grob hacken. Die Limette achteln.
Die kochend heiße Suppe auf die vorgewärmten Suppenschalen verteilen und jede Portion mit Koriander bestreuen. Mit Limettenstücken, Fischsauce und Chilis zum Nachwürzen – eine *tom yum goong* sollte scharf, salzig und sauer schmecken – und weißem Jasminreis servieren.

INGWER UND GALGANT

Ingwer und Galgant sind sogenannte Rhizomgewächse. Botanisch gesehen sind die uns bekannten und in der Küche verwendeten Pflanzenteile also keine Wurzeln, sondern Erdsprosse.
Ingwer hat einen zitronenartigen Geruch, verbunden mit einem scharfen, warmen, manchmal beißenden Geschmack, wobei alter Ingwer meist kräftiger schmeckt als junger. Gerade Currys und Suppen verleiht Ingwer Frische und Reinheit.
Galgant ähnelt dem Ingwer, ist aber größer und härter. Die Farbe der Schale ist weiß-gelb bis rötlich. Im Geschmack ist er pfeffriger als Ingwer und hat ein unverwechselbares Aroma.

Bangkoks »Floating Markets«

Farbenfrohe Märkte mit ihrem geschäftigen Treiben gehören zu Südostasien wie die Sonne, die Hitze und die Feuchtigkeit der Luft. Auf diesen Märkten waren es schon immer die Frauen, die für das Feilschen mit den Händlern zuständig waren, um die Haushalte mit Nahrungsmitteln zu versorgen. Die Männer waren meist Bauern, Soldaten oder Mönche, so war es selbstverständlich, dass die Frauen das Geschehen auf den Märkten beherrschten.

Und so ist es heute noch: Wenn man in Südostasien frühmorgens einen Markt betritt, wird man im ersten Augenblick überwältigt von dem Gewusel, dem Lärm und den diversen Gerüchen und Aromen. Händlerinnen preisen ihre Ware lautstark an, Hausfrauen verhandeln den besten Preis, unterdessen flitzen Lastenträger auf Mopeds in atemberaubendem Tempo durch die schmalen Gässchen zwischen den Ständen.

Angeboten wird alles, in allen Stadien der Zubereitung, von noch lebenden Tieren bis hin zu fertig zubereiteten Speisen, und in bester Qualität. Viele Thais nehmen verzehrfertige Currys, Gegrilltes oder Gebratenes mit nach Hause. So spart man Zeit im Haushalt und isst trotzdem gut.

Das alte Bangkok war durchzogen von Kanälen, den sogenannten *khlongs*. Damals dienten die Wasserwege als Straßen, und entsprechend gab es auf dem Wasser auch schwimmende Märkte. Diese »floating markets« sind heute in erster Linie Touristenattraktionen. Aber in der Umgebung von Bangkok findet man trotzdem noch einige kleinere Märkte, die sich zumindest frühmorgens ihren ursprünglichen Charakter bewahrt haben.

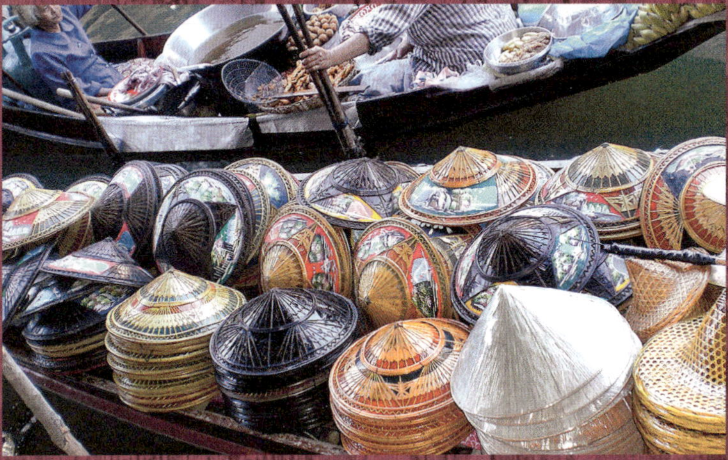

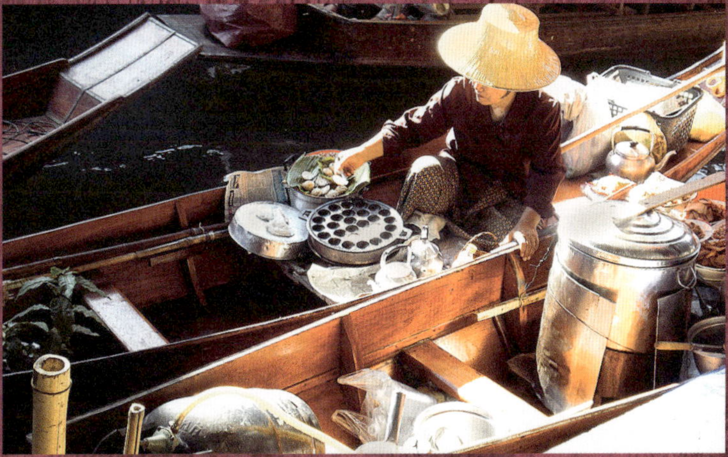

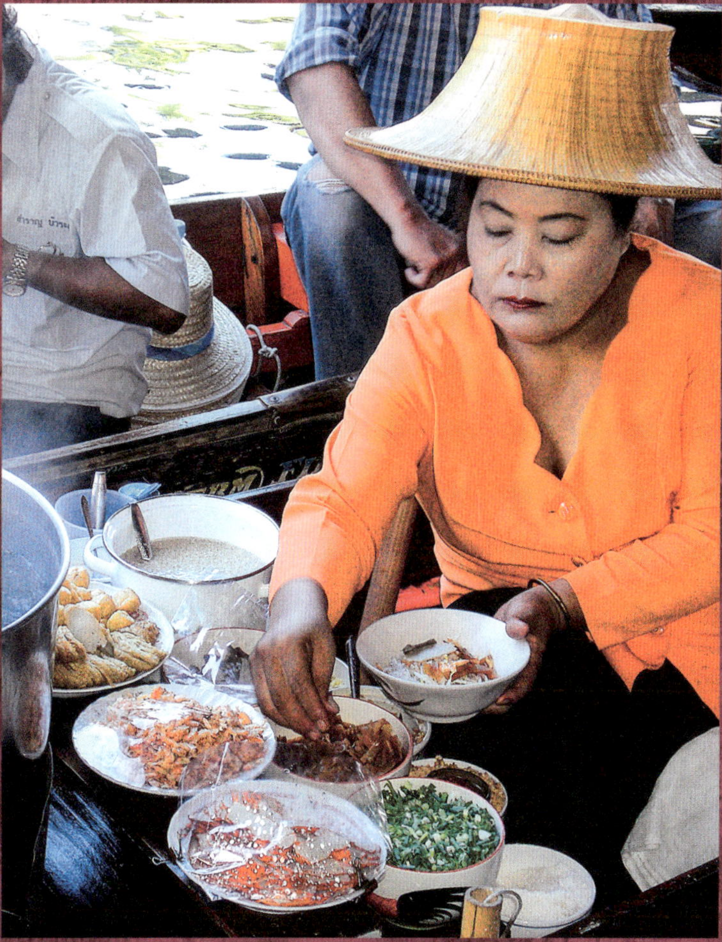

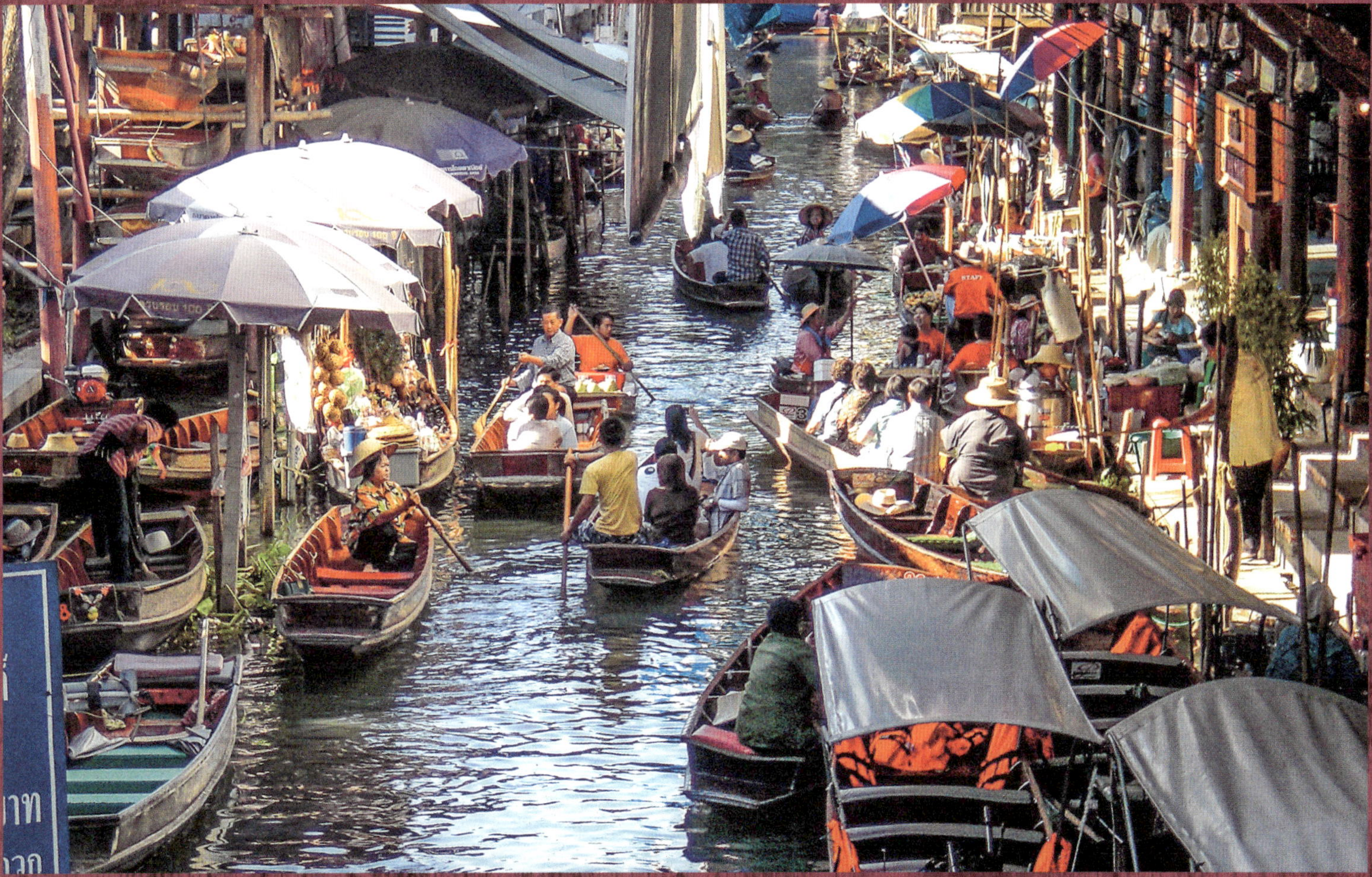

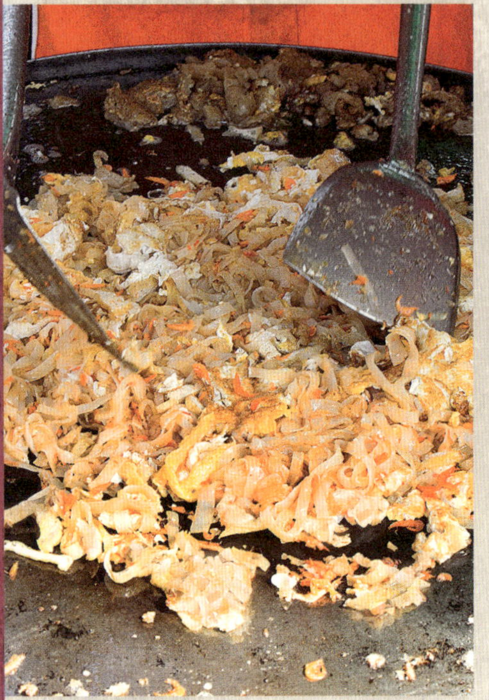

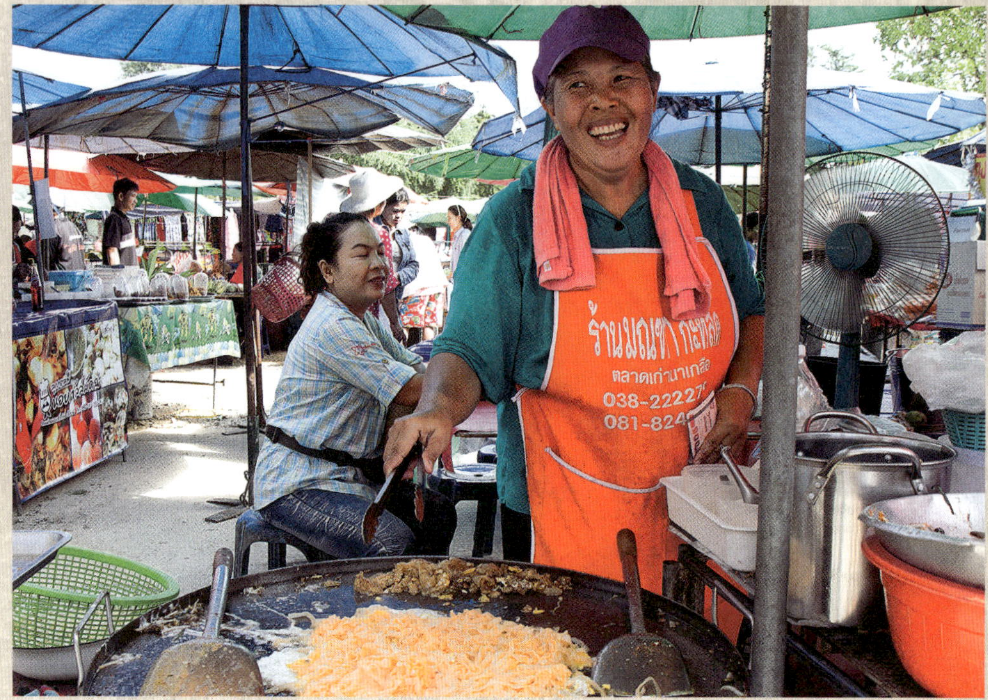

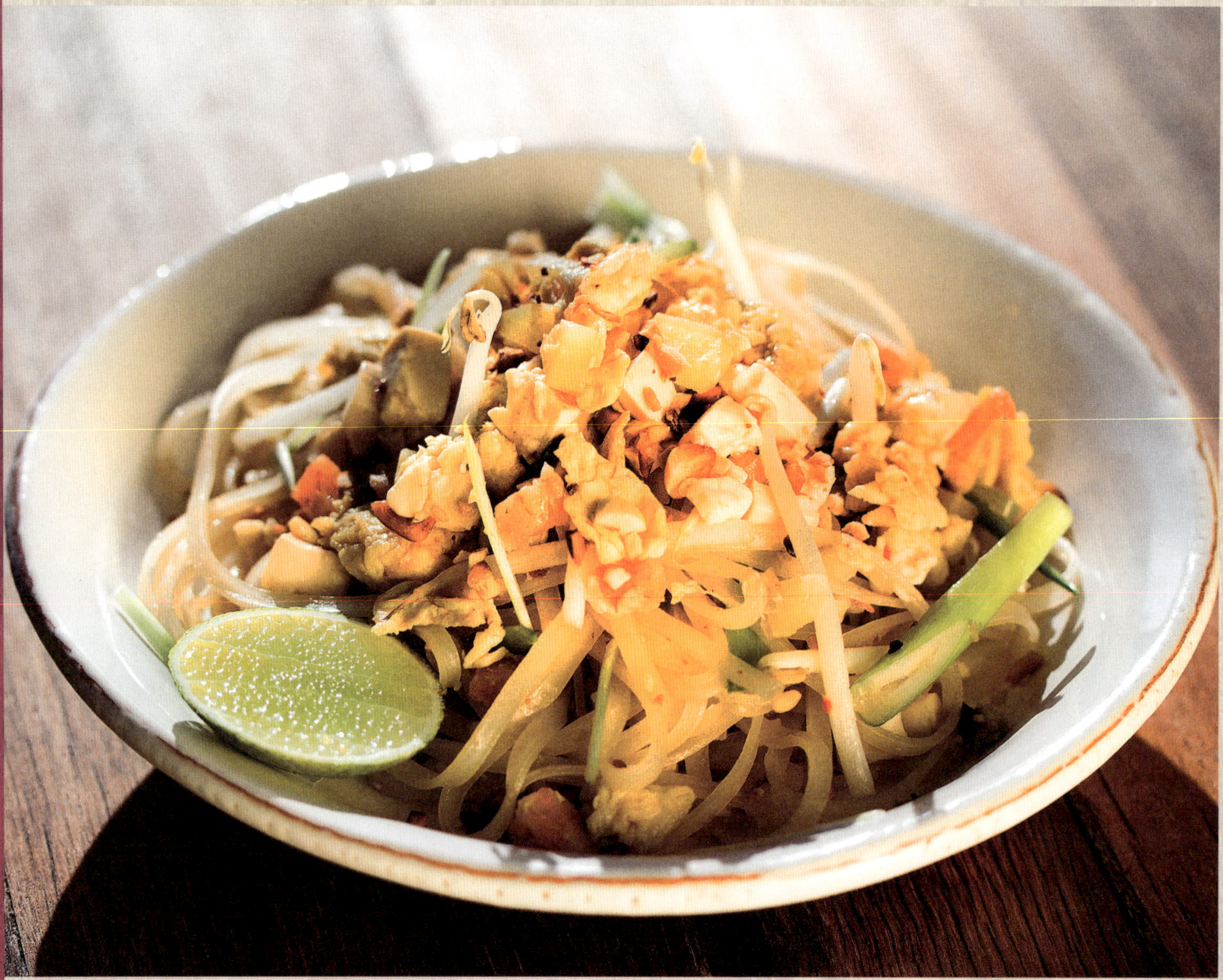

GEBRATENE THAI-NUDELN – pad thai

Zubereitungszeit
100 Minuten

Zutaten
(für 2 Portionen)

200 g Thai-Reisnudeln
 (banh pho)
2 EL Tamarindenmark
2 EL getrocknete Garnelen
2 Schalotten
2 Knoblauchzehen
1 Frühlingszwiebel
2 Eier
100 g gepresster Tofu*
50 g eingelegter Rettich
 (»preserved radish«)**
2 EL geröstete Erdnüsse
 (Rezept siehe QR-Code)
100 g Mungbohnenkeimlinge
1 Limette
1 EL Palmzucker
2 EL Fischsauce
½ TL rote Chiliflocken
 (nach Geschmack)
Öl zum Braten

* Gepressten Tofu gibt es eingeschweißt im Asialaden. Bitte keinen geräucherten oder gewürzten Tofu verwenden. Anstelle des gepressten Tofu kann man auch normalen festen Tofu verwenden.

** »Preserved radish« ist aufgrund seiner bissfesten Textur ein wesentlicher Bestandteil jedes pad thai. Er ist bei uns kaum zu bekommen, am besten fragen Sie in gut sortierten Asialäden danach.

Jeder, der schon in Thailand war, kennt *pad thai*. 1939 ließ Premierminister Phibun das bisherige Siam in Thailand umbenennen und führte eine Nationalisierungskampagne durch. Dabei wurde aus einem chinesischen Gericht mit gebratenen Nudeln ein thailändischer Snack kreiert, der dazu gleich noch den neuen Namen des Landes führte: *pad thai* (»pad« heißt »gebraten«). *Pad thai* ist einfach zuzubereiten. Einige Zutaten sind allerdings nicht so leicht erhältlich (siehe dazu die Anmerkungen).

Die Nudeln in lauwarmem Wasser 1 Stunde einweichen. Das Tamarindenmark (siehe QR-Code) in 200 ml warmem Wasser einweichen. Nach ein paar Minuten mit einer Gabel zerdrücken, damit es sich im Wasser löst. Die getrockneten Garnelen mit heißem Wasser übergießen und quellen lassen.
Die Schalotten schälen, halbieren und in feine Halbringe schneiden. Den Knoblauch schälen und fein hacken. Das Grüne der Frühlingszwiebel in 3 cm lange Stücke schneiden, diese je nach Dicke längs halbieren oder vierteln. Die Eier in eine Schüssel aufschlagen und verquirlen.
Die Garnelen aus dem Wasser nehmen und grob hacken. Den Tofublock der Länge nach halbieren und in feine Streifen schneiden. Den Rettich in feine Würfel schneiden. Die Erdnüsse im Mörser grob zerstoßen. Die Mungbohnenkeimlinge waschen und putzen. Die Nudeln abgießen und abtropfen lassen.
Die Limette achteln. Den Palmzucker in eine Schüssel geben, das Tamarindenmark nochmals gründlich verrühren, durch ein Sieb dazugießen und alles vermengen. Die Fischsauce und die Chiliflocken dazugeben und das Ganze zu einer glatten Sauce verarbeiten.
In einer beschichteten Pfanne (28 cm ⌀) 2 EL Bratöl erhitzen und darin bei mittlerer Temperatur kurz die Schalotten anbraten, dann den Knoblauch hinzugeben. Beides mit einem Holzspatel an den Rand der Pfanne schieben. Auf die freie Fläche einen Spritzer Öl geben. Das Ei dazugießen, kurz stocken lassen und dann mit dem Spatel zerteilen. Es sollte mehr einem Rührei als einem Omelett ähneln. Sobald das Ei fest geworden ist, mit den Schalotten und dem Knoblauch vermengen. Den Tofu, die Garnelen und den Rettich dazugeben und alles gut vermischen. Dabei das Ei nochmals zerteilen. Die Nudeln untermischen. Zwei Drittel der Saucenmischung einrühren. Die Nudeln sollten weich werden, aber nicht matschig. Sie dürfen aber auch nicht mehr zäh sein. Falls nötig, noch etwas von der restlichen Saucenmischung oder etwas heißes Wasser zugeben.
Die Mungbohnenkeimlinge, die Erdnüsse und die Frühlingszwiebeln hinzufügen. Das Ganze nochmals gründlich durchmischen und so lange weiterbraten, bis die Frühlingszwiebeln etwas weich geworden sind. Mit Limettensaft abschmecken und servieren. Bei Bedarf mit Chiliflocken nachwürzen.

Tipp: Falls man zusätzlich Garnelen oder Hähnchenfleisch mitbraten möchte, sollte man diese(s) zusammen mit dem Ei hinzufügen. Bei Bedarf vorgaren!

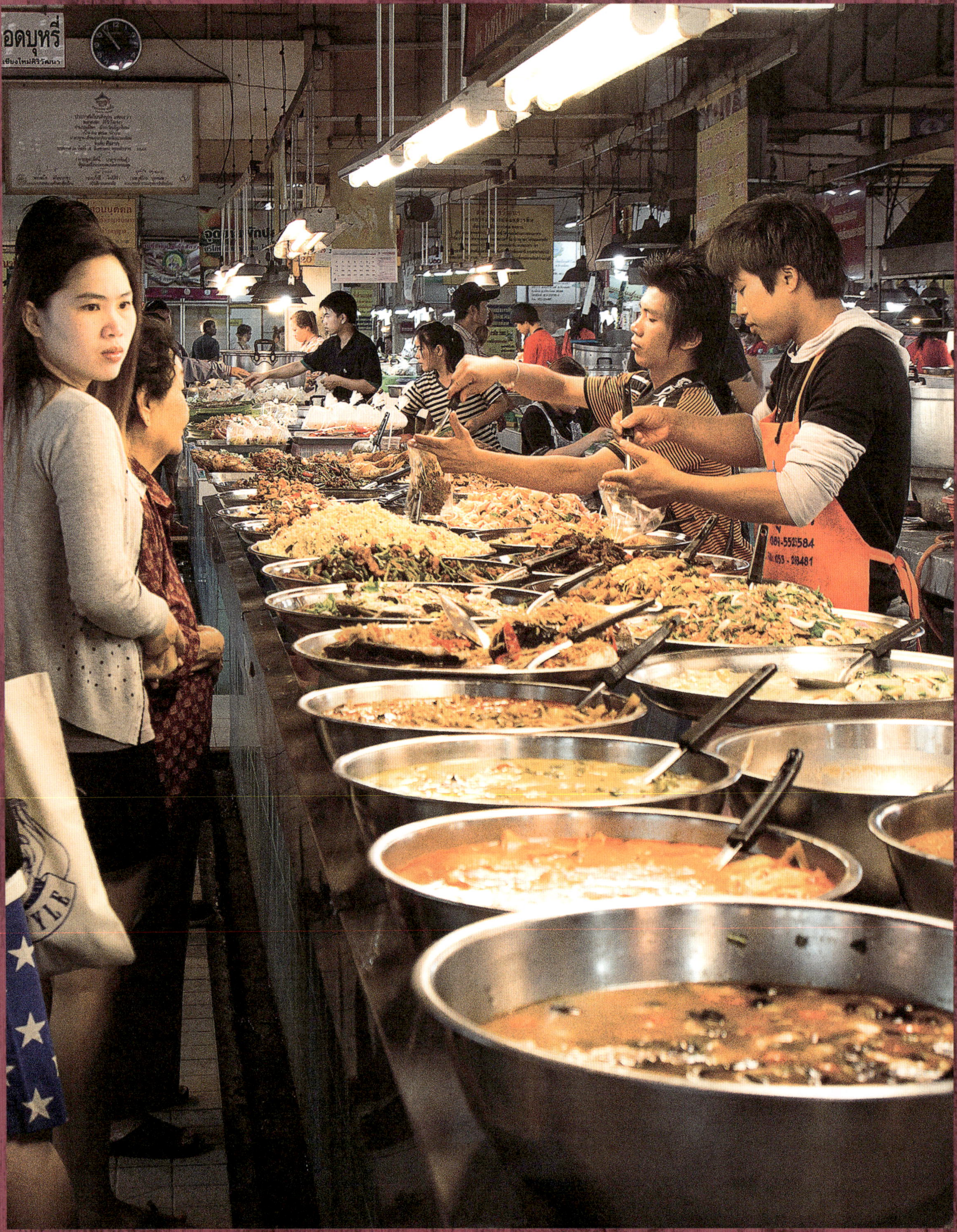

»Welcome to the curry shop!«

Auf jedem thailändischen Markt gibt es einen sogenannten »curry shop«, Marktstände mit großen, runden Metallschalen, in denen leckere Currys in Gelb, Orange, Rot und Grün auf ihre Kundschaft warten. Diese werden früh am Morgen frisch zubereitet und sind am Nachmittag bereits ausverkauft. Die lecker scharfen Currypasten stammen von kleinen Ständen in der Nähe, deren Betreiber sie selbst anfertigen. Mit frisch gepresster Kokosmilch, verschiedenen Gemüsen und Fleisch – frischen Zutaten, die alle in unmittelbarer Umgebung feilgeboten werden – ist die Zubereitung der köstlichen Currys keine Zauberei mehr. Mit fertig gekochtem Reis, in Plastiktüten abgefüllt, kaufen thailändische Hausfrauen im Curryshop so ganze Mahlzeiten für ihre Familien.

Bei uns kann man auch fertige Currypasten kaufen, die aber meist geschmacklich nicht halten, was sie versprechen. Hier gilt wieder mal, selbst gemacht schmeckt es am besten! Traditionell werden die einzelnen Zutaten im Mörser zu einer Paste gestampft. Natürlich kann man auch bequem einen Blitzmixer verwenden. Dabei zuerst die wasserhaltigen Zutaten wie Schalotten, Knoblauch, Chilis und Korianderwurzel einfüllen. Etwas Wasser hinzugeben und alles zu einem Mus pürieren, dabei gegebenenfalls immer wieder ausschalten und mit einem Plastikspatel die Masse nach unten drücken. Die Mixer haben die Eigenschaft, bei zu wenig Flüssigkeit im Bereich der Messer ein »Luftloch« entstehen zu lassen, sodass die Messer leer laufen. Anschließend die restlichen Zutaten wie Zitronengras, Galgant und Kaffirlimette und -blatt hinzufügen und wieder alles pürieren. Zum Schluss die trockenen Gewürze, das Salz und die Shrimppaste hinzugeben. Alles zu einer glatten Paste mixen – fertig ist unsere Currypaste! Wir können sie jetzt gleich in einem Curry verwenden oder aber aufbewahren. Am einfachsten nimmt man dazu kleine, wieder verschließbare Plastikbeutel. Man füllt sie mit der Menge für ein Curry, taucht sie in ein Wasserbad, bis die Luft entweicht, und verschließt sie dann. So gelagert hält die Paste im Kühlschrank bis zu 2 Wochen, eingefroren mehrere Monate.

Thai-Auberginen

Thai-Auberginen sind kleine, runde Auberginen, die ausschließlich in Asien verwendet werden. Durch die uns bekannten violetten Auberginen sind sie nicht zu ersetzen. Erbsenauberginen sind kleine grüne erbsengroße Auberginen, die Currys die notwendige Bitternote geben. Beide Sorten bekommt man im Asialaden.

ROTES HÜHNCHENCURRY – gaeng phed gai

ZUBEREITUNGSZEIT
40 Minuten für die Currypaste,
30 Minuten für das Curry

ZUTATEN

Für die Currypaste
6 große getrocknete Chilischoten
1 TL Koriandersamen
1 TL Kreuzkümmel
½ TL weiße Pfefferkörner
3 Stängel Zitronengras
2 daumengroße Stücke Galgant
6 Korianderwurzeln
1 Kaffirlimette
4 Schalotten
2 Knoblauchzehen
½ TL Garnelenpaste *(gapi)*
1 TL grobes Meersalz

Für das Curry
400 g Hühnerfleisch (Brust, besser Keule ohne Knochen)
400 ml Kokosmilch ohne Emulgator
200 ml Hühnerbrühe
2 EL Fischsauce
1 TL Palmzucker
4 Kaffirlimettenblätter
Salz
½ Bund frisches Thai-Basilikum

Die Chilischoten mit einer Küchenschere über der Spüle aufschneiden und die Kerne entfernen. Dabei Küchenhandschuhe verwenden. Die Schoten quer in Streifen schneiden und in kaltem Wasser 30 Minuten einweichen.

Nacheinander in einer Pfanne bei mittlerer Temperatur die Koriandersamen, den Kreuzkümmel und die weißen Pfefferkörner trocken rösten, bis sie duften. Nicht anbrennen lassen, da sie sonst bitter werden. Abkühlen lassen und dann in einer elektrischen Mühle fein mahlen.

Vom Zitronengras die Enden und äußeren harten Blätter entfernen. Anschließend fein hacken. Den Galgant schälen und fein hacken. Die Korianderwurzeln unter fließendem Wasser waschen, abbürsten und fein hacken. Von der Kaffirlimette ein fingernagelgroßes Stück abschälen und fein hacken. Die Schalotten und den Knoblauch schälen und fein hacken. Je feiner man hackt, umso leichter lässt sich später die Paste herstellen.

Die Garnelenpaste mit einem Löffel auf einem Stück Alufolie verteilen. Die Folie auf beiden Seiten gleichmäßig einschlagen, damit die Paste von allen Seiten eingepackt ist. Das Päckchen über einer kleinen Gasflamme von beiden Seiten 30–60 Sekunden rösten, bis etwas Rauch aufsteigt. Abkühlen lassen.

In einem Steinmörser die getrockneten und frischen Gewürze zu einer feinen Paste zerreiben. Zunächst die trockenen Gewürze mit dem Salz vermischen. Dann die abgetropften Chilischoten dazugeben und alles fein zerstampfen. Nach und nach Zitronengras, Galgant, Korianderwurzel und Kaffirlimettenschale dazugeben und alles fein mörsern. Erst eine Zutat komplett zerstoßen, bevor die nächste zugegeben wird. Immer wieder mit einem Löffel die Paste vom Rand kratzen und in der Mitte des Mörsers sammeln. Zuletzt Schalotten und Knoblauch hinzufügen und alles weiterstampfen, bis eine feine Paste entstanden ist. Die Garnelenpaste aus der Alufolie wickeln und sorgfältig unter die Würzpaste mischen.

Das Hühnerfleisch in mundgerechte Stücke schneiden. Die Dose mit der Kokosmilch öffnen. 2–3 EL der festen Kokoscreme entnehmen und in einem großen Topf bei mittlerer Temperatur unter ständigem Rühren erhitzen, bis sich das klare Kokosöl abtrennt. Auf diese Weise gewinnt man das aromatische Kokosöl, in dem die Currypaste angebraten wird. Vorsicht, Spritzgefahr!

2–3 EL von der Currypaste zu dem Kokosöl geben und bei mittlerer Temperatur unter ständigem Rühren braten, bis sie aromatisch duftet. Das Braten mildert die scharfen Aromen der frischen Gewürze, der Schalotten und des Knoblauchs und verbindet sie zu einem harmonischen Ganzen. Die Hälfte der Hühnerbrühe angießen und mit der Currypaste verrühren. Das Hühnerfleisch und die restliche Kokosmilch dazugeben und das Curry langsam zum Kochen bringen. Die Fischsauce, den Palmzucker, die Kaffirlimettenblätter und eine Prise Salz zugeben. Die Mischung 3–4 Minuten leise köcheln lassen, bis das Hühnerfleisch gar ist. Wenn sich auf der Oberfläche etwas Kokosöl absetzt, ist das Curry fertig. Sollte es zu dick sein, noch etwas von der restlichen Hühnerbrühe hinzugeben. Mit Salz, Fischsauce und Palmzucker abschmecken. *Gaeng phed gai* sollte scharf, etwas salzig und nur ganz leicht süß schmecken.

Das Thai-Basilikum waschen, die Blätter abzupfen und das Curry damit bestreuen. Zusammen mit gedämpftem Jasminreis servieren.

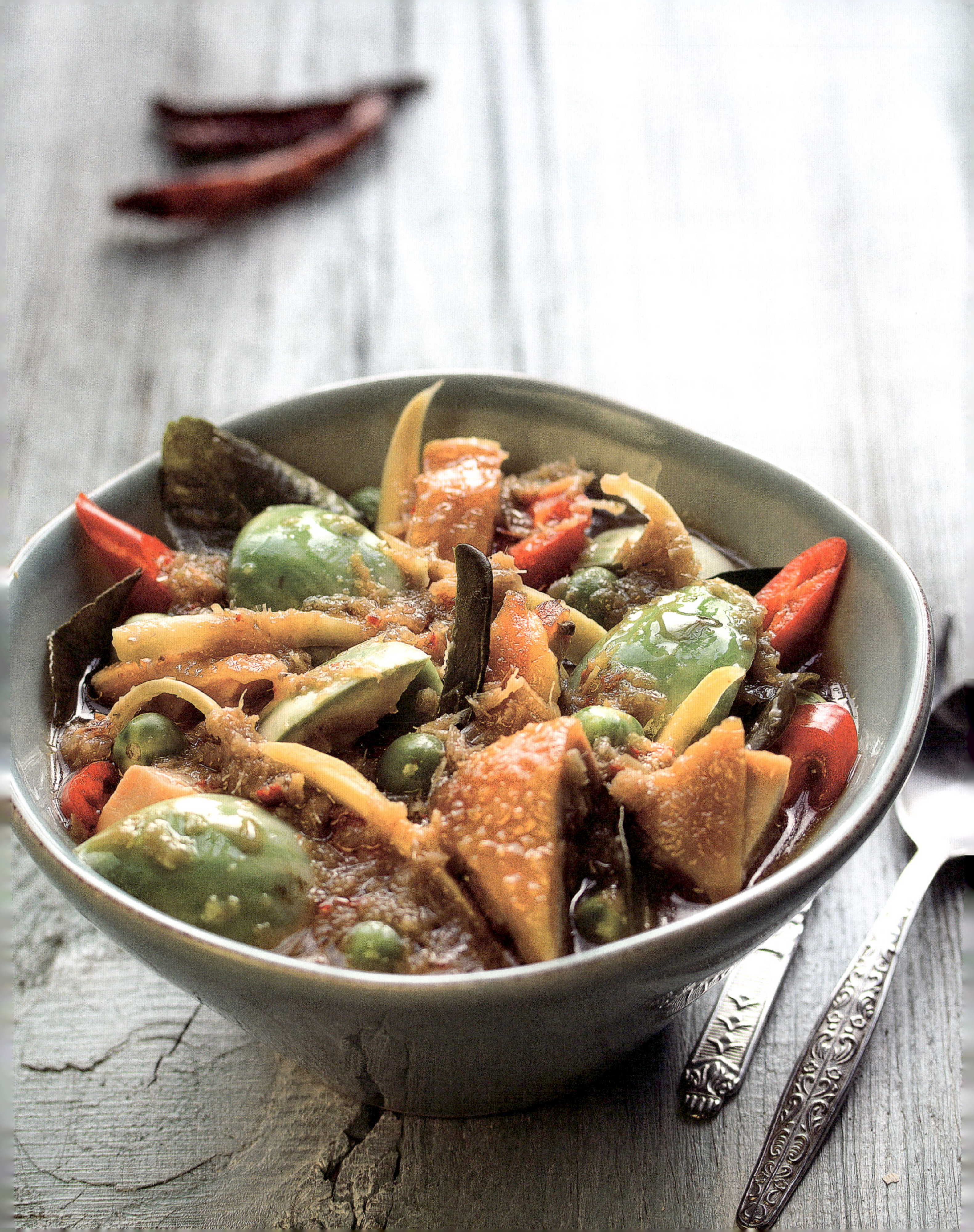

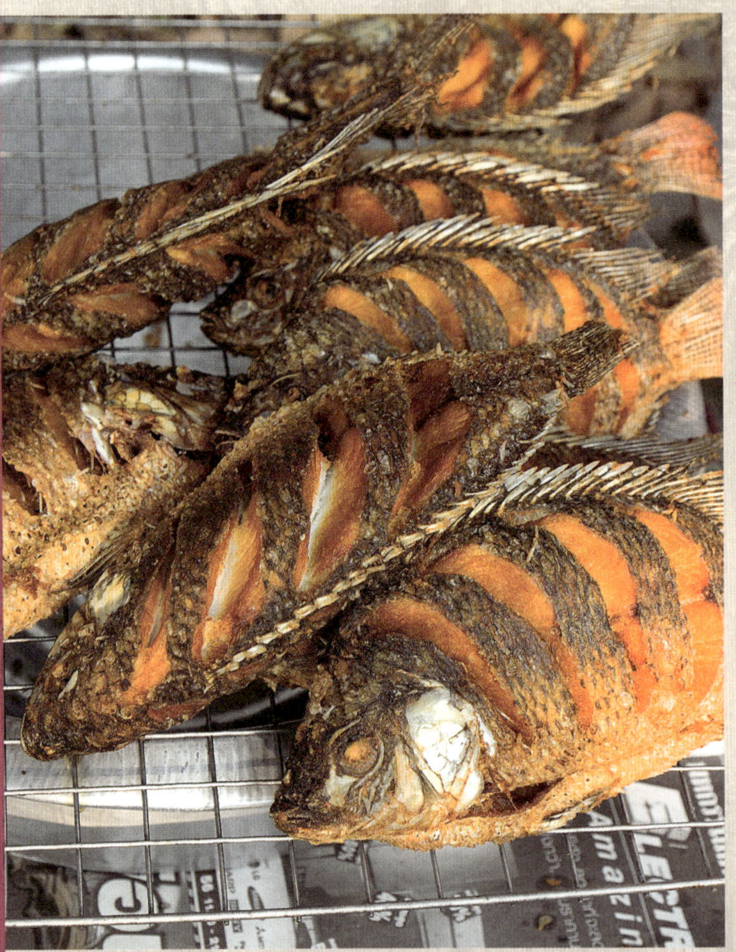

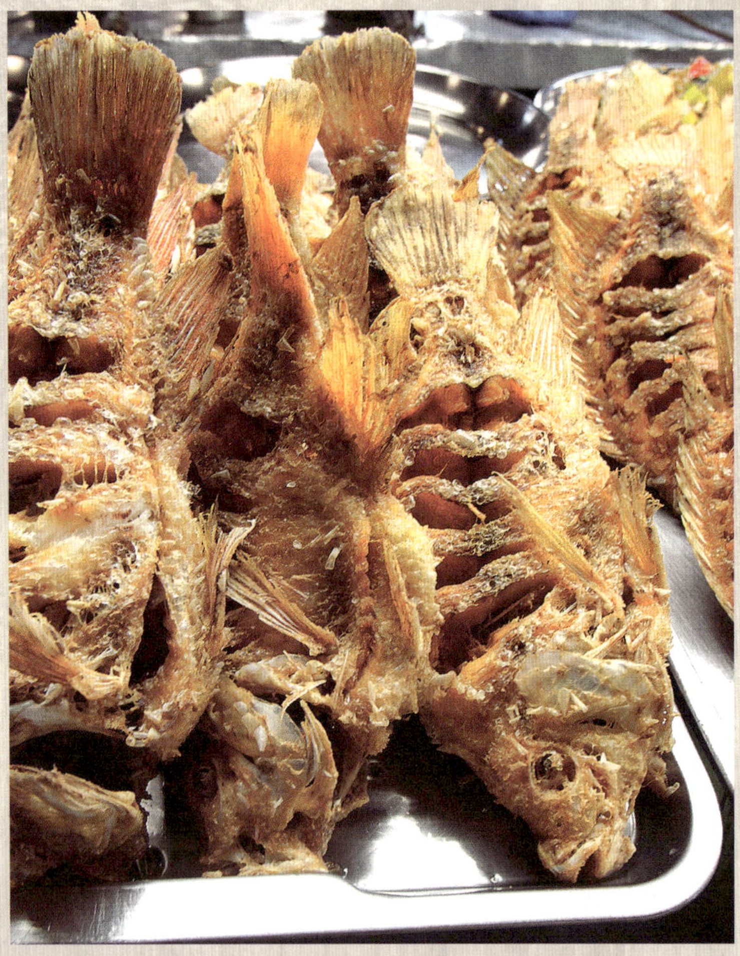

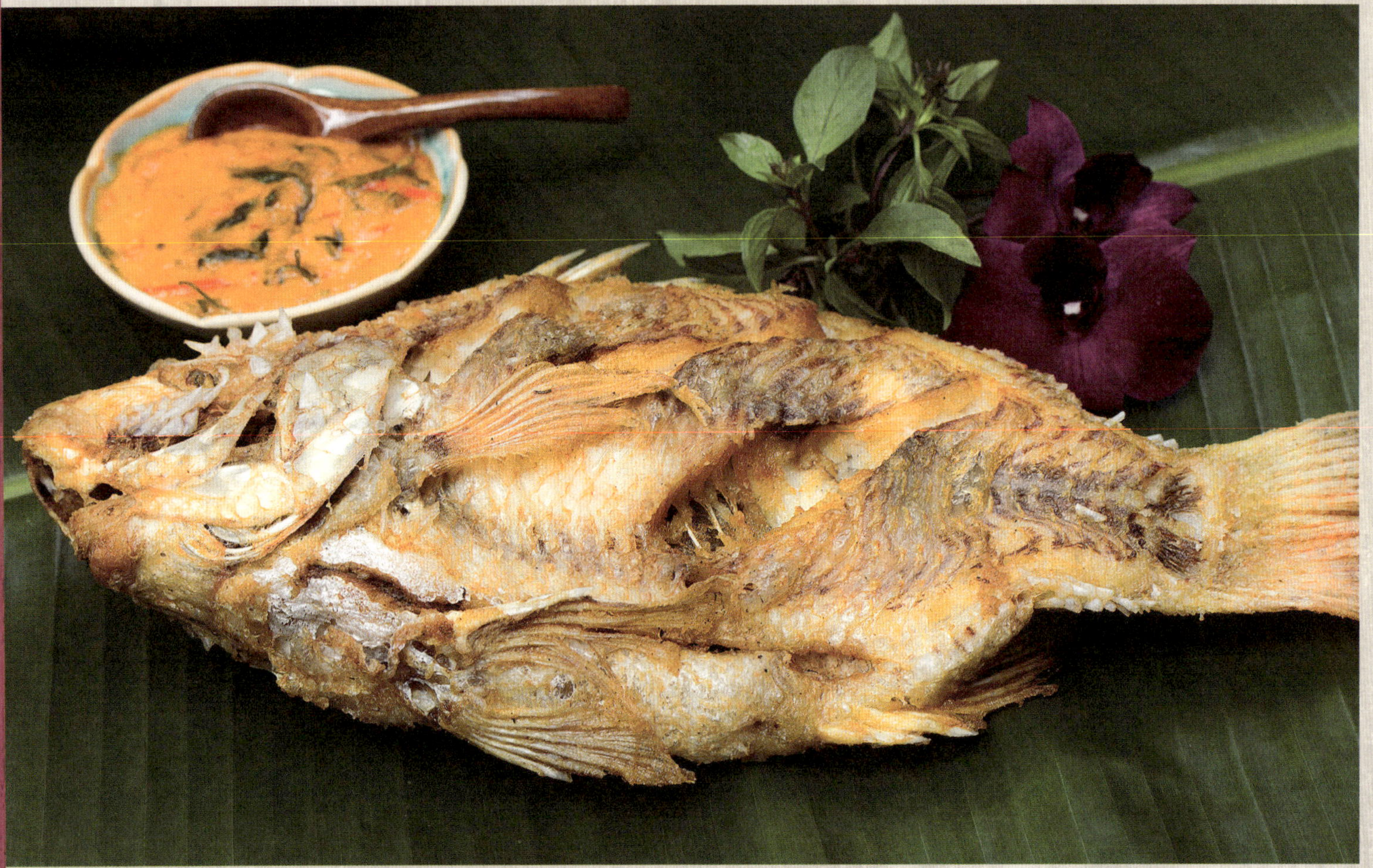

PANANG-CURRY MIT FRITTIERTEM FISCH –
gaeng panang plaa thawt

Zubereitungszeit
40 Minuten für die Currypaste,
25 Minuten für das Curry und den Fisch

Zutaten
Für die Currypaste
5–6 große getrocknete rote Chilischoten
1 Knoblauchzehe
1 Schalotte
1 daumengroßes Stück Galgant
2 Stängel Zitronengras
4–5 Korianderwurzeln
1 Kaffirlimette
2 EL geröstete Erdnüsse (Rezept siehe QR-Code)

Für das Curry
2 EL Kokoscreme
100 ml Kokosmilch
100 ml Hühnerbrühe
1 TL Palmzucker
2 EL Fischsauce
1 große rote Chilischote
2 Kaffirlimettenblätter
2 Zweige Thai-Basilikum

1 Dorade, ausgenommen und geschuppt
Salz
Öl zum Frittieren

Panang-Curry, *gaeng panang*, ist in Thailand sehr beliebt. Durch die gehackten Erdnüsse schmeckt es vollmundig, das süße Thai-Basilikum verleiht ihm einen intensiven, aromatischen Duft. Das Curry hat seinen Ursprung in Zentralthailand und stammt nicht, wie oft vermutet, aus Penang in Malaysia. Es wird mit Rindfleisch oder Huhn zubereitet, aber in diesem Rezept mit einem knusprig frittierten, innen saftigen Fisch kombiniert.

Die getrockneten Chilischoten 10 Minuten in lauwarmem Wasser einweichen, danach ausdrücken, von den Samen befreien und fein hacken. Den Knoblauch, die Schalotte und den Galgant schälen und fein hacken. Das Zitronengras am unteren Ende kappen und das obere Drittel abschneiden. Das äußere Blatt entfernen. Den Stängel fein hacken. Die Korianderwurzeln waschen, säubern und fein hacken. Von der Kaffirlimette ein fingernagelgroßes Stück abschälen und fein hacken.

Nun nacheinander zunächst den Galgant, dann die Korianderwurzeln, das Zitronengras, die Knoblauchzehe, die Kaffirlimettenschale, die eingeweichten Chilischoten und die Schalotten gründlich im Mörser zerstampfen. Zum Schluss die Erdnüsse hinzufügen und alles zu einer cremigen Paste verarbeiten.

Einen Wok bei mittlerer Temperatur erhitzen und darin die Kokoscreme braten, bis sich das klare Kokosöl abtrennt. Die Currypaste dazugeben und unter ständigem Rühren 3 Minuten anbraten, bis sie angenehm duftet. Die Kokosmilch angießen und die Mischung aufkochen. Dann die Hühnerbrühe hinzufügen und alles erneut aufkochen lassen. Den Palmzucker und die Fischsauce einrühren und die Mischung leise köcheln lassen.

Die rote Chilischote halbieren, von den Samen befreien und in feine Streifen schneiden. Die Kaffirlimettenblätter in der Mitte falten, von der Blattrippe befreien und mit einer Schere in feinste Streifen schneiden. Das Thai-Basilikum waschen, trocken schütteln und die Blätter abzupfen.

Den Fisch gründlich innen und außen unter fließend kaltem Wasser abspülen. Mit Küchenpapier trocken tupfen und auf ein Schneidebrett legen. Den Fisch vom Kopf beginnend mit einem scharfen Messer auf beiden Seiten mit mehreren Schnitten im Abstand von etwa 2 cm bis zur Schwanzflosse quer einschneiden. Dabei bis zur Mittelgräte schneiden, diese aber nicht durchtrennen. Auf diese Weise gart er gleichmäßiger. Mit 1 TL Salz von außen und innen einreiben.

In einem Frittiertopf das Frittieröl erhitzen, bis an einem hineingetauchten Holzstäbchen kleine Luftblasen aufsteigen. Neben dem Topf einen großen Teller mit mehreren Lagen Küchenpapier bereitstellen. Den Fisch nochmals mit Küchenpapier gründlich trocknen und dann vorsichtig in das heiße Öl gleiten lassen. Spritzgefahr! Den Fisch von beiden Seiten 5–8 Minuten hellbraun und knusprig frittieren, dann herausheben und auf Küchenpapier abtropfen lassen.

Das Curry nochmals kurz erhitzen, abschmecken und bei Bedarf mit Palmzucker und Fischsauce nachwürzen. In eine Schüssel füllen und mit den Chilistreifen, den Kaffirlimettenblättern und dem Thai-Basilikum bestreuen. Zusammen mit dem Fisch und gedämpftem Jasminreis servieren.

GRÜNES CURRY – gaeng keow wan kai

Zubereitungszeit
40 Minuten für die Currypaste,
30 Minuten für das Curry

Zutaten
Für die Currypaste
3 Stängel Zitronengras
2 daumengroße Stücke Galgant
4–5 grüne Vogelaugen-Chilischoten (nach Geschmack)
3–4 Korianderwurzeln
1 Kaffirlimette
2 Schalotten
3 Knoblauchzehen
½ TL Kreuzkümmel
10 schwarze Pfefferkörner
½ TL Garnelenpaste *(gapi)*
Salz

Für das Curry
1 Handvoll Erbsenauberginen
4–6 grün-weiße, runde Thai-Auberginen
3–4 Stücke Chinesischer Ingwer *(krachai)*
1 große rote Chilischote
4–5 Kaffirlimettenblätter
1 Bund frisches Thai-Basilikum
2 Hähnchenschenkel ohne Knochen
400 ml Kokosmilch
200 ml Hühnerbrühe
1 EL Palmzucker
2 EL Fischsauce

Dieses Curry gehört zu den bekanntesten und beliebtesten Gerichten der Thai-Küche. Es ist leicht, aber scharf, meistens sogar schärfer als alle anderen Curryvarianten, enthält jedoch viel frisches Gemüse.

Für die Currypaste müssen alle Zutaten zunächst fein gehackt werden, bevor sie im Mörser zermahlen werden. Je feiner die Zutaten gehackt wurden, desto leichter lässt sich die Currypaste herstellen. Vom Zitronengras die Enden und äußeren harten Blätter entfernen, dann die Stängel fein hacken. Den Galgant schälen und fein hacken. Die Chilis waschen, von den Samen befreien und fein hacken. Die Korianderwurzeln waschen, abbürsten und fein hacken. Von der Kaffirlimette ein fingernagelgroßes Stück abschälen und fein hacken. Die Schalotten und den Knoblauch schälen und fein hacken. Kreuzkümmel und Pfeffer nacheinander in einer kleinen Pfanne bei mittlerer Temperatur duftend rösten. Nicht anbrennen lassen, sonst werden sie bitter. Abkühlen lassen und zusammen in einer elektrischen Mühle fein mahlen.

Die Garnelenpaste mit einem Löffel auf einer Lage Aluminiumfolie verteilen. Die Paste in Folie einschlagen. Das Päckchen über einer kleinen Gasflamme von beiden Seiten 30–60 Sekunden rösten, bis es zu rauchen beginnt. Abkühlen lassen. Das Zitronengras mit dem Galgant und ½ TL Salz in den Mörser geben und fein zerstoßen. Nacheinander Chilischoten, Korianderwurzeln, Kaffirlimettenschale, Schalotten und Knoblauch dazugeben und einarbeiten. Dabei jede Einzelzutat zunächst gründlich verarbeiten, bevor die nächste hinzugefügt wird. Zum Schluss die Garnelenpaste und das Gewürzpulver untermischen und alles zu einer sehr feinen, geschmeidigen Paste mösern.

Für das Curry die Erbsenauberginen von der Rispe lösen. Die Thai-Auberginen waschen, von den Stielansätzen befreien und vierteln. Beide Auberginensorten sofort in eine Schale mit kaltem Wasser legen, damit sie sich nicht verfärben. Den Chinesischen Ingwer (siehe QR-Code) mit einem scharfen Messer sauberschaben und in feine Stifte schneiden. Die rote Chilischote schräg in Ringe schneiden. Die Kaffirlimettenblätter mit einem feuchten Tuch reinigen. Alles zu den Auberginen ins Wasser geben.

Die Blätter des Thai-Basilikums abzupfen, welke Blätter und Stängel entfernen. Die Hähnchenschenkel in mundgerechte Stücke schneiden.

Die Kokosmilchdose öffnen und die feste Kokoscreme herauslöffeln. In einem Wok oder einer Pfanne bei mittlerer Temperatur 2–3 EL der Kokoscreme unter ständigem Rühren so lange erhitzen, bis sich das klare Kokosöl absetzt. Unter Rühren 3 EL der Currypaste dazugeben und 3–4 Minuten braten, bis sie anfängt, sehr aromatisch zu duften. Die Paste an den Pfannenrand schieben. Die Hähnchenstücke in die Pfanne legen und auf beiden Seiten leicht anbraten. Die Hühnerbrühe, den Palmzucker und die Fischsauce dazugeben.

Das Gemüse abtropfen lassen, in das Curry geben und 2–3 Minuten in der Sauce köcheln lassen. Die Thai-Auberginen sollten bissfest bleiben. Die restliche Kokosmilch angießen und die Mischung erwärmen, aber nicht mehr aufkochen, weil die Kokosmilch sonst gerinnt. Das Curry mit Fischsauce, Palmzucker und Salz sowie, nach Belieben, mit mehr Currypaste abschmecken. In eine Schale geben, mit dem Thai-Basilikum bestreuen und mit Jasminreis servieren.

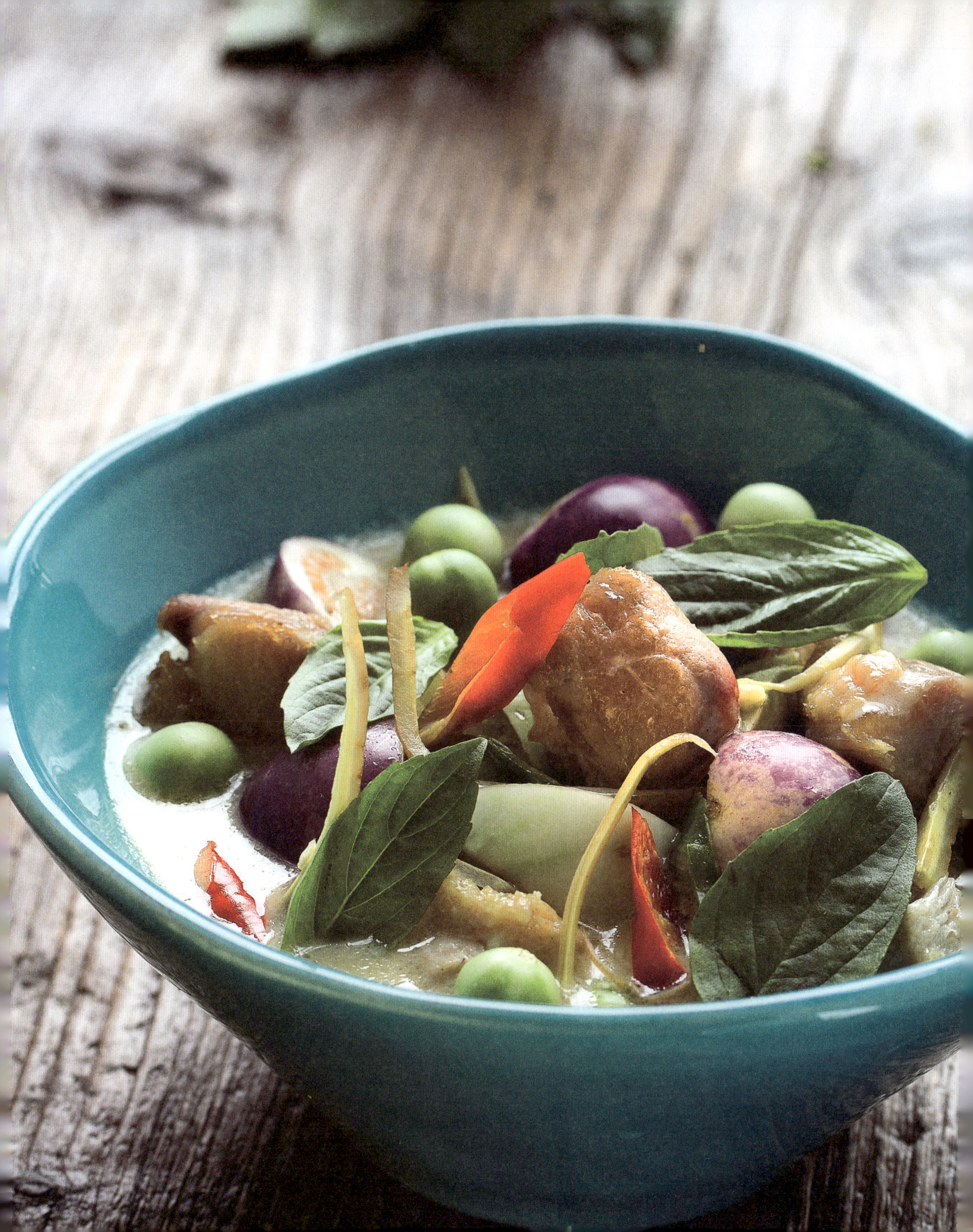

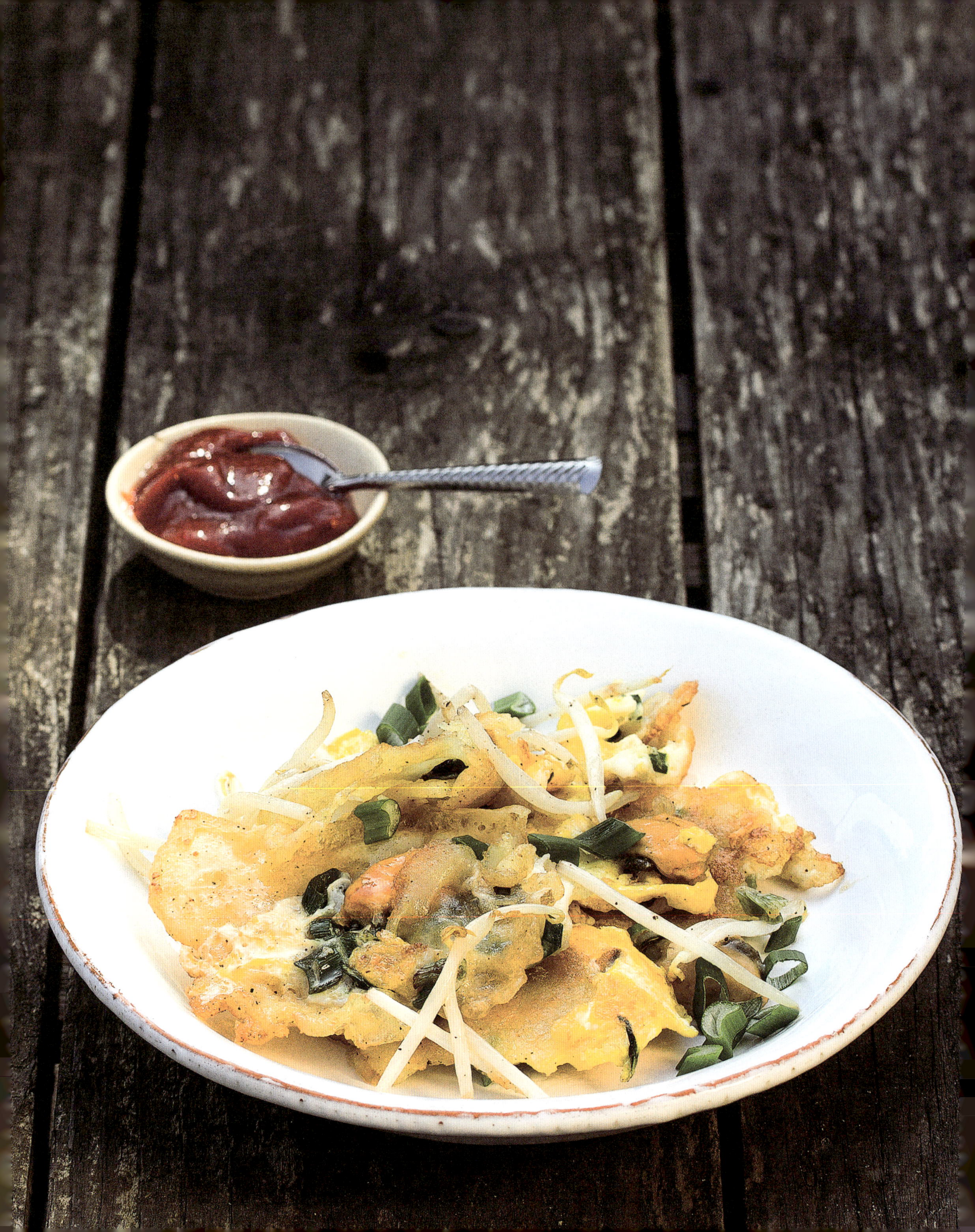

MUSCHELOMELETT – hoy tod

ZUBEREITUNGSZEIT
40 Minuten

ZUTATEN
(FÜR 1 PORTION)
10–12 Miesmuscheln in der Schale
50 g *banh-xeo*-Mehl
25 g *tempura*-Mehl
1 Frühlingszwiebel
1 Knoblauchzehe
1 Handvoll Mungbohnensprossen
1 Ei
Salz
5 EL Öl zum Braten
1 EL Fischsauce
Zucker
gemahlener Pfeffer
Chilisauce
    (»Sriracha medium«)

Hoy tod ist, ähnlich wie *pad thai*, ein Klassiker der Straßenküche. Auf den Nachtmärkten Thailands findet sich immer ein Stand, an dem Muschelomeletts zubereitet werden, oft auch mit frischen Austern. »Tod« heißt »frittieren« auf Thai. Das Omelett wird zwar nicht in Öl schwimmend gegart, aber zumindest in so viel Öl gebraten, dass es eine sehr knusprige Kruste bekommt. Serviert wird dazu die bekannte Sriracha-Chilisauce aus dem Städtchen Sri Racha am Golf von Thailand. Das Rezept ist nur für eine Portion berechnet, da man jedes Omelett einzeln zubereiten muss.

Die Muscheln gründlich waschen und abbürsten. In einem Topf ohne Wasser bei hoher Temperatur mit geschlossenem Deckel 3 Minuten erhitzen. Dabei den Topf immer wieder rütteln, damit sich die Muscheln neu verteilen. Sobald sich die Schalen öffnen, die Muscheln in eine Schüssel legen. Das Muschelfleisch aus den Schalen lösen und beiseitestellen. Muscheln die sich nach einer Garzeit von 6 Minuten noch nicht geöffnet haben, wegwerfen.

Das *banh-xeo*- und das *tempura*-Mehl mit einer halben Tasse kaltem Wasser zu einem glatten, klümpchenfreien Teig verrühren. Die Konsistenz sollte der eines Pfannkuchenteigs entsprechen. Bei Bedarf mehr Wasser zugeben.

Die Frühlingszwiebel putzen und quer in feine Ringe schneiden. Die Knoblauchzehe schälen, fein hacken und mit einer Prise Salz vermischen. Die Mungbohnensprossen putzen, waschen und abtropfen lassen. Das Ei in einer Schale aufschlagen und leicht verquirlen.

In einer beschichteten Pfanne 3 EL Bratöl gleichmäßig verteilen und stark erhitzen. Den Teig nochmals gut umrühren, die Hälfte davon in die Pfanne geben und durch Schwenken der Pfanne gleichmäßig verteilen. Die Muscheln und die Hälfte der Frühlingszwiebeln darauf verteilen. Den restlichen Teig hinzufügen und verteilen. Den Pfannkuchen bei mittlerer Temperatur braten, bis die Ränder anfangen, sich braun zu färben. Den Teig mit einem Kunststoffwender immer wieder lösen, damit er nicht festbackt.

Den Fladen in drei Stücke teilen. Am Pfannenrand 1 EL Öl heiß werden und dann unter den Fladen laufen lassen. Das Ei auf die freien Stellen und auf einen Teil des Fladens gießen. Sobald es stockt, mit dem Wender zerteilen. Das Omelett zusammenfalten, nochmals in drei Stücke teilen und an den Pfannenrand schieben. Auf die freie Fläche der Pfanne 1 EL Öl geben und darin den Knoblauch kurz anbraten, dann die Bohnensprossen dazugeben. Anschließend die Fischsauce, eine Prise Zucker und eine Messerspitze Pfeffer hinzufügen. Die Sauce mit dem Omelett vermischen und alles auf einen Teller gleiten lassen. Mit einem Schüsselchen Chilisauce zum Dippen servieren.

GRILLSPIESSE MIT SCHWEINEFLEISCH – muu satay

Zubereitungszeit
50 Minuten,
    plus 2 Stunden Ruhezeit

Zutaten
500 g Schweinekamm
1 ½ TL gemahlene Kurkuma
1 TL gemahlene Koriandersamen
1 TL gemahlener Kreuzkümmel
1 EL Palmzucker
400 ml Kokosmilch
½ Orange
Holzspieße zum Grillen
1 kleine Salatgurke
2 Schalotten
1 große rote Chilischote
2 EL Zucker
1 Msp. Salz
2 EL Reisessig
2 Stängel frischer Koriander
satay-Erdnusssauce
    (siehe QR-Code)

Satay sind gegrillte Spieße mit Huhn-, Lamm-, Schweine- oder Rindfleisch. Überall in Thailand findet man die winzigen Stände mit einem kleinen Grill, der große, aromatische Rauchschwaden ausstößt. Fein säuberlich nebeneinander aufgereiht, grillen kleine, kurkumagelbe Fleischspieße über glühender Holzkohle. Mit einem Pinsel aus Zitronengras bestreicht der *satay*-Verkäufer die Spieße regelmäßig mit Kokosmilch. So bleiben sie saftig und werden noch aromatischer. Serviert werden sie mit einer sämigen, süß-scharfen Erdnusssauce, einem erfrischenden Gurkenrelish und speziell in Bangkok mit gerösteten Weißbrotwürfeln.

Das Fleisch unter fließend warmem Wasser abwaschen und mit Küchenpapier trocken tupfen. In Streifen von etwa 8 cm Länge, 2 cm Breite und ½ cm Stärke schneiden.

In einer Schüssel das Kurkumapulver, die Koriandersamen und den Kreuzkümmel mit dem Palmzucker und zwei Dritteln der Kokosmilch vermischen. Eventuell etwas erhitzen, damit sich der Palmzucker löst. Den Orangensaft unterrühren und die Fleischstreifen mindestens 2 Stunden, am besten jedoch über Nacht in der Mischung marinieren. Die restliche Kokosmilch beiseitestellen. Die Holzspieße in warmes Wasser einlegen, damit sie beim späteren Grillen nicht verbrennen.

Für das Gurkenrelish die Gurke schälen, in feine Scheiben schneiden und in eine Schüssel geben. Die Schalotten schälen und der Länge nach (!) in feine Scheiben schneiden. Die Chilischote waschen und schräg in Ringe schneiden. Beides zu den Gurkenscheiben in die Schüssel geben.

In einem Topf den Zucker, das Salz, den Reisessig und 4 EL Wasser unter Rühren erhitzen, bis sich alles gelöst hat. Den Sud neben der Schüssel mit der Gurkenmischung bereitstellen, diese aber erst kurz vor dem Servieren damit übergießen und kurz vermischen.

Einen Holzkohlengrill vorheizen und die Kohle so lange brennen lassen, bis sich ein grauer Aschefilm auf der Oberfläche bildet. In der Zwischenzeit die Holzspieße aus dem Wasser und das Fleisch aus der Marinade nehmen. Je 2–3 Fleischstreifen auf jeden Holzspieß ziehen. Am unteren Ende ausreichend Platz lassen, um den Spieß noch greifen zu können.

Die Spieße auf den Grill legen und mit der restlichen Kokosmilch bestreichen. Immer wieder wenden und mit Kokosmilch bestreichen. Nach 5–8 Minuten sollte das Fleisch fertig gegrillt sein. Es sollte nicht bzw. nur ganz leicht bräunen. Den Koriander waschen, trocken schütteln und die Blätter abzupfen. Das Gurkenrelish mit dem Dressing vermischen und mit den Korianderblättern bestreuen. Die heißen *satay*-Spieße mit dem Relish und Erdnusssauce servieren. Als Beilage passen getoastete Weißbrotstreifen oder gedämpfter Jasminreis.

Tipp: Alternativen zum Schweinefleisch sind Rindfleisch, Hühnchen – hier am besten von der Keule – oder auch Lamm. Für eine vegetarische Variante eignet sich zuvor frittierter, marinierter und kurz gegrillter Tofu. Für Partys können *satay*-Spieße gut im Voraus gegrillt und vor dem Servieren nur noch einmal kurz auf dem Grill oder auch in der Mikrowelle erhitzt werden.

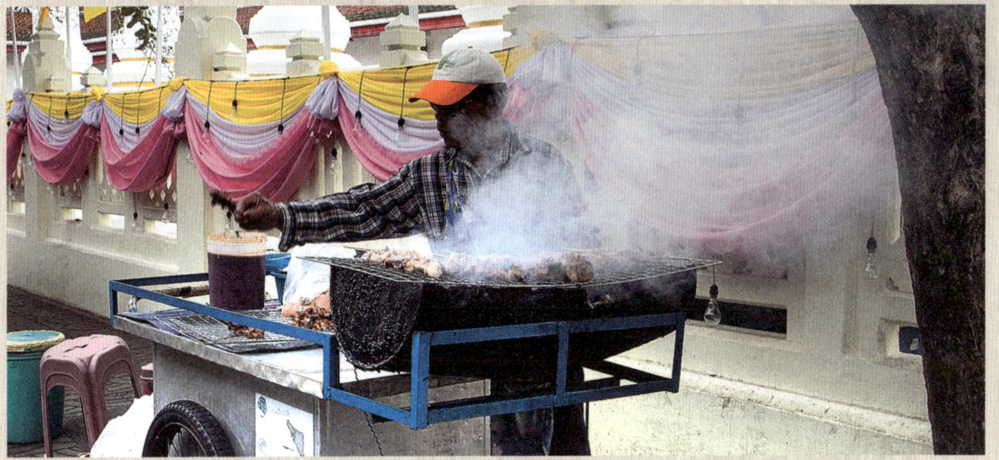
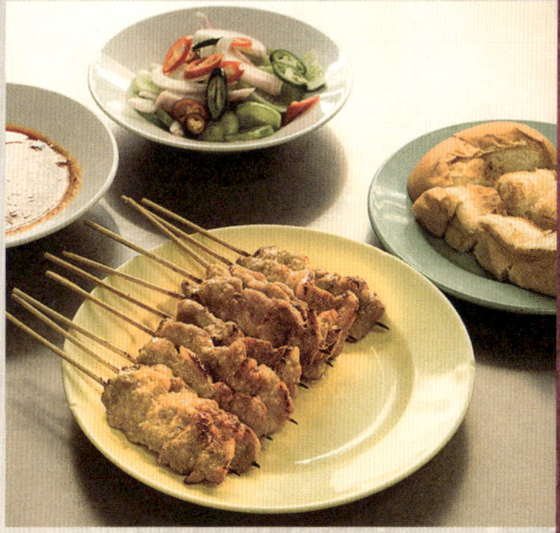
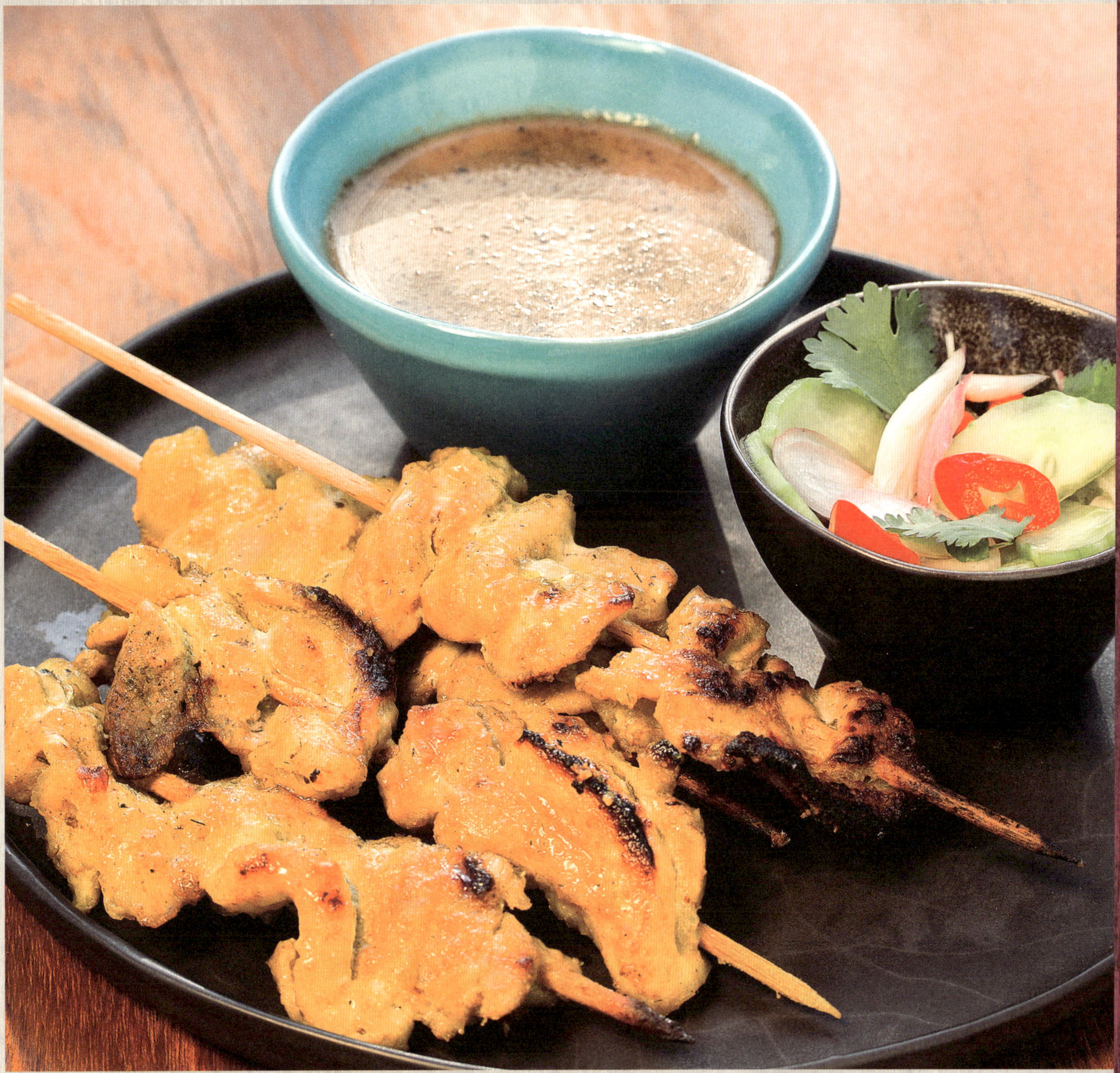

รังนกอย่างดี 上等燕窩

中國大酒店
HOTEL
CHINA TOWN SCALA
中國城
銀都魚翅酒樓
振成豐
ROONGSARP TRAVEL
SHANGHAI
MANSION BANGKOK
Cotton
SEAFOOD

Die Strassenküchen in Bangkok

Bangkok gilt als Eldorado für Street Food. Tausende von Straßenküchen befinden sich in der Stadt und in allen Stadtvierteln gibt es ganze Straßenzüge, in denen sich eine an die andere reiht. Aber auch in Bangkok – wie in ganz Südostasien – sind Straßenküchen und die Street-Food-Bewegung ein eher modernes Thema. Traditionell aßen die Thais zu Hause, nur bei festlichen Anlässen wurde außer Haus gespeist. Die klassische Thai-Mahlzeit besteht aus verschiedenen harmonisch aufeinander abgestimmten Gerichten – Currys, Salaten, Suppen und Relishs –, die um eine zentrale Schüssel mit Reis gruppiert wurden. Die sogenannten Ein-Teller-Gerichte, wie sie die Straßenküche serviert, kamen erst im Zuge der Industrialisierung auf, als in den 1960er-Jahren viele Landbewohner ihre Farmen und Felder verließen, um in den boomenden Großstädten ihr Glück zu suchen. Sie wohnten meist in Massenunterkünften ohne Kochgelegenheit und mussten sich ihr Essen deshalb anderweitig besorgen. Findige Händler erkannten den Bedarf, und so entwickelte sich die Street-Food-Kultur rasant. Aus Platzgründen spezialisierten sich die meisten Betreiber von Straßenküchen auf ein Gericht, das viele mit der Zeit bis zur Vollendung weiterentwickelten.

Für die Hausfrauen Bangkoks war das fertig zubereitete Essen von der Straße ursprünglich etwas für arme Leute oder für Haushalte, in denen man zu faul zum Kochen war. Heutzutage gilt es als schick, mit der Familie oder Freunden über die Nachtmärkte zu bummeln und auf Plastikstühlen in Garküchen zu essen. Speziell der Stadtteil Chinatown ist ein wahres Eldorado für Street-Food-Liebhaber.

Überall in Südostasien ist die Küche stark vom großen Nachbarn China beeinflusst. In mehreren Wellen kamen über die Jahrhunderte Einwanderer aus dem Süden Chinas in alle Länder Südostasiens, vor allem aber nach Thailand. Insbesondere in der ersten Hälfte des 19. Jahrhunderts verließen viele Chinesen aufgrund von Hungersnöten oder der politischen Situation in China ihr Heimatland. In der Fremde angekommen, gründeten sie eigene Gemeinschaften, die es ihnen leichter machten, sich zurechtzufinden und Handel zu treiben. So gibt es in allen südostasiatischen Großstädten – wie auch überall sonst in den Metropolen der Welt – chinesische Viertel, die meist als »Chinatown« bezeichnet werden.

Der »Eingang« zur Chinatown von Bangkok befindet sich am Odeon Circle, wo ein großes chinesisches Tor den Besucher empfängt. Die Hauptstraße des chinesischen Viertels ist die Yaowarat Road, die nachts zur Street-Food-Meile wird. Auf der breiten Straße tost der Verkehr, während sich auf beiden Seiten hungrige Menschen an den Straßenküchen vorbeischieben. Kleine Snacks wie Vogelnestersuppe, Mango mit Klebreis oder Fruchtsäfte werden im Stehen genossen, bei größeren Garküchen mit mehr Auswahl kann man an einfachen Metalltischen auf Plastikstühlen sitzen. Das beste Essen findet man dort, wo kein Platz mehr frei ist und viele Leute warten. Also ist Geduld gefragt. Sobald man aber einen Platz hat, bekommt man sofort die Speisekarte, während die hektische, aber meist freundliche Bedienung schon auf die Bestellung wartet. Das Essen kommt schnell und ist ausgesprochen köstlich. Viel Zeit zum Genießen bleibt allerdings nicht – die nächsten Hungrigen warten schon. Das macht aber nichts, denn der Abend ist noch lang und man will ja weiter, um anderswo noch andere Leckereien zu probieren.

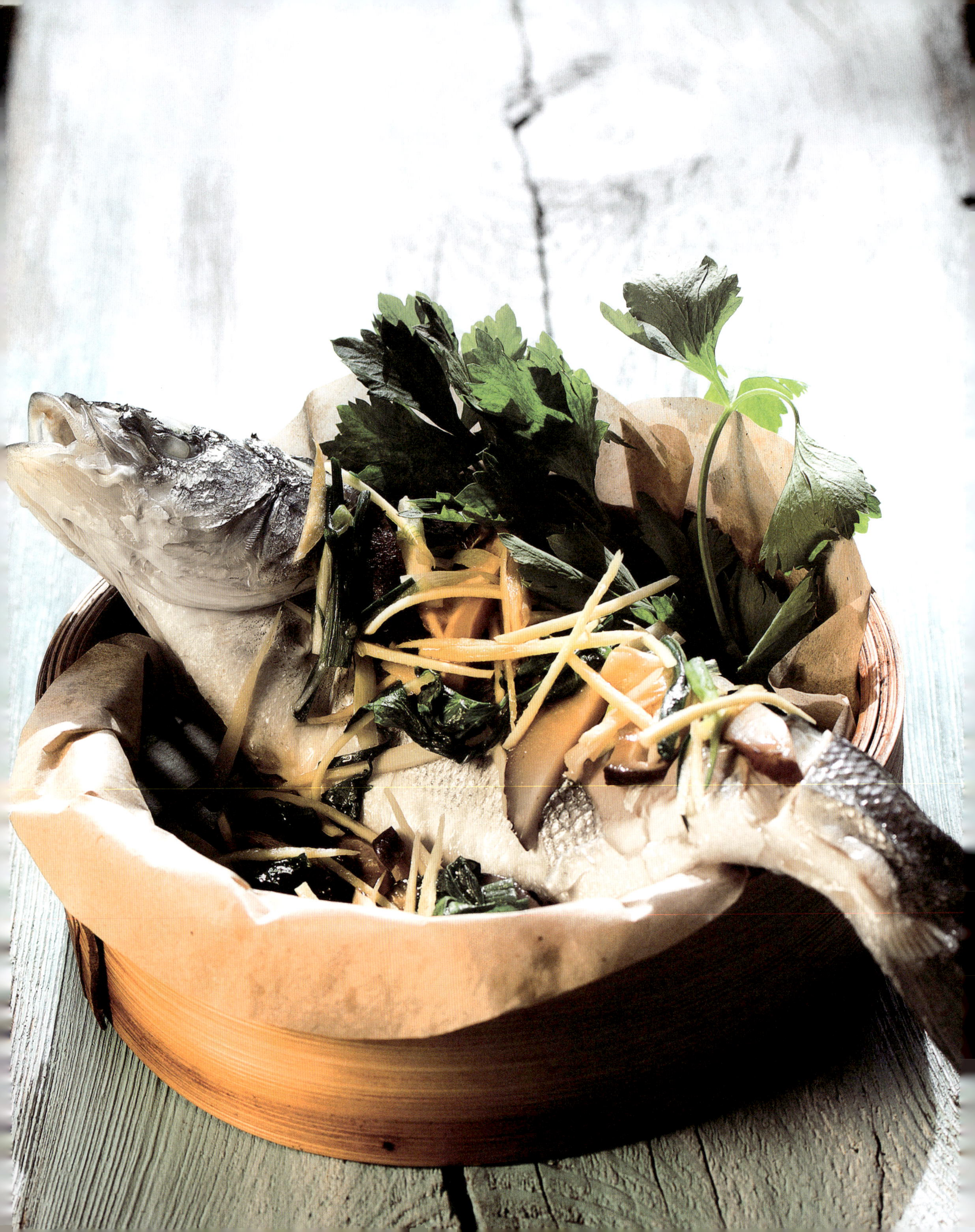

GEDÄMPFTER FISCH MIT SOJASAUCE UND INGWER – pla neung see ew

ZUBEREITUNGSZEIT
45 Minuten,
 plus 1 Stunde Ruhezeit

ZUTATEN
4–6 getrocknete Shiitake-Pilze
5 EL helle Sojasauce
Salz
Zucker
1 ganzer Fisch (Wolfsbarsch, Dorade, Forelle o. Ä.), ausgenommen und geschuppt
2–3 Knoblauchzehen
2 daumengroße Stücke Ingwer
½ Bund frischer Chinesischer Sellerie (ersatzweise hellgrüne Blätter vom Staudensellerie)
1–2 Frühlingszwiebeln
4 EL Hühnerbrühe

Ein im Ganzen gedämpfter Fisch, gewürzt mit Sojasauce und frischem Ingwer: Dieses angenehm leichte Gericht bringt den feinen Geschmack des Fisches wunderbar zur Geltung. Das ursprüngliche Rezept kam mit chinesischen Einwanderern nach Thailand. An der Technik des Dampfgarens und der Verwendung von Sojasauce in Verbindung mit Ingwer erkennt man diesen Ursprung. Diese Garmethode ist ideal für Fisch, er wird geschont, laugt nicht aus und die Aromen bleiben erhalten.

Die getrockneten Shiitake-Pilze 1 Stunde in kaltem Wasser quellen lassen. Anschließend das Einweichwasser abgießen, die Pilze in einem Topf mit frischem Wasser bedecken und 15 Minuten köcheln. 1 EL von der Sojasauce und je eine Prise Salz und Zucker dazugeben.
Den Fisch gründlich innen und außen unter fließend kaltem Wasser abspülen. Mit Küchenpapier trocken tupfen und auf ein Schneidebrett legen. Mit einem scharfen Messer auf beiden Seiten mehrmals quer von Kopf bis Schwanzflosse im Abstand von 2 cm bis zur Mittelgräte einschneiden, ohne diese zu durchtrennen. So gart der Fisch gleichmäßiger.
Die Knoblauchzehen schälen, halbieren und mit der flachen Seite eines schweren Küchenmessers leicht zerdrücken. Den Ingwer schälen und in feine Stifte schneiden. Den Sellerie waschen und grob hacken, dabei einige Blättchen zur Dekoration beiseitelegen. Die Frühlingszwiebeln an beiden Enden kappen, in 4 cm lange Stücke und dann längs in feine Streifen schneiden.
Die restlichen 4 EL Sojasauce, 4 EL von dem Pilzsud sowie die Hühnerbrühe über den Fisch gießen.
Die Pilze aus dem Sud heben und in Scheiben schneiden. Diese zusammen mit dem Knoblauch, dem Ingwer, dem Sellerie und den Frühlingszwiebeln auf dem Fisch verteilen.
Einen Dampfgarer vorheizen und die Schale mit dem Fisch hineinstellen. Den Fisch je nach Größe 12–18 Minuten dämpfen. Der Fisch ist gar, wenn sich das Fleisch an der dicksten Stelle hinter dem Kopf weiß gefärbt hat.
Die Schale vorsichtig aus dem Dampfgarer nehmen. Den Fisch mit den restlichen Sellerieblättern bestreuen und mit gedämpftem Jasminreis servieren.

Tipp: Ideal ist die Verwendung eines Dampfgarofens. Falls nicht vorhanden, kann man sich in Asialäden recht preiswert große Aluminiumtöpfe zum Dampfgaren besorgen. Auch ein handelsüblicher Dämpftopf mit Einsatz erfüllt den Zweck. Wenn man den Fisch als Kotelett oder Filet dämpft, verkürzt sich die Dämpfzeit auf 5–6 Minuten.

GEGRILLTER SCHWEINEBAUCH – moo daeng

Zubereitungszeit
115 Minuten,
    plus 1 Tag Ruhezeit

Zutaten
2 Knoblauchzehen
1 daumengroßes Stück Ingwer
1 daumengroßes Stück Galgant
2 Schalotten
2 EL helle Sojasauce,
    plus 2 EL für die Sauce
1 EL dunkle Sojasauce,
    plus 1 TL für die Sauce
2 EL Reiswein
½ TL Fünf-Gewürze-Pulver,
    plus etwas für die Sauce
2 EL Zucker
½ TL dunkles Sesamöl
1 kg Schweinebauch oder
    Schweineschulter mit
    Schwarte
1 TL Sesamsamen
125 ml Hühnerbrühe
½ TL Speisestärke
1 Gurke
gedämpfter Jasminreis
Chili-Sojasauce
    (Rezept siehe QR-Code)

Moo daeng ist saftig gegrilltes Schweinefleisch, wie es überall auf Thailands Straßenmärkten angeboten wird. Ursprünglich chinesischen Ursprungs unter dem Namen *char siu*, findet es sich in Abwandlungen in ganz Südostasien. Das Fleisch wird über Nacht mit trockenen Gewürzen wie Zimt, Sternanis, Kardamom, aber auch frischen wie Ingwer und Galgant mariniert. Im Ofen sanft gegrillt, wird die Schwarte schön kross und knusprig, während das Fleisch herrlich saftig bleibt. In den Straßenküchen hat es meist noch eine rote Färbung, die aber durch Lebensmittelfarbe erzeugt wird. Dazu isst man frische Gurke, eine Chili-Sojasauce und natürlich gedämpften Jasminreis.

Am Vortag für die Marinade den Knoblauch, den Ingwer, den Galgant und die Schalotten schälen und alles mit der flachen Seite eines schweren Küchenmessers flach klopfen. In eine Schüssel geben und mit 2 EL von der hellen und 1 EL von der dunklen Sojasauce sowie dem Reiswein vermischen. Das Fünf-Gewürze-Pulver, den Zucker und das Sesamöl einrühren.
Das Fleisch unter fließend lauwarmem Wasser abwaschen, mit Küchenpapier trocken tupfen und gründlich in der Marinade wenden. Über Nacht im Kühlschrank ruhen lassen.
Am folgenden Tag das Fleisch aus dem Kühlschrank nehmen und 45 Minuten warm werden lassen. Den Ofen auf 160 °C (Umluft) vorheizen. Auf der untersten Schiene eine Fettpfanne einschieben und diese mit etwas Wasser füllen. Das Fleisch aus der Marinade nehmen, abtropfen lassen und auf einem Grillrost auf der mittleren Schiene in den Ofen schieben.
Das Fleisch 1 Stunde braten, dann die Temperatur auf 200 °C erhöhen und den Braten weitere 30 Minuten garen. Dabei das Fleisch immer wieder mit der Marinade bestreichen und darauf achten, dass die Kruste nicht verbrennt und schwarz wird. Bei Bedarf mit Alufolie abdecken. Das Fleisch ist gar, wenn es auf Fingerdruck noch etwas nachgibt, aber trotzdem fest ist. Die Schwarte sollte kross und knusprig sein.
Aus dem Ofen nehmen, 10 Minuten ruhen lassen und dann in Scheiben schneiden. Die restliche Marinade für die Zubereitung der Barbecuesauce aufheben. Für die Sauce in einem kleinen Topf die Sesamsamen bei mittlerer Temperatur goldbraun rösten. Herausnehmen. Im gleichen Topf die Hühnerbrühe erhitzen. Eine Messerspitze Fünf-Gewürze-Pulver, die restliche Marinade, 2 EL helle Sojasauce, 1 TL dunkle Sojasauce und die gerösteten Sesamsamen dazugeben. Die Mischung aufkochen und bei niedriger Temperatur 5 Minuten simmern lassen. Die Speisestärke mit 4 EL kaltem Wasser anrühren und nach und nach unter die Sauce mischen. Diese nochmals aufkochen und 2 Minuten simmern lassen. Abschmecken und bei Bedarf mit ein paar Tropfen Sesamöl nachwürzen. Auf Zimmertemperatur abkühlen lassen.
Die Gurke schälen, entkernen und in 4 mm dicke Scheiben schneiden. Den Reis auf vier Portionsschalen verteilen, jeweils ein paar Scheiben Fleisch darauf platzieren und diese mit etwas Barbecuesauce beträufeln. Mit der Gurke, der restlichen Barbecuesauce und der Chili-Sojasauce servieren.

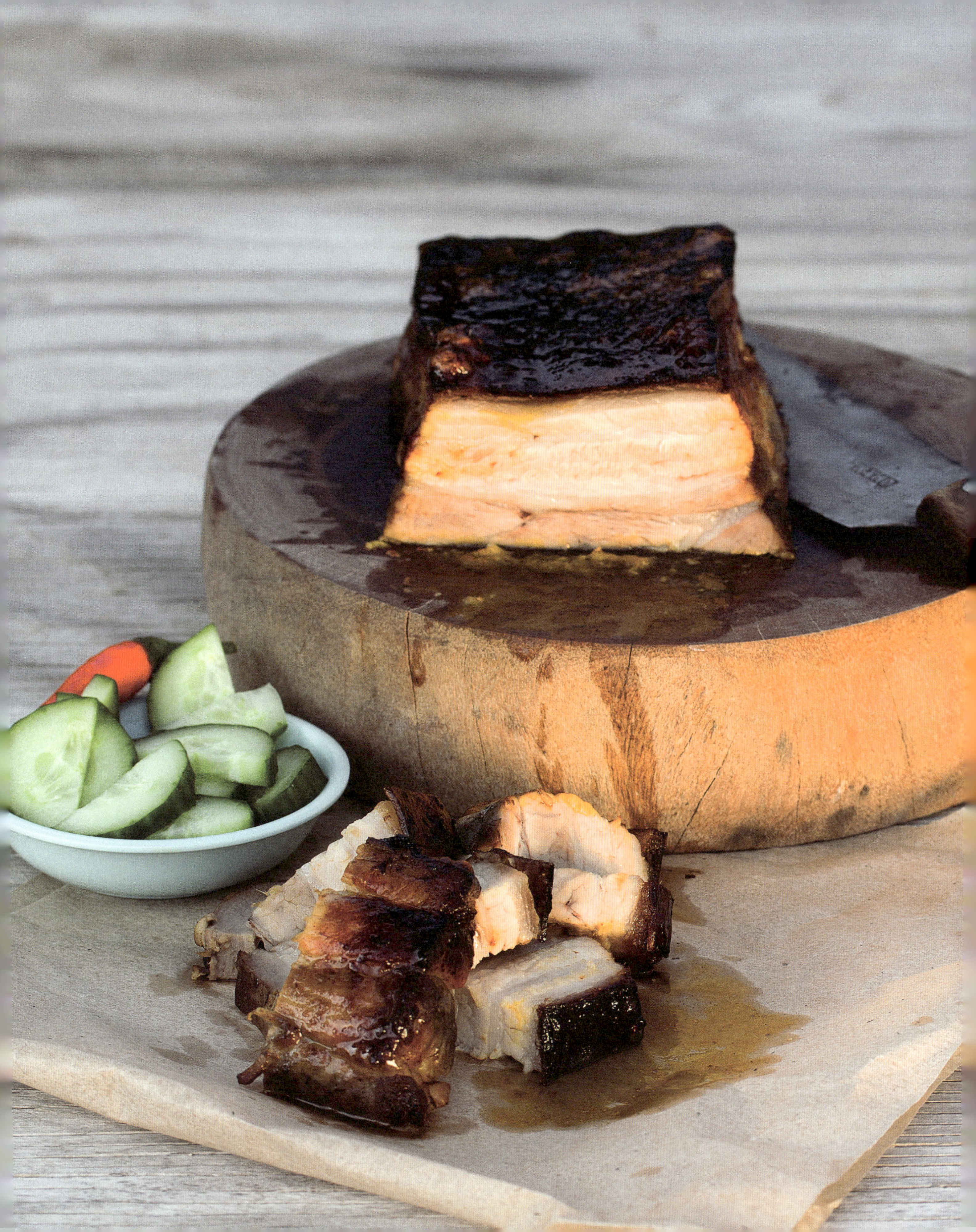

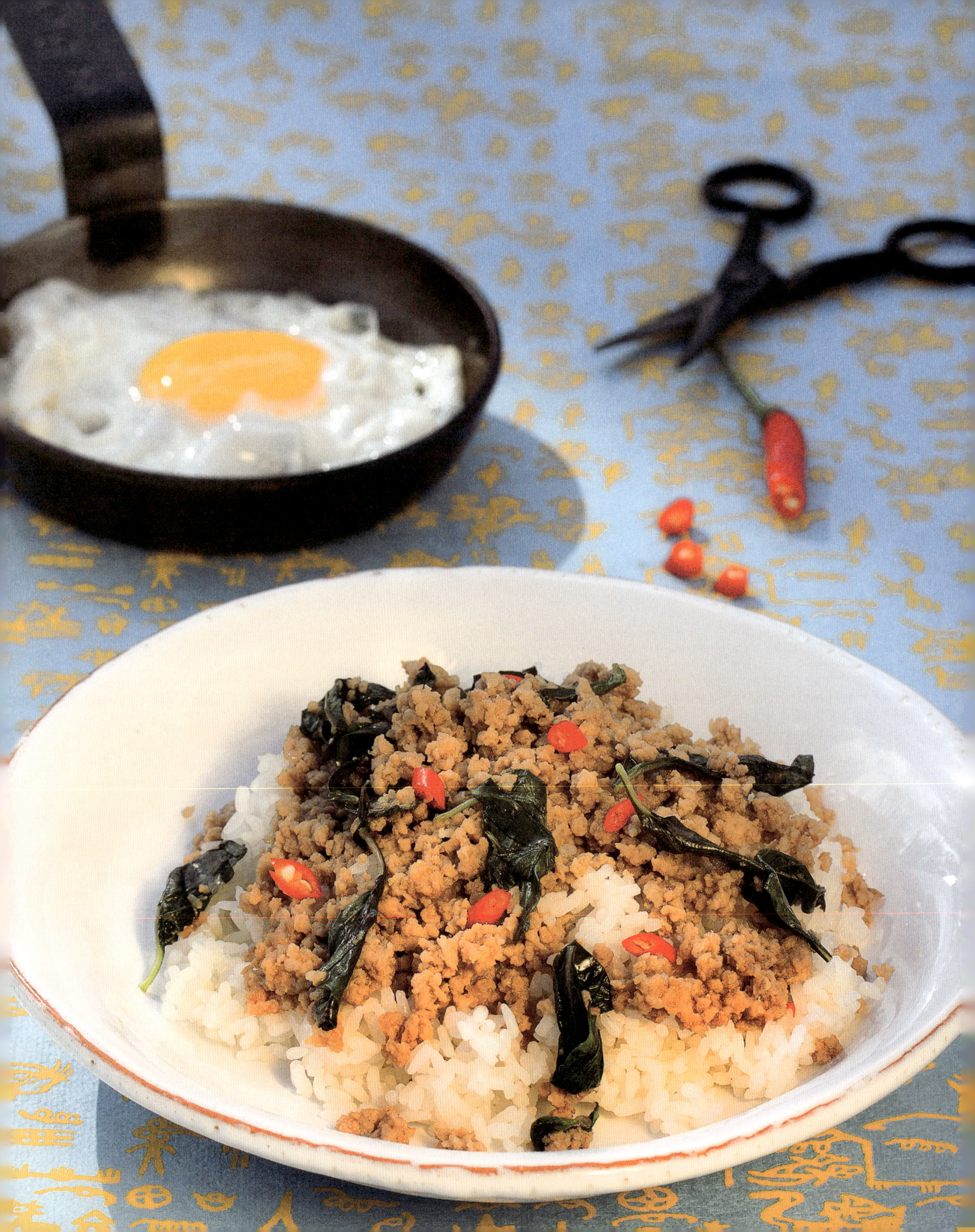

SCHWEINEFLEISCH AUS DEM WOK MIT HEILIGEM BASILIKUM – pad kaprao

Zubereitungszeit
30 Minuten

Zutaten
2 Knoblauchzehen
2 Schalotten
1 rote Vogelaugen-Chilischote
1 Bund frisches Heiliges Basilikum oder Thai-Basilikum
Öl zum Braten
4 Eier
400 g Schweinehackfleisch, möglichst durchwachsen
2 EL Fischsauce
1 EL helle Sojasauce
1 EL dunkle, süße Sojasauce (*ketjap manis*)
1 EL Austernsauce
gedämpfter Jasminreis

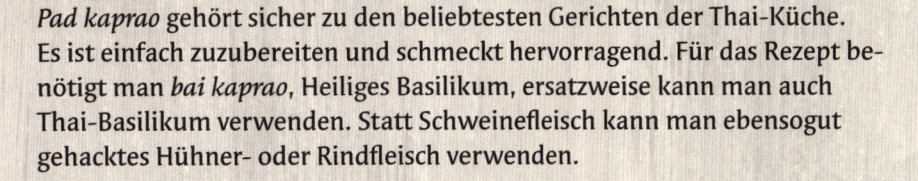

Pad kaprao gehört sicher zu den beliebtesten Gerichten der Thai-Küche. Es ist einfach zuzubereiten und schmeckt hervorragend. Für das Rezept benötigt man *bai kaprao*, Heiliges Basilikum, ersatzweise kann man auch Thai-Basilikum verwenden. Statt Schweinefleisch kann man ebensogut gehacktes Hühner- oder Rindfleisch verwenden.

Die Knoblauchzehen und die Schalotten schälen und fein hacken. Die Chilischote waschen, entkernen und fein hacken. Alles in einem Mörser zu einer homogenen Würzpaste zerstampfen. Das Basilikum waschen. Die Blätter abzupfen und beiseitelegen.
Für die »Spiegeleier nach Thai-Art« den Boden eines Woks 1,5 cm hoch mit Öl bedecken und den Wok auf mittlere Temperatur erhitzen. Ein Ei aufschlagen und hineingleiten lassen. Es wird sofort anfangen Blasen zu bilden. Sobald der Boden fest ist, mit einem flachen Spatel rundherum den Rand des Eis vorsichtig lösen und das Öl darunter laufen lassen. Den Wok kippen und mit einem Löffel das heiße Öl über die noch glasigen Stellen des Eiweißes gießen. Sobald das Spiegelei die gewünschte Konsistenz hat, mit dem Spatel vorsichtig lösen und auf einen Teller gleiten lassen. Die restlichen Eier ebenso zubereiten. Alternativ vier Spiegeleier auf herkömmliche Art braten.
Das Öl bis auf 1 EL abgießen und den Wok erneut auf mittlere Temperatur erhitzen. Die Würzpaste hineingeben und unter ständigem Rühren so lange braten, bis sie anfängt zu duften und die Schalotten ihre Schärfe verlieren. Jetzt das Hackfleisch dazugeben und braten. Dabei mit einem Holzspatel zerteilen und zerkrümeln. Wenn das Fleisch durch ist, Fischsauce, helle Sojasauce, *ketjap manis* und Austernsauce unterrühren. Zum Schluss die Basilikumblätter dazugeben und alles nochmals kurz erhitzen, damit die Blätter zusammenfallen. Den Jasminreis auf vier Tellern anrichten. Das Fleisch auf dem Reis verteilen und je ein Spiegelei daraufsetzen. Sofort servieren.

Basilikum

Bai horapa, auch Thai-Basilikum genannt, hat violette Stängel und grüne, spitz zulaufende Blätter. Es ist eine von zwei Basilikumarten, die in Thailand verwendet werden, und kommt in Currys, Suppen und Wok-Gerichten zum Einsatz. Man gibt es immer erst zum Schluss über das Gericht, da es sich sonst beim Kochen schwarz verfärbt. Thai-Basilikum besitzt ein ganz eigenes, an Anis und Gewürznelken erinnerndes Aroma und kann daher nicht durch das im Mittelmeerraum heimische Basilikum ersetzt werden.
Die zweite Basilikumart heißt *bai kaprao*, Heiliges Basilikum, Indisches Basilikum, Königsbasilikum oder *tulsi*. In deutschen Asialäden wird sie auch unter dem Namen »Scharfes Basilikum« gehandelt. Als »heilig« wird diese Basilikumart bezeichnet, weil sie sowohl im hinduistischen als auch im buddhistischen Glauben in religiösen Ritualen eingesetzt wird. In der Küche werden die ganzen Blätter verwendet, die wie beim *pad kaprao* nur kurz mitgeschmort werden und einen kräftigen, etwas pfeffrigen Geschmack haben.

MANGO MIT KLEBREIS – khao niaow ma muang

Zubereitungszeit
40 Minuten,
 plus 3 Stunden
 zum Einweichen

Zutaten
200 g Klebreis
 (Rezept siehe QR-Code)
400 ml Kokosmilch ohne
 Emulgator
100 g extrafeiner Zucker
1 TL Salz
½ TL Speisestärke
2 EL getrocknete gelbe
 Mungbohnen
2 reife Mangos

Goldgelbe, süße Mango mit Klebreis, der mit einer sahnigen Kokossauce serviert wird, bestreut mit gerösteten Mungbohnen, die dem Ganzen eine knusprige Textur verleihen – das ist das Lieblingsdessert der Thais, das man während der Erntezeit der Mangos, im April und Mai vor Beginn der Regenzeit, in den Straßenküchen bekommt.

Den Klebreis nach der Anleitung für laotischen Klebreis (siehe Seite 113) dämpfen und warm halten.
Die Dose mit der Kokosmilch öffnen und die feste Kokoscreme vorsichtig abnehmen. Die Kokosmilch anderweitig verwenden. Die Hälfte der Kokoscreme langsam erwärmen und 80 g Zucker sowie das Salz unter Rühren darin auflösen. Den fertig gekochten, noch heißen Reis in eine Glas- oder Keramikschale füllen und vorsichtig die Kokoscrememischung unterheben. Dabei muss der Reis noch dampfend heiß sein, damit die Mischung komplett aufgenommen wird. Den Reis abdecken und 15 Minuten an einem warmen Platz ruhen lassen.
Für die Kokossauce in einem kleinen Topf die Speisestärke mit ein paar Tropfen Wasser zu einer dicken Paste verrühren. Die restliche Kokoscreme dazugeben, alles gut vermischen und salzen. Die Mischung vorsichtig unter kräftigem Rühren erhitzen, dabei darauf achten, dass sich die Kokoscreme nicht trennt. Sobald die Creme anfängt anzudicken, den restlichen Zucker einrühren und die Mischung sofort vom Herd nehmen. Abkühlen lassen, dabei immer wieder umrühren, damit sich keine Haut bildet. Die Sauce beiseitestellen.
Die Mungbohnen in warmem Wasser 5 Minuten quellen lassen. Abtropfen lassen und in einer kleinen Pfanne bei mittlerer Temperatur goldbraun rösten. Dabei immer wieder mit einem Holzspatel umrühren. In einem Mörser leicht zerstoßen.
Die Mangos schälen, dabei die Frucht mit der flachen Seite locker in der Handfläche halten und mit einem Schäler die Oberseite gleichmäßig abschälen.
Die Mango drehen und die andere Seite schälen. Jetzt mit einem scharfen Messer das Fruchtfleisch mit mehreren Schnitten quer im Abstand von 1,5 cm bis zum Kern einschneiden. Das Messer an der schmalen Seite ansetzen und die Segmente vom Kern lösen. Die Mango wenden und von der anderen Seite ebenso verfahren. Noch am Kern haftendes Fruchtfleisch abschneiden.
Den Klebreis auf Teller verteilen, die Mangostücke dazulegen, alles mit Kokossauce beträufeln, mit den Mungbohnen bestreuen und servieren.

Die Mango-Lady von Bangkok

In einer Seitenstraße der Charoen Krung Road in Bangkok sitzt Khun Yaii Ma-Moong in ihrem kleinen Laden hinter einem Stapel gelb-grüner Mangos. Seit über 70 Jahren verkauft sie hier süße Mango mit Klebreis und Kokossahne. Als Khun Yaii mit zehn Jahren in dem Laden, der damals noch ihrer Mutter gehörte, begann, kostete ein Mangodessert noch sechs Baht, umgerechnet knapp 20 Cent. Jeden Morgen dämpft Khun Yaii den Klebreis, den sie am Vorabend in großen Bottichen eingeweicht hat. Noch bevor sie den Laden öffnet, spendet sie den vorbeiziehenden Mönchen einen Teil davon. Die Dessertspezialität wird ziemlich unspektakulär in Styroporschalen verkauft. Der Geschmack von Khun Ma-Moongs Mangos ist allerdings ein Erlebnis!

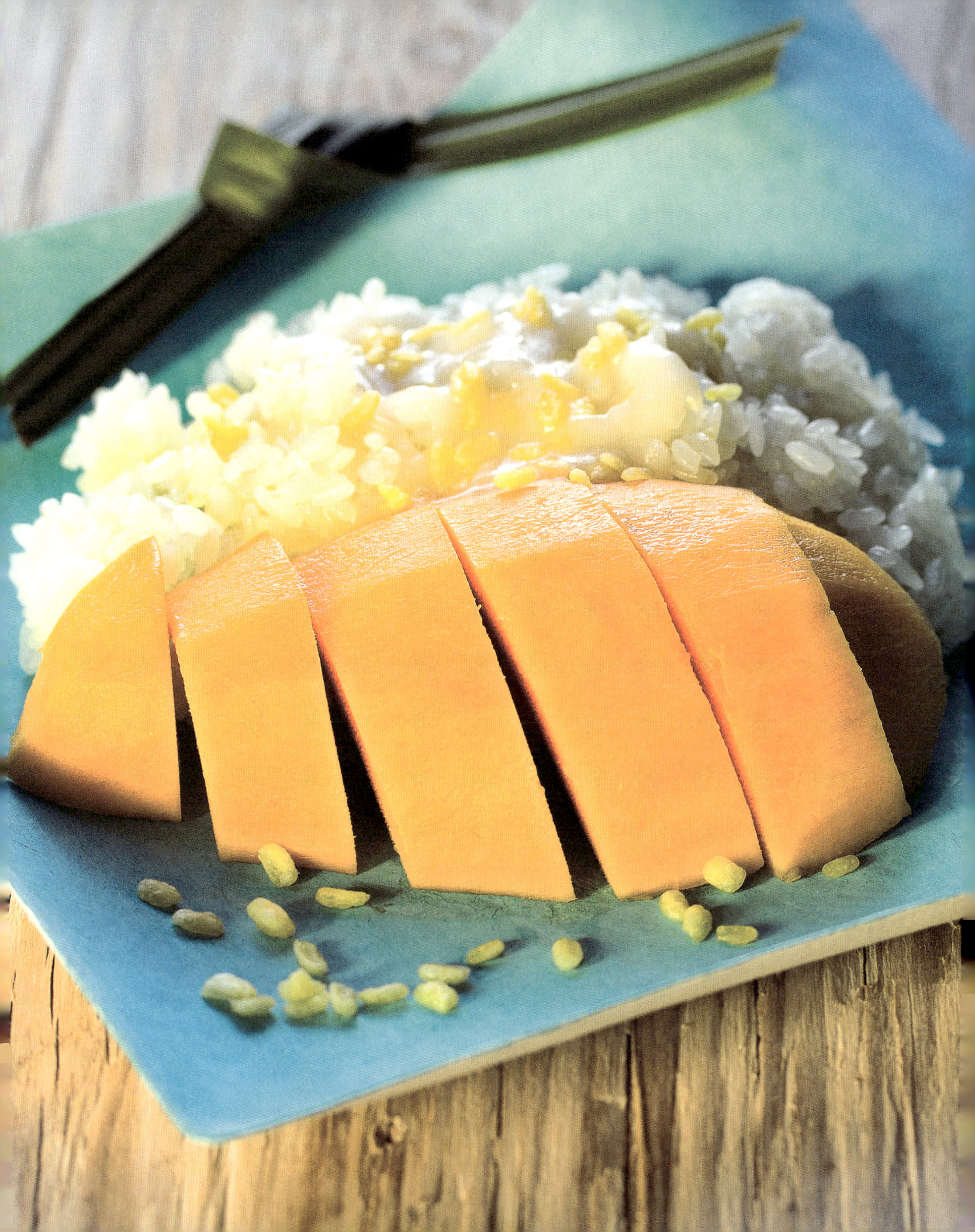

Wer hat die Kokosnuss geklaut?

Die Kokospalme ist in den feuchtwarmen Tropen zu Hause. Sie gedeiht am besten auf sandig-lehmigen Böden an Küsten und Flussmündungen, weshalb sie eher selten im Landesinneren anzutreffen ist. Entsprechend findet man sie in den Küstenregionen Asiens von Indien bis in den Süden Chinas. Die größten Anbauländer sind Indonesien, die Philippinen und Indien.

Wie kaum eine zweite Pflanze ist die Kokospalme für den Menschen universell nutzbar. Kulinarisch interessant ist besonders die Frucht, die sogenannte Kokosnuss. Junge Kokosnüsse – man erkennt sie an dem sie umgebenden weißen Bast – enthalten wenig Fruchtfleisch, dafür aber das begehrte Kokoswasser. Als Erfrischungstrunk ist es lecker und gesund, weil fettfrei und reich
an Mineralstoffen. Bei frisch geöffneten Nüssen ist es keimfrei und kann daher auch in tropischen Ländern unbedenklich getrunken werden. Außerdem wird es in einigen Gerichten anstelle von Kokosmilch verwendet.

Kokosmilch entsteht aus reifen Kokosnüssen, zu erkennen am braunen Bast. Um die Kokosmilch zu gewinnen, wird das weiße, aromatische Fleisch der Kokosnuss geraspelt, mit heißem Wasser vermischt und ausgepresst. Der dabei entstehende milchig-weiße Saft trennt sich nach einiger Zeit in die sich oben absetzende Kokoscreme mit hohem Fettanteil und die dünne Kokosmilch. Bei der Zubereitung thailändischer Currys benutzt man die dicke Kokoscreme zum Anbraten der Currypaste und gibt die dünne Milch erst später hinzu.

Die meisten im Handel erhältlichen Kokosmilchprodukte enthalten Emulgatoren und Stabilisatoren, die die Milch dauerhaft homogenisieren. Abgesehen vom Geschmacksverlust, der durch diese Behandlung entsteht, sind sie für eine authentische Küche nur eingeschränkt verwendbar. Es gibt aber im Handel oder auch online Produkte, die ohne Zusätze hergestellt werden. Eine wunderbare Alternative ist übrigens, sie selbst zu machen!

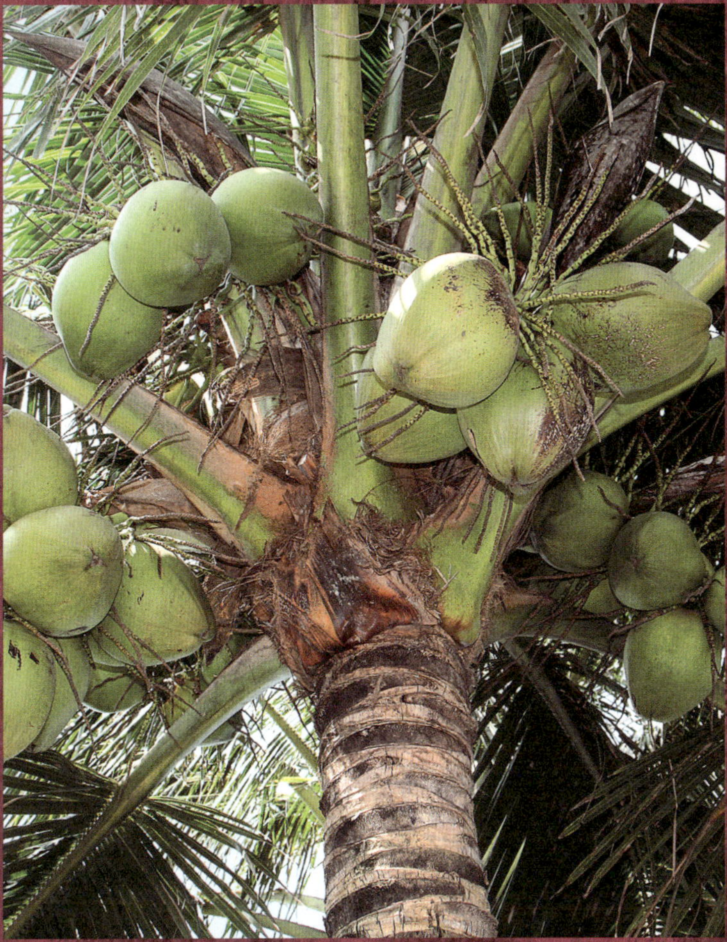

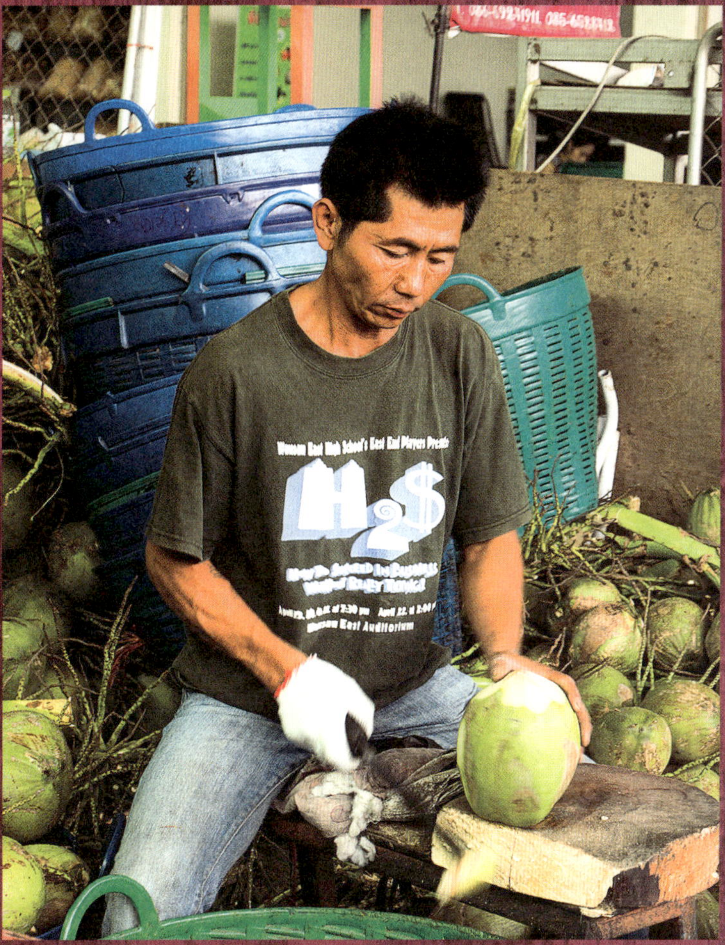

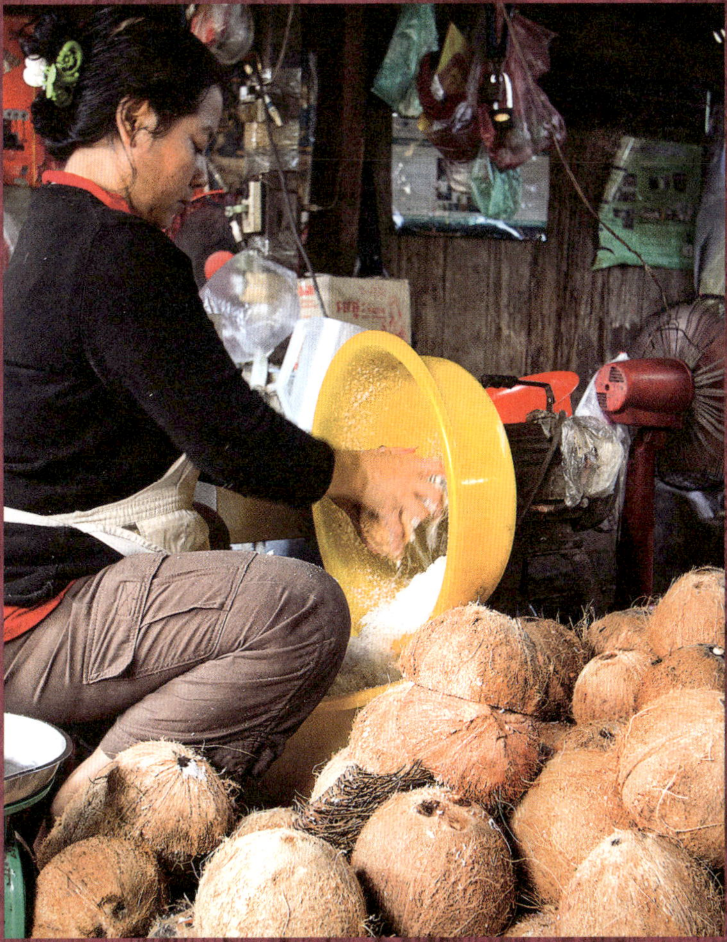

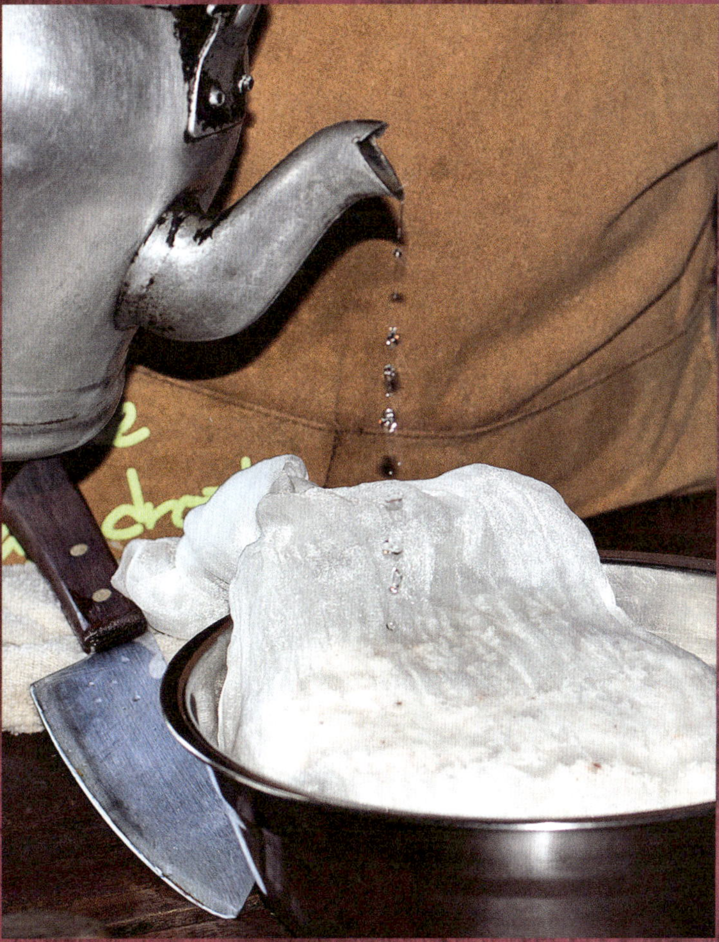

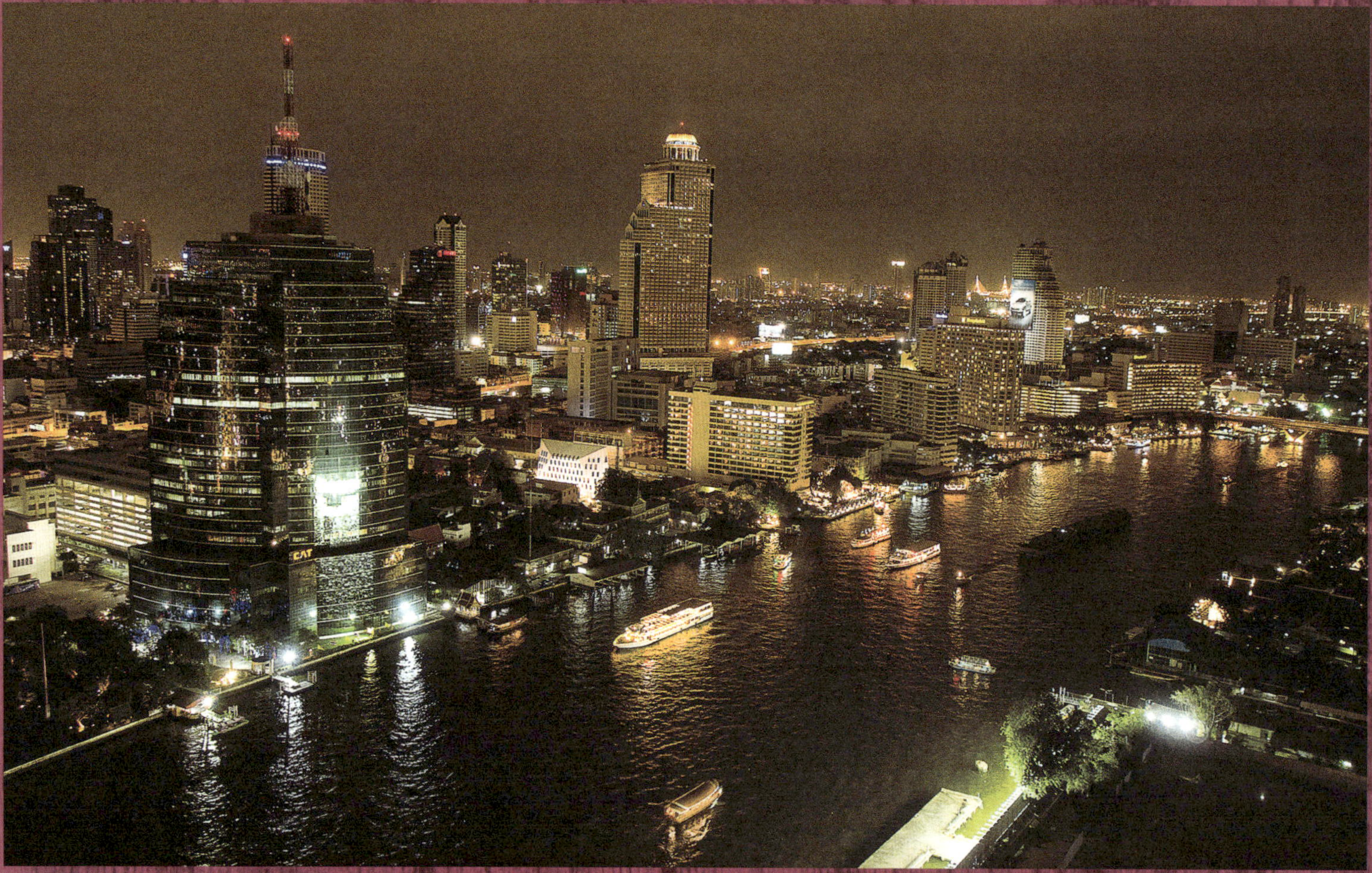

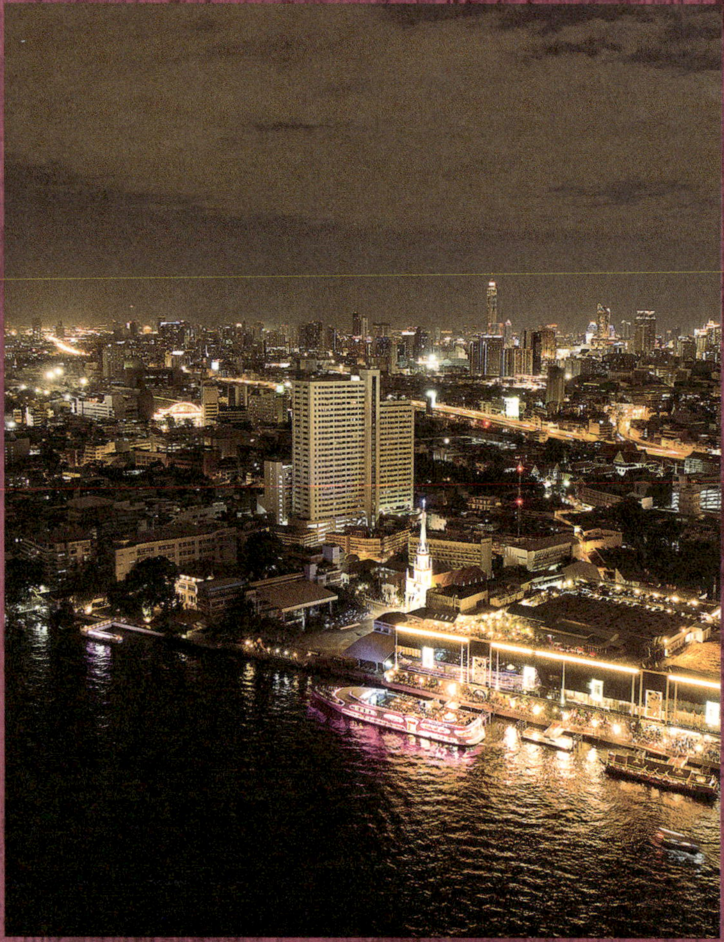

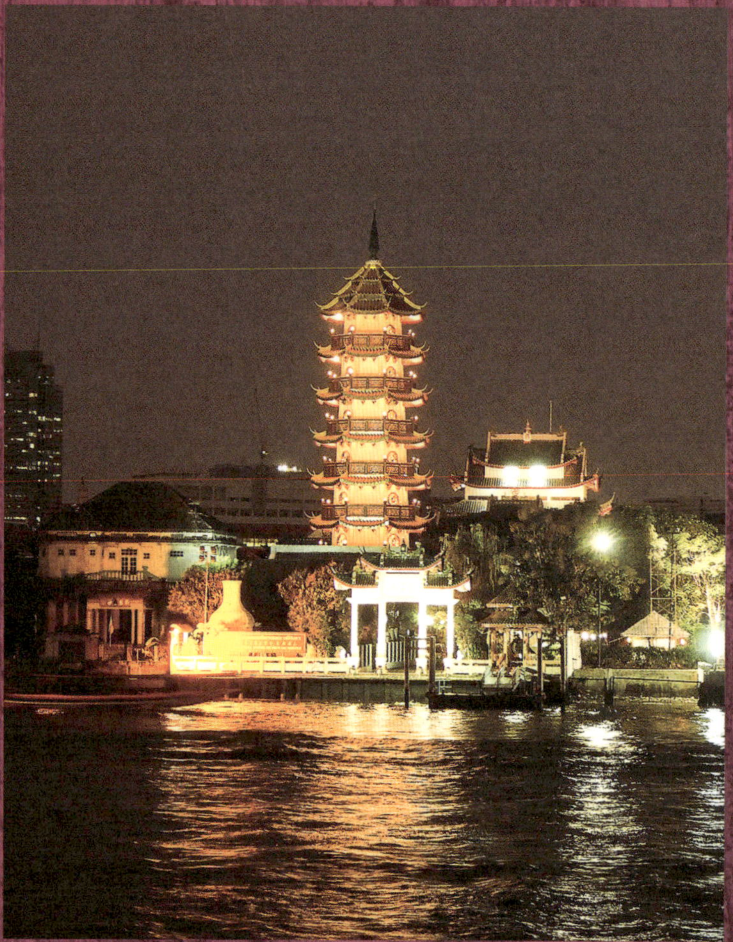

Bangkok

Bangkok ist nicht nur die Hauptstadt Thailands, sondern eigentlich die – wenn auch inoffizielle – HauptstadtSüdostasiens. Weltweit von allen großen Flughäfen zum Teil täglich angeflogen, ist es die Drehscheibe der gesamten Region. Die Stadt gehört mit acht Millionen Einwohnern im Zentrum und 14 Millionen in der Metropolregion (2010) zu den Megacitys dieser Erde. Das Verkehrswesen konnte mit dem rasanten Wachstum der Stadt nicht mithalten und so gibt es, trotz eines auf Stelzen fahrenden Skytrains und einer Metro, ständig Staus und verstopfte Straßen. Am zügigsten kann man sich entlang des Chao Praya, des großen Flusses, der durch Bangkok fließt, fortbewegen. In regelmäßigen Abständen findet man hier Haltestellen, an denen Expressboote an- und ablegen. Im alten Bangkok ging es freilich noch deutlich beschaulicher zu. Die Stadt war durchzogen von Kanälen, den *khlongs*, an denen niedrige Holzhäuser standen. Auf den *khlongs* spielte sich der ganze Verkehr ab, befestigte Straßen wurden erst im 19. Jahrhundert gebaut.

Auch heute noch kann man am Ufer des Chao Praya lauschig sitzen und die vorbeiziehenden Boote beobachten. Vor allem in Chinatown, einem der ältesten Stadtviertel, gibt es noch ganze Straßenzüge mit Häusern aus den 1930er-Jahren. Eine Bootsfahrt auf den *khlongs* lässt einen die Atmosphäre der vergangenen Zeit erahnen. Vor allem aber ist Bangkok eine moderne asiatische Großstadt mit unzähligen Einkaufsmöglichkeiten, edlen Restaurants und hippen Bars – und natürlich mit einer Street-Food-Szene, wie sie in Asien einmalig ist.

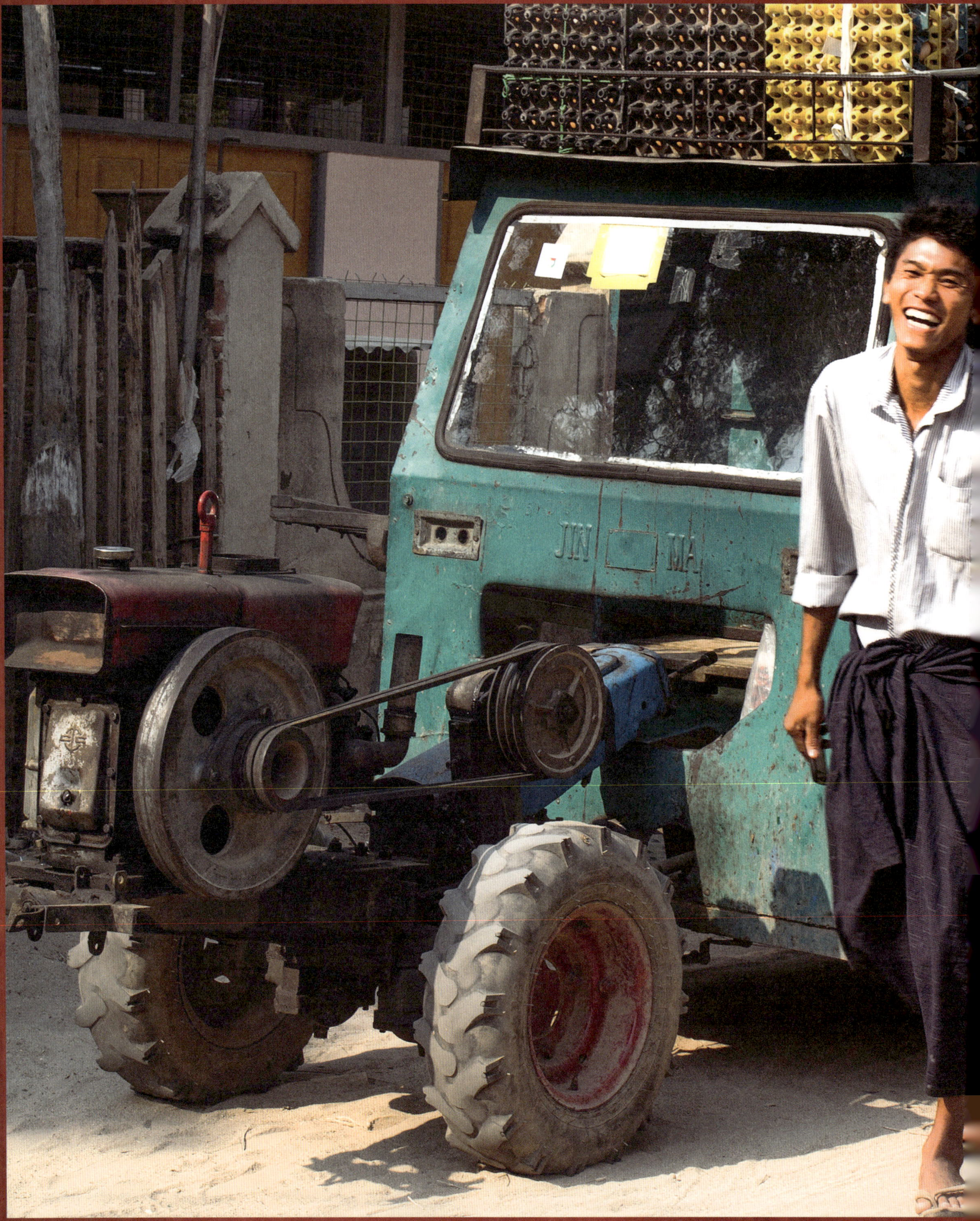
JIN MA

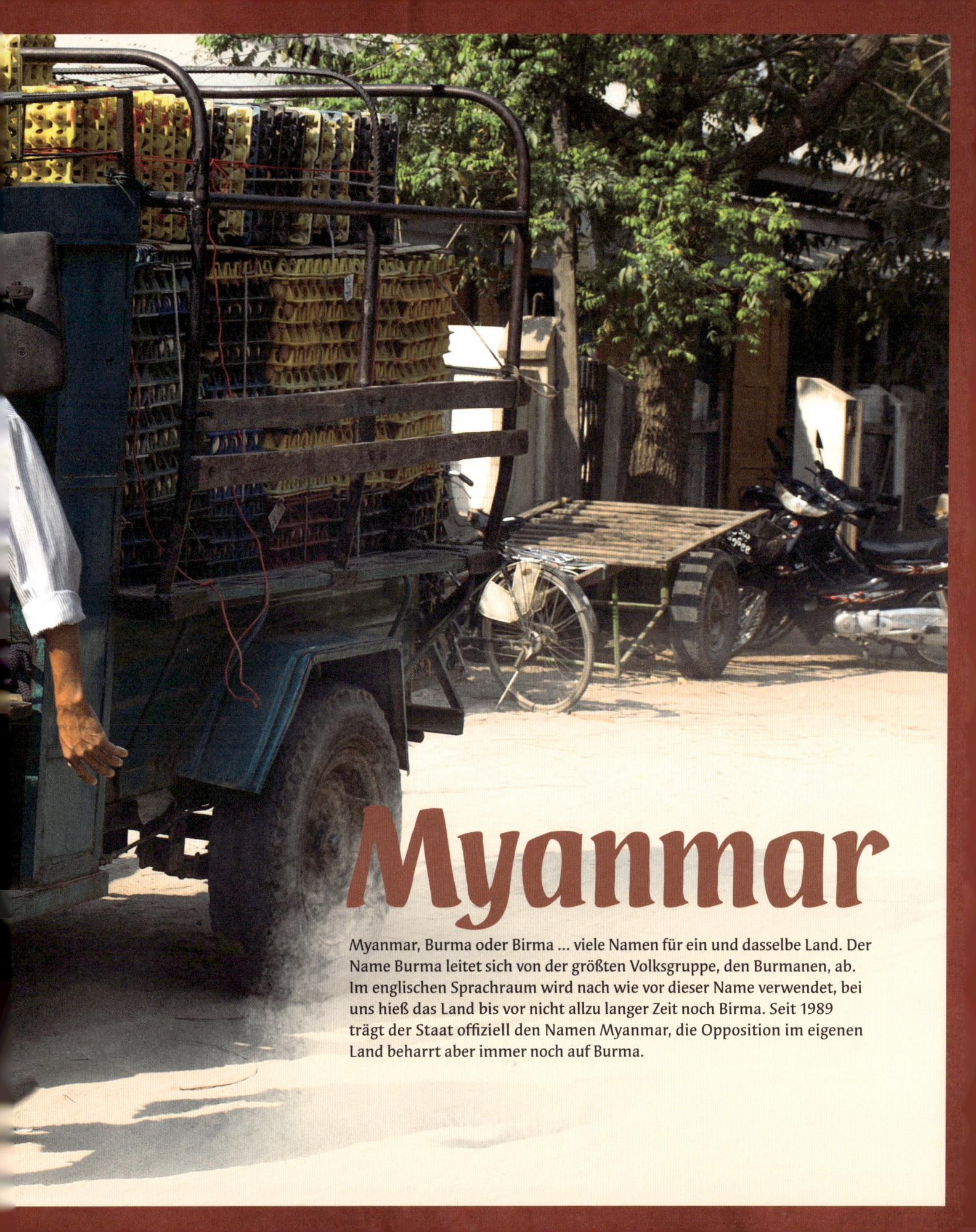

Myanmar

Myanmar, Burma oder Birma ... viele Namen für ein und dasselbe Land. Der Name Burma leitet sich von der größten Volksgruppe, den Burmanen, ab. Im englischen Sprachraum wird nach wie vor dieser Name verwendet, bei uns hieß das Land bis vor nicht allzu langer Zeit noch Birma. Seit 1989 trägt der Staat offiziell den Namen Myanmar, die Opposition im eigenen Land beharrt aber immer noch auf Burma.

Gelbe Kurkuma und feuerrote Chilis

Die Küche Burmas

Denkt man an Myanmar, fallen einem zunächst die dort herrschende Militärdiktatur, die Nobelpreisträgerin Aung San Suu Kyi und eine stark unterentwickelte Volkswirtschaft ein. Doch schon seit einiger Zeit sind in dem geheimnisvollen Land der goldenen Pagoden Veränderungen im Gange. Die Zensur wurde gelockert, es gab freie Wahlen und Myanmar tritt mehr und mehr als Handelspartner und vor allem als Reiseziel in Erscheinung. Wer es besucht, lernt ein wunderschönes und facettenreiches Land mit unglaublich freundlichen Menschen kennen. Genauso vielgestaltig und aufregend wie das Land selbst ist die dortige Küche. Neben den Burmanen, der mit fast 70 % größten Volksgruppe, gibt es in Myanmar insgesamt 135 Ethnien, von denen jede eine eigenständige Esskultur besitzt.

Myanmar, das flächenmäßig größte Land Südostasiens, grenzt im Norden und Osten an China, im Südosten an Thailand und im Westen an Indien. Alle drei Länder haben kulinarische Spuren hinterlassen, ohne die Entstehung einer eigenständigen burmesischen Esskultur zu behindern. Die verschiedenen Klimazonen, die von den tropischen Küstengebieten auf der Malaiischen Halbinsel bis zu den schneebedeckten Bergen der Himalaja-Ausläufer reichen, bringen einen unglaublichen Reichtum an Pflanzen und Tieren hervor, von dem Fachleute behaupten, dass er nur noch von dem Chinas übertroffen wird. Auf den Märkten werden Süßwasserfische wie Wels und Karpfen angeboten, an der Küste sind es Riesengarnelen, Langusten und Krabben. Aber auch Hühnchen und Schweinefleisch werden gern für Currys und Gegrilltes verwendet. Im tropischen bzw. subtropischen Klima gedeihen Obst und Gemüse das ganze Jahr. Man findet von süßen Mangos bis zu knackigen Bananenstauden die ganze Vielfalt Südostasiens.

Wie überall in Südostasien ist Reis die Basis jeder Mahlzeit. Um diesen Grundpfeiler herum gruppieren sich verschiedene Gerichte aus Gemüse, Fisch, Meeresfrüchten und Huhn, die sich alle gegenseitig ergänzen. Es sollte immer eine Balance aus den Hauptgeschmacksrichtungen salzig, süß, scharf, sauer und bitter entstehen. Ebenso stehen sich verschiedene Texturen wie zart, knusprig, knackig und bissfest gegenüber. Typisch sind Currys, die mit weniger Gewürzen als die indischen und mit weniger Schärfe als die thailändischen auskommen. Suppen gibt es von sämigen Gemüsesuppen bis zu leichten, klaren Fischsuppen. Salate aus rohem und kurz gegartem Gemüse gehören zu jeder Mahlzeit. Begleitet werden sie von verschiedenen Dips auf der Basis von Garnelen- oder Fischpasten.

Überhaupt besteht eine typische burmesische Mahlzeit aus vielen kleinen Gerichten, die sich ergänzen und miteinander harmonieren. Nudeln werden in verschiedenen Variationen gegessen, vorwiegend in Salaten und

Suppen, als Reis- wie auch als Weizennudeln. So ist das bekannteste burmesische Gericht, die *mohinga*, eine Nudelsuppe mit Fisch und Gemüse.

Ein Essen in einem burmesischen Restaurant ist immer ein besonderes Erlebnis. Kaum hat man Platz genommen, ist der Tisch auch schon unaufgefordert mit zahllosen Schüsseln, Tellern und Platten gedeckt – wie im Märchen. Die Gerichte werden am späten Vormittag vorbereitet und kurz bevor die Gäste kommen, fertiggestellt. Jeder Gast nimmt sich von allem etwas auf seinen Teller und isst es zusammen mit Reis. Eine wunderbare kulinarische Erfahrung, besonders wenn man sich in einer Gruppe befindet.

BURMESISCHE NUDELSUPPE – mohinga

ZUBEREITUNGSZEIT
40 Minuten

ZUTATEN
2 getrocknete Chilischoten
    (nach Geschmack)
1 Bachforelle oder
    600 g Fischfilet vom Wels
2 Stängel Zitronengras
2 Knoblauchzehen
1 daumengroßes Stück Ingwer
4 Schalotten
2 EL Öl zum Braten
½ TL gemahlene Kurkuma
1 TL mildes Paprikapulver
¼ TL Garnelenpaste
    (nach Geschmack)
3 EL gekochte Kichererbsen
    aus der Dose
2 EL gerösteter Reis
    (Rezept siehe QR-Code)
2 EL Fischsauce
Salz
Pfeffer
100 g Reis-Fadennudeln
1 kleine Fenchelknolle
1 Bund frischer Koriander
2 Eier, hart gekocht und gepellt
grüne Blätter von
    1 Frühlingszwiebel
Saft von 1 Limette
2 EL frittierte Schalotten

Mohinga bedeutet schlicht »Nudelsuppe« auf Burmesisch, sie ist das Nationalgericht Myanmars. Was den Vietnamesen ihre *pho bo*, ist den Burmesen ihre *mohinga*, zum Frühstück ebenso wie als mittäglicher Snack oder abends. Eine *mohinga* zuzubereiten, ist etwas aufwendiger, aber in jedem Fall die Mühe wert. In Myanmar verwendet man den Stamm der Bananenstaude als Einlage, als Ersatz leistet eine Fenchelknolle gute Dienste. Wenn sie quer aufgeschnitten wird, ähnelt sie von Optik und Textur durchaus dem Bananenstamm.

Die getrockneten Chilischoten 20 Minuten in heißem Wasser einweichen. Den Fisch in eine tiefe Pfanne oder einen Bräter legen und mit kaltem Wasser knapp bedecken. Einen Stängel Zitronengras putzen und mit dem stumpfen Rücken eines schweren Messers flach klopfen. Eine Knoblauchzehe schälen und flach klopfen. Beides zu dem Fisch in den Bräter geben. Die Pfanne auf den Herd setzen und das Wasser zum Kochen bringen, dabei aufsteigenden Schaum immer wieder mit einem Schaumlöffel abschöpfen. Sofort nach dem Aufkochen die Temperatur reduzieren, einen Deckel auflegen und den Fisch 15 Minuten bei möglichst niedriger Temperatur simmern lassen.

Vom restlichen Zitronengras die Enden und äußeren harten Blätter entfernen. Anschließend fein hacken. Die eingeweichten Chilis abtropfen lassen, aufschneiden, von den Kernen befreien und klein schneiden. Den Ingwer, zwei der Schalotten und den restlichen Knoblauch schälen und fein hacken. Alles zusammen in einem Mixer zu einer Paste verarbeiten. Eventuell etwas Wasser hinzugeben. Den Fisch mit einem Schaumlöffel aus der Brühe heben und auf einen Teller legen. Die Brühe durch ein Sieb in eine Schüssel gießen. Den Fisch abkühlen lassen, dann das Fleisch von Gräten und Haut lösen und in kleine Stücke zerteilen.

Die Pfanne säubern und darin das Bratöl erhitzen. Die Ingwer-Schalotten-Knoblauch-Paste bei mittlerer Temperatur anbraten, bis sie trocken wird und duftet, dabei nicht anbrennen lassen!

Die Kurkuma, das Paprikapulver und die Garnelenpaste einrühren. Jetzt den zerteilten Fisch so unterheben, dass er vollständig von der Würzmischung bedeckt ist. Die Kichererbsen mit einer Gabel fein zerdrücken und unter Rühren mit einem Schneebesen in der Brühe auflösen. Die restlichen Schalotten schälen und in Ringe schneiden. Zusammen mit dem gerösteten Reis und der Fischbrühe in die Pfanne geben. Mit Fischsauce, Salz und Pfeffer abschmecken und 20 Minuten bei niedrigster Temperatur simmern lassen. Dabei vorsichtig umrühren.

Die Suppenschalen vorwärmen. In einem Topf Wasser zum Kochen bringen und darin die Nudeln 2 Minuten kochen. Den Topf vom Herd nehmen und die Nudeln weitere 5 Minuten im heißen Wasser ziehen lassen. Abgießen, mit kaltem Wasser abschrecken und abtropfen lassen.

Den Fenchel putzen und quer in Ringe schneiden, dabei den Strunk entfernen. Gegen Ende der Kochzeit zur Suppe geben, er soll knackig bleiben. Den Koriander waschen und hacken, die hart gekochten Eier vierteln. Das Grüne der Frühlingszwiebel in Ringe schneiden.

Die Nudeln auf die Suppenschalen verteilen und je ein Viertel-Ei darauf setzen. Mit der heißen Suppe übergießen und mit Koriander, frittierten Schalotten und Frühlingszwiebeln bestreuen. Mit Limettensaft abschmecken und servieren.

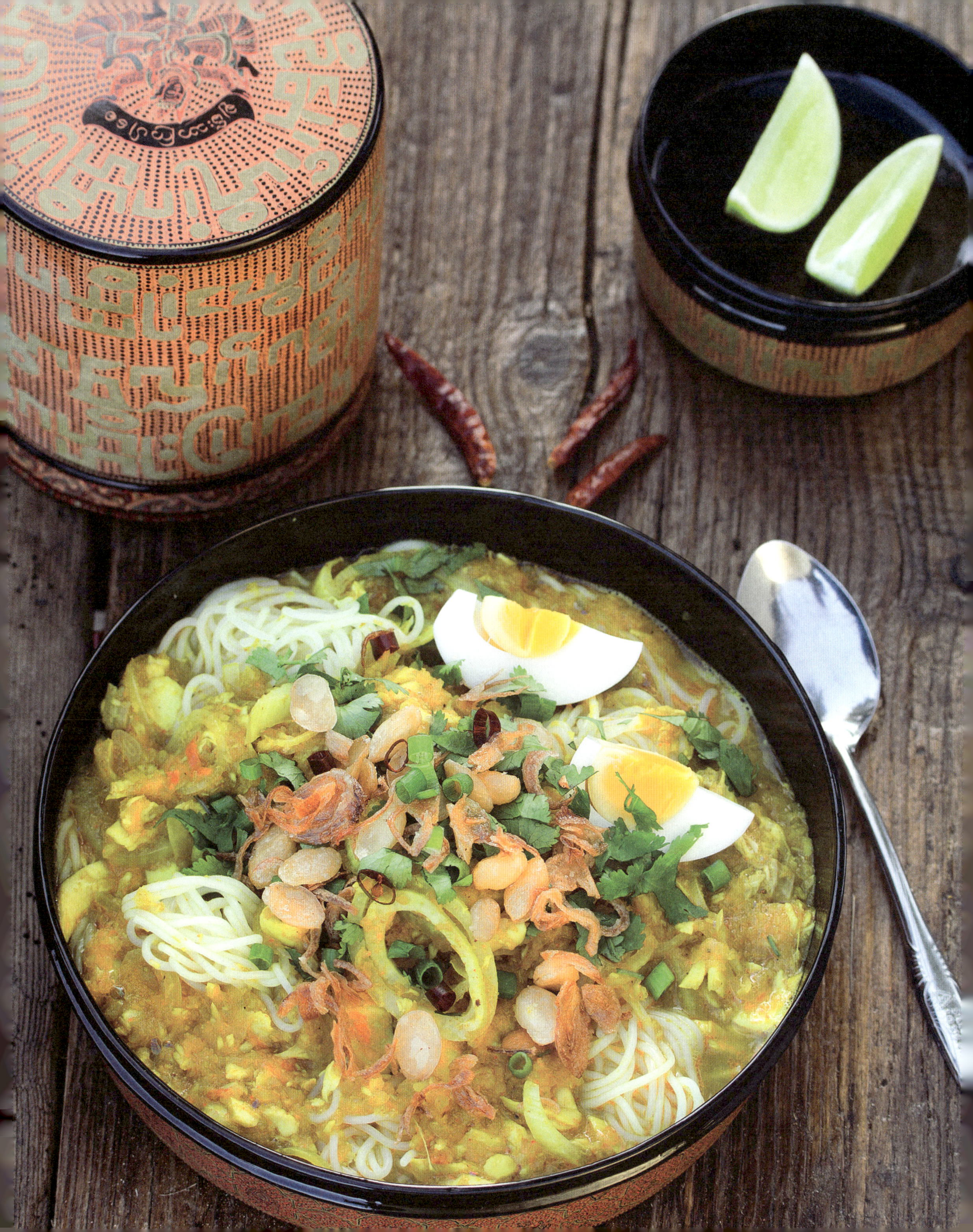

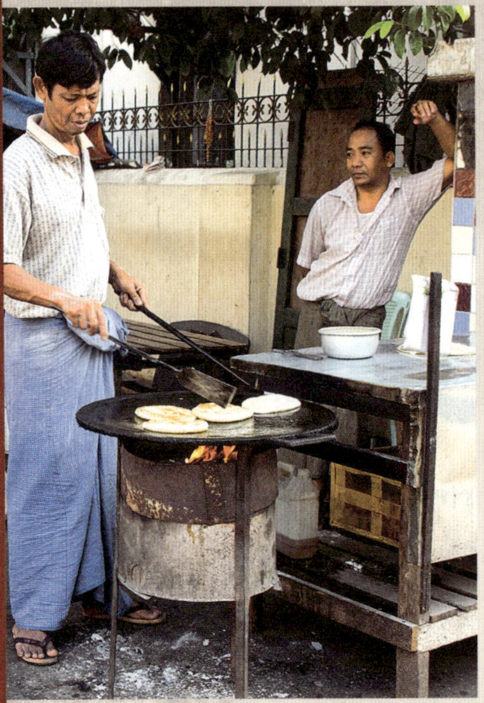

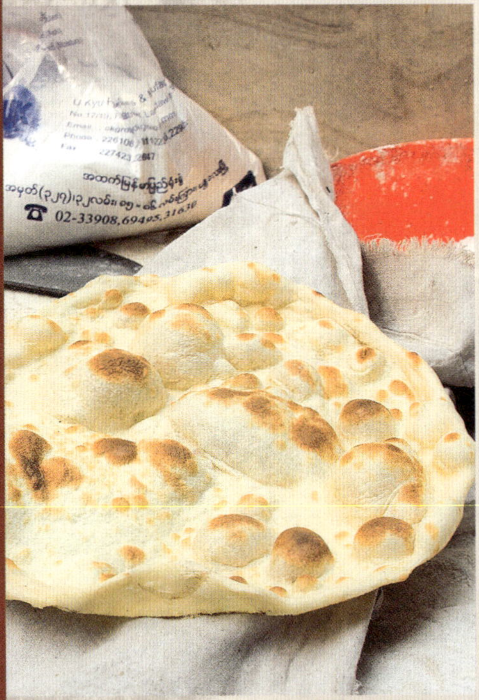

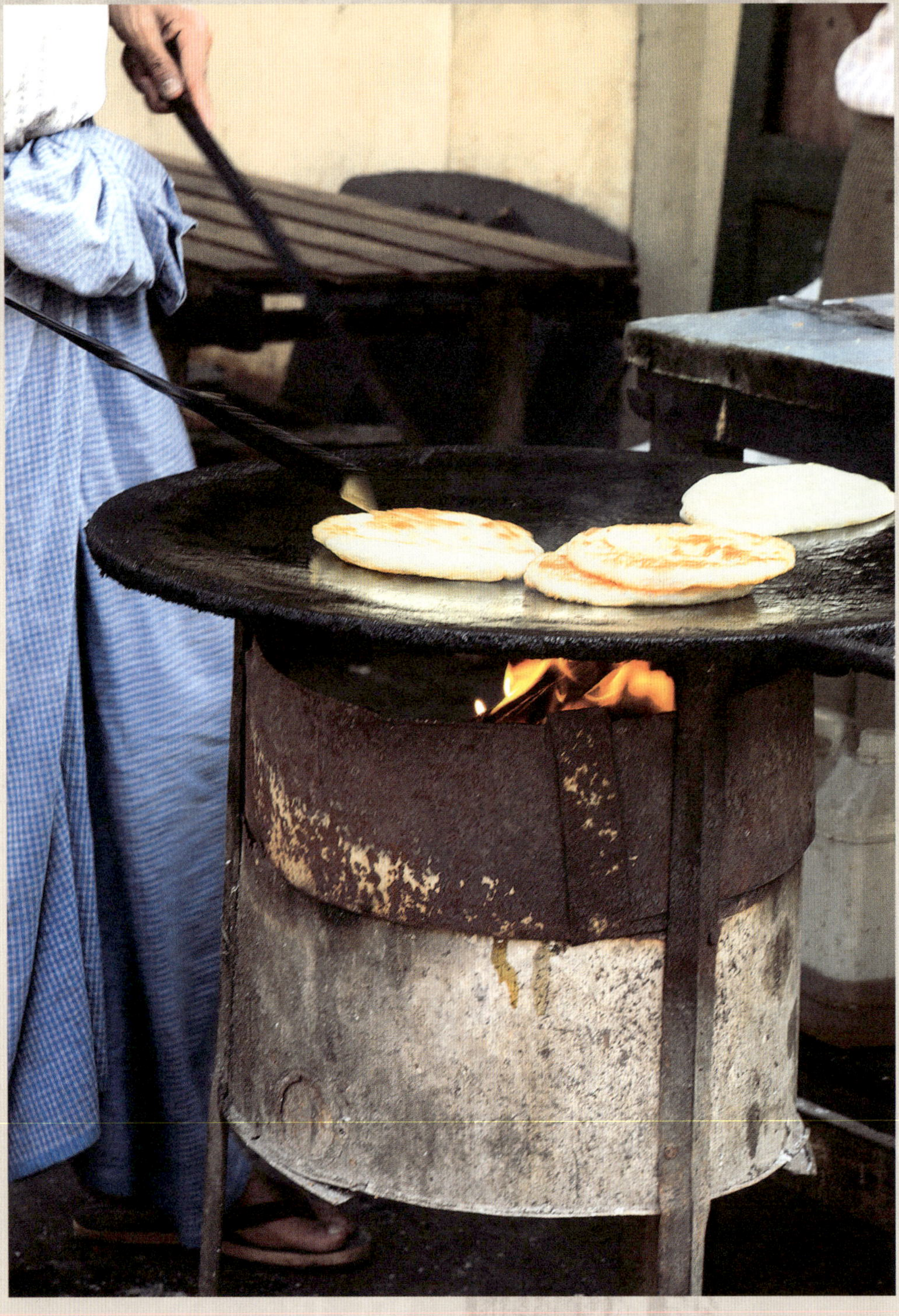

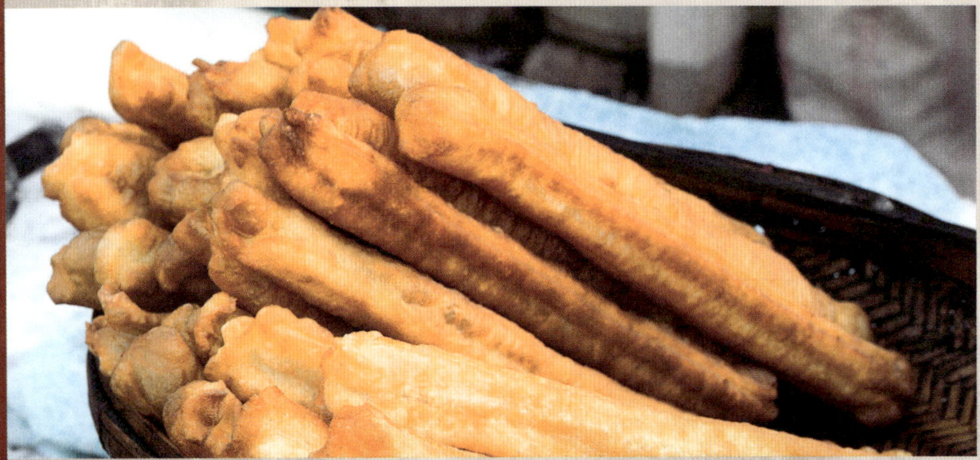

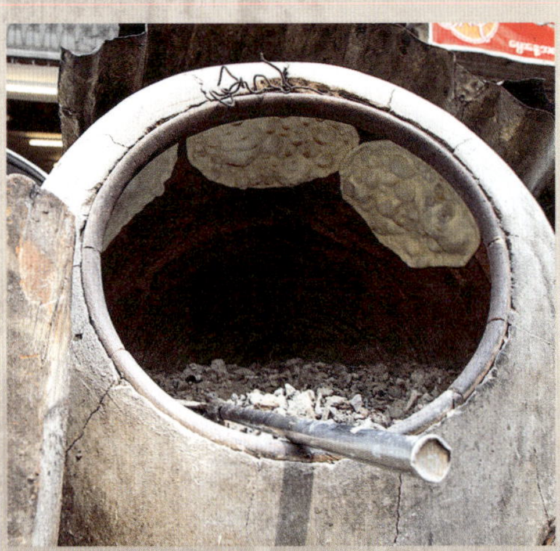

INDISCHES FLADENBROT – chapati

ZUBEREITUNGSZEIT
30 Minuten,
plus 30 Minuten Ruhezeit

ZUTATEN
200 g *chapati*-Mehl
(aus dem Asialaden)
½ TL Salz
120 ml Wasser
5 EL flüssiges Ghee oder Butter

Chapati ist ein Fladenbrot indischen Ursprungs. Es wird aus speziellem *chapati*-Mehl, einer Vollkornmischung aus Gerste, Hirse und Weizen, hergestellt und ohne Fett in der Pfanne gebraten. Anschließend bestreicht man es mit dem indischen Butterfett Ghee. Es wird zu salzigen Gerichten gegessen, aber auch mit Zucker bestreut zum Frühstück. In den Straßen von Yangon findet man es überall. Indische Arbeiter, die während der britischen Besatzung nach Burma kamen, haben *chapati* und andere indische Spezialitäten mitgebracht.

Das Mehl zusammen mit dem Salz in eine Schüssel geben. Nach und nach das Wasser unter ständigem Rühren mit einem Schneebesen einarbeiten. Sobald der Teig dicker wird, mit der Hand weiterkneten. Dabei nach Bedarf noch etwas Wasser zugeben. Den Teig auf der Arbeitsfläche weich und geschmeidig kneten. Zu einer Kugel formen, mit etwas flüssigem Ghee bestreichen und 20–30 Minuten mit einem feuchten Handtuch bedeckt ruhen lassen.
Anschließend die Teigkugel in acht gleich große Stücke teilen und jedes auf einer bemehlten Arbeitsfläche zu einem flachen, kreisrunden Fladen von etwa 15 cm ⌀ ausrollen.
Das feuchte Handtuch zu einem Quadrat zusammenfalten und neben den Herd legen. Eine gusseiserne Pfanne ohne Fett stark erhitzen. Einen Fladen hineingeben und 10–20 Sekunden leicht anbräunen. Wenden und von der anderen Seite bräunen.
Den Fladen nochmals wenden. Wenn er Blasen wirft, diese mit dem Handtuch leicht herunterdrücken. So lange braten, bis sich auf der Oberfläche braune Stellen bilden. Herausnehmen und entweder pur oder mit flüssigem Ghee bestrichen servieren.

CHAPATIS

In den Straßen Yangons findet man viele Stände, die indische Brotspezialitäten herstellen und verkaufen. Ob *chapati*, *dosa* oder *parotha*, die gesamte indische Brotbackkunst ist hier vertreten. Meist werden die Brote morgens süß mit Zucker bestreut gegessen. Anders als im ländlichen Myanmar ist der Anteil der Bevölkerung indischer Herkunft in Yangon besonders hoch, da die Briten während ihrer Kolonialherrschaft sowohl indische Beamte als auch ausgebildete Arbeiter aus Indien in die damalige Hauptstadt holten.
Interessant ist das Backen von *roti* in einem Tandur-Ofen, der aussieht wie die Trommel einer Betonmischmaschine. Die Teigfladen werden schwungvoll mit der Hand an die heiße Innenseite des Ofens geworfen, wo sie Blasen werfen und fertig backen. Heraus kommt ein knusprigkrosses, federleichtes Gebäck. Zum Frühstück werden außerdem chinesische *youtiao* angeboten, lange Teigkrapfen, die man in China in Sojamilch tunkt. Auch am Brot kann man hier also sehr schön das Zusammentreffen der beiden Hochkulturen Indien und China in Myanmar erkennen.

HÜHNCHENCURRY – kyet thar hsi pyan

ZUBEREITUNGSZEIT
45 Minuten

ZUTATEN
4–6 Hühnerkeulen (1 kg)
Salz
1 TL gemahlene Kurkuma
6 Schalotten
2 Knoblauchzehen
1 daumengroßes Stück Ingwer
1 Stängel Zitronengras
4 EL Öl zum Braten
1 TL mildes Paprikapulver

In Myanmar gehört dieses Hühnchencurry immer dazu, wenn in einem Haus Mönche oder hohe Gäste bewirtet werden. So hört man meist schon kurze Zeit nach Ankunft der Gäste das Gegacker der Hühner, denen die Köchin nach dem Leben trachtet …

Die Keulen gründlich unter fließendem Wasser waschen, mit Küchenpapier trocken tupfen. Großzügig mit Salz und der Hälfte der Kurkuma einreiben. Handschuhe tragen!
Die Schalotten, die Knoblauchzehen und den Ingwer schälen, fein hacken und mit etwas Wasser mit einem Stabmixer pürieren.
Vom Zitronengrasstängel beide Enden kappen, die äußeren Blätter abnehmen und den Stängel mit dem stumpfen Rücken eines schweren Küchenmessers flach klopfen.
In einem Topf mit schwerem Boden das Bratöl bei mittlerer Temperatur erhitzen und die restliche Kurkuma darin braten, bis sie zu schäumen beginnt. Die Zwiebel-Knoblauch-Ingwer-Mischung dazugeben und alles unter ständigem Rühren braten, bis das Wasser vollständig verdampft und die Mischung leicht braun ist. Das Paprikapulver, die Keulen und das Zitronengras untermischen. Die Temperatur etwas erhöhen. Die Zwiebelmischung an den Rand schieben und das Fleisch von beiden Seiten anbraten. Mit einer Tasse heißem Wasser ablöschen. Das Ganze umrühren und dann bei geschlossenem Deckel und niedriger Temperatur simmern lassen, bis das Hühnchen gar ist. Bei Bedarf Wasser nachgießen. Die Keulen ab und zu vorsichtig wenden, damit sie nicht anhängen.
Das Curry in eine Schüssel füllen und mit gedämpftem Jasminreis servieren.

Milde Currys für feine Gaumen

Burmesische Currys unterscheiden sich sowohl von indischen als auch von thailändischen. Während in Thailand für Currypasten mehr frische Gewürze verwendet werden, sind die Inder dagegen Meister im Herstellen subtiler Currymischungen aus trockenen Gewürzen. Burmesische Köche verwenden von beidem etwas und zaubern damit äusserst schmackhafte und vor allem milde Currys. Grundlage eines burmesischen Currys ist meist gemahlene Kurkuma, die in Erdnussöl kurz sautiert wird. Kurkuma gehört zur botanischen Familie der Ingwergewächse und ist auch ein Rhizomgewächs. Während in Vietnam, Thailand und Kambodscha oft der frische Wurzelstock verwendet wird, kommt er in Myanmar als getrocknetes Pulver zum Einsatz. Das hat eine leuchtend gelbe Farbe und ein kräftig harziges Aroma mit einer leichten Bitternote. Kurkuma gilt auch als Wundermittel gegen viele Krankheiten. In das sautierte Kurkumapulver gibt man fein gehackte Zwiebeln, Knoblauch und Ingwer und lässt alles erst eine Weile zusammen braten, bevor das Fleisch hinzukommt. Eine leichte Schärfe erreicht man durch Chili- bzw. Paprikapulver. Die traditionelle Kochmethode nennt sich *hsi pyan hin*, was so viel bedeutet wie »das Öl kommt zurück«. Das Curry wird so lange geschmort, bis sich das Erdnussöl an der Oberfläche absetzt. Dieser Ölfilm hält das Curry in den Garküchen länger frisch. Beim Essen lässt man dann einfach das anhaftende Öl von den Fleischstücken abtropfen und isst alles zusammen mit viel Reis. In guten burmesischen Küchen wird übrigens immer kalt gepresstes Erdnussöl bester Provenienz verwendet.

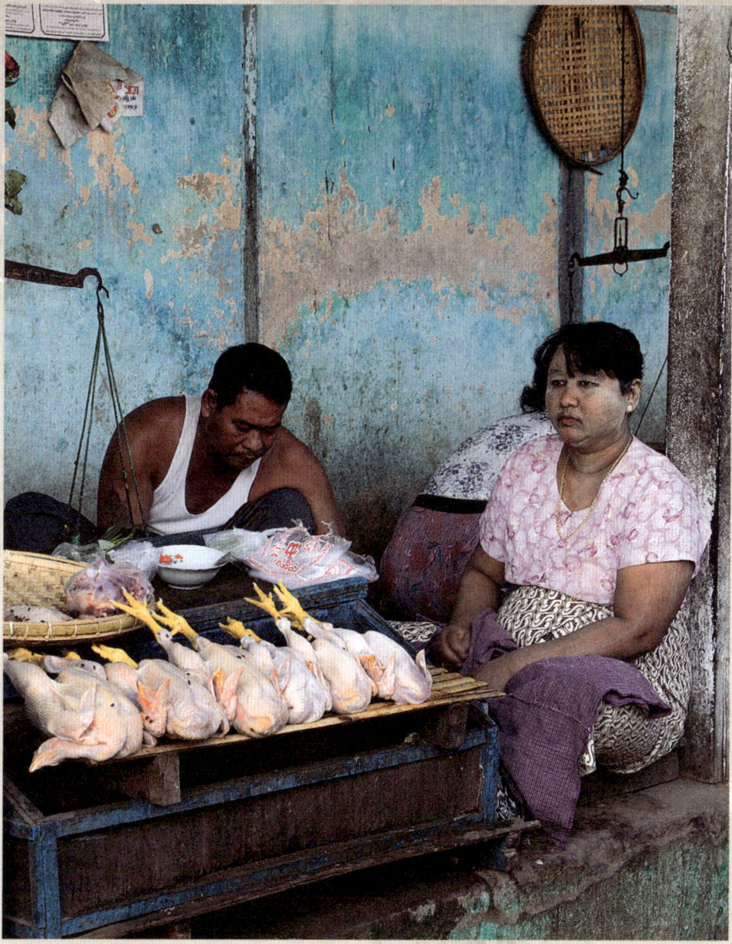

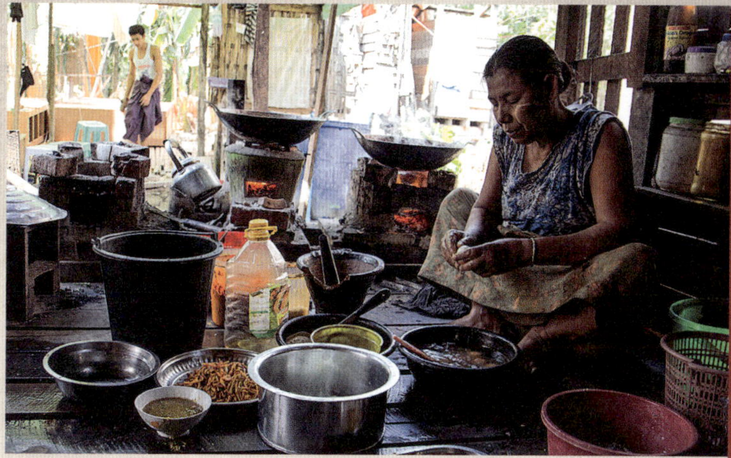

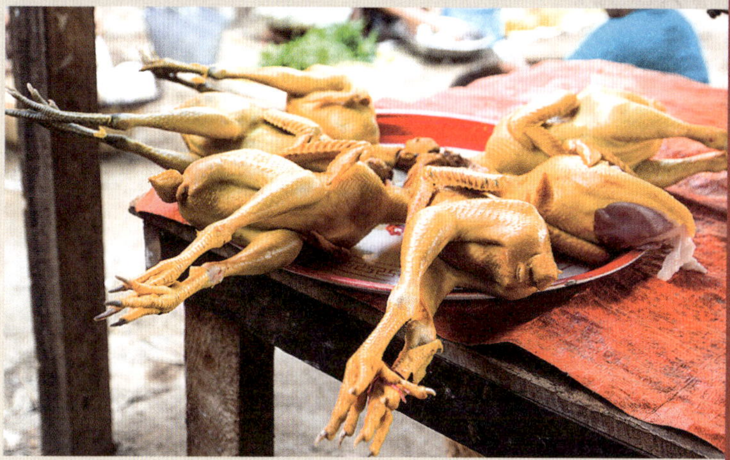

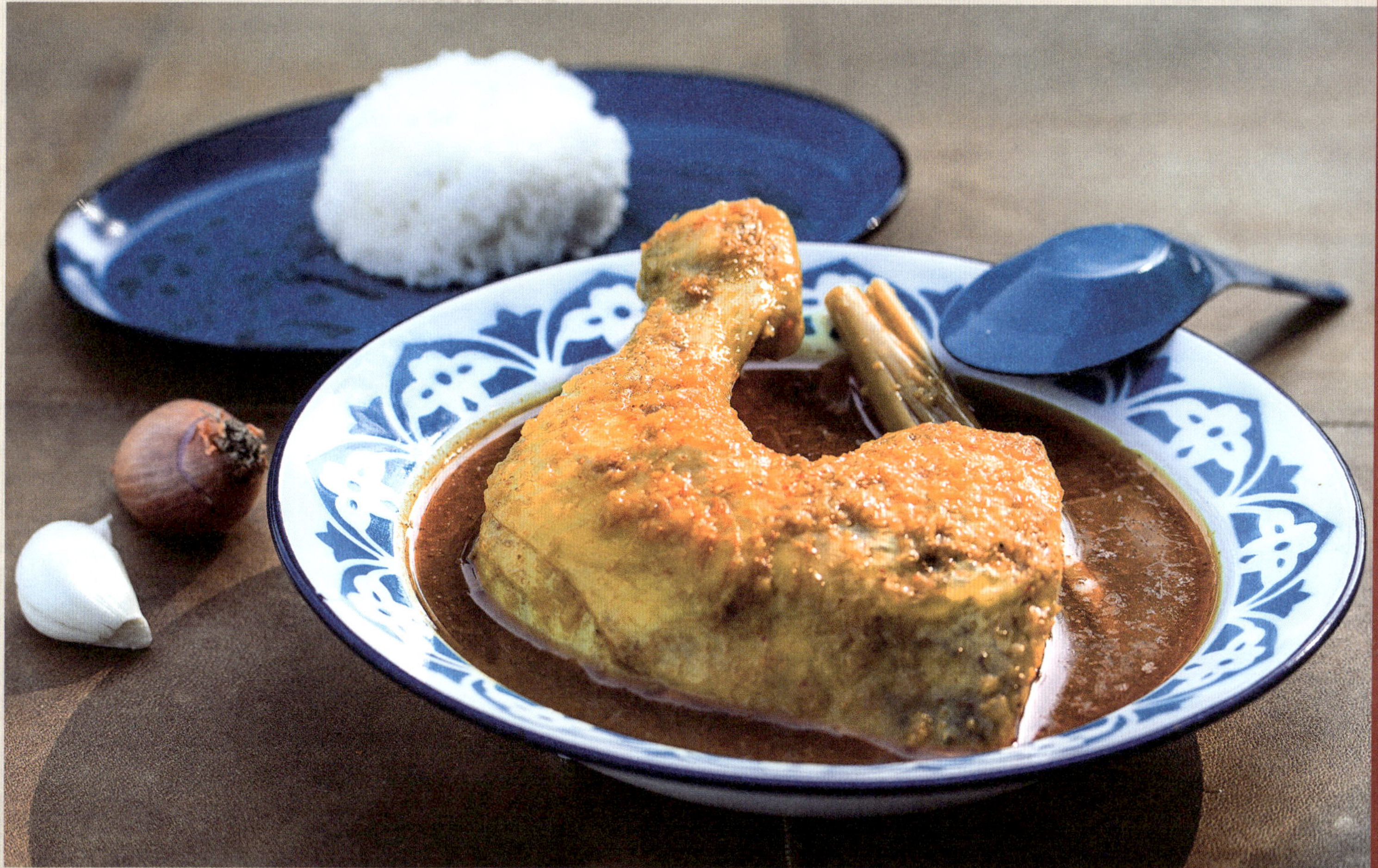

Yangon – britisches Erbe und Kolonialstil

Yangon, auch bekannt unter dem Namen Rangun, ist die größte Stadt in Myanmar. Im zweiten der drei Anglo-Burmesischen Kriege, durch die die britischen Sieger einen Pufferstaat gegen die von Indochina nach Westen drängenden Franzosen etablierten, wurde die Stadt 1852 dauerhaft von den Briten übernommen. Unter britischer Kolonialherrschaft entwickelte sie sich zum politischen und wirtschaftlichen Zentrum Britisch-Burmas.

Im Marschland nördlich des Yangon-Flusses erbauten die Briten eine neue Stadt, die einem rechtwinkligen Raster folgte. Die Architektur des kolonialen Yangon mit seinen weitläufigen Parks und Seen war eine Mischung aus modernem britischem Kolonialstil und traditioneller Holzbauweise. Die Briten sorgten für eine hervorragende Infrastruktur, es gab unter anderem ein Straßenbahnnetz wie zur damaligen Zeit in London. Der »Pegu Club«, ein »Gentlemen's Club« im viktorianischen Stil, wurde 1880 erbaut und galt als einer der elegantesten Clubs im Südostasien des 19. Jahrhunderts. Britischen Offizieren und Beamten diente er als Rückzugsort und gab ihnen ein Gefühl von Heimat. Einheimischen war der Zutritt nur als Servicekraft gestattet.

Während der Jahrzehnte dauernden Militärherrschaft waren die meisten der Kolonialgebäude dem Verfall preisgegeben. Langsam scheint es aber, als würde man sich wieder auf alte Traditionen besinnen: Der Wiederaufbau einiger Gebäude hat bereits begonnen.

Mit der Shwedagon-Pagode beheimatet Yangon das Wahrzeichen Burmas und eine der berühmtesten Pagoden der Welt. Am schönsten präsentiert sie sich am späten Nachmittag: Wenn die Sonne tief steht, erstrahlt sie in einem einzigartigen Goldton. Der Legende nach soll die Shwedagon-Pagode Reliquien der ersten vier Buddhas der jetzigen Weltperiode enthalten. An langen Reihen von Händlern vorbei erklimmt man die Treppen zu ihrer Plattform und umläuft wie die buddhistischen Gläubigen im Uhrzeigersinn die Stupa. Die Anlage ist unglaublich groß: Neben der großen Stupa in der Mitte gibt es mehr als 80 kleine und große Tempel. Überall wird hauchdünnes Goldpapier verkauft, das man nach uraltem Brauch auf die Stupas aufbringt. Grob geschätzt bedecken bereits 53.000 Tonnen Gold die Oberfläche der Stupa – und es wird jedes Jahr mehr! Das Licht aus dem blauen Himmel, der langsam über ein Tiefblau ins Schwarz der Nacht übergeht, erzeugt in Verbindung mit dem Gold der Tempel und dem Licht der Kerzen eine beinahe unwirkliche, tief religiöse Atmosphäre, die so weltweit wohl einzigartig ist.

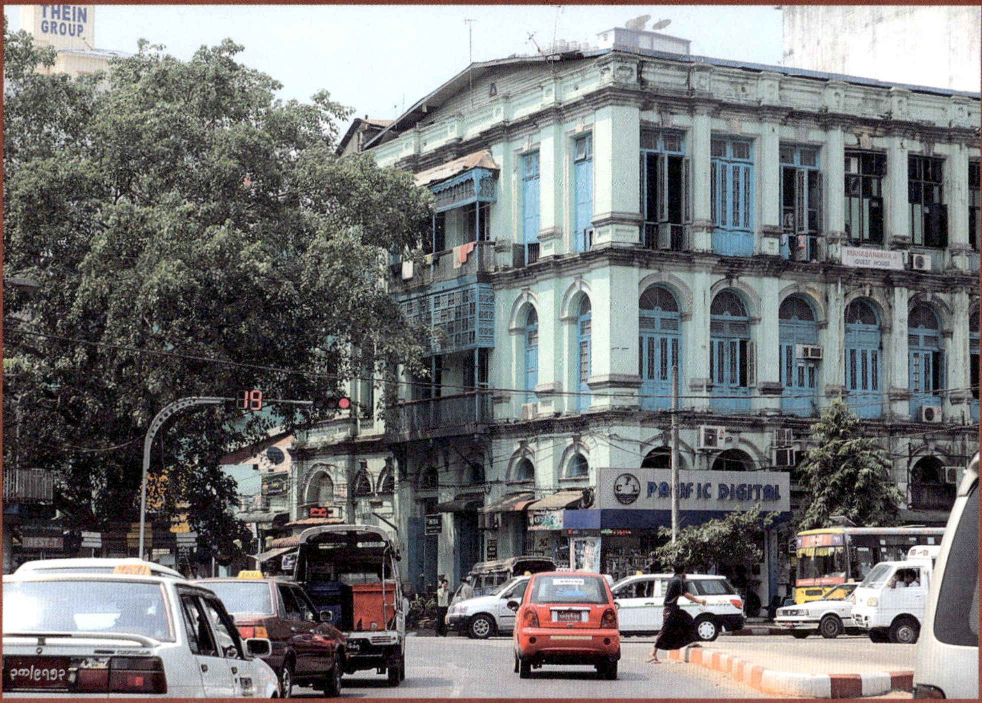
THEIN GROUP
PACIFIC DIGITAL
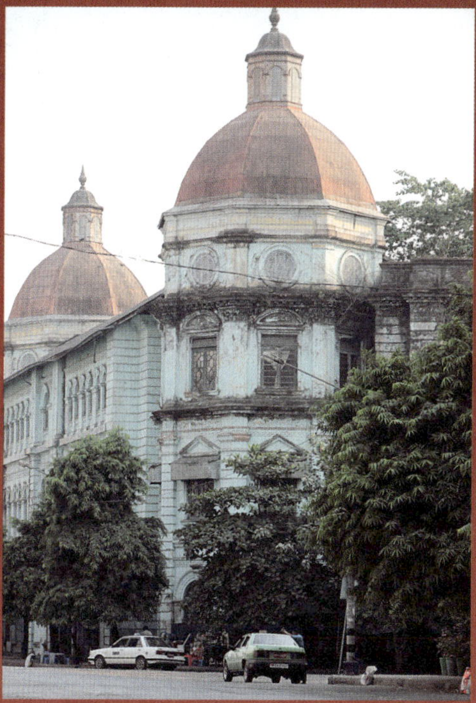
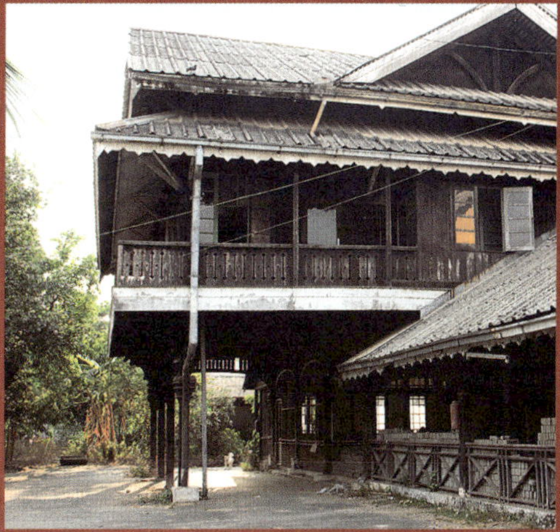
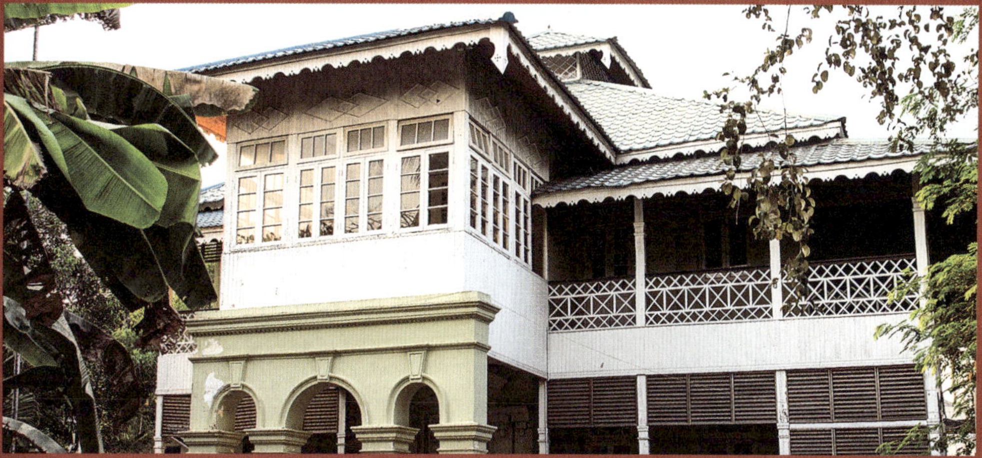
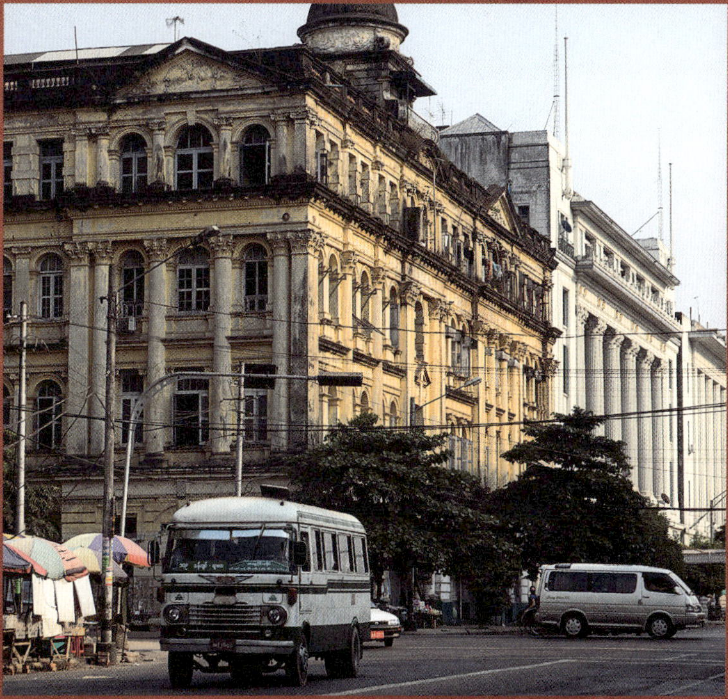
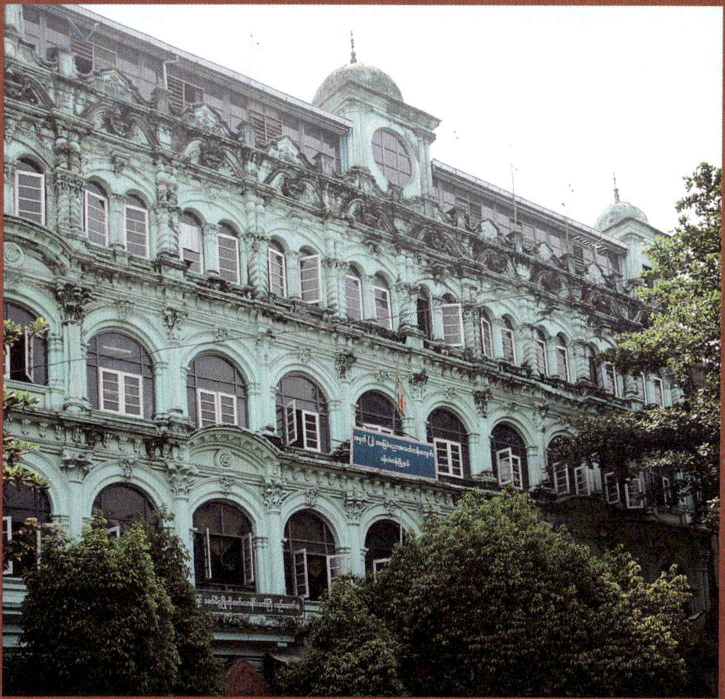

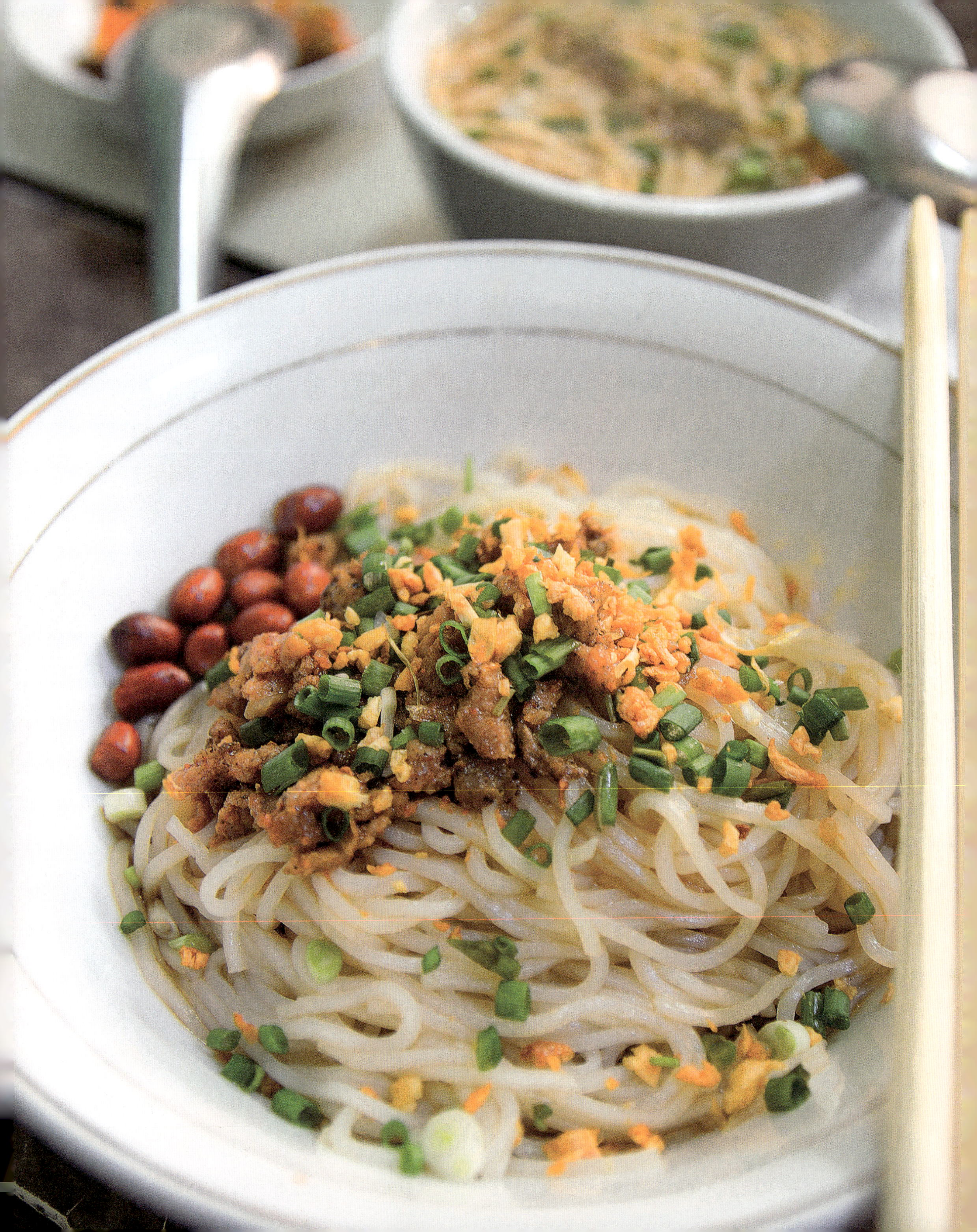

LAUWARMER NUDELSALAT – shan khout shwe

ZUBEREITUNGSZEIT
45 Minuten

ZUTATEN
200 g Reisnudeln *pho bo kho*
2 mittelgroße Zwiebeln
2 Knoblauchzehen
4 mittelgroße oder
    2 große Tomaten
300 g Hähnchenbrust
    ohne Haut
2 EL Öl zum Braten
½ TL gemahlene Kurkuma
1 ½ TL mildes Paprikapulver
1 EL Tomatenpüree
¼ TL Salz
1 EL Fischsauce
1 l Hühnerbrühe
1 Bund Schnittlauch
50 g geröstete Erdnüsse
    (Rezept siehe QR-Code)
1 Limette
Chiliflocken

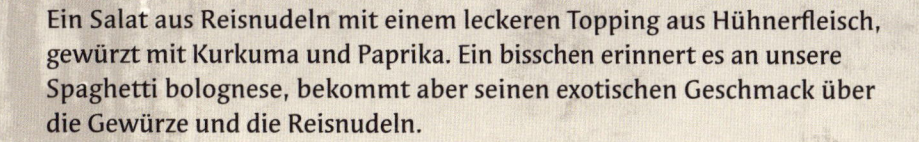

Ein Salat aus Reisnudeln mit einem leckeren Topping aus Hühnerfleisch, gewürzt mit Kurkuma und Paprika. Ein bisschen erinnert es an unsere Spaghetti bolognese, bekommt aber seinen exotischen Geschmack über die Gewürze und die Reisnudeln.

Die Nudeln in lauwarmem Wasser einweichen. Die Zwiebeln und den Knoblauch schälen und fein hacken. Die Tomaten in Würfel schneiden und in einer Küchenmaschine fein pürieren.
Die Hähnchenbrust abspülen und trocken tupfen. Zunächst in feine Würfel schneiden, dann auf einem Hackbrett mit einem schweren, scharfen Messer fein hacken. In einer beschichteten Pfanne bei mittlerer Temperatur das Bratöl erhitzen und darin das Fleisch unter ständigem Wenden mit einem Holzspatel krümelig braten. Die pürierte Masse untermischen. Das Kurkumapulver dazugeben und alles braten.
Jetzt zunächst das Paprikapulver, anschließend das Tomatenpüree, das Salz, die Fischsauce und 1 Tasse von der Hühnerbrühe nacheinander unterrühren. Alles 10–15 Minuten leicht köcheln lassen. Die Mischung sollte jetzt eine appetitlich orange-rote Farbe und die Konsistenz einer Sauce bolognese haben.
Vier Suppenschalen im Backofen bei 60 °C vorwärmen. Den Koriander waschen und grob hacken. Die Erdnüsse grob hacken. Die Limette achteln.
In einem Topf Wasser zum Kochen bringen. Die Nudeln aus dem Einweichwasser nehmen und in dem heißen Wasser 1–2 Minuten kochen. Abgießen, abschrecken und mit etwas Öl vermischen, damit sie nicht zusammenkleben. Die restliche Hühnerbrühe erhitzen.
Die Nudeln auf die Suppenschalen verteilen und je eine halbe Kelle Hühnerbrühe darübergießen. Anschließend eine halbe Kelle von der Sauce darauf verteilen. Jede Portion mit gehacktem Schnittlauch und Erdnüssen bestreuen. Mit Limettenachteln, Fischsauce und Chiliflocken servieren. Vor dem Essen mit Stäbchen gut durchmischen und nach Belieben würzen. Die restliche Brühe separat dazu servieren.

Im Shan-Nudel-Shop

Nudeln sind neben Reis die Basis der Küche in Myanmar. Vor allem zum Frühstück oder als Snack sind sie bei den Burmesen sehr beliebt. Es gibt Reisnudeln, Glasnudeln oder Weizennudeln mit Ei und das in verschiedenen Stärken. Mittags isst man oft am Straßenrand einen feurig-scharfen Nudelsalat.
Am bekanntesten für seine Nudelspezialitäten ist der im Osten Myanmars gelegene Shan-Staat. Das Volk der Shan kam 650 v. Chr. aus dem heutigen China und herrschte viele Jahrhunderte über Burma. Im 16. Jahrhundert wurde es von den Burmanen unterworfen. Seitdem sind die Shan die größte ethnische Minderheit.
Shan-Küche wird auch im »999 Shan-Noodle-Shop« in Yangon serviert. Es ist ein kleines, hell und freundlich eingerichtetes Street-Food-Restaurant mit Nudelsuppen und -salaten. Alles dort ist hausgemacht und sehr lecker.

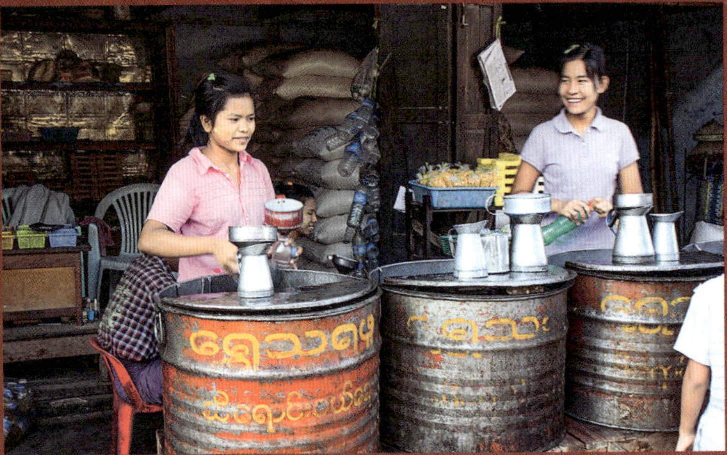
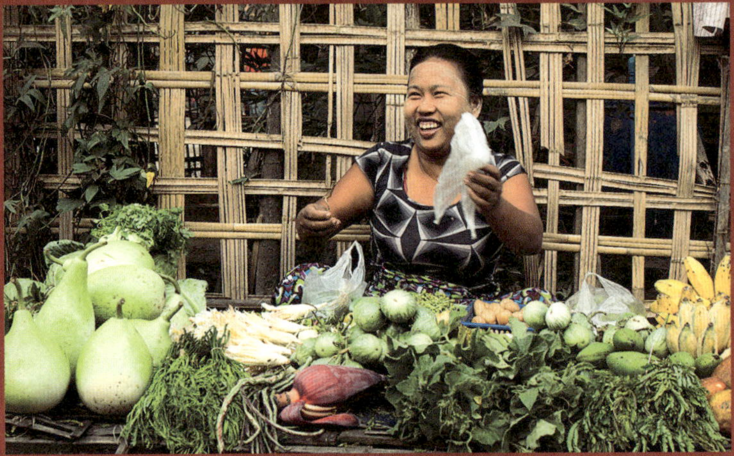
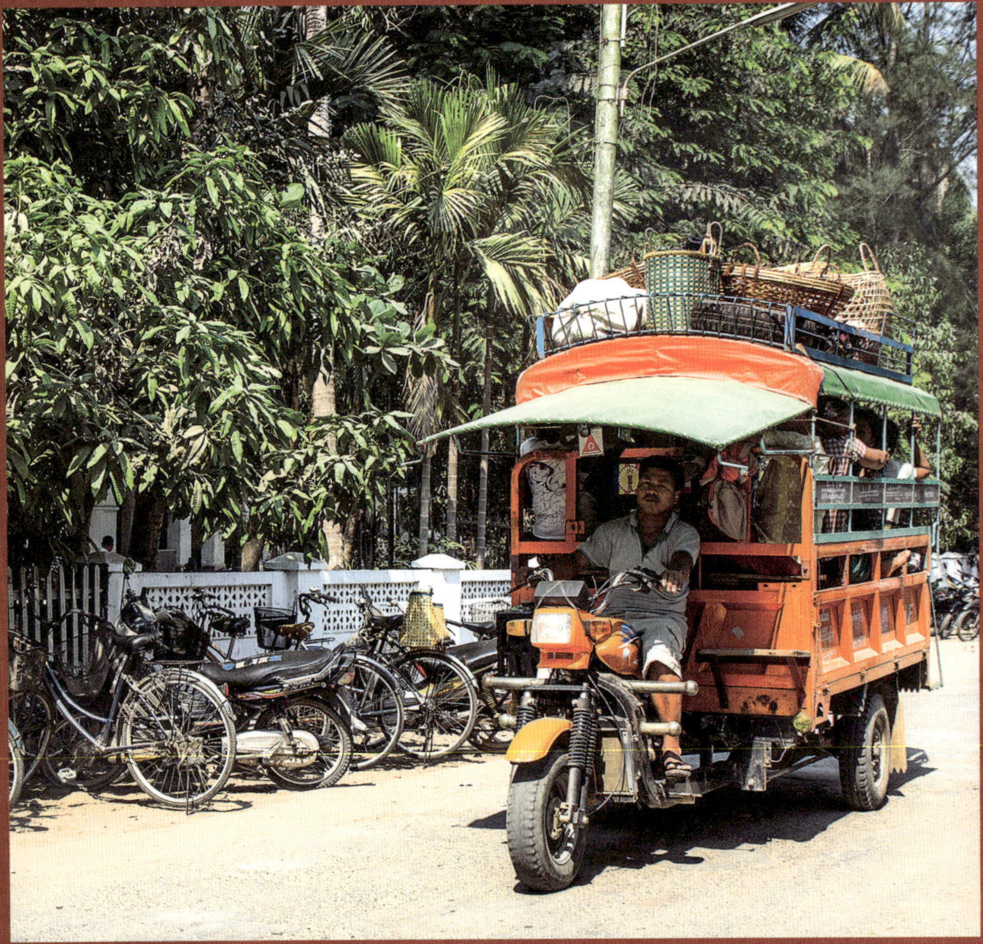
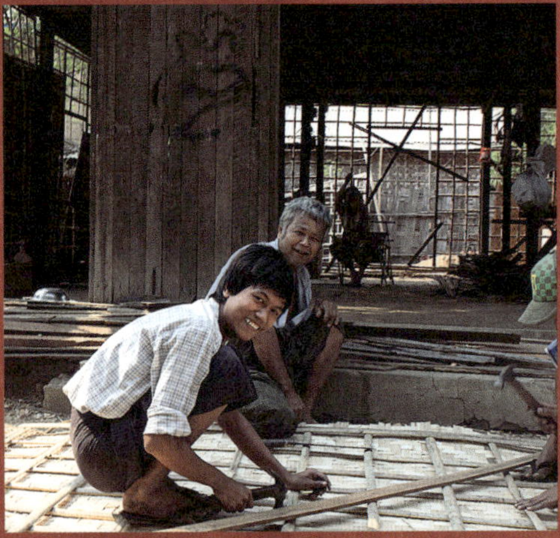
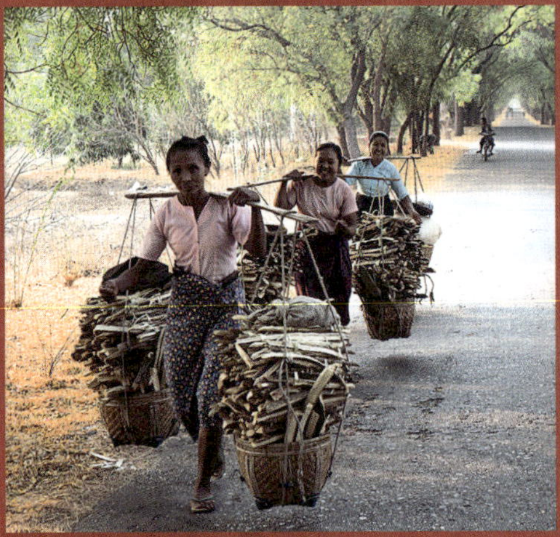
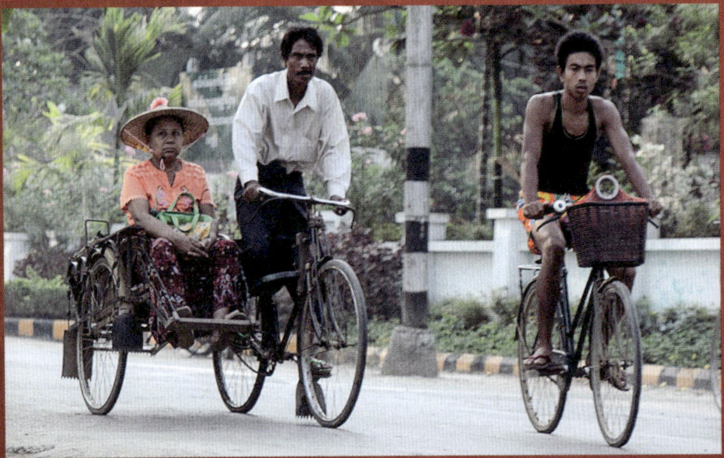
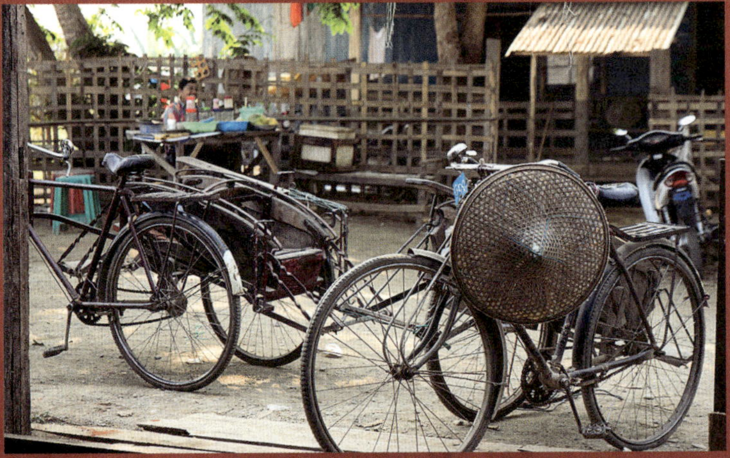

Bagan – Tempel, Mönche und Milchtee

Bagan, die alte Königsstadt Myanmars, ist keine Stadt im eigentlichen Sinn, sondern ein riesiges Tempelareal, das sich über 36 km² Steppenlandschaft erstreckt. Über 2000 Tempel und Pagoden, erbaut aus Ziegelsteinen, verteilen sich über die karge Landschaft und bilden eine der größten archäologischen Stätten Südostasiens. Reiche Burmesen hatten diese Bauwerke errichtet, um bei ihrer Wiedergeburt ein – noch – besseres Leben zu haben.

Den schönsten Blick über die Steppe hat man, wenn man eine der großen Pagoden besteigt. Über schmale Steinstufen gelangt man auf die hochgelegenen Plattformen, von wo aus sich ein grandioses Panorama über Tausende von kleinen und großen Tempeln, Pagoden und Stupas erschließt. Dort den Sonnenauf- oder -untergang zu erleben, gehört zu den Höhepunkten jeder Reise nach Myanmar.

Ein Morgen in Bagan beginnt mit einem burmesischen Frühstück: ein frisch zubereitetes Omelett, eine Nudelsuppe mit knackigem Gemüse und schwarzer Tee. Man sitzt auf niedrigen Stühlen in einem Tea-Shop und beobachtet das morgendliche Treiben. Oft sieht man einen Schwarm junger Mönche vorbeiziehen. Sie halten Schalen in den Händen, in die die Dorfbewohner bereitwillig frisch gekochten Reis, Currys oder Snacks füllen. So bekommen die Mönche ihr Frühstück und die Spender ein gutes Gewissen.

Im benachbarten Kleinstädtchen Nyaung-U kann man einiges von der Küche der Region entdecken. Täglich findet ein großer Markt statt, auf dem Händler aus der ganzen Umgebung ihre Waren anbieten. Neben frischem Gemüse in allen Variationen findet man getrocknete Bohnen und Linsen, die frittiert und über Salate gestreut oder einfach geknabbert werden. Natürlich gibt es auch den obligatorischen Reis, der zu jeder Mahlzeit gehört.

Typisch burmesisch sind die Stände, an denen Speiseöl abgefüllt und verkauft wird. Für die burmesischen Currys wird viel Öl verwendet, damit sie sich bei den heißen Temperaturen hier länger halten.

MILCHTEE – la pey yay

Zubereitungszeit
20 Minuten

Zutaten
4 TL schwarzer Assam-Tee
 (z. B. Ostfriesenmischung)
1 Dose gezuckerte
 Kondensmilch
1 Dose Kondensmilch
 (Kaffeesahne)

Hier das Rezept für burmesischen Milchtee, einen Verwandten des indischen *chai*.

In einem Topf 800 ml Wasser zum Kochen bringen. Den Tee in ein Teenetz aus Baumwolle füllen und in das kochende Wasser halten. Falls kein Teenetz zur Hand ist, kann man den Tee auch lose ins kochende Wasser geben und den Aufguss anschließend durch ein Sieb abgießen.
Den Tee 15 Minuten bei niedriger Temperatur köcheln lassen, dann das Teenetz herausnehmen bzw. den Tee abseihen.
Den Topf vom Herd nehmen. Je 4 EL von der gezuckerten und der ungezuckerten Kondensmilch in den Tee einrühren. Nun die Mischung wenn möglich aus etwa 50 cm Höhe in einen zweiten Topf gießen, sodass der Tee schäumt und Luft bekommt. Dadurch kann sich das Aroma besser entfalten.
Je nach Geschmack mehr Kondensmilch dazugeben, dann den Tee in Tassen gießen. Die burmesischen Teekocher gießen den Tee beim Servieren aus großer Höhe in dünnem Strahl in die Tasse, sodass ein leichter Schaum entsteht.

Tee

Tee ist in Myanmar allgegenwärtig. Vor mehreren Tausend Jahren wurden die ersten Teepflanzen im Grenzgebiet zwischen der heutigen chinesischen Provinz Yunnan und Burma geerntet.
Von dort aus entwickelte sich die Teepflanze *Camellia sinensis* in Richtung China, wo man unter anderem daraus Grüntee oder den nur leicht fermentierten Oolong-Tee herstellte. Auf burmesischer Seite wurde die Teepflanze von den dort lebenden Shan- und Karan-Völkern in erster Linie als Heilpflanze verwendet. Erst die englischen Kolonialherren legten Teeplantagen in großem Stil an und verwendeten die Unterart *assamica*, wie sie auch in Nordindien in Assam bzw. Darjeeling verbreitet ist, woher die besten Schwarztees stammen. Myanmar liegt also nicht nur kulinarisch zwischen zwei Hochkulturen, sondern auch in Sachen Tee. Man findet hier sowohl die chinesische Tradition des Grüntees als auch die anglo-indische des Schwarztees mit Milch und Zucker.
Bevor die Engländer als Kolonialmacht kamen, wurde Tee in Asien mit heißem Wasser aufgebrüht und ohne Zugabe von Zucker, Milch oder Zitrone getrunken. So ist es in China und Vietnam noch heute üblich. In Indien und eben auch in Burma haben die Menschen bereitwillig den englischen Brauch übernommen, den Tee stark zu süßen und mit Milch zu servieren. So bekommt man in burmesischen Tea-Shops einen starken Schwarztee, versetzt mit dicker, gesüßter Kondensmilch. Zusätzlich steht auf jedem Tisch noch eine Kanne mit einem leichten Grüntee, der als Durstlöscher aus kleinen Tässchen getrunken wird.
Für die meisten Burmesen beginnt der Morgen im Tea-Shop. Hier kann man aber auch den ganzen Tag über sitzen und essen und trinken. Morgens geht es sehr hektisch zu, weil jeder zur Arbeit muss, mittags wird es meistens wieder voll. Die schönste Zeit für einen Besuch ist wohl der frühe Nachmittag: Der mittägliche Ansturm ist vorbei und langsam füllen sich die Tische wieder, man entspannt sich nach getaner Arbeit, unterhält sich, beobachtet die Leute und genießt in Ruhe seinen Tee.

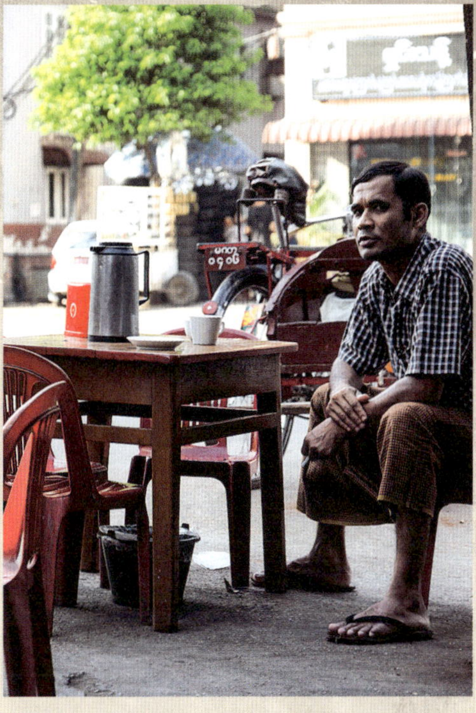

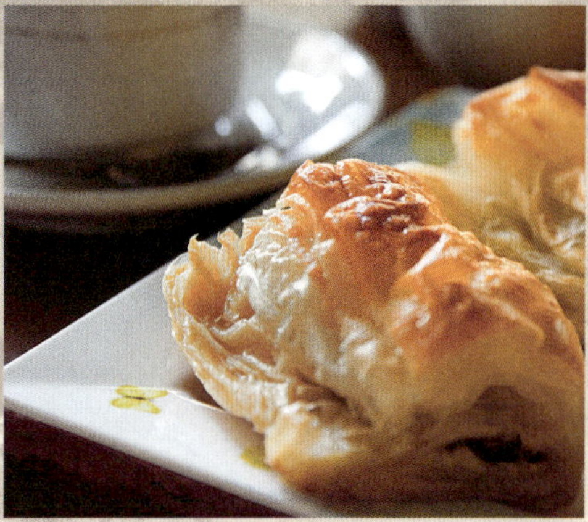

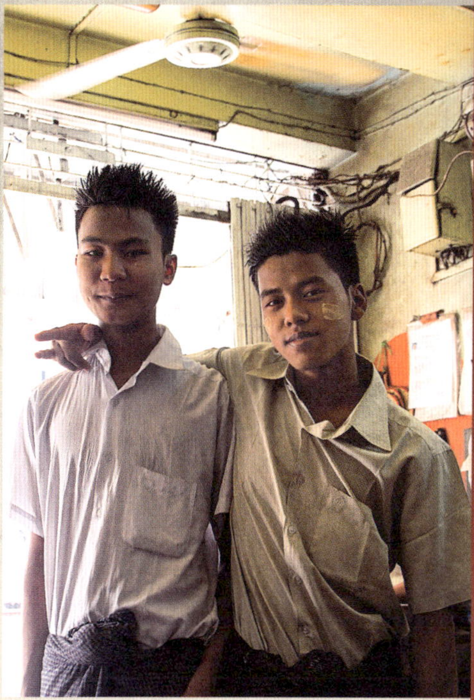

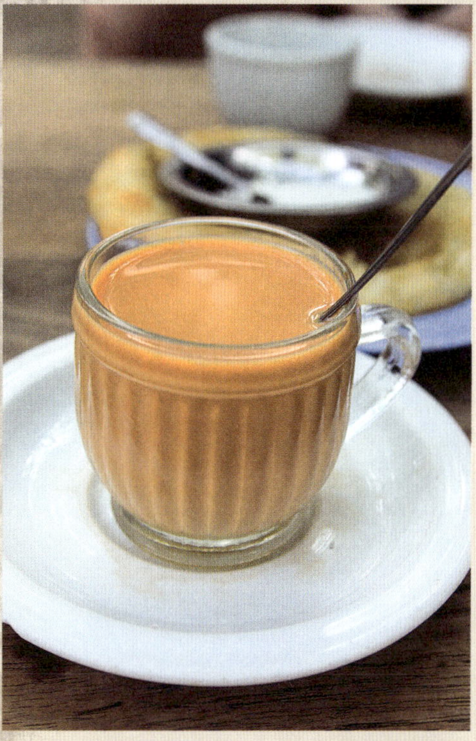

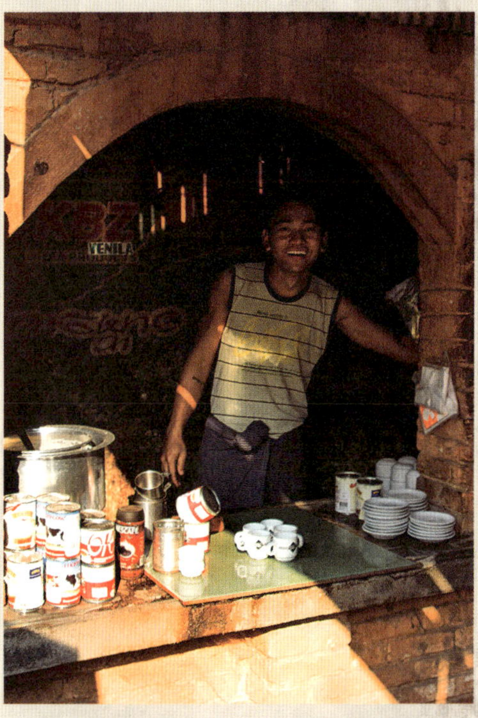
KBZ
VENILA

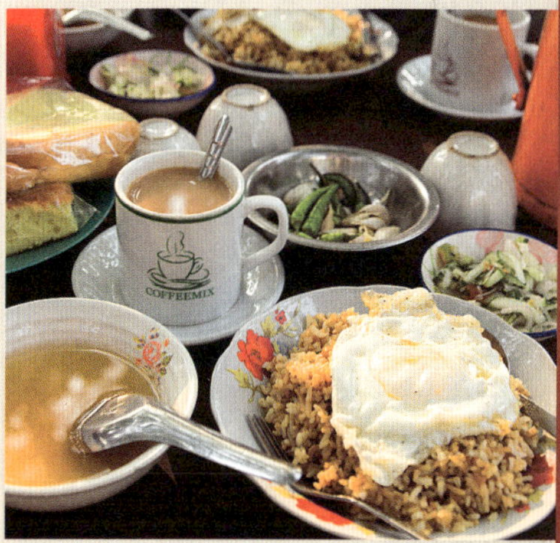
COFFEEMIX

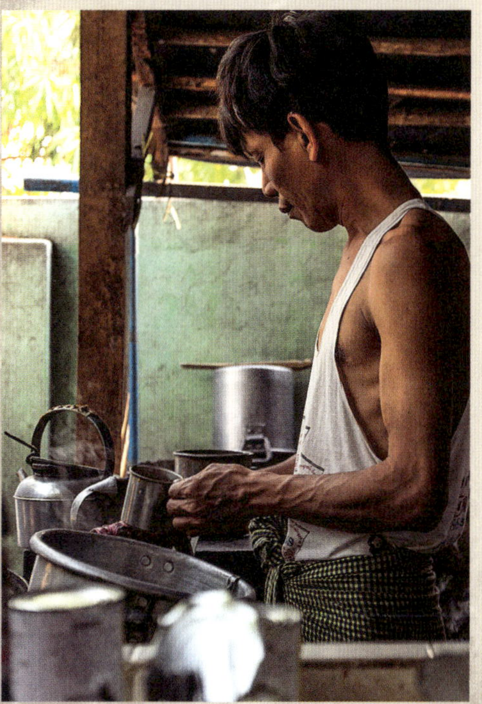

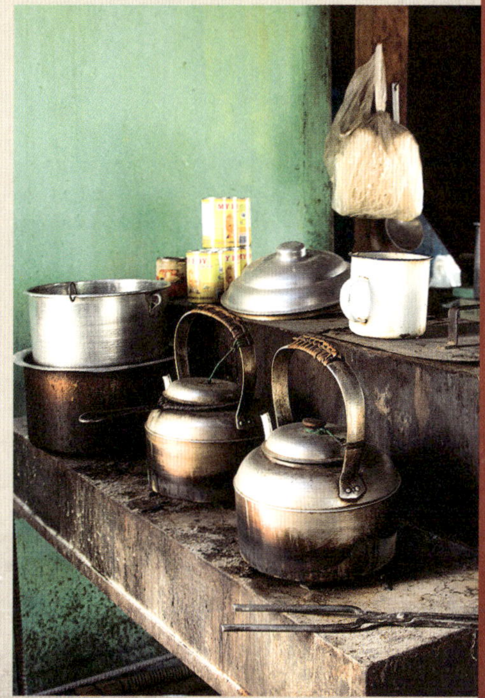

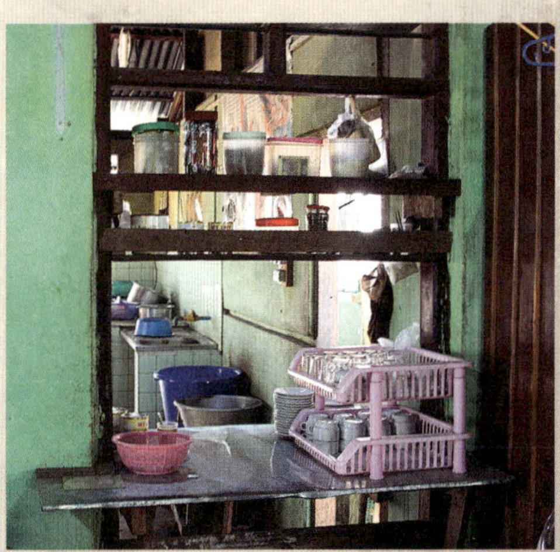

KNUSPRIGER INGWERSALAT – gyin thoke

ZUBEREITUNGSZEIT
20 Minuten

ZUTATEN
200 g eingelegter Ingwer
2 feste mittelgroße Tomaten
50 g Chinakohl
50 g geröstete Kürbiskerne
50 g geröstete Erdnüsse (Rezept siehe QR-Code Seite 28)
2 EL gerösteter Sesam
2 EL Garnelenpulver
2 EL frittierte Schalotten
1 Limette
2 EL Knoblauchöl
Salz

Zum traditionellen burmesischen Ingwersalat gehören eigentlich frittierte Spaltbohnen zum Knuspern, hier haben wir sie durch geröstete Erdnüsse und Kürbiskerne ersetzt.

Den Ingwer abtropfen lassen, in eine Schüssel mit kaltem Wasser legen und 10 Minuten spülen. Anschließend in ein Sieb abgießen und nochmals abtropfen lassen.
Die Tomaten waschen, von Stielansatz und Kernen befreien und achteln. Den Chinakohl fein raspeln. Alle Zutaten bis auf die Limette, das Knoblauchöl und das Salz miteinander vermischen (für das Garnelenpulver siehe QR-Code).
Die Limette auspressen und die Hälfte des Safts dazugeben. Das Knoblauchöl und ¼ TL Salz hinzufügen und erneut mischen. Mit dem restlichen Limettensaft und Salz abschmecken und servieren.

TOMATENSALAT MIT BLATTSPINAT – kha yan chin thee thoke

ZUBEREITUNGSZEIT
15 Minuten

ZUTATEN
250 g frischer Blattspinat
2 mittelgroße Tomaten
1 TL Garnelenpulver
2 EL geröstete Erdnüsse (Rezept siehe QR-Code Seite 28)
1 EL frittierte Schalotten
1 EL Schalottenöl (siehe QR-Code)
1 EL Fischsauce
¼ TL mildes Paprika- oder scharfes Chilipulver
Salz

Ein frischer Salat aus reifen Tomaten – ein herrliches Sommergericht. Das Rot der Tomaten kontrastiert wunderbar mit dem tiefen Grün des Spinats. Fischsauce und getrocknete Garnelen geben den »Kick«.

Den Spinat gründlich waschen und abtropfen lassen. Die Blätter in einem Topf bei mittlerer Temperatur unter ständigem Wenden zusammenfallen lassen. Aus dem Topf nehmen, abkühlen lassen und so gut wie möglich ausdrücken, dann grob hacken. Die Tomaten waschen, von Kernen und Stielansatz befreien und in feine Würfel schneiden. Die gerösteten Erdnüsse grob hacken.
In einer Schale den Spinat, die Tomaten, das Garnelenpulver (siehe QR-Code), die gerösteten Erdnüsse und die frittierten Schalotten vermischen. Das Schalottenöl (siehe QR-Code), die Fischsauce, das Paprikapulver und eine Prise Salz hinzufügen. Alles nochmals vermischen und servieren.

SALATE

Salate, thoke genannt, sind in Myanmar Bestandteil jeder Mahlzeit und können in vielfältigen Variationen auftreten: leichte, säuerliche und scharfe Salate mit rohem Gemüse oder Früchten, kombiniert mit Limettensaft, gerösteten Erdnüssen und Kichererbsenmehl, Zwiebeln und scharfen Chilis. Gemischt werden die Zutaten mit den Händen, damit der Geschmack sich besser entwickelt und verteilt.

AVOCADOSALAT – htaw bat thoke

Zubereitungszeit
15 Minuten

Zutaten
1 Knoblauchzehe
1 TL gekörnte Brühe
1 grüne oder rote Vogelaugen-Chilischote
Pfeffer aus der Mühle
2 EL Fischsauce oder Sojasauce
Saft von 1 Limette
1 Schalotte
4–6 Cocktailtomaten
2 reife Avocados
Salz
1 Bund frischer Koriander
1 EL geröstete Erdnüsse (Rezept siehe QR-Code Seite 28)

Bei diesem Salat aus reifen Avocados mit Tomaten, Chilis, Limette und Koriander ist das Mischen mit der Hand besonders wichtig. Dadurch wird das Gemüse leicht angedrückt, sodass die Aromen noch besser miteinander verschmelzen.

Die Knoblauchzehe schälen und zusammen mit der gekörnten Brühe im Mörser zerstoßen. Die Chilischote fein schneiden und untermischen. Den Pfeffer, die Fisch- oder Sojasauce und die Hälfte des Limettensafts dazugeben und alles gut verrühren.

Die Schalotte schälen und in feine Ringe schneiden, die Tomaten waschen, von Kernen und Stielansatz befreien und achteln. Die Avocados mit einem scharfen Messer längs teilen und entsteinen. Die Schale abziehen und das Fruchtfleisch in grobe Würfel schneiden.

Avocados, Tomaten und Schalotten mit der Salatsauce in einer Schüssel mit den Händen vorsichtig, aber gründlich vermischen. Mit Salz und Limettensaft abschmecken und auf einer Platte anrichten.

Den Koriander waschen und die Blätter abzupfen. Zusammen mit den gerösteten Erdnüssen über den Salat streuen und servieren.

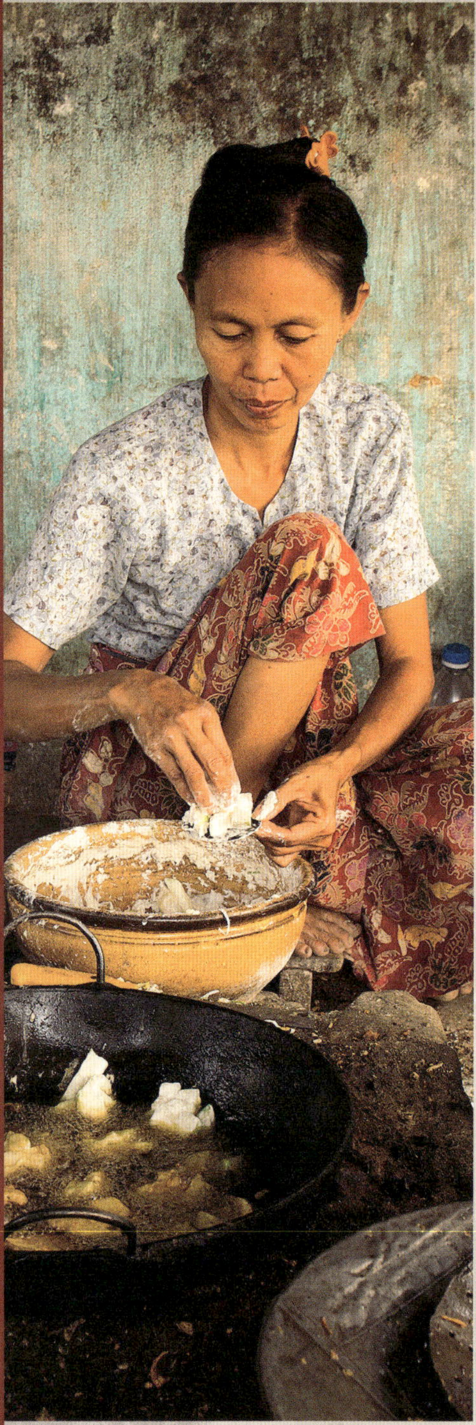
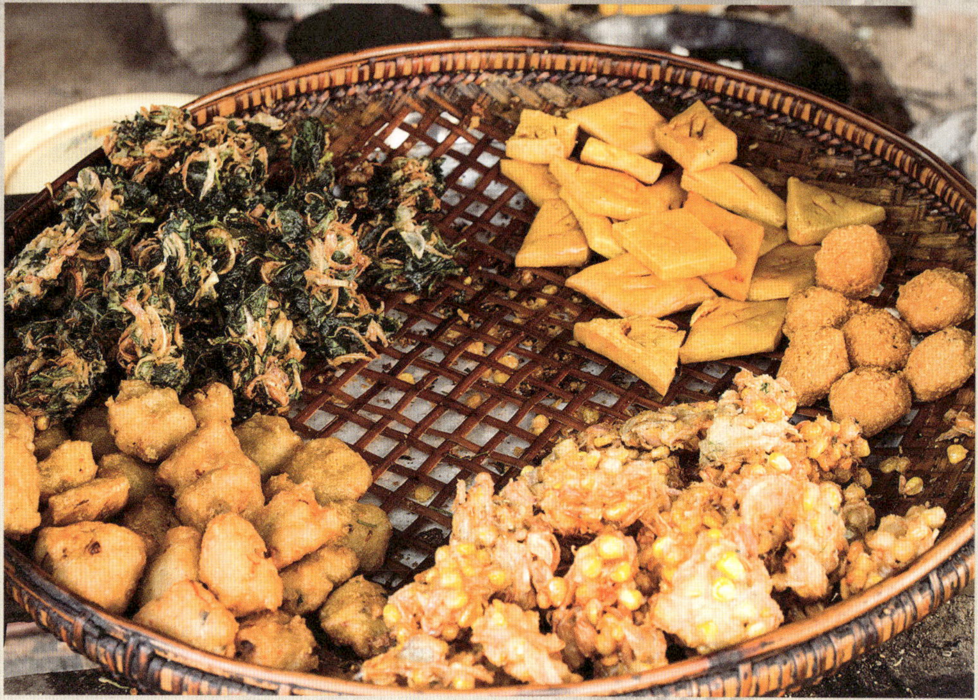
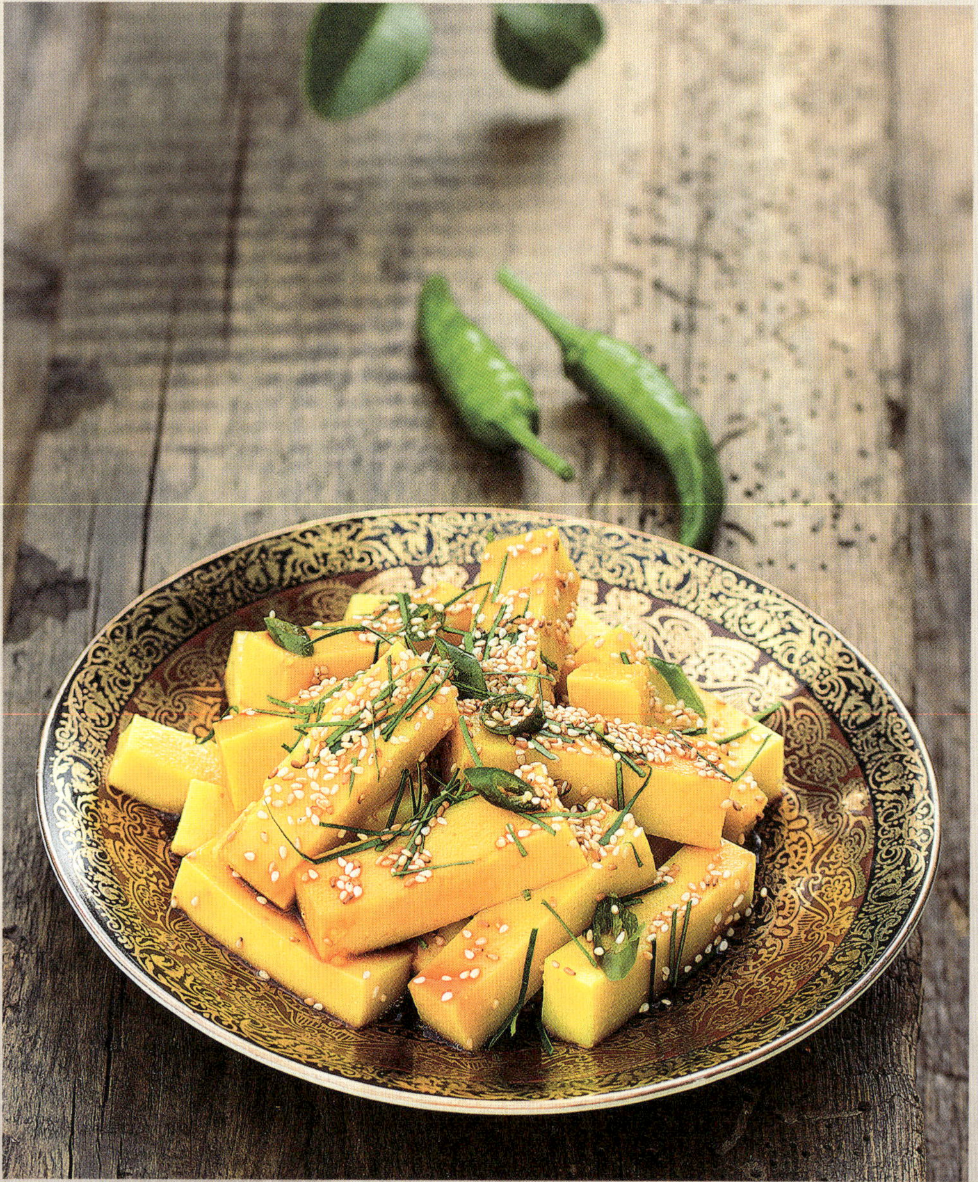
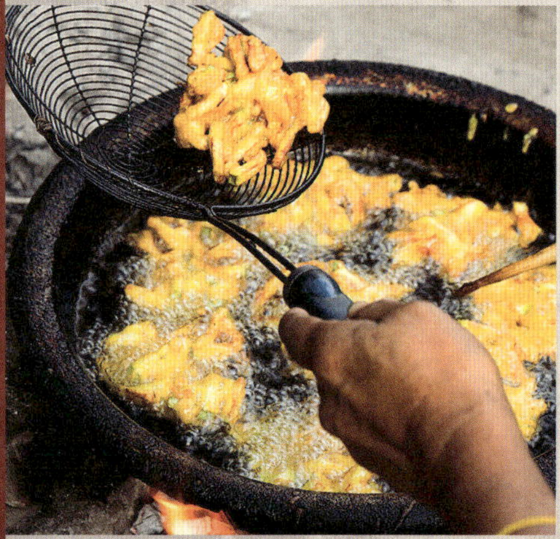

SHAN-TOFU – to hpu gyaw

ZUBEREITUNGSZEIT
30 Minuten,
    plus 4 Stunden Ruhezeit

ZUTATEN
200 g Kichererbsenmehl
2 ½ TL Salz
1 Msp. gemahlene Kurkuma
Speiseöl
2 rechteckige Glasformen
    (15 x 20 cm)

Shan-Tofu ist eine Spezialität, die es nur im Ostteil Myanmars, dem sogenannten Shan-Staat gibt. Er wird nicht wie der chinesische Tofu aus Sojabohnen hergestellt, sondern aus Kichererbsen. Kichererbsenmehl, *besan* genannt, wird zu einem Brei ähnlich der italienischen Polenta gekocht. Dieser kühlt dann zu einer festen, schnittfesten Masse aus. Man kann Shan-Tofu frisch essen oder aber frittiert. In jedem Fall ist er eine interessante und vor allem schmackhafte Bereicherung eines vegetarischen Speiseplans.

Das Kichererbsenmehl zusammen mit dem Salz und dem Kurkumapulver in eine mittelgroße Schüssel geben. Nach und nach mit einem Schneebesen oder einem elektrischen Handrührgerät 400 ml Wasser einrühren, bis eine klümpchenfreie Masse entstanden ist. Diese 10 Minuten ruhen lassen, dann nochmals durchrühren. Die Glasformen mit dem Speiseöl gründlich einfetten. In einem Topf mit schwerem Boden 800 ml Wasser zum Kochen bringen und dann bei mittlerer Temperatur köcheln lassen. Nach und nach die Kichererbsenmasse dazugeben und alles unter ständigem Rühren in der gleichen Richtung mit einem Holzspatel oder Schneebesen etwa 5 Minuten eindicken lassen. Sobald die Masse an der Oberfläche seidig glänzt, in die Formen gießen.
Abkühlen lassen, dann abgedeckt im Kühlschrank mindestens 4 Stunden fest werden lassen. Danach kann der Shan-Tofu weiterverarbeitet werden. Man kann ihn auch in Stücke schneiden, goldbraun frittieren und mit Chilisauce servieren.

SHAN-TOFU-SALAT – to hpu byaw

ZUBEREITUNGSZEIT
10 Minuten

ZUTATEN
400 g Shan-Tofu (siehe oben)
1 Knoblauchzehe
4 EL helle Sojasauce
4 EL chinesischer Reisessig
Salz
2 EL Schalottenöl oder
    neutrales Speiseöl
2–3 Kaffirlimettenblätter
1 grüne Vogelaugen-Chilischote
4 TL geröstete Sesamsamen

Am Vortag den Shan-Tofu herstellen, wie oben beschrieben.
Den Tofu mit einem langen, scharfen Küchenmesser in 1 cm breite und 4 cm lange Stifte schneiden. Auf vier kleine Salatschüsseln verteilen.
Für das Dressing die Knoblauchzehe schälen und sehr fein hacken. Die Sojasauce, den Essig und eine Prise Salz gut verrühren, dann den Knoblauch und das Öl (siehe QR-Code) untermischen.
Die Kaffirlimettenblätter in der Mitte zusammenfalten und von der Rippe befreien, dann mit einer Küchenschere in sehr feine Streifen schneiden. Die Chilischote waschen und in feine Ringe schneiden.
Die Kaffirlimettenblätter, die Chiliringe und je 1 TL Sesamsamen auf den Shan-Tofu-Portionen verteilen. Das Dressing nochmals gut verquirlen und die Portionen damit beträufeln. Die Zutaten vorsichtig vermischen und servieren.

Schalottenöl

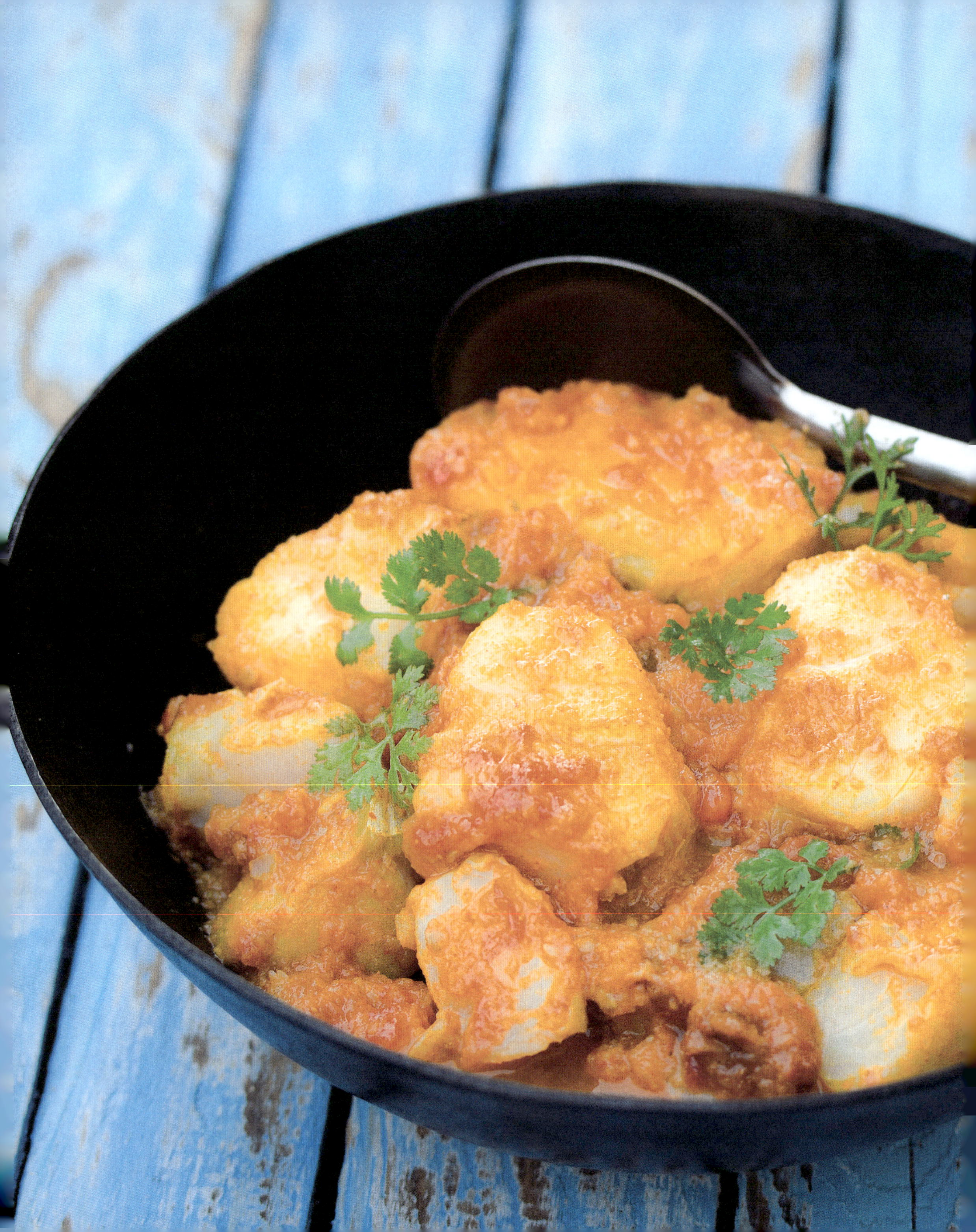

FISCHCURRY – nga sipyan

ZUBEREITUNGSZEIT
15 Minuten

ZUTATEN
800 g Filet vom Heilbutt
oder Kabeljau
1 TL Salz
¼ TL gemahlene Kurkuma
2 mittelgroße Tomaten
2 mittelgroße Zwiebeln
2 Knoblauchzehen
1 daumengroßes Stück Ingwer
2 EL Öl zum Braten
⅓ TL Paprikapulver
1 EL Fischsauce
1 Bund frischer Koriander

Dieses leichte burmesische Curry aus zartem Fischfilet wird mit Tomaten geschmort und mit Ingwer, Kurkuma und Paprika gewürzt.

Das Fischfilet in Würfel von 4 cm Seitenlänge schneiden. In einer Schüssel gründlich mit dem Salz und dem Kurkumapulver vermischen. Am besten Küchenhandschuhe anziehen und den Fisch leicht kneten.
Die Tomaten waschen und fein würfeln. Die Zwiebeln schälen und fein hacken oder vierteln und im Mörser zerstampfen. Den Knoblauch und den Ingwer schälen und ebenfalls fein hacken oder mörsern.
In einem Topf mit schwerem Boden das Bratöl erhitzen, und darin die Zwiebeln unter Rühren hellbraun braten. Den Knoblauch und den Ingwer dazugeben und braten, bis alles aromatisch duftet. Zunächst das Paprikapulver einrühren, dann sofort die Tomaten und die Fischsauce untermischen und alles 2 Minuten leicht köcheln lassen. Bei Bedarf etwas Wasser dazugeben. Die Temperatur reduzieren.
Den Fisch zu der Würzsauce geben und 2 Minuten ziehen lassen, dann vorsichtig umdrehen und bei niedriger Temperatur gar ziehen lassen.
Den Koriander waschen, grob hacken und das Fischcurry damit bestreuen. Mit weißem Jasminreis servieren.

NGAPALI – ENDLOSE STRÄNDE UND SCHARFER FISCH

Ngapali Beach an der Westküste Myanmars im Rakhine-Staat gelegen, ist berühmt für seine frischen Meeresfrüchte, aber auch für seinen – noch – makellosen Strand, der sich über drei Kilometer entlang der Küste erstreckt.
Für den Tourismus erst spät geöffnet, gibt es in Ngapali Beach bislang nur wenige Hotels, die, alle von Kokospalmen umgeben, oft vom Strand aus fast nicht zu sehen sind. So ergibt sich das einmalige Bild eines touristisch erschlossenen Strands, der sich trotzdem seine Ursprünglichkeit bewahrt hat.
Am südlichen Ende von Ngapali Beach befindet sich ein kleines Fischerdorf. Die Fischer, die die Nacht auf ihren Booten verbringen, um mit Licht Fische anzulocken, kommen früh am Morgen zurück an den Strand. Dort warten schon ihre Frauen auf sie, um den Fang auszuladen. Der Großteil wird an die umliegenden Restaurants verkauft, ein Teil auf einem kleinen Dorfmarkt. In den kleinen Strandrestaurants bekommt man Meeresfrüchte und Fisch, zubereitet im Rakhine-Stil, einer Küche, die bekannt ist für ihre scharfen Chilis, aber auch für ihre Leichtigkeit.

GARNELENCURRY – pazun yay cho

Zubereitungszeit
20 Minuten

Zutaten
2 Schalotten
1 Knoblauchzehe
2 EL Öl zum Braten
¼ TL gemahlene Kurkuma
1 Tomate
1 EL Fischsauce
350 g Garnelen ohne Schale (TK, aufgetaut)
1 grüne Chilischote
Salz

Ein wunderbar leichtes Curry, das ganz einfach nach der *yao-chottin*-Methode mit wenig Öl – ideal für Meeresfrüchte und Fisch – zubereitet wird.

Die Schalotten und die Knoblauchzehe schälen und fein hacken. In einem Topf mit schwerem Boden das Bratöl erhitzen. Das Kurkumapulver kurz anschwitzen. Schalotten und Knoblauch dazugeben und alles bei niedriger Temperatur braten, bis die Schalotten glasig sind.
Die Tomate waschen, vom Stielansatz befreien und in kleine Würfel schneiden. Zusammen mit ½ Tasse heißem Wasser in den Topf geben und die Mischung köcheln lassen, bis das Wasser verdampft ist.
Erneut ½ Tasse heißes Wasser, die Fischsauce und die Garnelen dazugeben. Die Temperatur etwas erhöhen. Die Mischung leicht köcheln lassen, bis die Garnelen sich gerade rot färben. Auch wenn sie innen jetzt noch nicht ganz durch sind, garen sie noch nach.
Die Chilischote waschen, der Länge nach aufschneiden, entkernen, klein schneiden und in den Topf geben. Das Curry mit Salz und Fischsauce abschmecken und servieren.

Chilischoten

Die kleinen, scharfen Chilischoten, die für das südostasiatische Essen so typisch sind, stammen ursprünglich aus Südamerika, von wo sie im 16. Jahrhundert durch Portugiesen nach Südostasien gebracht wurden. Die Schärfe stammt von dem Alkaloid Capsaicin, das zwar ein Hitze- und Schmerzgefühl im Mund auslöst, aber nicht den Geschmack »abtötet«. Wer sich nach und nach an die Schärfe gewöhnt – man kann es trainieren! –, will sie nicht mehr missen, denn sie vertieft das Geschmackserlebnis.
Chilis sind gesund: Sie wirken keimtötend, enthalten Vitamin C und regen die Durchblutung des Magens an. Es gibt sie in verschiedenen Größen und Schärfegraden, von höllisch scharfen Vogelaugen-Chilis bis zu etwas milderen Cayenne-Chilis. Rote werden später als grüne geerntet, geschmacklich gibt es kaum einen Unterschied. Getrocknete rote Chilis sind ein wichtiger Bestandteil von vielen Currypasten. Ihr Aroma ist feiner und voller als das von frischen.
Die Abgrenzung zwischen Paprika – *Capsicum annuum L.* – und Chili – *Capsicum frutescens L.* – ist fließend. Aus beiden Früchten kann man durch Trocknen und Mahlen ein Pulver herstellen. Paprikapulver ist weniger scharf und hat einen höheren Zuckeranteil als Chilipulver.

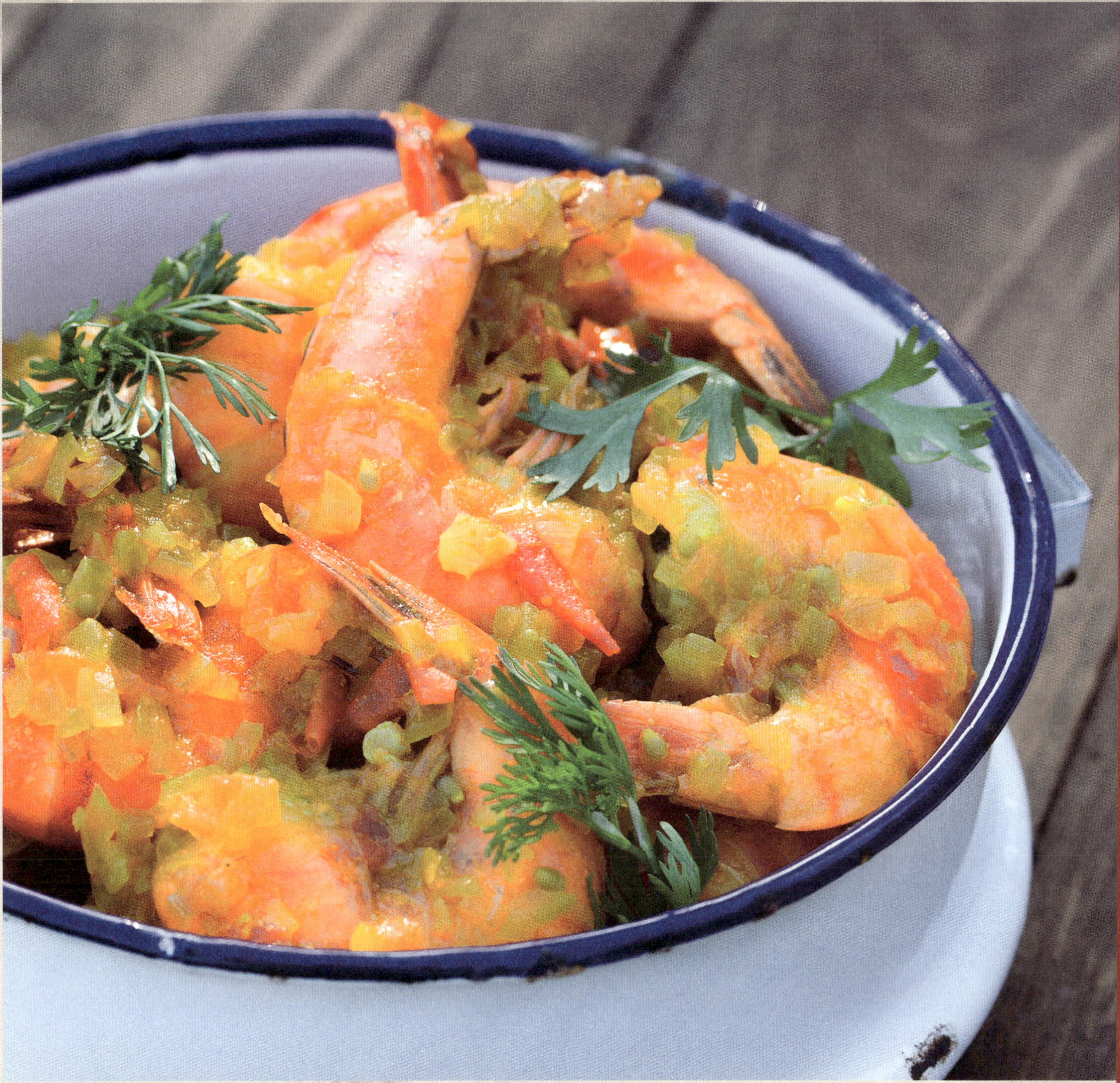

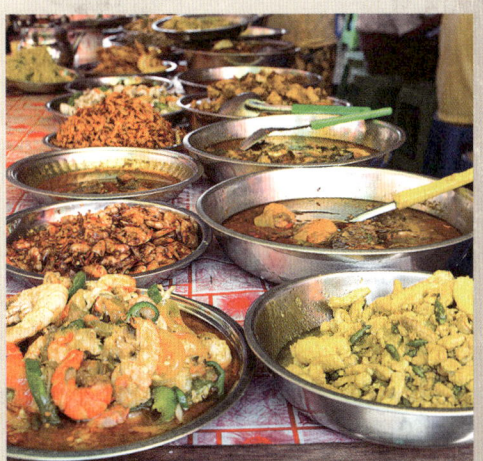

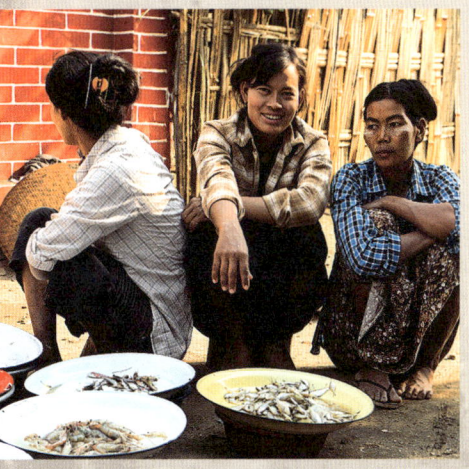

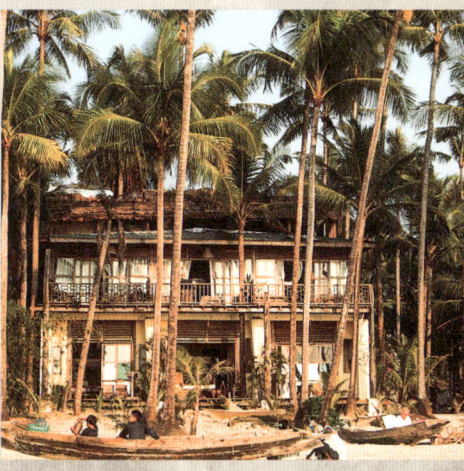

REISKUCHEN MIT SESAM – shwe htamin

ZUBEREITUNGSZEIT
40 Minuten,
    plus 30 Minuten Ruhezeit

ZUTATEN
250 g Thai-Klebreis
30 g geröstete Erdnüsse
    (Rezept siehe QR-Code
    Seite 28)
30 g gerösteter Sesam
125 g Palmzucker
½ EL Salz
Butter zum Einfetten
2 EL geröstete Mandel-
    blättchen
2 EL flüssiger Honig
    (nach Belieben)

Ein reichhaltiger Dessertkuchen aus Klebreis, Erdnüssen, Palmzucker und Sesam. Man reicht ihn in kleinen Stücken nach dem Essen oder einfach zwischendurch, oft zusammen mit einer Tasse Milchtee (siehe Seite 200).

In einer Schüssel den Klebreis gründlich in lauwarmem Wasser waschen, bis das Wasser klar ist. Das Wasser vollständig abgießen und den Reis in den Reiskocher füllen.
Die Erdnüsse grob hacken und dann zusammen mit dem Sesam, dem Palmzucker, dem Salz und 350 ml Wasser zu dem Reis in den Kocher geben. Umrühren und den Reiskocher einschalten. Den Reis nach dem Garen noch 10 Minuten mit geschlossenem Deckel ziehen lassen.
Eine Kuchenform leicht einfetten. Die Reismischung mit einem Holzspatel vorsichtig umrühren und dann in die Kuchenform füllen. Leicht andrücken und auf der Oberseite glätten. 30 Minuten stehen lassen, anschließend mit den gerösteten Mandeln bestreuen und nach Belieben mit etwas Honig bestreichen. Den Kuchen in kleine Stücke schneiden und servieren. Abgedeckt hält er sich, trocken und kühl gelagert, bis zu 3 Tage.

WEIZENGRIESSKUCHEN – shwe gyi mont

ZUBEREITUNGSZEIT
30 Minuten,
    plus 90 Minuten Ruhezeit

ZUTATEN
200 g Hartweizengrieß
150 g brauner Rohrzucker
½ TL Salz
200 ml Kokosmilch
2 Eier
2 EL Speiseöl
100 g Rosinen (nach Belieben)
60 g Butter
20 g geröstete Mandel-
    blättchen

Dieser Kuchen ist die burmesische Variante einer indischen *halva*, eines süßen Konfekts, das man in Indien und Vorderasien schätzt. Am besten serviert man ihn mit einer reifen Mango als Abschluss eines burmesischen Mahls.

In einer Eisenpfanne oder einem Topf mit schwerem Boden den Hartweizengrieß unter ständigem Rühren mit einem Holzspatel trocken erhitzen, bis er leicht anbräunt. Vom Herd nehmen und weiterrühren, bis die Pfanne abgekühlt ist. Der Grieß sollte eine goldbraune Farbe bekommen.
Den Grieß in eine Schüssel geben und mit dem Zucker, dem Salz, der Kokosmilch und 200 ml Wasser verrühren. Die Eier aufschlagen und unter die Masse mischen. Die Mischung abdecken und 30 Minuten stehen lassen.
Den Backofen auf 180 °C vorheizen. In einem Topf mit schwerem Boden das Öl erhitzen. Nach und nach unter ständigem Rühren die Grießmischung hineingießen. Bei mittlerer Temperatur 20 Minuten unter Rühren andicken lassen. Immer weiter rühren, damit der Teig nicht anfängt zu spritzen. Die fertige Masse vom Herd ziehen und nach Belieben die Rosinen untermischen.
Eine flache Kuchenform buttern, die Mischung hineingeben und die Oberfläche glatt streichen. Die restliche Butter schmelzen und behutsam auf dem Kuchen verstreichen. Die Oberfläche mit den Mandelblättchen bestreuen.
Den Kuchen im oberen Drittel des Backofens etwa 20 Minuten backen, bis die Oberfläche sich verfestigt hat. Zum Bräunen nach Belieben noch 1–2 Minuten unter den Grill stellen. Herausnehmen und 1 Stunde abkühlen lassen. In kleine Stücke schneiden und servieren.

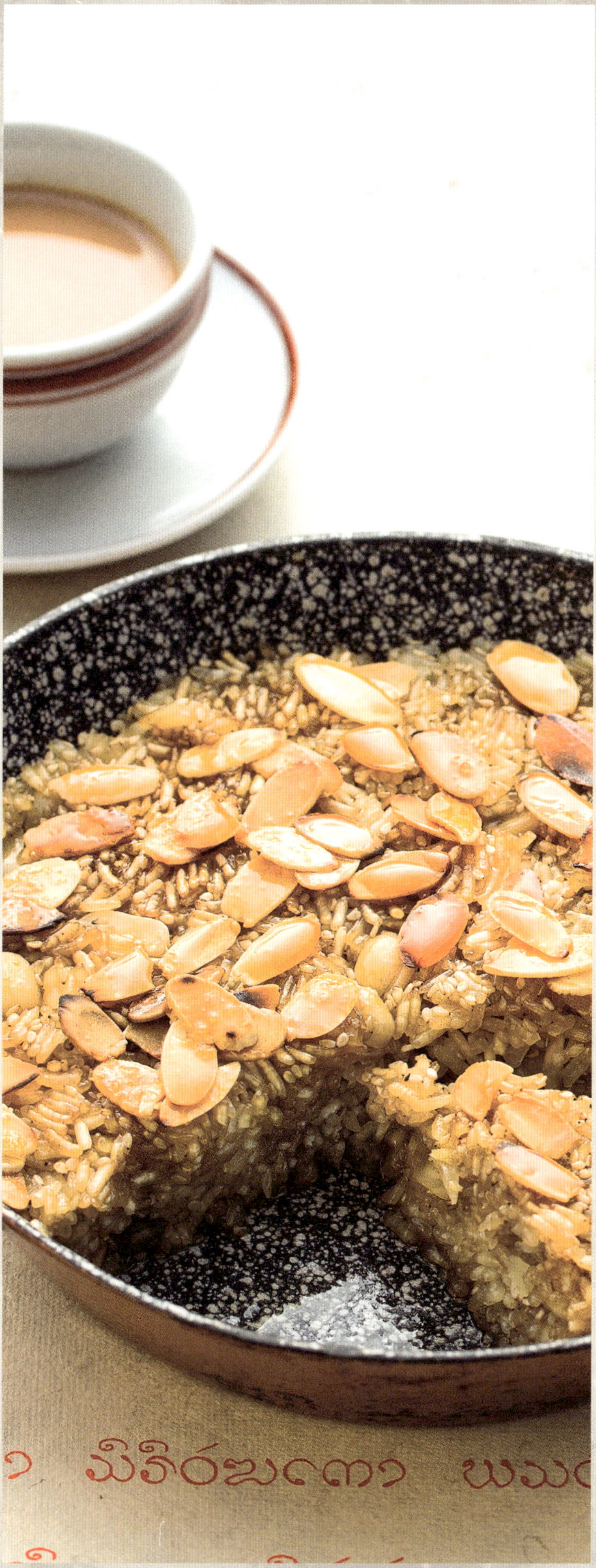
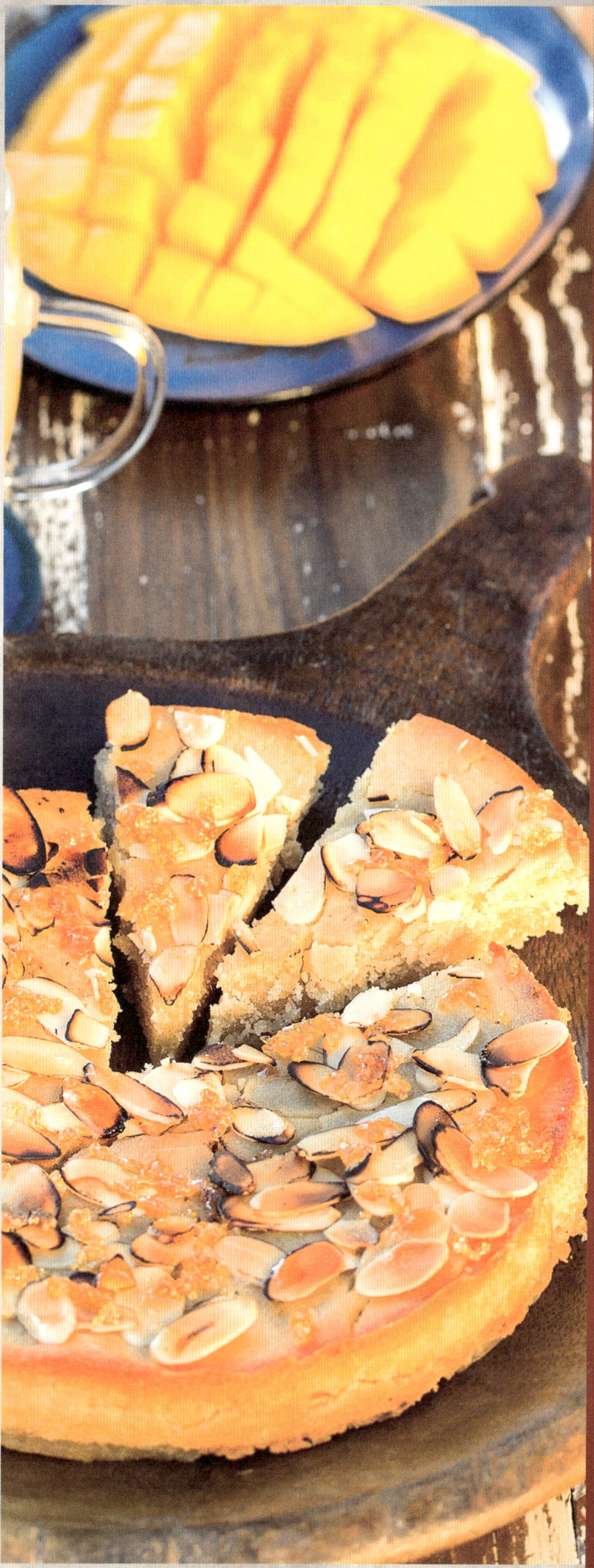

Unsere Empfehlungen

Web-Adressen für die perfekten Zutaten

In Deutschland ist es nicht immer einfach, die exotischen Zutaten, die wir in unseren Rezepten verwenden, zu bekommen. Wer dazu noch Wert auf perfekte Qualität legt, wird es noch schwerer haben. Bei der Recherche für unser Buch sind wir auf einige engagierte Hersteller und deren Produkte gestoßen, die diese auch online vertreiben. Die meisten ihrer Produkte kann man auch über unsere Website *asiastreetfood.com* beziehen.

drgoerg.com
Kokosmilch und Kokosöl sind die Basis thailändischer Currys. Die bei uns erhältlichen Produkte haben uns nie richtig zufriedengestellt, bis wir auf Dr. Goerg stießen: feinste, sahnige Bio-Kokosmilch ohne irgendwelche Zusätze. Die Kokosmilch besteht zu 80 Prozent aus feinster Kokosmilch und zu 20 Prozent aus Wasser. Dabei stecken in jeder Dose drei erntefrische Kokosnüsse. Zusammen mit einer Currypaste aus frischen Gewürzen ergibt sie ein sensationelles Thai-Curry. Außerdem gibt es ein Bio-Kokosöl mit einer feinen Kokosnote, das sehr stabil und hitzebeständig ist – ideal zum Braten für asiatische Küche.

zwilling.com
Asiatische Küche bedeutet immer viel Schneidearbeit. Dafür braucht man ein Messer, das nicht nur scharf ist, sondern auch gut in der Hand liegt. Ob es ein klassisches oder lieber ein chinesisches Kochmesser sein soll, das bleibt dem persönlichen Geschmack überlassen. Wichtig ist in jedem Fall, die Messer immer scharf zu halten. Am besten lässt man sich hierzu von einem professionellen Messerschleifer beraten.

maximaldesign.de
Was nützen die besten Rezepte, wenn sie keiner im Netz findet. Unsere Websites *asiastreetfood.com* und unsere Speisekammer *pantry.asiastreetfood.com*, die die Basis für unser Buch sind, wurden von Maximal Design professionell, schnell und zuverlässig programmiert. Der Seitenaufbau geht blitzschnell und die Seite ist sowohl für Desktop als auch alle mobilen Geräte optimiert.

reishunger.de
Auf der Suche nach dem optimalen Reis stießen wir auf Reishunger in Bremen, ein junges Unternehmen, das 22 Sorten Reis in hervorragender Qualität anbietet. Wir haben speziell den Jasmin- und den Klebreis für unsere Rezepte verwendet. Auch praktische Geräte zum Reiskochen werden von Reishunger angeboten.

hennesfinest.com
Die Nation von schlechtem Pfeffer befreien: Das hat sich das Team von Hennes' Finest vorgenommen. Gerade in Vietnam und Kambodscha würzt man gern zum Schluss mit gestoßenem Pfeffer, dafür eignen sich die exzellenten Kampot Pfeffer von Hennes' Finest ideal. Natürlich zahlt man mehr als im Supermarkt, aber dafür ist die Qualität unvergleichlich besser.

gourmerie.de
Frank Schäfer von der Gourmerie hat das Ziel, die exotischen Gewürze Indochinas nach Deutschland zu bringen. Zusammen mit dem Duftjäger Laurent Severac hat er feinsten *mak-ken*-Pfeffer aufgespürt. Damit kann man unsere laotische Hühnersuppe und das Rinderragout mit dem Originalpfeffer nachkochen. Gourmerie bietet auch Currymischungen und hocharomatischen Wilden Ingwer an.

-Kokosöl
DR. GOERG
PREMIUM
Bio-Kokos-Milch
Bio-Kokos-Blütenzucker

REISHUNGER
REISHUNGER

BLACK KAMPOT PEPPER
BLACK KAMPOT PEPPER

Maximal Design
streetfood

REGISTER

A

Amok trei (Fisch-amok) 77
Annatto-Öl 84
Auberginen siehe Erbsenauberginen, Thai-Auberginen
Avocadosalat *(htaw bat thoke)* 203

B

Bananen, frittierte,
    mit Kaffirlimettensauce 120
Bananenblätter 77
    Fisch-amok *(amok trei)* 77
Bananenblütensalat *(nom hoa chuoi)* 37
Banh canh (Fischsuppe aus Phu Quoc) 60
Banh flan dua sa (Crème Caramel mit Kokosmilch und Zitronengras) 50
Banh mi (Sandwich à la Vietnam) 34
Banh xeo (Vietnamesische Crêpes) 49
Basilikum 177
    Heiliges Basilikum *(bai kaprao)* 177
    Thai-Basilikum *(bai horapa)* 177
Blattspinat
    Tomatensalat mit Blattspinat
        (kha yan chin thee thoke) 202
Bobor trey (Klassische Reissuppe) 81
Bratwurst aus Chiang Mai
    (sai ua chiang mai) 135
Brot
    Indisches Fladenbrot *(chapati)* 191
    Khmer-Baguette mit gegrilltem Rindfleisch *(sach ko an jakak)* 84
Brunnenkresse
    Luang-Prabang-Salat
        (yam pak louang prabang) 116
Buddhahand 122
Bun cha (Gegrilltes Schweinefleisch) 21, 22
Bun rieu (Suppe mit Krabbenfleisch) 59
Bun-rieu-Paste 59
    Suppe mit Krabbenfleisch *(bun rieu)* 59
Burmesische Nudelsuppe *(mohinga)* 188

C

Ca phe sua da (vietnamesischer Eiskaffee) 19
Cao lau hoi an (geschmortes Schwein) 33
Cha bongkia mriet kmoa
    (Garnelen in Karamellsauce mit schwarzem Pfeffer) 94
Cha bongkia mriet kchey
    (Garnelen mit grünem Kampot Pfeffer) 94
Cha ca la vong (gegrillter Fisch) 28
Cha goi (Vietnamesische Frühlingsrollen) 64
Chapati (Indisches Fladenbrot) 191
Chili-Sojasauce 174
    Gegrillter Schweinebauch *(moo daeng)* 174
Chilisauce, süße 139
Chilischoten 208
Chinesischer Ingwer *(krachai)* 164
    Fisch-amok *(amok trei)* 77
    Grünes Curry *(gaeng keow wan kai)* 164
Chinesischer Sellerie
    Gedämpfter Fisch mit Sojasauce und Ingwer *(pla neung see ew)* 173
    Nudelsuppe mit Shrimps und Schweinefleisch *(hu tieu nam vang)* 54
Congee (Reissuppe) 81
Crème Caramel mit Kokosmilch und Zitronengras *(banh flan dua sa)* 50
Crêpes, vietnamesische *(banh xeo)* 49
Curry Chiang-Mai-Art *(gaeng hang lay)* 140
Curry-Nudelsuppe *(khao soi chiang mai)* 132
Currypaste, rote 77, 160, 163
    Fisch-amok *(amok trei)* 77
    Rotes Curry mit Bohnen und Tofu *(pad prik king tao huu)* 145
    Rotes Hühnchencurry *(gaeng phed gai)* 160
Currypasten 159
Currys 192
    Curry Chiang-Mai-Art *(gaeng hang lay)* 140
    Fischcurry *(nga sipyan)* 207
    Fischcurry mit Lao-Whiskey *(pa sa lao lao)* 110
    Garnelencurry *(pazun yay cho)* 208
    Grünes Curry *(gaeng keow wan kai)* 164
    Hühnchencurry *(kyet thar hsi pyan)* 192
    Panang-Curry mit frittiertem Fisch *(gaeng panang plaa thawt)* 163
    Rotes Curry mit Bohnen und Tofu *(pad prik king tao huu)* 145
    Rotes Hühnchencurry *(gaeng phed gai)* 160

D

Dau phu xao xa ot
    (Tofu mit Zitronengras) 45
Dip aus gegrillten Auberginen, Knoblauch und Chilischoten *(jeow mak keua)* 106
Dipsauce, vietnamesische *(nuoc cham)* 69
Drachenfrucht
    Obstsalat mit Joghurt *(hoa qua dam)* 53

E

Eiskaffee, vietnamesischer *(ca phe sua da)* 19
Ente
    Scharfer Entensalat *(larb bpet)* 101
Erbsenauberginen 159
    Grünes Curry *(gaeng keow wan kai)* 164
    Rinderragout mit Auberginen *(or lam)* 109
Erdbeeren
    Obstsalat mit Joghurt *(hoa qua dam)* 53
Erdnüsse, geröstete
    28, 74, 116, 140, 147, 163, 168, 197, 202
    Avocadosalat *(htaw bat thoke)* 203
    Curry Chiang-Mai-Art *(gaeng hang lay)* 140
    Gegrillter Fisch *(cha ca la vong)* 28
    Knuspriger Ingwersalat *(gyin thoke)* 202
    Lauwarmer Nudelsalat *(shan khout shwe)* 197
    Luang-Prabang-Salat *(yam pak louang prabang)* 116
    Mangosalat mit Fisch *(neorm svye kchey)* 74
    Panang-Curry mit frittiertem Fisch *(gaeng panang plaa thawt)* 163
    Reiskuchen mit Sesam *(shwe htamin)* 210
    Snack im Pfefferblatt *(miang kam)* 147
    Thai-Papayasalat *(som tam thai)* 130, 136
    Tomatensalat mit Blattspinat *(kha yan chin thee thoke)* 202
Erdnusssauce 25, 168
    Grillspieße mit Schweinefleisch *(muu satay)* 168

F

Fisch
    Burmesische Nudelsuppe *(mohinga)* 188
    Fisch-amok *(amok trei)* 77
    Fischcurry *(nga sipyan)* 207
    Fischcurry mit Lao-Whiskey *(pa sa lao lao)* 110
    Fischsuppe aus Phu Quoc *(banh canh)* 60

Gedämpfter Fisch mit Sojasauce und
    Ingwer *(pla neung see ew)* 173
Gegrillter Fisch *(cha ca la vong)* 28
Klassische Reissuppe *(bobor trey)* 81
Mangosalat mit Fisch
    (neorm svye kchey) 74
Mekong-Fisch mit Kräutern
    (ping bpaa) 105
Panang-Curry mit frittiertem Fisch
    (gaeng panang plaa thawt) 163
Süßsaure Fischsuppe
    (somlor machu yuon) 78
Fischpaste, kambodschanische *(prahok)* 72
Fischsauce 69
    laotische *(padaek)* 99
Fischsuppe aus Phu Quoc *(banh canh)* 60
Fladenbrot, indisches *(chapati)* 191
Frittierte Bananen
    mit Kaffirlimettensauce 120
Früchte, frische
    Obstsalat mit Joghurt *(hoa qua dam)* 53
Frühlingsrollen
    Tofu-Frühlingsrolle 64
    Vietnamesische Frühlingsrollen
        (nem ran/cha goi) 64

G

Gaeng hang lay (Curry Chiang-Mai-Art) 140
Gaeng keow wan kai (Grünes Curry) 164
Gaeng panang plaa thawt (Panang-Curry
    mit frittiertem Fisch) 163
Gaeng phed gai (Rotes Hühnchencurry) 160
Gai yang
    (Gegrilltes Hühnchen aus dem Isaan) 139
Galgant 153
    Bratwurst aus Chiang Mai
        (sai ua chiang mai) 135
    Curry Chiang-Mai-Art
        (gaeng hang lay) 140
    Fisch-amok *(amok trei)* 77
    Fischcurry mit Lao-Whiskey
        (pa sa lao lao) 110
    Gegrillter Fisch *(cha ca la vong)* 28
    Gegrillter Schweinebauch *(moo daeng)* 174
    Grünes Curry *(gaeng keow wan kai)* 164
    Hühnersuppe mit Pfeffer
        (keng kai xiengkhuang) 125
    Khmer-Baguette mit gegrilltem

        Rindfleisch *(sach ko an jakak)* 84
    Klassische Reissuppe *(bobor trey)* 81
    Panang-Curry mit frittiertem Fisch
        (gaeng panang plaa thawt) 163
    Rotes Hühnchencurry
        (gaeng phed gai) 160
    Scharfsaure Garnelensuppe
        (tom yum goong) 153
    Snack im Pfefferblatt *(miang kam)* 147
    Süßsaure Fischsuppe
        (somlor machu yuon) 78
    Tatar vom Rind mit Kräutern
        (larb sein) 102
Garnelen
    Garnelen in Karamellsauce mit
        schwarzem Pfeffer
        (cha bongkia mriet kmoa) 94
    Garnelen mit grünem Kampot Pfeffer
        (cha bongkia mriet kchey) 91
    Garnelencurry *(pazun yay cho)* 208
    Gefüllter Tintenfisch mit Garnelen
        und Schweinefleisch
        (muc nhoi thit chien) 66
    Nudelsuppe mit Shrimps und Schwei-
        nefleisch *(hu tieu nam vang)* 54
    Scharfsaure Garnelensuppe
        (tom yum goong) 153
    Sommerrollen *(nem cuon/goi cuon)* 25
    Vietnamesische Crêpes *(banh xeo)* 49
Garnelen, getrocknete
    Gebratene Thai-Nudeln *(pad thai)* 157
    Mangosalat mit Fisch *(neorm svye kchey)* 74
    Reisnudelsalat mit Kokosdressing aus
        Kampot *(nom pan chok kampot)* 88
    Snack im Pfefferblatt *(miang kam)* 147
    Thai-Papayasalat *(som tam thai)* 130, 136
    Tomatensalat mit Blattspinat
        (kha yan chin thee thoke) 202
Garnelencurry *(pazun yay cho)* 208
Garnelenpaste *(gapi)*
    Burmesische Nudelsuppe *(mohinga)* 188
    Fisch-amok *(amok trei)* 77
    Gegrillter Fisch *(cha ca la vong)* 28
    Grünes Curry *(gaeng keow wan kai)* 164
    Rotes Hühnchencurry *(gaeng phed gai)* 160
    Snack im Pfefferblatt *(miang kam)* 147
Garnelensuppe, scharfsaure
    (tom yum goong) 130, 153

Gebratene Thai-Nudeln *(pad thai)* 130, 157
Gedämpfter Fisch mit Sojasauce und Ingwer
    (pla neung see ew) 173
Gefüllter Tintenfisch mit Garnelen und
    Schweinefleisch *(muc nhoi thit chien)* 66
Gefülltes Zitronengras *(ua si khai)* 115
Gegrillter Fisch *(cha ca la vong)* 28
Gegrillter Schweinebauch *(moo daeng)* 174
Gegrilltes Hühnchen aus dem Isaan
    (gai yang) 139
Gegrilltes Hühnchen mit Limettenblatt
    (ga nuong la chanh) 46
Gegrilltes Schweinefleisch *(bun cha)* 22
Gemüse, eingelegtes 84
Gemüse, geröstetes 106
    Dip aus gegrillten Auberginen,
        Knoblauch und Chilischoten
        (jeow mak keua) 106
    Tomaten-jeow *(jeow mak len)* 106
Geschmortes Schwein *(cao lau hoi an)* 33
Getränke
    Mango-Minze-Limetten-Smoothie
        (nam ma muang pan) 119
    Milchtee *(la pey yay)* 200
    Vietnamesischer Eiskaffee *(ca phe sua da)* 19
Glasnudeln
    Vietnamesische Frühlingsrollen
        (nem ran/cha goi) 64
Goi cuon (Sommerrollen) 25
Grillspieße mit Schweinefleisch
    (muu satay) 168
Grünes Curry *(gaeng keow wan kai)* 164

H

Heiliges Basilikum *(bai kaprao)* 177
    Schweinefleisch aus dem Wok mit
        Heiligem Basilikum *(pad kaprao)* 177
Hoa qua dam (Obstsalat mit Joghurt) 53
Hoisin-Sauce 15
Hoy tod (Muschelomelett) 167
Htaw bat thoke (Avocadosalat) 203
Hu tieu nam vang (Nudelsuppe mit
    Shrimps und Schweinefleisch) 54
Hühnchen
    Bananenblütensalat *(nom hoa chuoi)* 37
    Curry-Nudelsuppe
        (khao soi chiang mai) 132
    Gegrilltes Hühnchen aus dem Isaan

(gai yang) 139
Gegrilltes Hühnchen mit Limettenblatt
    (ga nuong la chanh) 46
Grünes Curry (gaeng keow wan kai) 164
Hühnchencurry (kyet thar hsi pyan) 192
Hühnersuppe mit Pfeffer
    (keng kai xiengkhuang) 125
Reis mit Huhn (khao man kai) 148
Reisnudelsuppe mit Huhn (pho ga) 40
Rotes Hühnchencurry
    (gaeng phed gai) 160

I
Indisches Fladenbrot (chapati) 191
Ingwer 153
    Bratwurst aus Chiang Mai
        (sai ua chiang mai) 135
    Burmesische Nudelsuppe
        (mohinga) 188
    Curry Chiang-Mai-Art
        (gaeng hang lay) 140
    Curry-Nudelsuppe
        (khao soi chiang mai) 132
    Fischcurry (nga sipyan) 207
    Fischcurry mit Lao-Whiskey
        (pa sa lao lao) 110
    Garnelen mit grünem Kampot Pfeffer
        (cha bongkia mriet kchey) 91
    Gedämpfter Fisch mit Sojasauce und
        Ingwer (pla neung see ew) 173
    Gegrillter Schweinebauch (moo daeng) 174
    Geschmortes Schwein (cao lau hoi an) 33
    Hühnchencurry (kyet thar hsi pyan) 192
    Hühnersuppe mit Pfeffer
        (keng kai yiengkhuang) 125
    Knuspriger Ingwersalat
        (gyin thoke) 202
    Nudelsuppe nach Hanoi-Art
        (pho bo ha noi) 16
    Reis mit Huhn (khao man kai) 148
    Reisnudelsuppe mit Huhn (pho ga) 40
    Snack im Pfefferblatt (miang kam) 147

J
Jeow (laotische Dipsaucen) 99
    Dip aus gegrillten Auberginen,
        Knoblauch und Chilischoten
        (jeow mak keua) 106

Tomaten-jeow (jeow mak len) 106
Joghurt
    Obstsalat mit Joghurt (hoa qua dam) 53

K
Kaffee 19, 119
    Vietnamesischer Eiskaffee
        (ca phe sua da) 19
Kaffirlimetten 72, 122
    Frittierte Bananen mit
        Kaffirlimettensauce 120
    Grünes Curry (gaeng keow wan kai) 164
    Panang-Curry mit frittiertem Fisch
        (gaeng panang plaa thawt) 163
    Rotes Hühnchencurry
        (gaeng phed gai) 160
Kaffirlimettenblätter 122
    Bratwurst aus Chiang Mai
        (sai ua chiang mai) 135
    Fisch-amok (amok trei) 77
    Fischcurry mit Lao-Whiskey
        (pa sa lao lao) 110
    Garnelen mit grünem Kampot Pfeffer
        (cha bongkia mriet kchey) 91
    Gefülltes Zitronengras (ua si khai) 115
    Gegrilltes Hühnchen mit Limettenblatt
        (ga nuong la chanh) 46
    Hühnersuppe mit Pfeffer
        (keng kai xiengkhuang) 125
    Mekong-Fisch mit Kräutern (ping bpaa) 105
    Panang-Curry mit frittiertem Fisch
        (gaeng panang plaa thawt) 163
    Rotes Curry mit Bohnen und Tofu
        (pad prik king tao huu) 145
    Scharfer Entensalat (larb bpet) 101
    Scharfsaure Garnelensuppe
        (tom yum goong) 153
    Shan-Tofu-Salat (to hpu byaw) 205
    Süßsaure Fischsuppe
        (somlor machu yuon) 78
Kampot Pfeffer 72, 91
    Garnelen mit grünem Kampot Pfeffer
        (cha bongkia mriet kchey) 91
    Rindfleisch mit Pfeffersauce (lok lak) 87
Karamellsauce 22, 94
    Garnelen in Karamellsauce
        mit schwarzem Pfeffer
        (cha bongkia mriet kmoa) 94

Gegrilltes Schweinefleisch (bun cha) 22
Keng kai xiengkhuang
    (Hühnersuppe mit Pfeffer) 125
Ketjap manis 177
    Schweinefleisch aus dem Wok
        mit Heiligem Basilikum
        (pad kaprao) 177
Kha yan chin thee thoke
    (Tomatensalat mit Blattspinat) 202
Khao man kai (Reis mit Huhn) 148
Khao niaow ma muang
    (Mango mit Klebreis) 178
Khao soi chiang mai
    (Curry-Nudelsuppe) 132
Khmer-Baguette mit gegrilltem Rindfleisch
    (sach ko an jakak) 84
Kichererbsen
    Shan-Tofu (to hpu gyaw) 205
Kiwi
    Obstsalat mit Joghurt (hoa qua dam) 53
Klassische Reissuppe (bobor trey) 81
Klebreis 113, 178
    Reiskuchen mit Sesam (shwe htamin) 210
    Mango mit Klebreis
        (khao niaow ma muang) 178
Knuspriger Ingwersalat (gyin thoke) 202
Kokoseis 120
Kokosmilch
    Crème Caramel mit Kokosmilch und
        Zitronengras (banh flan dua sa) 50
    Curry-Nudelsuppe
        (khao soi chiang mai) 132
    Fisch-amok (amok trei) 77
    Grillspieße mit Schweinefleisch
        (muu satay) 168
    Grünes Curry (gaeng keow wan kai) 164
    Kokoseis 120
    Mango mit Klebreis
        (khao niawo ma muang) 178
    Panang-Curry mit frittiertem Fisch
        (gaeng panang plaa thawt) 163
    Reisnudelsalat mit Kokos-Dressing aus
        Kampot (nom pan chok kampot) 88
    Rotes Hühnchencurry
        (gaeng phed gai) 160
    Tofu mit Zitronengras
        (dau phu xao xa ot) 45
Weizengrießkuchen (shwe gyi mont) 210

Kokosnüsse 12, 180
    Mango-Minze-Limetten-Smoothie
        (*nam ma muang pan*) 119
Koriander (*rau ngo*) 38
Krachai (Chinesischer Ingwer)
    Grünes Curry (*gaeng keow wan kai*) 164
Kräuter, frische 12, 38
    Luang-Prabang-Salat
        (*yam pak louang prabang*) 116
    Mekong-Fisch mit Kräutern
        (*ping bpaa*) 105
    Reisnudelsuppe mit Huhn (*pho ga*) 40
    Rinderragout mit Auberginen (*or lam*) 109
    Sommerrollen (*nem cuon/goi cuon*) 25
    Sommerrollen mit Kurkuma-
        Zitronen-gras-Tofu
        (*nem cuon dau phu*) 27
    Suppe mit Krabbenfleisch (*bun rieu*) 59
    Tatar vom Rind mit Kräutern
        (*larb sein*) 102
    Thai-Basilikum (*rau hung que*) 38
    Vietnamesische Frühlingsrollen
        (*nem ran/cha goi*) 64
Kroeung (kambodschanische Würzpaste) 72
    Khmer-Baguette mit gegrilltem
        Rindfleisch (*sach ko an jakak*) 84
Kuchen
    Reiskuchen mit Sesam (*shwe htamin*) 210
    Weizengrießkuchen (*shwe gyi mont*) 210
Kyet thar hsi pyan (Hühnchencurry) 192

L

Langer Koriander (*rau mui tau*) 38
La pey yay (Milchtee) 200
Larb 99, 101
    Larb bpet (Scharfer Entensalat) 101
    Larb mit Tofu 102
    Larb sein (Tatar vom Rind
        mit Kräutern) 102
Limetten 13, 122
    Avocadosalat (*htaw bat thoke*) 203
    Bananenblütensalat (*nom hoa chuoi*) 37
    Burmesische Nudelsuppe (*mohinga*) 188
    Curry-Nudelsuppe
        (*khao soi chiang mai*) 132
    Fischsuppe aus Phu Quoc (*banh canh*) 60
    Garnelen mit grünem Kampot Pfeffer
        (*cha bongkia mriet kchey*) 91

Gebratene Thai-Nudeln (*pad thai*) 157
Geschmortes Schwein (*cao lau hoi an*) 33
Klassische Reissuppe (*bobor trey*) 81
Knuspriger Ingwersalat (*gyin thoke*) 202
Lauwarmer Nudelsalat
    (*shan khout shwe*) 197
Luang-Prabang-Salat
    (*yam pak louang prabang*) 116
Mango-Minze-Limetten-Smoothie
    (*nam ma muang pan*) 119
Nudelsuppe mit Shrimps und Schwei-
    nefleisch (*hu tieu nam vang*) 54
Nudelsuppe nach Hanoi-Art
    (*pho bo ha noi*) 16
Reisnudelsalat mit Kokosdressing aus
    Kampot (*nom pan chok kampot*) 88
Reisnudelsuppe mit Huhn (*pho ga*) 40
Rindfleisch mit Pfeffersauce (*lok lak*) 87
Scharfsaure Garnelensuppe
    (*tom yum goong*) 153
Snack im Pfefferblatt (*miang kam*) 147
Tatar vom Rind mit Kräutern
    (*larb sein*) 102
Thai-Papayasalat (*som tam thai*) 136
Vietnamesische Dipsauce (*nuoc cham*) 69
Lok lak (Rindfleisch mit Pfeffersauce) 87
Luang-Prabang-Salat
    (*yam pak louang prabang*) 116

M

Mai sakhan (Pfefferholz) 99, 109
Mak-ken-Pfeffer 125
Mangos
    Mango-Minze-Limetten-Smoothie
        (*nam ma muang pan*) 119
    Mango mit Klebreis
        (*khao niaow ma muang*) 178
    Mangosalat mit Fisch
        (*neorm svye kchey*) 74
    Obstsalat mit Joghurt (*hoa qua dam*) 53
Mekong-Fisch mit Kräutern (*ping bpaa*) 105
Melone
    Obstsalat mit Joghurt (*hoa qua dam*) 53
Miang kam (Snack im Pfefferblatt) 147
Milchtee (*la pey yay*) 200
Mohinga (Burmesische Nudelsuppe) 188
Moo daeng (Gegrillter Schweinebauch) 174
Muschelomelett (*hoy tod*) 167

Muu satay
    (Grillspieße mit Schweinfleisch) 168

N

Nam ma muang pan
    (Mango-Minze-Limetten-Smoothie) 119
Nem cuon (Sommerrollen) 25
Nem cuon dau phu (Sommerrollen mit
    Kurkuma-Zitronengras-Tofu) 27
Nem ran (Vietnamesische Frühlingsrollen) 64
Neorm svye kchey (Mangosalat mit Fisch) 74
Nga sipyan (Fischcurry) 207
Nom pan chok kampot (Reisnudelsalat mit
    Kokosdressing aus Kampot) 88
Nudeln (siehe auch Reisnudeln)
    Burmesische Nudelsuppe (*mohinga*) 188
    Curry-Nudelsuppe
        (*khao soi chiang mai*) 132
    Geschmortes Schwein (*cao lau hoi an*) 33
    Gebratene Nudeln (*pad thai*) 130, 157
    Shan-Nudeln 197
Nudelsalat, lauwarmer (*shan khout shwe*) 197
Nudelsuppen
    Burmesische Nudelsuppe (*mohinga*) 188
    Nudelsuppe nach Hanoi-Art
        (*pho bo ha noi*) 16
    Nudelsuppe mit Shrimps und Schwei-
        nefleisch (*hu tieu nam vang*) 54
    Reisnudelsuppe mit Huhn (*pho ga*) 40
Nuoc cham (Vietnamesische Dipsauce)
    13, 69, 69, 122
    Gegrilltes Hühnchen mit Limettenblatt
        (*ga nuong la chanh*) 46
    Gegrilltes Schweinefleisch (*bun cha*) 22
    Sandwich à la Vietnam (*banh mi*) 34
    Sommerrollen mit Kurkuma-
        Zitronengras-Tofu
        (*nem cuon dau phu*) 27
    Vietnamesische Crêpes (*banh xeo*) 49
    Vietnamesische Frühlingsrollen
        (*nem ran/cha goi*) 64
Nuoc mam 12

O

Obst 81
Obstsalat mit Joghurt (*hoa qua dam*) 53
Or lam (Rinderragout mit Auberginen)
    99, 109

P

Pa sa lao lao
  (Fischcurry mit Lao-Whiskey) 110
Pad kaprao (Schweinefleisch aus dem Wok
  mit Heiligem Basilikum) 177
Pad prik king tao huu
  (Rotes Curry mit Bohnen und Tofu) 145
Pad thai (Gebratene Thai-Nudeln) 130, 157
Padaek (laotische Fischsauce) 99
Panang-Curry mit frittiertem Fisch
  (gaeng panang plaa thawt) 163
Papayas
  Gegrilltes Schweinefleisch (bun cha) 22
  Khmer-Baguette mit gegrilltem
    Rindfleisch (sach ko an jakak) 84
  Thai-Papayasalat (som tam thai) 130, 136
Pazun yay cho (Garnelencurry) 208
Pho bo 15, 43
Pho bo ha noi
  (Nudelsuppe nach Hanoi-Art) 16
Pho ga (Reisnudelsuppe mit Huhn) 40
Pilze
  Gedämpfter Fisch mit Sojasauce
    und Ingwer (pla neung see ew) 173
  Gefüllter Tintenfisch mit Garnelen
    und Schweinefleisch
    (muc nhoi thit chien) 66
  Rinderragout mit Auberginen
    (or lam) 109
  Scharfsaure Garnelensuppe
    (tom yum goong) 153
  Vietnamesische Frühlingsrollen
    (nem ran/cha goi) 64
Ping bpaa (Mekong-Fisch mit Kräutern) 105
Pla neung see ew (Gedämpfter Fisch
  mit Sojasauce und Ingwer) 173

R

Reis 150
  Gerösteter Reis 102
  Reis mit Huhn (khao man kai) 148
  Reiskuchen mit Sesam (shwe htamin) 210
Reisnudeln 12, 15, 27
  Burmesische Nudelsuppe (mohinga) 188
  Fischsuppe aus Phu Quoc (banh canh) 60
  Gebratene Nudeln (pad thai) 130
  Gebratene Thai-Nudeln (pad thai) 157
  Grillter Fisch (cha ca la vong) 28
  Hühnersuppe mit Pfeffer
    (keng kai xiengkhuang) 125
  Lauwarmer Nudelsalat
    (shan khout shwe) 197
  Nudelsuppe mit Shrimps und Schwei-
    nefleisch (hu tieu nam vang) 54
  Nudelsuppe nach Hanoi-Art
    (pho bo ha noi) 16
  Reisnudelsalat mit Kokosdressing aus
    Kampot (nom pan chok kampot) 88
  Reisnudelsuppe mit Huhn (pho ga) 40
  Sommerrollen (nem cuon/goi cuon) 25
  Suppe mit Krabbenfleisch (bun rieu) 59
Reispapier 12, 27
  Sommerrollen (nem cuon/goi cuon) 25
  Sommerrollen mit Kurkuma-Zitronen
    gras-Tofu (nem cuon dau phu) 27
  Vietnamesische Frühlingsrollen
    (nem ran/cha goi) 64
Reissuppe (congee) 81
Rinderragout mit Auberginen (or lam) 109
Rindfleisch
  Khmer-Baguette mit gegrilltem
    Rindfleisch (sach ko an jakak) 84
  Nudelsuppe nach Hanoi-Art
    (pho bo ha noi) 16
  Rinderragout mit Auberginen (or lam) 109
  Rindfleisch mit Pfeffersauce (lok lak) 87
  Tatar vom Rind mit Kräutern
    (larb sein) 102
  Rotes Curry mit Bohnen und Tofu
    (pad prik king tao huu) 145
Rotes Hühnchencurry (gaeng phed gai) 160

S

Sach ko an jakak (Khmer-Baguette
  mit gegrilltem Rindfleisch) 84
Salate
  Avocadosalat (htaw bat thoke) 203
  Bananenblütensalat (nom hoa chuoi) 37
  Knuspriger Ingwersalat (gyin thoke) 202
  Luang-Prabang-Salat
    (yam pak louang prabang) 116
  Mangosalat mit Fisch
    (neorm svye kchey) 74
  Obstsalat mit Joghurt (hoa qua dam) 53
  Reisnudelsalat mit Kokosdressing aus
    Kampot (nom pan chok kampot) 88
  Scharfer Entensalat (larb bpet) 101
  Shan-Tofu-Salat (to hpu byaw) 205
  Tatar vom Rind mit Kräutern (larb sein) 102
  Thai-Papayasalat (som tam thai) 136
  Tomatensalat mit Blattspinat
    (kha yan chin thee thoke) 202
Sandwich à la Vietnam (banh mi) 34
Saucen und Dips
  Dip aus gegrillten Auberginen,
    Knoblauch und Chilischoten
    (jeow mak keua) 106
  Süße Chilisauce 139
  Tomaten-jeow (jeow mak len) 106
  Vietnamesische Dipsauce (nuoc cham) 69
Schalottenöl 205
  Shan-Tofu-Salat (to hpu byaw) 205
Scharfer Entensalat (larb bpet) 101
Scharfsaure Garnelensuppe
  (tom yum goong) 130, 153
Schlangenbohnen
  Hühnersuppe mit Pfeffer
    (keng kai xiengkhuang) 125
  Rinderragout mit Auberginen
    (or lam) 109
  Rotes Curry mit Bohnen und Tofu
    (pad prik king tao huu) 145
  Scharfer Entensalat (larb bpet) 101
  Tatar vom Rind mit Kräutern (larb sein) 102
  Thai-Papayasalat (som tam thai) 130, 136
Schweinebauch, gegrillter (moo daeng) 174
Schweinefleisch
  Bratwurst aus Chiang Mai
    (sai ua chiang mai) 135
  Curry Chiang-Mai-Art
    (gaeng hang lay) 140
  Gefüllter Tintenfisch mit Garnelen
    und Schweinefleisch
    (muc nhoi thit chien) 66
  Gefülltes Zitronengras (ua si khai) 115
  Gegrillter Schweinebauch
    (moo daeng) 174
  Gegrilltes Schweinefleisch (bun cha) 22
  Geschmortes Schwein (cao lau hoi an) 33
  Grillspieße mit Schweinefleisch
    (muu satay) 168
  Nudelsuppe mit Shrimps und
    Schweinefleisch (hu tieu nam vang) 54
  Sandwich à la Vietnam (banh mi) 34

Schweinefleisch aus dem Wok mit
    Heiligem Basilikum *(pad kaprao)* **177**
Sommerrollen *(nem cuon/goi cuon)* **25**
Suppe mit Krabbenfleisch *(bun rieu)* **59**
Vietnamesische Crêpes *(banh xeo)* **49**
Vietnamesische Frühlingsrollen
    (nem ran/cha goi) **64**
Sai ua chiang mai
    (Bratwurst aus Chiang mai) **135**
Shan-Nudeln **197**
Shan khout shwe (Lauwarmer Nudelsalat) **197**
Shan-Tofu *(to hpu gyaw)* **205**
Shan-Tofu-Salat *(to hpu byaw)* **205**
Shwe gyi mont (Weizengrießkuchen) **210**
Shwe htamin (Reiskuchen mit Sesam) **210**
Snack im Pfefferblatt *(miang kam)* **147**
Sojabohnen, fermentierte **12**
Som tam thai (Thai-Papayasalat) **130, 136**
Somlor machu yuon
    (Süßsaure Fischsuppe) **78**
Sommerrollen *(nem cuon/goi cuon)* **12, 25**
Sommerrollen mit Kurkuma-Zitronen-
    gras-Tofu *(nem cuon dau phu)* **27**
Suppen
    Burmesische Nudelsuppe *(mohinga)* **188**
    Curry-Nudelsuppe
        (khao soi chiang mai) **132**
    Fischsuppe aus Phu Quoc
        (banh canh) **60**
    Hühnersuppe mit Pfeffer
        (keng kai xiengkhuang) **125**
    Klassische Reissuppe *(bobor trey)* **81**
    Nudelsuppe mit Shrimps und Schwei-
        nefleisch *(hu tieu nam vang)* **54**
    Nudelsuppe nach Hanoi-Art
        (pho bo ha noi) **16**
    Reisnudelsuppe mit Huhn *(pho ga)* **40**
    Scharfsaure Garnelensuppe
        (tom yum goong) **153**
    Suppe mit Krabbenfleisch *(bun rieu)* **59**
    Süßsaure Fischsuppe
        (somlor machu yuon) **78**
Süßspeisen
    Crème Caramel mit Kokosmilch
        und Zitronengras
        (banh flan dua sa) **50**
    Frittierte Bananen mit Kaffir-
        limettensauce **120**

Kokoseis **120**
Mango mit Klebreis
    (khao niaow ma muang) **178**
Obstsalat mit Joghurt *(hoa qua dam)* **53**
Reiskuchen mit Sesam
    (shwe htamin) **210**
Weizengrießkuchen *(shwe gyi mont)* **210**

T
Tamarindenmark
    Curry Chiang-Mai-Art
        (gaeng hang lay) **140**
    Gebratene Thai-Nudeln *(pad thai)* **157**
    Süßsaure Fischsuppe
        (somlor machu yuon) **78**
Tamarindenpaste **78**
    Scharfsaure Garnelensuppe
        (tom yum goong) **153**
    Snack im Pfefferblatt *(miang kam)* **147**
    Tatar vom Rind mit Kräutern *(larb sein)* **102**
Tee **200**
    Milchtee *(la pey yay)* **200**
Thai-Auberginen **159**
    Dip aus gegrillten Auberginen,
        Knoblauch und Chilischoten
        (jeow mak keua) **106**
    Grünes Curry *(gaeng keow wan kai)* **164**
    Rinderragout mit Auberginen *(or lam)* **109**
    Tatar vom Rind mit Kräutern
        (larb sein) **102**
Thai-Basilikum *(bai horapa)* **38, 177**
    Panang-Curry mit frittiertem Fisch
        (gaeng panang plaa thawt) **163**
Thai-Nudeln, gebratene *(pad thai)* **157**
Tintenfisch, gefüllter,
    mit Garnelen und Schweinefleisch
    (muc nhoi thit chien) **66**
To hpu byaw (Shan-Tofu-Salat) **205**
To hpu qyaw (Shan-Tofu) **205**
Tofu
    Gebratene Thai-Nudeln *(pad thai)* **157**
    Rotes Curry mit Bohnen und Tofu
        (pad prik king tao huu) **145**
    Shan-Tofu *(to hpu gyaw)* **205**
    Sommerrollen mit Kurkuma-Zitronen-
        gras-Tofu *(nem cuon dau phu)* **27**
    Tofu mit Zitronengras
        (dau phu xao xa ot) **45**
    Tofu-Frühlingsrolle **64**

Tom yum goong
    (Scharfsaure Garnelensuppe) **153**
Tomaten
    Avocadosalat *(htaw bat thoke)* **203**
    Tomaten-jeow *(jeow mak len)* **106**
    Tomatensalat mit Blattspinat
        (kha yan chin thee thoke) **202**
Tomaten-jeow *(jeow mak len)* **106**
    Mekong-Fisch mit Kräutern
        (ping bpaa) **105**
Tomatensalat mit Blattspinat
    (kha yan chin thee thoke) **202**

U
Ua si khai (gefülltes Zitronengras) **115**

V
Vietnamesische Crêpes *(banh xeo)* **49**
Vietnamesische Dipsauce *(nuoc cham)* **69**
Vietnamesische Frühlingsrollen
    (nem ran/cha goi) **64**
Vietnamesischer Eiskaffee *(ca phe sua da)* **19**
Vietnamesischer Koriander *(rau ram)* **38**

W
Weintrauben
    Obstsalat mit Joghurt *(hoa qua dam)* **53**
Weizengrießkuchen *(shwe gyi mont)* **210**
Wilder Pfeffer **147**
Würzpasten
    Bun-rieu-Paste **59**
    Currypasten **159**
    Grüne Currypaste **164**
    Kambodschanische Würzpaste
        (kroeung) **72**
    Panang-Curry mit frittiertem Fisch
        (gaeng panang plaa thawt) **163**
    Rote Currypaste **160, 163**

Y
Yam pak louang prabang
    (Luang-Prabang-Salat) **116**

Z
Zitronengras
    Bratwurst aus Chiang Mai
        (sai ua chiang mai) **135**
    Burmesische Nudelsuppe *(mohinga)* **188**

Crème Caramel mit Kokosmilch und
    Zitronengras *(banh flan dua sa)* 50
Curry Chiang-Mai-Art *(gaeng hang lay)* 140
Fisch-amok *(amok trei)* 77
Fischcurry mit Lao-Whiskey
    (pa sa lao lao) 110
Gefülltes Zitronengras *(ua si khai)* 115
Gegrilltes Hühnchen aus dem Isaan
    (gai yang) 139
Grünes Curry *(gaeng keow wan kai)* 164
Hühnchencurry *(kyet thar hsi pyan)* 192
Khmer-Baguette mit gegrilltem Rind
    fleisch *(sach ko an jakak)* 84
Klassische Reissuppe *(bobor trey)* 81
Mekong-Fisch mit Kräutern
    (ping bpaa) 105
Panang-Curry mit frittiertem Fisch
    (gaeng panang plaa thawt) 163
Rinderragout mit Auberginen *(or lam)* 109
Rotes Hühnchencurry
    (gaeng phed gai) 160
Scharfsaure Garnelensuppe
    (tom yum goong) 153
Snack im Pfefferblatt *(miang kam)* 147
Sommerrollen mit Kurkuma-Zitronen-
    gras-Tofu *(nem cuon dau phu)* 27
Tatar vom Rind mit Kräutern
    (larb sein) 102
Tofu mit Zitronengras
    (dau phu xao xa ot) 45

Rezepte nach Ländern

Vietnam
Bananenblütensalat *(nom hoa chuoi)* 37
Crème Caramel mit Kokosmilch und
    Zitronengras *(banh flan dua sa)* 50
Fischsuppe aus Phu Quoc *(banh canh)* 60
Gefüllter Tintenfisch mit Garnelen und
    Schweinefleisch *(muc nhoi thit chien)* 66
Gegrillter Fisch *(cha ca la vong)* 28
Gegrilltes Hühnchen mit Limettenblatt
    (ga nuong la chanh) 46
Gegrilltes Schweinefleisch *(bun cha)* 22
Geschmortes Schwein *(cao lau hoi an)* 33
Nudelsuppe mit Shrimps und Schweine-
    fleisch *(hu tieu nam vang)* 54

Nudelsuppe nach Hanoi-Art
    (pho bo ha noi) 16
Obstsalat mit Joghurt *(hoa qua dam)* 53
Reisnudelsuppe mit Huhn *(pho ga)* 40
Sandwich à la Vietnam *(banh mi)* 34
Sommerrollen *(nem cuon/goi cuon)* 25
Sommerrollen mit Kurkuma-Zitronen-
    gras-Tofu *(nem cuon dau phu)* 27
Suppe mit Krabbenfleisch *(bun rieu)* 59
Tofu mit Zitronengras *(dau phu xao xa ot)* 45
Vietnamesische Crêpes *(banh xeo)* 49
Vietnamesische Dipsauce *(nuoc cham)* 69
Vietnamesischer Eiskaffee *(ca phe sua da)* 19
Vietnamesische Frühlingsrollen
    (nem ran/cha goi) 64

Kambodscha
Fisch-amok *(amok trei)* 77
Garnelen in Karamellsauce mit schwarzem
    Pfeffer *(cha bongkia mriet kmoa)* 94
Garnelen mit grünem Kampot Pfeffer
    (cha bongkia mriet kchey) 91
Khmer-Baguette mit gegrilltem Rindfleisch
    (sach ko an jakak) 84
Klassische Reissuppe *(bobor trey)* 81
Mangosalat mit Fisch *(neorm svye kchey)* 74
Reisnudelsalat mit Kokosdressing
    aus Kampot *(nom pan chok kampot)* 88
Rindfleisch mit Pfeffersauce *(lok lak)* 87
Süßsaure Fischsuppe *(somlor machu yuon)* 78

Laos
Dip aus gegrillten Auberginen, Knoblauch
    und Chilischoten *(jeow mak keua)* 106
Fischcurry mit Lao-Whiskey *(pa sa lao lao)* 110
Frittierte Bananen mit Kaffirlimettensauce 120
Gefülltes Zitronengras *(ua si khai)* 115
Hühnersuppe mit Pfeffer
    (keng kai xiengkhuang) 125
Kokoseis 120
Luang-Prabang-Salat
    (yam pak louang prabang) 116
Mango-Minze-Limetten-Smoothie
    (nam ma muang pan) 119
Mekong-Fisch mit Kräutern *(ping bpaa)* 105
Rinderragout mit Auberginen *(or lam)* 109
Scharfer Entensalat *(larb bpet)* 101
Tatar vom Rind mit Kräutern *(larb sein)* 102

Tomaten-jeow *(jeow mak len)* 106

Thailand
Bratwurst aus Chiang Mai
    (sai ua chiang mai) 135
Curry Chiang-Mai-Art *(gaeng hang lay)* 140
Curry-Nudelsuppe *(khao soi chiang mai)* 132
Gebratene Thai-Nudeln *(pad thai)* 157
Gedämpfter Fisch mit Sojasauce
    und Ingwer *(pla neung see ew)* 173
Gegrillter Schweinebauch *(moo daeng)* 174
Gegrilltes Hühnchen aus dem Isaan
    (gai yang) 139
Grillspieße mit Schweinefleisch *(muu satay)* 168
Grünes Curry *(gaeng keow wan kai)* 164
Mango mit Klebreis
    (khao niaow ma muang) 178
Muschelomelett *(hoy tod)* 167
Panang-Curry mit frittiertem Fisch
    (gaeng panang plaa thawt) 163
Reis mit Huhn *(khao man kai)* 148
Rotes Curry mit Bohnen und Tofu
    (pad prik king tao huu) 145
Rotes Hühnchencurry *(gaeng phed gai)* 160
Scharfsaure Garnelensuppe
    (tom yum goong) 153
Schweinefleisch aus dem Wok mit
    Heiligem Basilikum *(pad kaprao)* 177
Snack im Pfefferblatt *(miang kam)* 147
Thai-Papayasalat *(som tam thai)* 136

Myanmar
Avocadosalat *(htaw bat thoke)* 203
Burmesische Nudelsuppe *(mohinga)* 188
Fischcurry *(nga sipyan)* 207
Garnelencurry *(pazun yay cho)* 208
Hühnchencurry *(kyet thar hsi pyan)* 192
Indisches Fladenbrot *(chapati)* 191
Knuspriger Ingwersalat *(gyin thoke)* 202
Lauwarmer Nudelsalat *(shan khout shwe)* 197
Milchtee *(la pey yay)* 200
Reiskuchen mit Sesam *(shwe htamin)* 210
Shan-Tofu *(to hpu gyaw)* 205
Shan-Tofu-Salat *(to hpu byaw)* 205
Tomatensalat mit Blattspinat
    (kha yan chin thee thoke) 202
Weizengrießkuchen *(shwe gyi mont)* 210

IMPRESSUM

Produktmanagement: Eva Dotterweich
Textredaktion: Gundula Müller-Wallraf
Korrektur: Gertraud Müller
Layout, Satz und Umschlaggestaltung: Bianca Bunsas, Diana Friedrich, markenliaison
Repro: Repro Ludwig, Zell am See
Herstellung: Bettina Schippel
Texte und Rezepte: Stefan Leistner
Fotografie: Heike Leistner
Alle Fotos stammen von Heike Leistner, außer vordere Innenklappe (Shutterstock)

Printed in Italy by Printer Trento S.r.l.

★ ★ ★ ★ ★

Sind Sie mit diesem Titel zufrieden? Dann würden wir uns über Ihre Weiterempfehlung freuen. Erzählen Sie es im Freundeskreis, berichten Sie Ihrem Buchhändler, oder bewerten Sie bei Onlinekauf. Und wenn Sie Kritik, Korrekturen, Aktualisierungen haben, freuen wir uns über Ihre Nachricht an: Christian Verlag, Postfach 40 02 09, D-80702 München oder per E-Mail an lektorat@verlagshaus.de.

Unser komplettes Programm finden Sie unter www.christian-verlag.de

Alle Angaben dieses Werkes wurden vom Autor sorgfältig recherchiert und auf den neuesten Stand gebracht sowie vom Verlag geprüft. Für die Richtigkeit der Angaben kann jedoch keine Haftung übernommen werden.

Die Deutsche Nationalbibliothek verzeichnet diese Publikation in der Deutschen Nationalbibliografie; detaillierte bibliografische Daten sind im Internet über http://dnb.d-nb.de abrufbar.

© 2015 Christian Verlag GmbH, München

ISBN 978-3-86244-805-0
Alle Rechte vorbehalten

VITAE

Seit 2004 bereisen wir zwei bis drei Mal im Jahr Südostasien sind und sind begeistert von der Straßenküche dieser Länder. Immer auf der Suche nach echter und authentischer Küche, haben wir eine Vielzahl von Straßenküchen besucht, von ihren Köchen Rezepte erhalten und dann zu Hause nachgekocht.
2011 sind wir mit unserer Website www.asiastreetfood.com gestartet, um diese wunderbare Küche im deutschsprachigen Raum bekannter zu machen. Auf ihr finden sich Rezepte, ein Foodblog sowie Artikel zu typischen Lebensmitteln. Heute sind wir der führende deutschsprachige Weblog für südostasiatische Küche.
Heike ist begeisterte Food & Travel Fotografin. Sie würde jederzeit spontan ihren Koffer packen, um wieder in ihre Lieblingsländer nach Asien zu fliegen.
Stefan ist Autor, Koch und Rezepteschreiber. Wenn er in seiner Freizeit nicht gerade in der Küche steht, isst er oder schreibt an einem Rezept. Er ist Mitglied der World Gourmet Society und Basis-Juror für die Gastronomische Akademie Deutschlands e.V.

DANK

Viele Menschen haben kleinere und große Beiträge zur Entstehung dieses Buchs geleistet. Ihnen allen möchten wir auf diesem Weg danken.
In Hamburg und in Danang lernten wir **Helen Le**, Betreiberin des Youtube-Channels »Helen's Recipes« kennen. Bei ihr findet man zu so ziemlich jedem vietnamesischen Rezept das passende Video und noch heute gibt sie mir wertvolle Tipps für meine Rezepte.
Nora Luttmers hoch spannende und authentische Hanoi-Krimis haben uns immer wieder in unsere Lieblingsstadt Hanoi versetzt. Ihr Kommisar Ly ist den kulinarischen Genüssen der Stadt offensichtlich genauso erlegen wie wir.
Helmut Weber, Buchhändler und »Küchenfeder«, war es schließlich, der uns zutraute, unsere Rezepte und Reisenotizen in ein Buch zu verwandeln. Er brachte uns unter anderem in Kontakt mit **Edouard Cointreau**, dem Begründer des Gourmand World Cookbook Awards, dessen Gäste wir an einem Abend in der Villa Bonn anlässlich der Buchmesse sein durften. Hier hatten wir Gelegenheit, dem Christian Verlag unser Projekt vorzustellen.
Meine manchmal etwas ungelenken Texte hat unsere Freundin **Pia Grüber** in vielen Stunden Arbeit in eine flüssig lesbare Form gebracht.
Marcial Gomez-Elena von der Frischemetzgerei Eidmann belieferte mich immer mit den feinsten Fleischwaren für unsere Rezepte und ging auf jeden Sonderwunsch gern ein.

Ebenfalls erhältlich ...

ISBN 978-3-86244-810-4

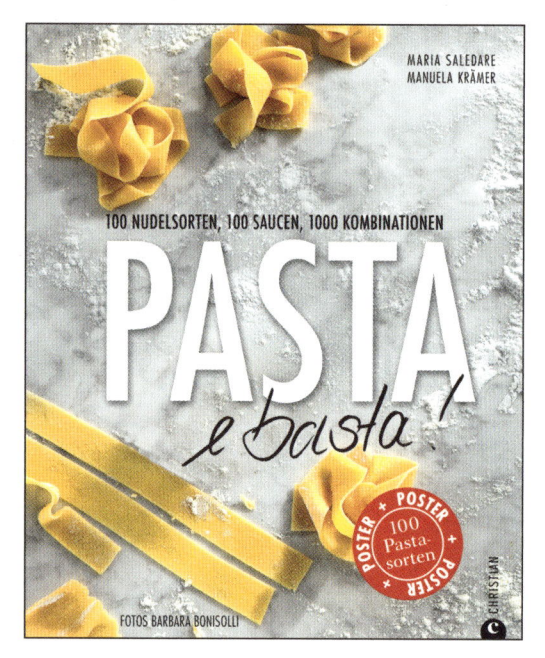

ISBN 978-3-86244-809-8

ISBN 978-3-86244-382-6

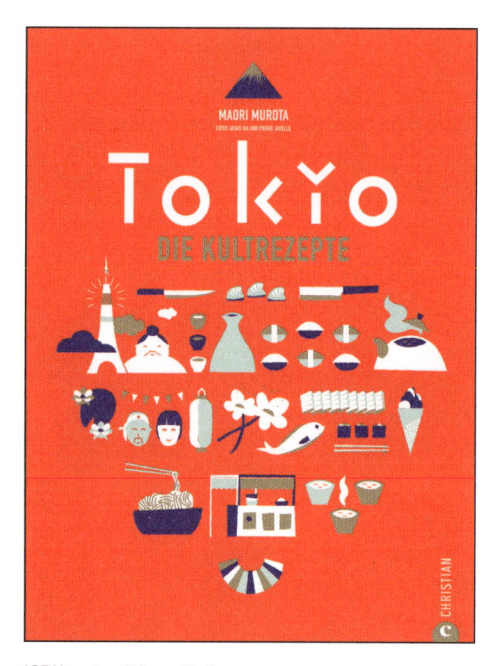

ISBN 978-3-86244-826-5

CHRISTIAN

www.christian-verlag.de